民法典关联法规与权威案例提要丛书
丛书主编 / 王　竹

民法典关联法规与权威案例提要

婚姻家庭编、继承编

MINFADIAN GUANLIAN FAGUI YU QUANWEI ANLI TIYAO

HUNYIN JIATINGBIAN JICHENGBIAN

主　编　张晓远
副主编　冯　珂　孙碧蔓

中国法制出版社
CHINA LEGAL PUBLISHING HOUSE

《民法典关联法规与权威案例提要丛书》

前　言

我一直觉得，动手整理并坚持不懈，是最好的学习方法之一。从2004年开始攻读硕士学位至今，我就一直在做两方面的整理工作：第一，整理现行民事法律体系，作为自己学习民法的一种积累，先后编写出版了《民法通则一本通》《婚姻家庭法一本通》《侵权责任法一本通》《物权法配套规定》《继承法配套规定》《婚姻法配套规定》《侵权责任法配套规定》，《民法总则》出台后又出版了《〈中华人民共和国民法总则〉编纂对照表与条文释义》。第二，整理《最高人民法院公报》刊载的案例，做到民事案例全阅读、侵权法案例细品味；最高人民法院发布指导性案例之后，又将其纳入研习范围，并将这两类权威案例作为我主持的国家重点研发计划项目中"类案精准推荐"课题的核心标注和检索内容之一。

在上述两项工作坚持了十年之后，加之2014年党的十八届四中全会通过的《中共中央关于全面推进依法治国若干重大问题的决定》正式决定"编纂民法典"，我就开始着手编写一套能够将我国现行民事法律体系和权威案例全面整合的丛书，实现中国民法的体系整合。很高兴能够和中国法制出版社达成合作意向，并且最终付诸实践。本书的体例设计如下：

第一，每个条文都编写了一个"条文主旨"。部分条文实质上包含两个以上民法规则，并且在我主持的"马工程"《民法学》教材配套慕课中作为两个不同的知识点进行讲授的，则在条文主旨中用分号隔开。

第二，每个条文都设置"条文对比"部分。考虑到《民法典》刚通过不久，以"编纂"的标准选取民事单行法、特别法和司法解释中的"编纂对象"，参考民法典条文进行对比，便于读者理解民事基本法的变迁。随着民事基本法变化过渡期的结束，该部分将在未来新版的合适阶段予以删除。

第三，每个条文都设置"关联法规"部分。将每个条文在学理和实务上相关的法律、法律解释、行政法规、司法解释和重要部门规章以及国际公约的对应条文按照上述类别和同一类别中的时间逆序排列，对《民法典》内部的关联条文分编列出以方便读者与原民事单行法对照。随着民事基本法变化过渡期的结束，未来新版的合适阶段在关联法规部分将不区分《民法典》各编。全套丛书合计列出关联法规966部，未来将持续更新。

第四，部分条文设置了“权威案例”部分。将民事指导性案例和2004年之后*的公报案例纳入最相关的条文中，并按照时间逆序排列。全套丛书合计列出指导性案例50个，公报案例384个，未来将持续更新。

本套丛书的编写团队基于《民法典》条文和编纂对象的“条文对比”，对“关联法规”中引用的法律法规和“权威案例”进行了逐条、逐个研究，首批提出了28条建议废止意见，其中建议废止法律法规24条、公报案例4个，以脚注形式提出废止建议，简要说明废止理由。未来将根据我国法律体系的变迁，持续跟进这一学理性工作，促进我国民事法律体系和权威案例体系的整合更新。

为节约篇幅，本书对常用关联法规统一使用“简称”，并在书后附有《法律法规文件简称—全称对照表》。为便于检索权威案例，书后附有按照指导性案例序号和公报案例发布时间逆序排列的《权威案例检索表》。

为保证本套丛书后续更新的可持续性，我邀请了四川大学法学院参与“马工程”《民法学》教材配套慕课制作的五位同事担任五本分册的主编，并组织30多位博士生和硕士生参与到本书各个阶段的编写和未来的更新工作中来。本书的写作得到了国家重点研发计划“高质高效的审判支撑关键技术及装备研究”（2018YFC0830300）的资助，特此一并致谢！

尽管编写团队本着使命感，已经尽了最大努力，但不免仍有疏漏，请读者见谅。欢迎读者在“马工程民法学教材配套慕课”微信公众号（minfadian）留言向我们反馈，我们将在新版中予以更正补充。

王竹　法学博士
四川大学法学院教授、博士生导师
四川大学市场经济法治研究所所长
中国人民大学民商事法律科学研究中心法治大数据研究所所长
wangzhu@ scu. edu. cn
庚子年　立夏　于　成都·白鹿镇

* 2004年之前的公报案例没有裁判摘要部分，因此没有纳入。

目　录

Contents

婚姻家庭编

第三章 家庭关系

第一节 夫妻关系

第二节 父母子女关系和其他近亲属关系

第四章 离　婚

继 承 编

婚姻家庭编

第一章 一般规定

第一千零四十条 【婚姻家庭编的调整范围】[*] 本编调整因婚姻家庭产生的民事关系。

条文对比[**]

《民法典婚姻家庭编》	《婚姻法》
第一千零四十条 本编**调整因**婚姻家庭产生的民事关系。	第一条 本法是婚姻家庭~~关系的基本准~~~~则~~。

关联法规

▶ **《宪法》**

第四十九条第一款 婚姻、家庭、母亲和儿童受国家的保护。

第二款 父母有抚养教育未成年子女的义务，成年子女有赡养扶助父母的义务。

第三款 禁止破坏婚姻自由，禁止虐待老人、妇女和儿童。

▶ **《妇女权益保障法》**

第二条 妇女在政治的、经济的、文化的、社会的和家庭的生活等各方面享有同男子平等的权利。

实行男女平等是国家的基本国策。国家采取必要措施，逐步完善保障妇女

---

* 条文主旨为编者所加，下同。

** 此部分表格中左栏黑体部分为增加的内容，右栏删除线部分为删除的内容，两栏下划线部分为修改的内容，下同。

权益的各项制度，消除对妇女一切形式的歧视。

国家保护妇女依法享有的特殊权益。

禁止歧视、虐待、遗弃、残害妇女。

第四十三条 国家保障妇女享有与男子平等的婚姻家庭权利。

第四十四条 国家保护妇女的婚姻自主权。禁止干涉妇女的结婚、离婚自由。

第一千零四十一条 【我国的婚姻制度及保护的权益】 婚姻家庭受国家保护。

实行婚姻自由、一夫一妻、男女平等的婚姻制度。

保护妇女、未成年人、老年人、残疾人的合法权益。

条文对比

《民法典婚姻家庭编》	《婚姻法》
第一千零四十一条 婚姻家庭受国家保护。 实行婚姻自由、一夫一妻、男女平等的婚姻制度。 保护妇女、未成年人、老年人、**残疾人**的合法权益。	**第二条** 实行婚姻自由、一夫一妻、男女平等的婚姻制度。 保护妇女、儿童和老人的合法权益。 ~~实行计划生育。~~

关联法规

▶ **《宪法》**

第四十八条 中华人民共和国妇女在政治的、经济的、文化的、社会的和家庭的生活等各方面享有同男子平等的权利。

国家保护妇女的权利和利益，实行男女同工同酬，培养和选拔妇女干部。

第四十九条第一款 婚姻、家庭、母亲和儿童受国家的保护。

第二款 父母有抚养教育未成年子女的义务，成年子女有赡养扶助父母的义务。

第三款 禁止破坏婚姻自由，禁止虐待老人、妇女和儿童。

▶《民法典总则编》

第一百一十条 自然人享有生命权、身体权、健康权、姓名权、肖像权、名誉权、荣誉权、隐私权、婚姻自主权等权利。

法人、非法人组织享有名称权、名誉权和荣誉权。

第一百二十八条 法律对未成年人、老年人、残疾人、妇女、消费者等的民事权利保护有特别规定的，依照其规定。

▶《民法典婚姻家庭编》

第一千零五十五条 夫妻在婚姻家庭中地位平等。

第一千零五十七条 夫妻双方都有参加生产、工作、学习和社会活动的自由，一方不得对另一方加以限制或者干涉。

▶《民法典继承编》

第一千一百五十五条 遗产分割时，应当保留胎儿的继承份额。胎儿娩出时是死体的，保留的份额按照法定继承办理。

第一千一百五十八条 自然人可以与继承人以外的组织或者个人签订遗赠扶养协议。按照协议，该组织或者个人承担该自然人生养死葬的义务，享有受遗赠的权利。

▶《农村土地承包法》

第六条 农村土地承包，妇女与男子享有平等的权利。承包中应当保护妇女的合法权益，任何组织和个人不得剥夺、侵害妇女应当享有的土地承包经营权。

▶《老年人权益保障法》

第二条 本法所称老年人是指六十周岁以上的公民。

第三条 国家保障老年人依法享有的权益。

老年人有从国家和社会获得物质帮助的权利，有享受社会服务和社会优待的权利，有参与社会发展和共享发展成果的权利。

禁止歧视、侮辱、虐待或者遗弃老年人。

第四条 积极应对人口老龄化是国家的一项长期战略任务。

国家和社会应当采取措施，健全保障老年人权益的各项制度，逐步改善保障老年人生活、健康、安全以及参与社会发展的条件，实现老有所养、老有所医、老有所为、老有所学、老有所乐。

第五条 国家建立多层次的社会保障体系，逐步提高对老年人的保障水平。

国家建立和完善以居家为基础、社区为依托、机构为支撑的社会养老服务体系。

倡导全社会优待老年人。

第六条 各级人民政府应当将老龄事业纳入国民经济和社会发展规划，将老龄事业经费列入财政预算，建立稳定的经费保障机制，并鼓励社会各方面投入，使老龄事业与经济、社会协调发展。

国务院制定国家老龄事业发展规划。县级以上地方人民政府根据国家老龄事业发展规划，制定本行政区域的老龄事业发展规划和年度计划。

县级以上人民政府负责老龄工作的机构，负责组织、协调、指导、督促有关部门做好老年人权益保障工作。

第七条 保障老年人合法权益是全社会的共同责任。

国家机关、社会团体、企业事业单位和其他组织应当按照各自职责，做好老年人权益保障工作。

基层群众性自治组织和依法设立的老年人组织应当反映老年人的要求，维护老年人合法权益，为老年人服务。

提倡、鼓励义务为老年人服务。

第八条 国家进行人口老龄化国情教育，增强全社会积极应对人口老龄化意识。

全社会应当广泛开展敬老、养老、助老宣传教育活动，树立尊重、关心、帮助老年人的社会风尚。

青少年组织、学校和幼儿园应当对青少年和儿童进行敬老、养老、助老的道德教育和维护老年人合法权益的法制教育。

广播、电影、电视、报刊、网络等应当反映老年人的生活，开展维护老年人合法权益的宣传，为老年人服务。

第十八条 家庭成员应当关心老年人的精神需求，不得忽视、冷落老年人。

与老年人分开居住的家庭成员，应当经常看望或者问候老年人。

用人单位应当按照国家有关规定保障赡养人探亲休假的权利。

第二十一条 老年人的婚姻自由受法律保护。子女或者其他亲属不得干涉老年人离婚、再婚及婚后的生活。

赡养人的赡养义务不因老年人的婚姻关系变化而消除。

▶《妇女权益保障法》

第二条 妇女在政治的、经济的、文化的、社会的和家庭的生活等各方面享有同男子平等的权利。

实行男女平等是国家的基本国策。国家采取必要措施，逐步完善保障妇女权益的各项制度，消除对妇女一切形式的歧视。

国家保护妇女依法享有的特殊权益。

禁止歧视、虐待、遗弃、残害妇女。

第三十一条 在婚姻、家庭共有财产关系中，不得侵害妇女依法享有的权益。

第四十三条 国家保障妇女享有与男子平等的婚姻家庭权利。

第四十四条 国家保护妇女的婚姻自主权。禁止干涉妇女的结婚、离婚自由。

▶《就业促进法》

第二十七条 国家保障妇女享有与男子平等的劳动权利。用人单位招用人员，除国家规定的不适合妇女的工种或者岗位外，不得以性别为由拒绝录用妇女或者提高对妇女的录用标准。用人单位录用女职工，不得在劳动合同中规定限制女职工结婚、生育的内容。

▶《未成年人保护法》

第二条 本法所称未成年人是指未满十八周岁的公民。

第三条 未成年人享有生存权、发展权、受保护权、参与权等权利，国家根据未成年人身心发展特点给予特殊、优先保护，保障未成年人的合法权益不受侵犯。

未成年人享有受教育权，国家、社会、学校和家庭尊重和保障未成年人的受教育权。

未成年人不分性别、民族、种族、家庭财产状况、宗教信仰等，依法平等地享有权利。

第四条 国家、社会、学校和家庭对未成年人进行理想教育、道德教育、文化教育、纪律和法制教育，进行爱国主义、集体主义和社会主义的教育，提倡爱祖国、爱人民、爱劳动、爱科学、爱社会主义的公德，反对资本主义的、封建主义的和其他的腐朽思想的侵蚀。

第五条 保护未成年人的工作，应当遵循下列原则：

（一）尊重未成年人的人格尊严；

（二）适应未成年人身心发展的规律和特点；

（三）教育与保护相结合。

第六条 保护未成年人，是国家机关、武装力量、政党、社会团体、企业事业组织、城乡基层群众性自治组织、未成年人的监护人和其他成年公民的共同责任。

对侵犯未成年人合法权益的行为，任何组织和个人都有权予以劝阻、制止或者向有关部门提出检举或者控告。

国家、社会、学校和家庭应当教育和帮助未成年人维护自己的合法权益，增强自我保护的意识和能力，增强社会责任感。

▶《最高人民法院关于婚姻问题的复函》

最高人民法院华东分院：

1953 年 6 月 11 日东法研字第 2979 号函悉。对你院复江苏省人民法院有关婚姻问题的意见，我们的意见如下：

婚姻法第二条规定，禁止重婚、纳妾。故自婚姻法颁布时起，重婚纳妾即为违法行为，属于刑事范畴。至于重婚、纳妾之属于刑事范围究应从贯彻婚姻法运动后起算，抑应从婚姻法颁布时起算，本就本年 3 月 22 日人民日报所载法制委员会《有关婚姻问题的若干解答》来看，仍应从婚姻法颁布之时起算。但在处理具体案件时，可视各地区贯彻婚姻法的情况及案件情节的轻重，影响的大小，酌予较轻的刑事处分（包括缓刑和训诫）。

来文第二点关于重婚纳妾及离婚问题，可按照上述法制委员会解答的第一答问处理。

……

第一千零四十二条 【禁止的婚姻家庭行为】 禁止包办、买卖婚姻和其他干涉婚姻自由的行为。禁止借婚姻索取财物。

禁止重婚。禁止有配偶者与他人同居。

禁止家庭暴力。禁止家庭成员间的虐待和遗弃。

条文对比

《民法典婚姻家庭编》	《婚姻法》
第一千零四十二条 禁止包办、买卖婚姻和其他干涉婚姻自由的行为。禁止借婚姻索取财物。 禁止重婚。禁止有配偶者与他人同居。 禁止家庭暴力。禁止家庭成员间的虐待和遗弃。	**第三条** 禁止包办、买卖婚姻和其他干涉婚姻自由的行为。禁止借婚姻索取财物。 禁止重婚。禁止有配偶者与他人同居。禁止家庭暴力。禁止家庭成员间的虐待和遗弃。

关联法规

《宪法》

第四十九条 婚姻、家庭、母亲和儿童受国家的保护。

夫妻双方有实行计划生育的义务。

父母有抚养教育未成年子女的义务，成年子女有赡养扶助父母的义务。

禁止破坏婚姻自由，禁止虐待老人、妇女和儿童。

《民法典婚姻家庭编》

第一千零七十九条 夫妻一方要求离婚的，可以由有关组织进行调解或者直接向人民法院提起离婚诉讼。

人民法院审理离婚案件，应当进行调解；如果感情确已破裂，调解无效的，应当准予离婚。

有下列情形之一，调解无效的，应当准予离婚：

（一）重婚或者与他人同居；

（二）实施家庭暴力或者虐待、遗弃家庭成员；

（三）有赌博、吸毒等恶习屡教不改；

（四）因感情不和分居满二年；

（五）其他导致夫妻感情破裂的情形。

一方被宣告失踪，另一方提起离婚诉讼的，应当准予离婚。

经人民法院判决不准离婚后，双方又分居满一年，一方再次提起离婚诉讼的，应当准予离婚。

第一千零九十一条 有下列情形之一，导致离婚的，无过错方有权请求损害赔偿：

（一）重婚；

（二）与他人同居；

（三）实施家庭暴力；

（四）虐待、遗弃家庭成员；

（五）有其他重大过错。

▶《老年人权益保障法》

第七十六条 干涉老年人婚姻自由，对老年人负有赡养义务、扶养义务而拒绝赡养、扶养，虐待老年人或者对老年人实施家庭暴力的，由有关单位给予批评教育；构成违反治安管理行为的，依法给予治安管理处罚；构成犯罪的，依法追究刑事责任。

第七十八条 侮辱、诽谤老年人，构成违反治安管理行为的，依法给予治安管理处罚；构成犯罪的，依法追究刑事责任。

▶《妇女权益保障法》

第三十六条 国家保障妇女享有与男子平等的人身权利。

第三十七条 妇女的人身自由不受侵犯。禁止非法拘禁和以其他非法手段剥夺或者限制妇女的人身自由；禁止非法搜查妇女的身体。

第三十八条 妇女的生命健康权不受侵犯。禁止溺、弃、残害女婴；禁止歧视、虐待生育女婴的妇女和不育的妇女；禁止用迷信、暴力等手段残害妇女；禁止虐待、遗弃病、残妇女和老年妇女。

第三十九条 禁止拐卖、绑架妇女；禁止收买被拐卖、绑架的妇女；禁止阻碍解救被拐卖、绑架的妇女。

各级人民政府和公安、民政、劳动和社会保障、卫生等部门按照其职责及时采取措施解救被拐卖、绑架的妇女，做好善后工作，妇女联合会协助和配合做好有关工作。任何人不得歧视被拐卖、绑架的妇女。

第四十条 禁止对妇女实施性骚扰。受害妇女有权向单位和有关机关投诉。

第四十一条 禁止卖淫、嫖娼。禁止组织、强迫、引诱、容留、介绍妇女卖淫或者对妇女进行猥亵活动。禁止组织、强迫、引诱妇女进行淫秽表演活动。

第四十二条 妇女的名誉权、荣誉权、隐私权、肖像权等人格权受法律保护。

禁止用侮辱、诽谤等方式损害妇女的人格尊严。禁止通过大众传播媒介或者其他方式贬低损害妇女人格。未经本人同意，不得以营利为目的，通过广告、商标、展览橱窗、报纸、期刊、图书、音像制品、电子出版物、网络等形式使用妇女肖像。

第四十四条 国家保护妇女的婚姻自主权。禁止干涉妇女的结婚、离婚自由。

第四十六条 禁止对妇女实施家庭暴力。

国家采取措施，预防和制止家庭暴力。

公安、民政、司法行政等部门以及城乡基层群众性自治组织、社会团体，应当在各自的职责范围内预防和制止家庭暴力，依法为受害妇女提供救助。

第五十二条 妇女的合法权益受到侵害的，有权要求有关部门依法处理，或者依法向仲裁机构申请仲裁，或者向人民法院起诉。

对有经济困难需要法律援助或者司法救助的妇女，当地法律援助机构或者人民法院应当给予帮助，依法为其提供法律援助或者司法救助。

第五十三条 妇女的合法权益受到侵害的，可以向妇女组织投诉，妇女组织应当维护被侵害妇女的合法权益，有权要求并协助有关部门或者单位查处。有关部门或者单位应当依法查处，并予以答复。

第五十四条 妇女组织对于受害妇女进行诉讼需要帮助的，应当给予支持。妇女联合会或者相关妇女组织对侵害特定妇女群体利益的行为，可以通过大众传播媒介揭露、批评，并有权要求有关部门依法查处。

第五十五条 违反本法规定，以妇女未婚、结婚、离婚、丧偶等为由，侵害妇女在农村集体经济组织中的各项权益的，或者因结婚男方到女方住所落户，侵害男方和子女享有与所在地农村集体经济组织成员平等权益的，由乡镇人民政府依法调解；受害人也可以依法向农村土地承包仲裁机构申请仲裁，或者向人民法院起诉，人民法院应当依法受理。

第五十六条 违反本法规定，侵害妇女的合法权益，其他法律、法规规定行政处罚的，从其规定；造成财产损失或者其他损害的，依法承担民事责任；构成犯罪的，依法追究刑事责任。

第五十七条 违反本法规定，对侵害妇女权益的申诉、控告、检举，推诿、拖延、压制不予查处，或者对提出申诉、控告、检举的人进行打击报复的，由其所在单位、主管部门或者上级机关责令改正，并依法对直接负责的主管人员和其他直接责任人员给予行政处分。

国家机关及其工作人员未依法履行职责，对侵害妇女权益的行为未及时制止或者未给予受害妇女必要帮助，造成严重后果的，由其所在单位或者上级机关依法对直接负责的主管人员和其他直接责任人员给予行政处分。

违反本法规定，侵害妇女文化教育权益、劳动和社会保障权益、人身和财产权益以及婚姻家庭权益的，由其所在单位、主管部门或者上级机关责令改正，直接负责的主管人员和其他直接责任人员属于国家工作人员的，由其所在单位或者上级机关依法给予行政处分。

第五十八条 违反本法规定，对妇女实施性骚扰或者家庭暴力，构成违反治安管理行为的，受害人可以提请公安机关对违法行为人依法给予行政处罚，也可以依法向人民法院提起民事诉讼。

第五十九条 违反本法规定，通过大众传播媒介或者其他方式贬低损害妇女人格的，由文化、广播电视、电影、新闻出版或者其他有关部门依据各自的职权责令改正，并依法给予行政处罚。

▶《刑法》

第二百五十七条 以暴力干涉他人婚姻自由的，处二年以下有期徒刑或者拘役。

犯前款罪，致使被害人死亡的，处二年以上七年以下有期徒刑。

第一款罪，告诉的才处理。

第二百五十八条 有配偶而重婚的，或者明知他人有配偶而与之结婚的，处二年以下有期徒刑或者拘役。

第二百五十九条 明知是现役军人的配偶而与之同居或者结婚的，处三年以下有期徒刑或者拘役。

利用职权、从属关系，以胁迫手段奸淫现役军人妻子的，依照本法第二百三十六条的规定定罪处罚。

第二百六十条 虐待家庭成员，情节恶劣的，处二年以下有期徒刑、拘役或者管制。

犯前款罪，致使被害人重伤、死亡的，处二年以上七年以下有期徒刑。

第一款罪，告诉的才处理，但被害人没有能力告诉，或者因受到强制、威吓无法告诉的除外。

第二百六十一条 对于年老、年幼、患病或者其他没有独立生活能力的人，负有扶养义务而拒绝扶养，情节恶劣的，处五年以下有期徒刑、拘役或者管制。

▶《反家庭暴力法》

第二条 本法所称家庭暴力，是指家庭成员之间以殴打、捆绑、残害、限制人身自由以及经常性谩骂、恐吓等方式实施的身体、精神等侵害行为。

第三条 家庭成员之间应当互相帮助，互相关爱，和睦相处，履行家庭义务。

反家庭暴力是国家、社会和每个家庭的共同责任。

国家禁止任何形式的家庭暴力。

第四条 县级以上人民政府负责妇女儿童工作的机构，负责组织、协调、指导、督促有关部门做好反家庭暴力工作。

县级以上人民政府有关部门、司法机关、人民团体、社会组织、居民委员会、村民委员会、企业事业单位，应当依照本法和有关法律规定，做好反家庭暴力工作。

各级人民政府应当对反家庭暴力工作给予必要的经费保障。

第五条 反家庭暴力工作遵循预防为主，教育、矫治与惩处相结合原则。

反家庭暴力工作应当尊重受害人真实意愿，保护当事人隐私。

未成年人、老年人、残疾人、孕期和哺乳期的妇女、重病患者遭受家庭暴力的，应当给予特殊保护。

▶《未成年人保护法》

第十条 父母或者其他监护人应当创造良好、和睦的家庭环境，依法履行对未成年人的监护职责和抚养义务。

禁止对未成年人实施家庭暴力，禁止虐待、遗弃未成年人，禁止溺婴和其他残害婴儿的行为，不得歧视女性未成年人或者有残疾的未成年人。

▶《婚姻法司法解释（二）》

第一条 当事人起诉请求解除同居关系的，人民法院不予受理。但当事人请求解除的同居关系，属于婚姻法第三条、第三十二条、第四十六条规定的"有配偶者与他人同居"的，人民法院应当受理并依法予以解除。

当事人因同居期间财产分割或者子女抚养纠纷提起诉讼的，人民法院应当受理。

第十条 当事人请求返还按照习俗给付的彩礼的，如果查明属于以下情形，人民法院应当予以支持：

（一）双方未办理结婚登记手续的；

（二）双方办理结婚登记手续但确未共同生活的；

（三）婚前给付并导致给付人生活困难的。

适用前款第（二）、（三）项的规定，应当以双方离婚为条件。

▶《婚姻法司法解释（三）》

第八条 无民事行为能力人的配偶有虐待、遗弃等严重损害无民事行为能力一方的人身权利或者财产权益行为，其他有监护资格的人可以依照特别程序要求变更监护关系；变更后的监护人代理无民事行为能力一方提起离婚诉讼的，人民法院应予受理。

▶《婚姻法司法解释（一）》

第一条 婚姻法第三条、第三十二条、第四十三条、第四十五条、第四十六条所称的“家庭暴力”，是指行为人以殴打、捆绑、残害、强行限制人身自由或者其他手段，给其家庭成员的身体、精神等方面造成一定伤害后果的行为。持续性、经常性的家庭暴力，构成虐待。

第二条 婚姻法第三条、第三十二条、第四十六条规定的“有配偶者与他人同居”的情形，是指有配偶者与婚外异性，不以夫妻名义，持续、稳定地共同居住。

▶《人民法院审理离婚案件财产分割意见》

19. 借婚姻关系索取的财物，离婚时，如结婚时间不长，或者因索要财物造成对方生活困难的，可酌情返还。

对取得财物的性质是索取还是赠与难以认定的，可按赠与处理。

▶《最高人民法院研究室关于重婚案件中受骗的一方当事人能否作为被害人向法院提起诉讼问题的电话答复》

广东省高级人民法院：

你院《关于重婚案件中受骗的一方当事人能否作为被害人向法院提起诉讼问题的请示》收阅。经研究，答复如下：

基本同意你院的第二种意见，即：重婚案件中的被害人，既包括重婚者在原合法婚姻关系中的配偶，也包括后来受欺骗而与重婚者结婚的人。鉴于受骗一方当事人在主观上不具有重婚的故意，因此，根据你院《请示》中介绍的案情，陈若容可以作为本案的被害人。根据最高人民法院、最高人民检察院1983年7月26日《关于重婚案件管辖问题的通知》中关于“由被害人提出控告的重婚案件……由人民法院直接受理”的规定，陈若容可以作为自诉人，直接向人民法院提起诉讼。

▶《最高人民法院研究室关于重婚案件的被告人长期外逃法院能否中止审理和是否受追诉时效限制问题的电话答复》

陕西省高级人民法院：

你院陕高法研〔1989〕35号《关于重婚案件的被告人长期外逃法院能否中止审理和是否受追诉时效限制问题的请示》收悉。经研究，答复如下：

同意你院意见，即胡应亭诉焦有枝、赵炳信重婚一案，在人民法院对焦有枝采取取保候审的强制措施后，焦有枝潜逃并和赵炳信一直在外流窜，下落不明的情况下，可参照最高人民法院法（研）复〔1988〕29号《关于刑事案件取保候审的被告人在法院审理期间潜逃应宣告中止审理的批复》的规定，中止审理，俟被告人追捕归案后，再恢复审理。关于追诉时效问题，根据刑法第七十七条的规定，对焦有枝追究刑事责任不受追诉期限的限制。对于赵炳信，只要他同焦有枝的非法婚姻关系不解除，他们的重婚犯罪行为就处于一种继续状态，根据刑法第七十八条的规定，人民法院随时都可以对他追究刑事责任。此外，如果公安机关已对赵炳信发布了通缉令，也可以根据刑法第七十七条的规定，对他追究刑事责任，不受追诉期限的限制。

第一千零四十三条　【婚姻家庭的倡导性规定】家庭应当树立优良家风，弘扬家庭美德，重视家庭文明建设。

夫妻应当互相忠实，互相尊重，互相关爱；家庭成员应当敬老爱幼，互相帮助，维护平等、和睦、文明的婚姻家庭关系。

条文对比

《民法典婚姻家庭编》	《婚姻法》
第一千零四十三条　家庭应当树立优良家风，弘扬家庭美德，重视家庭文明建设。 夫妻应当互相忠实，互相尊重，**互相关爱**；家庭成员应当敬老爱幼，互相帮助，维护平等、和睦、文明的婚姻家庭关系。	**第四条**　夫妻应当互相忠实，互相尊重；家庭成员间应当敬老爱幼，互相帮助，维护平等、和睦、文明的婚姻家庭关系。

关联法规

▶《民法典婚姻家庭编》

第一千零五十五条 夫妻在婚姻家庭中地位平等。

第一千零五十七条 夫妻双方都有参加生产、工作、学习和社会活动的自由，一方不得对另一方加以限制或者干涉。

▶《婚姻法司法解释（一）》

第三条 当事人仅以婚姻法第四条为依据提起诉讼的，人民法院不予受理；已经受理的，裁定驳回起诉。

第一千零四十四条 【收养的原则与禁止性规定】 收养应当遵循最有利于被收养人的原则，保障被收养人和收养人的合法权益。

禁止借收养名义买卖未成年人。

条文对比

《民法典婚姻家庭编》	《收养法》
第一千零四十四条　收养应当遵循最有利于被收养人的原则，保障被收养人和收养人的合法权益。 禁止借收养名义买卖未成年人。	**第一条**　为保护合法的收养关系，维护收养关系当事人的权利，制定本法。

关联法规

▶《民政部关于收养法律规定适用范围的复函》

法国驻华大使馆：

贵馆1995年12月28日函收悉。现就我国收养法有关解除收养关系的规定及其适用范围说明如下：

《中华人民共和国收养法》第2条规定："收养应当有利于被收养的未成年

人的抚养、成长。”根据这个原则，第四章规定了收养人在被收养人成年之前不得解除收养关系。但如果出现不利于被收养人抚养、成长的情况，法律又规定可有条件地解除收养关系。此章这一规定只适用于发生在中华人民共和国境内（包括收养人是外国人）的收养关系的解除。

第一千零四十五条　【亲属、近亲属及家庭成员】 亲属包括配偶、血亲和姻亲。

配偶、父母、子女、兄弟姐妹、祖父母、外祖父母、孙子女、外孙子女为近亲属。

配偶、父母、子女和其他共同生活的近亲属为家庭成员。

条文对比

《民法典婚姻家庭编》	《民通意见》
第一千零四十五条　亲属包括配偶、血亲和姻亲。 配偶、父母、子女、兄弟姐妹、祖父母、外祖父母、孙子女、外孙子女为近亲属。 **配偶、父母、子女和其他共同生活的近亲属为家庭成员。**	12. 民法通则中规定的近亲属，包括配偶、父母、子女、兄弟姐妹、祖父母、外祖父母、孙子女、外孙子女。

关联法规

《民法典总则编》

第二十八条　无民事行为能力或者限制民事行为能力的成年人，由下列有监护能力的人按顺序担任监护人：

（一）配偶；

（二）父母、子女；

（三）其他近亲属；

（四）其他愿意担任监护人的个人或者组织，但是须经被监护人住所地的居民委员会、村民委员会或者民政部门同意。

第三十三条 具有完全民事行为能力的成年人，可以与其近亲属、其他愿意担任监护人的个人或者组织事先协商，以书面形式确定自己的监护人，在自己丧失或者部分丧失民事行为能力时，由该监护人履行监护职责。

▶《民法典婚姻家庭编》

第一千零五十条 登记结婚后，按照男女双方约定，女方可以成为男方家庭的成员，男方可以成为女方家庭的成员。

▶《刑事诉讼法》

第二十九条 审判人员、检察人员、侦查人员有下列情形之一的，应当自行回避，当事人及其法定代理人也有权要求他们回避：

（一）是本案的当事人或者是当事人的近亲属的；

（二）本人或者他的近亲属和本案有利害关系的；

（三）担任过本案的证人、鉴定人、辩护人、诉讼代理人的；

（四）与本案当事人有其他关系，可能影响公正处理案件的。

第三十三条 犯罪嫌疑人、被告人除自己行使辩护权以外，还可以委托一至二人作为辩护人。下列的人可以被委托为辩护人：

（一）律师；

（二）人民团体或者犯罪嫌疑人、被告人所在单位推荐的人；

（三）犯罪嫌疑人、被告人的监护人、亲友。

正在被执行刑罚或者依法被剥夺、限制人身自由的人，不得担任辩护人。

被开除公职和被吊销律师、公证员执业证书的人，不得担任辩护人，但系犯罪嫌疑人、被告人的监护人、近亲属的除外。

第三十四条 犯罪嫌疑人自被侦查机关第一次讯问或者采取强制措施之日起，有权委托辩护人；在侦查期间，只能委托律师作为辩护人。被告人有权随时委托辩护人。

侦查机关在第一次讯问犯罪嫌疑人或者对犯罪嫌疑人采取强制措施的时候，应当告知犯罪嫌疑人有权委托辩护人。人民检察院自收到移送审查起诉的案件材料之日起三日以内，应当告知犯罪嫌疑人有权委托辩护人。人民法院自受理案件之日起三日以内，应当告知被告人有权委托辩护人。犯罪嫌疑人、被告人在押期间要求委托辩护人的，人民法院、人民检察院和公安机关应当及时转达其要求。

犯罪嫌疑人、被告人在押的，也可以由其监护人、近亲属代为委托辩护人。

辩护人接受犯罪嫌疑人、被告人委托后，应当及时告知办理案件的机关。

第三十五条 犯罪嫌疑人、被告人因经济困难或者其他原因没有委托辩护人的，本人及其近亲属可以向法律援助机构提出申请。对符合法律援助条件的，法律援助机构应当指派律师为其提供辩护。

犯罪嫌疑人、被告人是盲、聋、哑人，或者是尚未完全丧失辨认或者控制自己行为能力的精神病人，没有委托辩护人的，人民法院、人民检察院和公安机关应当通知法律援助机构指派律师为其提供辩护。

犯罪嫌疑人、被告人可能被判处无期徒刑、死刑，没有委托辩护人的，人民法院、人民检察院和公安机关应当通知法律援助机构指派律师为其提供辩护。

第四十三条 辩护律师经证人或者其他有关单位和个人同意，可以向他们收集与本案有关的材料，也可以申请人民检察院、人民法院收集、调取证据，或者申请人民法院通知证人出庭作证。

辩护律师经人民检察院或者人民法院许可，并且经被害人或者其近亲属、被害人提供的证人同意，可以向他们收集与本案有关的材料。

第四十六条 公诉案件的被害人及其法定代理人或者近亲属，附带民事诉讼的当事人及其法定代理人，自案件移送审查起诉之日起，有权委托诉讼代理人。自诉案件的自诉人及其法定代理人，附带民事诉讼的当事人及其法定代理人，有权随时委托诉讼代理人。

人民检察院自收到移送审查起诉的案件材料之日起三日以内，应当告知被害人及其法定代理人或者其近亲属、附带民事诉讼的当事人及其法定代理人有权委托诉讼代理人。人民法院自受理自诉案件之日起三日以内，应当告知自诉人及其法定代理人、附带民事诉讼的当事人及其法定代理人有权委托诉讼代理人。

第六十三条 人民法院、人民检察院和公安机关应当保障证人及其近亲属的安全。

对证人及其近亲属进行威胁、侮辱、殴打或者打击报复，构成犯罪的，依法追究刑事责任；尚不够刑事处罚的，依法给予治安管理处罚。

第六十四条 对于危害国家安全犯罪、恐怖活动犯罪、黑社会性质的组织犯罪、毒品犯罪等案件，证人、鉴定人、被害人因在诉讼中作证，本人或者其近亲属的人身安全面临危险的，人民法院、人民检察院和公安机关应当采取以下一项或者多项保护措施：

（一）不公开真实姓名、住址和工作单位等个人信息；

（二）采取不暴露外貌、真实声音等出庭作证措施；

（三）禁止特定的人员接触证人、鉴定人、被害人及其近亲属；

（四）对人身和住宅采取专门性保护措施；

（五）其他必要的保护措施。

证人、鉴定人、被害人认为因在诉讼中作证，本人或者其近亲属的人身安全面临危险的，可以向人民法院、人民检察院、公安机关请求予以保护。

人民法院、人民检察院、公安机关依法采取保护措施，有关单位和个人应当配合。

第九十七条 犯罪嫌疑人、被告人及其法定代理人、近亲属或者辩护人有权申请变更强制措施。人民法院、人民检察院和公安机关收到申请后，应当在三日以内作出决定；不同意变更强制措施的，应当告知申请人，并说明不同意的理由。

第九十九条 人民法院、人民检察院或者公安机关对被采取强制措施法定期限届满的犯罪嫌疑人、被告人，应当予以释放、解除取保候审、监视居住或者依法变更强制措施。犯罪嫌疑人、被告人及其法定代理人、近亲属或者辩护人对于人民法院、人民检察院或者公安机关采取强制措施法定期限届满的，有权要求解除强制措施。

第一百零一条 被害人由于被告人的犯罪行为而遭受物质损失的，在刑事诉讼过程中，有权提起附带民事诉讼。被害人死亡或者丧失行为能力的，被害人的法定代理人、近亲属有权提起附带民事诉讼。

如果是国家财产、集体财产遭受损失的，人民检察院在提起公诉的时候，可以提起附带民事诉讼。

第一百零八条 本法下列用语的含意是：

（一）“侦查”是指公安机关、人民检察院对于刑事案件，依照法律进行的收集证据、查明案情的工作和有关的强制性措施；

（二）“当事人”是指被害人、自诉人、犯罪嫌疑人、被告人、附带民事诉讼的原告人和被告人；

（三）“法定代理人”是指被代理人的父母、养父母、监护人和负有保护责任的机关、团体的代表；

（四）“诉讼参与人”是指当事人、法定代理人、诉讼代理人、辩护人、证人、鉴定人和翻译人员；

（五）“诉讼代理人”是指公诉案件的被害人及其法定代理人或者近亲属、自诉案件的自诉人及其法定代理人委托代为参加诉讼的人和附带民事诉讼的当事人及其法定代理人委托代为参加诉讼的人；

（六）“近亲属”是指夫、妻、父、母、子、女、同胞兄弟姊妹。

第一百一十一条 报案、控告、举报可以用书面或者口头提出。接受口头报案、控告、举报的工作人员，应当写成笔录，经宣读无误后，由报案人、控告人、举报人签名或者盖章。

接受控告、举报的工作人员，应当向控告人、举报人说明诬告应负的法律责任。但是，只要不是捏造事实，伪造证据，即使控告、举报的事实有出入，甚至是错告的，也要和诬告严格加以区别。公安机关、人民检察院或者人民法院应当保障报案人、控告人、举报人及其近亲属的安全。报案人、控告人、举报人如果不愿公开自己的姓名和报案、控告、举报的行为，应当为他保守秘密。

第一百一十四条 对于自诉案件，被害人有权向人民法院直接起诉。被害人死亡或者丧失行为能力的，被害人的法定代理人、近亲属有权向人民法院起诉。人民法院应当依法受理。

第二百二十七条 被告人、自诉人和他们的法定代理人，不服地方各级人民法院第一审的判决、裁定，有权用书状或者口头向上一级人民法院上诉。被告人的辩护人和近亲属，经被告人同意，可以提出上诉。

附带民事诉讼的当事人和他们的法定代理人，可以对地方各级人民法院第一审的判决、裁定中的附带民事诉讼部分，提出上诉。

对被告人的上诉权，不得以任何借口加以剥夺。

第二百三十七条 第二审人民法院审理被告人或者他的法定代理人、辩护人、近亲属上诉的案件，不得加重被告人的刑罚。第二审人民法院发回原审人民法院重新审判的案件，除有新的犯罪事实，人民检察院补充起诉的以外，原审人民法院也不得加重被告人的刑罚。

人民检察院提出抗诉或者自诉人提出上诉的，不受前款规定的限制。

第二百五十二条 当事人及其法定代理人、近亲属，对已经发生法律效力的判决、裁定，可以向人民法院或者人民检察院提出申诉，但是不能停止判决、裁定的执行。

第二百五十三条 当事人及其法定代理人、近亲属的申诉符合下列情形之一的，人民法院应当重新审判：

（一）有新的证据证明原判决、裁定认定的事实确有错误，可能影响定罪量刑的；

（二）据以定罪量刑的证据不确实、不充分、依法应当予以排除，或者证明案件事实的主要证据之间存在矛盾的；

（三）原判决、裁定适用法律确有错误的；

（四）违反法律规定的诉讼程序，可能影响公正审判的；

（五）审判人员在审理该案件的时候，有贪污受贿，徇私舞弊，枉法裁判行为的。

第二百九十三条 人民法院缺席审判案件，被告人有权委托辩护人，被告人的近亲属可以代为委托辩护人。被告人及其近亲属没有委托辩护人的，人民法院应当通知法律援助机构指派律师为其提供辩护。

第二百九十四条 人民法院应当将判决书送达被告人及其近亲属、辩护人。被告人或者其近亲属不服判决的，有权向上一级人民法院上诉。辩护人经被告人或者其近亲属同意，可以提出上诉。

人民检察院认为人民法院的判决确有错误的，应当向上一级人民法院提出抗诉。

第二百九十六条 因被告人患有严重疾病无法出庭，中止审理超过六个月，被告人仍无法出庭，被告人及其法定代理人、近亲属申请或者同意恢复审理的，人民法院可以在被告人不出庭的情况下缺席审理，依法作出判决。

第二百九十九条 没收违法所得的申请，由犯罪地或者犯罪嫌疑人、被告人居住地的中级人民法院组成合议庭进行审理。

人民法院受理没收违法所得的申请后，应当发出公告。公告期间为六个月。犯罪嫌疑人、被告人的近亲属和其他利害关系人有权申请参加诉讼，也可以委托诉讼代理人参加诉讼。

人民法院在公告期满后对没收违法所得的申请进行审理。利害关系人参加诉讼的，人民法院应当开庭审理。

第三百条 人民法院经审理，对经查证属于违法所得及其他涉案财产，除依法返还被害人的以外，应当裁定予以没收；对不属于应当追缴的财产的，应当裁定驳回申请，解除查封、扣押、冻结措施。

对于人民法院依照前款规定作出的裁定，犯罪嫌疑人、被告人的近亲属和其他利害关系人或者人民检察院可以提出上诉、抗诉。

第三百零五条 人民法院经审理，对于被申请人或者被告人符合强制医疗条件的，应当在一个月以内作出强制医疗的决定。

被决定强制医疗的人、被害人及其法定代理人、近亲属对强制医疗决定不服的，可以向上一级人民法院申请复议。

第三百零六条 强制医疗机构应当定期对被强制医疗的人进行诊断评估。对于已不具有人身危险性，不需要继续强制医疗的，应当及时提出解除意见，报决定强制医疗的人民法院批准。

被强制医疗的人及其近亲属有权申请解除强制医疗。

▶《民事诉讼法》

第四十四条 回避理由

审判人员有下列情形之一的，应当自行回避，当事人有权用口头或者书面方式申请他们回避：

（一）是本案当事人或者当事人、诉讼代理人近亲属的；

（二）与本案有利害关系的；

（三）与本案当事人、诉讼代理人有其他关系，可能影响对案件公正审理的。审判人员接受当事人、诉讼代理人请客送礼，或者违反规定会见当事人、诉讼代理人的，当事人有权要求他们回避。审判人员有前款规定的行为的，应当依法追究法律责任。

前三款规定，适用于书记员、翻译人员、鉴定人、勘验人。

第五十八条 委托代理人

当事人、法定代理人可以委托一至二人作为诉讼代理人。下列人员可以被委托为诉讼代理人：

（一）律师、基层法律服务工作者；

（二）当事人的近亲属或者工作人员；

（三）当事人所在社区、单位以及有关社会团体推荐的公民。

第一百八十七条 管辖与申请书

申请认定公民无民事行为能力或者限制民事行为能力，由其近亲属或者其他利害关系人向该公民住所地基层人民法院提出。

申请书应当写明该公民无民事行为能力或者限制民事行为能力的事实和根据。

第一百八十九条 代理、审理和判决

人民法院审理认定公民无民事行为能力或者限制民事行为能力的案件，应当由该公民的近亲属为代理人，但申请人除外。近亲属互相推诿的，由人民法院指定其中一人为代理人。该公民健康情况许可的，还应当询问本人的意见。

人民法院经审理认定申请有事实根据的，判决该公民为无民事行为能力或者限制民事行为能力人；认定申请没有事实根据的，应当判决予以驳回。

▶《行政诉讼法》

第二十五条 行政行为的相对人以及其他与行政行为有利害关系的公民、法人或者其他组织，有权提起诉讼。有权提起诉讼的公民死亡，其近亲属可以提起诉讼。有权提起诉讼的法人或者其他组织终止，承受其权利的法人或者其他组织可以提起诉讼。

人民检察院在履行职责中发现生态环境和资源保护、食品药品安全、国有财产保护、国有土地使用权出让等领域负有监督管理职责的行政机关违法行使职权或者不作为，致使国家利益或者社会公共利益受到侵害的，应当向行政机关提出检察建议，督促其依法履行职责。行政机关不依法履行职责的，人民检察院依法向人民法院提起诉讼。

第三十一条 当事人、法定代理人，可以委托一至二人作为诉讼代理人。

下列人员可以被委托为诉讼代理人：

（一）律师、基层法律服务工作者；

（二）当事人的近亲属或者工作人员；

（三）当事人所在社区、单位以及有关社会团体推荐的公民。

▶《民通意见》

42. 以公民个人名义申请登记的个体工商户和个人承包的农村承包经营户，用家庭共有财产投资，或者收益的主要部分供家庭成员享用的，其债务应以家庭共有财产清偿。

44. 个体工商户、农村承包经营户的债务，如以其家庭共有财产承担责任时，应当保留家庭成员的生活必需品和必要的生产工具。

57. 民法通则第三十五条第一款中关于“以各自的财产承担清偿责任”，是指合伙人以个人财产出资的，以合伙人的个人财产承担；合伙人以其家庭共有财产出资的，以其家庭共有财产承担；合伙人以个人财产出资，合伙的盈余分配所得用于其家庭成员生活的，应先以合伙人的个人财产承担，不足部分以合伙人的家庭共有财产承担。

第二章 结 婚

第一千零四十六条 【结婚自愿】结婚应当男女双方完全自愿，禁止任何一方对另一方加以强迫，禁止任何组织或者个人加以干涉。

条文对比

《民法典婚姻家庭编》	《婚姻法》
第一千零四十六条 结婚应当男女双方完全自愿，禁止任何一方对另一方加以强迫，**禁止任何**组织或者个人加以干涉。	**第五条** 结婚必须男女双方完全自愿，不许任何一方对他方加以强迫或任何第三者加以干涉。

关联法规

▶《宪法》

第四十九条 婚姻、家庭、母亲和儿童受国家的保护。

夫妻双方有实行计划生育的义务。

父母有抚养教育未成年子女的义务，成年子女有赡养扶助父母的义务。

禁止破坏婚姻自由，禁止虐待老人、妇女和儿童。

▶《民法典婚姻家庭编》

第一千零四十二条 禁止包办、买卖婚姻和其他干涉婚姻自由的行为。禁止借婚姻索取财物。

禁止重婚。禁止有配偶者与他人同居。

禁止家庭暴力。禁止家庭成员间的虐待和遗弃。

《老年人权益保障法》

第二十一条 老年人的婚姻自由受法律保护。子女或者其他亲属不得干涉老年人离婚、再婚及婚后的生活。

赡养人的赡养义务不因老年人的婚姻关系变化而消除。

《妇女权益保障法》

第四十四条 国家保护妇女的婚姻自主权。禁止干涉妇女的结婚、离婚自由。

《刑法》

第二百五十七条 以暴力干涉他人婚姻自由的，处二年以下有期徒刑或者拘役。

犯前款罪，致使被害人死亡的，处二年以上七年以下有期徒刑

第一款罪，告诉的才处理。

《最高人民法院关于印度在中国的侨民和非印度籍公民结婚是否被承认及夫妇一方遗弃他方是否即被认为离婚等问题的函》

外交部第一亚洲司：

你部发一亚字第55/01770号函收悉。

关于印度驻华大使馆提出的两个问题：

一、印度在中国的侨民与非印度籍公民结婚，哪种是被承认的？

二、夫妇一方遗弃他方，是否即被认为离婚，被遗弃的一方与第三人生养子女是否合法？

我们意见：……关于夫妇一方遗弃他方，并与之断绝联系，依我国婚姻法不能认为当然已离婚，应依法办理离婚登记，或经法院的判决，才算离婚（请参考婚姻法第十七条第十八条及“婚姻登记办法”第五条）。被遗弃的一方，在未依法办妥离婚手续之前与第三人生养子女，这种关系，不能认为是合法的婚姻关系，但所生的子女受法律的保护，他们享受和婚生子女同等的权利，任何人不得加以危害和歧视（婚姻法第十五条）。

《最高人民法院办公厅关于五代以内旁系血亲可否结婚问题的复函》

四川省开县人民法院：

全国人民代表大会常务委员会转来你县绣衣池谢国亚的来信，提出第四代旁系血亲的从堂兄妹能否结婚的问题。我们意见，根据婚姻法第五条第一款第

二次的规定精神，原则上应从习惯。但对具体问题亦应适当考虑具体情况和几年来由于婚姻法的贯彻，群众觉悟的提高，如当地虽无此种习惯，但经向群众说服不致产生不良影响时，可以允许结婚，如经过说服群众（而不是几个人）仍非常反对时，为免发生意外，可斟酌具体情况适当处理（如申请人迁居等）。

▶《最高人民法院华东分院关于贯彻婚姻法运动后不登记结婚者请求离婚是否按离婚办理问题的批复》

浙江省人民法院：

你院浙法宣字第6002号报告收悉。崇德县院请示“在这次贯彻婚姻法运动后，如仍有私下结婚不向政府登记，其要求离婚时，是否当离婚处理”的问题。我们认为婚姻法施行后，婚姻登记机关已建立地区，结婚而不去登记或在这次贯彻婚姻法运动后，仍有不经登记而结婚的都是不应该的。但在目前情况下，婚姻法宣传还不够广与深，因此对事实上已结婚，而仅欠缺结婚登记手续者，除给一定教育外，仍应视为是夫妻关系。其要求脱离者亦应根据具体情况，按照婚姻法关于离婚的规定办理。但如不经登记结婚而有违反婚姻法第五条关于禁止结婚规定者，其要求脱离时，则应根据具体情况分别办理。

▶《最高人民法院西南分院、西南军政委员会司法部关于父女兄妹间发生不正当的性行为应如何处罚问题的函复》

云南省人民法院：

你院法行字第420号报告已悉，兹综合答复如下：

一、关于父女间发生性行为，结合目前社会，封建家长制的权威，在农村中普遍没有摧毁，如此而发生性行为，则这种性行为从实质上说是一种强奸行为。为了维护新民主主义社会道德、秩序，及贯彻反封建的斗争，对于这种强奸行为应较一般强奸罪从重办理。兄妹间发生性行为，如亦系以封建家长制权威，也应依上述精神办理。

二、兄妹间如无利用封建家长制权威，双方又均无配偶，而发生性行为者是违反了婚姻法第五条第一款禁止规定的精神，可按违反婚姻法禁止规定予以制裁；如有配偶而发生性行为，可按一般通奸罪从重处刑。

第一千零四十七条　【法定婚龄】结婚年龄，男不得早于二十二周岁，女不得早于二十周岁。

条文对比

《民法典婚姻家庭编》	《婚姻法》
第一千零四十七条 结婚年龄，男不得早于二十二周岁，女不得早于二十周岁。	**第六条** 结婚年龄，男不得早于二十二周岁，女不得早于二十周岁。~~晚婚晚育应予鼓励。~~

关联法规

《婚姻法司法解释（一）》

第七条 有权依据婚姻法第十条规定向人民法院就已办理结婚登记的婚姻申请宣告婚姻无效的主体，包括婚姻当事人及利害关系人。利害关系人包括：

（一）以重婚为由申请宣告婚姻无效的，为当事人的近亲属及基层组织。

（二）以未到法定婚龄为由申请宣告婚姻无效的，为未达法定婚龄者的近亲属。

（三）以有禁止结婚的亲属关系为由申请宣告婚姻无效的，为当事人的近亲属。

（四）以婚前患有医学上认为不应当结婚的疾病，婚后尚未治愈为由申请宣告婚姻无效的，为与患病者共同生活的近亲属。

第八条 当事人依据婚姻法第十条规定向人民法院申请宣告婚姻无效的，申请时，法定的无效婚姻情形已经消失的，人民法院不予支持。

《最高人民法院民事审判庭关于贯彻执行最高人民法院〈关于人民法院审理未办结婚登记而以夫妻名义同居生活案件的若干意见〉有关问题的电话答复》

广东省高级人民法院：

你院《关于贯彻执行最高人民法院〈关于人民法院审理未办结婚登记而以夫妻名义同居生活案件的若干意见〉有关问题的请示》收悉，经研究，电话答复如下：

一、关于你院请示中一、二条所提一方或双方当事人隐瞒结婚时年龄以及隐瞒近亲属关系骗取结婚证，现一方提出离婚，是作为非法同居关系，事实婚姻关系还是作为登记婚姻处理的问题，我们认为：非法同居关系，事实婚姻关系的共同特征是未办结婚登记即以夫妻名义同居生活。隐瞒结婚年龄以及隐瞒近亲属关系骗取结婚证后，一方要求离婚的案件，不符合非法同居关系或事实婚姻关系的构成特征，因此不能按非法同居关系或事实婚姻关系对待，而应作为登记婚姻按《最高人民法院关于判决离婚的若干具体规定》第四条和其他有关规定处理。

二、关于处理非法同居案件中，双方对非婚生子女抚养和非法同居期间财产处理已达成协议，是分别制作判决书、调解书还是用判决形式一并处理的问题，我们认为：解除非法同居案件中的子女抚养和财产分割属于牵连之诉，应予一并处理。当事人对子女抚养和财产分割达成协议的，人民法院只须将当事人之间达成的协议直接写进判决书即可，无须分别制作判决书、调解书。

三、关于女方在非法同居期间怀孕，男方提出解除非法同居关系人民法院是否受婚姻法第二十七条的限制是否受理的问题，我们认为婚姻法二十七条保护的前提是合法的婚姻关系，女方在非法同居期间怀孕，违反了婚姻法的有关规定，为了严肃执法，对男方诉到法院要求解除非法同居关系的，应予受理。受理后即应作出解除非法同居关系的判决。女方分娩后，再处理子女抚养问题。

▶《司法部公证律师司关于为未达法定婚龄的人出具未婚证明事的函》

广东省司法厅公证管理处：

现将广州市公证处送认证的〔88〕穗证字第 49501 号未婚公证书退你处。我司曾于一九八七年三月十三日以〔87〕司公字第 24 号《关于办理余丽云未婚公证事的函》规定，对未达我国《婚姻法》所规定的结婚年龄的当事人，公证处不宜为其出具未婚公证书，而以信函方式答复申请人。该文件下发后，一些公证处反映，有的国家不接受公证处的信函，仍要求当事人提供未婚公证书。为方便当事人，我司意见可以为其出具未婚公证书。证词为："兹证明×××(男或女，××××年×月×日出生，现住××省××县××乡××村) 现尚未达到《中华人民共和国婚姻法》规定的结婚年龄，至今未曾登记结婚。"对于已到国外定居的当事人，证明的后半部分为："至××××年×月×日离境(或去香港、澳门) 之日，尚未达到《中华人民共和国婚姻法》规定的结婚年龄，未曾登记结婚。"

请转告广州市公证处，如当事人李伟斌前往的国家确实不接受公证处信函，可按上述证词将该公证书修改后重新送领事司认证，并注意保留原认证号：L189。

▶《民政部国家计划生育委员会关于严格依法办理婚姻登记的批复》

新疆维吾尔自治区民政厅、计划生育委员会：

你区民政厅一九八三年十一月二十四日请示报告收悉，现答复如下：

一、晚婚年龄不能作法定婚龄。法定婚龄是《婚姻法》规定的最低婚龄。婚姻登记机关应积极宣传晚婚的好处，鼓励晚婚，但必须按国务院 1980 年 12 月 10 日国发〔1980〕305 号《关于认真贯彻执行新婚姻法的通知》执行。即："必须依法办事。婚姻法一经生效，各地在处理有关婚姻家庭问题时，就要严格按照有关规定办事，做到有法必依，执法必严，不能随意变动。前一段时期，有些地方在婚龄、婚姻登记办法等方面各自做过一些暂行规定，自新婚姻法实施之日起，凡与该法不一致的有关规定，一律无效。"

二、喀什行署自行决定凭"准婚证"办理结婚登记的做法是违反国家婚姻登记办法的，应报请自治区人民政府立即予以纠正。

今后民政部门和计划生育部门在工作上要互相支持，密切配合。民政部门要指导婚姻登记机关积极宣传晚婚晚育，实行计划生育；计划生育部门要大力支持婚姻登记机关依法办事，宣传法制的重大意义。遇有违反国法的行为，要共同向领导反映，及时纠正。

第一千零四十八条　【禁止结婚的情形】直系血亲或者三代以内的旁系血亲禁止结婚。

条文对比

《民法典婚姻家庭编》	《婚姻法》
第一千零四十八条　直系血亲或者三代以内的旁系血亲禁止结婚。	**第七条**　~~有下列情形之一的，~~禁止结婚： ~~（一）~~直系血亲和三代以内的旁系血亲~~；~~ ~~（二）患有医学上认为不应当结婚的疾病。~~

关联法规

▶《婚姻登记条例》

第六条[①] 办理结婚登记的当事人有下列情形之一的，婚姻登记机关不予登记：

（一）未到法定结婚年龄的；

（二）非双方自愿的；

（三）一方或者双方已有配偶的；

（四）属于直系血亲或者三代以内旁系血亲的；

（五）患有医学上认为不应当结婚的疾病的。

▶《最高人民法院关于三代以内的旁系血亲之间的婚姻关系如何处理问题的批复》

安徽省高级人民法院：

你院法民他字〔1986〕第4号关于曹永林诉占可琴离婚一案的请示报告收悉。经征求全国人大常委法制工作委员会和民政部等单位的意见后，我们研究认为：曹永林与占可琴是三代以内的表兄妹，双方隐瞒近亲关系骗取结婚登记，违反了我国婚姻法第六条关于禁止三代以内的旁系血亲结婚的规定，这种婚姻关系依法是不应保护的。但曹、占两人已经结婚多年，并生有子女，根据本案的具体情况，为保护妇女和儿童的利益，同意你院的第二种意见，按婚姻法第二十五条规定处理。处理时，必须指出双方骗取结婚登记的错误，特别是对男方曹永林的错误要进行严肃的批评教育，并可建议其工作单位给以适当处分，对子女抚养和财产分割，应照顾子女和女方的合法权益，合情合理地予以解决。

▶《最高人民法院关于辈分不同的旁系血亲能否结婚等问题的批复》

热河省高级人民法院：

法民字第13号报告已收到。你们对张×与张××婚姻问题的处理意见，基本上是妥当可行的。但应把处理办法的顺序颠倒一下即：应先劝说其母亲，争取她同意其女儿与张×结婚；如劝说确实无效时，再劝说张×与张××双方另行结婚；如劝说也无效时，则可让他们到外地结婚。惟张×与张××都是农民，如离乡背井到外地结婚，事实上是否可能，需要慎重考虑。

---

① 建议废止《婚姻登记条例》第6条第5项，理由：与《民法典婚姻家庭编》第1048条冲突。

我院认为此种婚姻与婚姻法第二章第五条一款“其他五代内旁系血亲禁止结婚问题，从习惯”之规定精神不相符合，如果准许他们结婚，不但张姓家族及群众不满，更主要的是将会引起其母有生命危险，因此我们的意见，不准其结婚；再次向男女双方讲清政策，说服教育，并将小孩适当安置，动员其与他人另行结婚，如经过说服教育无效时，法院再协同民政、妇联有关部门对其母进行说服解释，搞通思想准其结婚；如说服其母不成而男女又坚决要求结婚时，则应准许结婚；但为避免不满，免出事故，让他们到外地结婚，并在群众中加以解释，以免群众对此问题处理感到不满，上述意见是否可行，请予批示。

▶《民政部民政司关于表姨和表外甥能否结婚的复函》

中共抚顺市望花区委信访室：

转来你室一月三十一日来函收悉。现答复如下：

婚姻法第六条一款规定：“直系血亲和三代以内的旁系血亲”禁止结婚。所谓“三代以内的旁系血亲”，是指同一祖父母或外祖父母的血亲关系。你们所询表姨和表外甥并不是同一外祖父母，因此不属三代以内的旁系血亲。他们之间不属禁婚之列。但是，从遗传学角度考虑，血缘过近的婚配，是不利于优生的，建议劝说双方当事人慎重考虑，为了子孙后代的健康，以另外择偶为好。

▶《民政部关于堂姐、堂弟的子女能否结婚问题的复函》

四川省民政厅：

你厅川民政民〔1986〕2号《关于堂姐、堂弟的子女申请结婚能否进行登记的请示》收悉。根据全国人大常委会法制委员会副主任武新宇《关于〈中华人民共和国婚姻法（修改草案）〉的说明》中对三代以内的旁系血亲禁止结婚所作的解释，我们认为，张媛同雷维宇属于第四代的旁系血亲。张媛、雷维宇两人如在其他问题上也符合《婚姻法》关于结婚的规定，婚姻登记机关可予以登记。

第一千零四十九条　【结婚登记】要求结婚的男女双方应当亲自到婚姻登记机关申请结婚登记。符合本法规定的，予以登记，发给结婚证。完成结婚登记，即确立婚姻关系。未办理结婚登记的，应当补办登记。

条文对比

《民法典婚姻家庭编》	《婚姻法》
第一千零四十九条 要求结婚的男女双方应当亲自到婚姻登记机关申请结婚登记。符合本法规定的，予以登记，发给结婚证。完成结婚登记，即确立婚姻关系。未办理结婚登记的，应当补办登记。	**第八条** 要求结婚的男女双方必须亲自到婚姻登记机关进行结婚登记。符合本法规定的，予以登记，发给结婚证。取得结婚证，即确立夫妻关系。未办理结婚登记的，应当补办登记。

关联法规

《婚姻登记条例》

第二条 内地居民办理婚姻登记的机关是县级人民政府民政部门或者乡（镇）人民政府，省、自治区、直辖市人民政府可以按照便民原则确定农村居民办理婚姻登记的具体机关。

中国公民同外国人，内地居民同香港特别行政区居民（以下简称香港居民）、澳门特别行政区居民（以下简称澳门居民）、台湾地区居民（以下简称台湾居民）、华侨办理婚姻登记的机关是省、自治区、直辖市人民政府民政部门或者省、自治区、直辖市人民政府民政部门确定的机关。

第三条 婚姻登记机关的婚姻登记员应当接受婚姻登记业务培训，经考核合格，方可从事婚姻登记工作。

婚姻登记机关办理婚姻登记，除按收费标准向当事人收取工本费外，不得收取其他费用或者附加其他义务。

第四条 内地居民结婚，男女双方应当共同到一方当事人常住户口所在地的婚姻登记机关办理结婚登记。

中国公民同外国人在中国内地结婚的，内地居民同香港居民、澳门居民、台湾居民、华侨在中国内地结婚的，男女双方应当共同到内地居民常住户口所在地的婚姻登记机关办理结婚登记。

第五条 办理结婚登记的内地居民应当出具下列证件和证明材料：

（一）本人的户口簿、身份证；

（二）本人无配偶以及与对方当事人没有直系血亲和三代以内旁系血亲关系的签字声明。办理结婚登记的香港居民、澳门居民、台湾居民应当出具下列证件和证明材料：

（一）本人的有效通行证、身份证；

（二）经居住地公证机构公证的本人无配偶以及与对方当事人没有直系血亲和三代以内旁系血亲关系的声明。办理结婚登记的华侨应当出具下列证件和证明材料：

（一）本人的有效护照；

（二）居住国公证机构或者有权机关出具的、经中华人民共和国驻该国使（领）馆认证的本人无配偶以及与对方当事人没有直系血亲和三代以内旁系血亲关系的证明，或者中华人民共和国驻该国使（领）馆出具的本人无配偶以及与对方当事人没有直系血亲和三代以内旁系血亲关系的证明。办理结婚登记的外国人应当出具下列证件和证明材料：

（一）本人的有效护照或者其他有效的国际旅行证件；

（二）所在国公证机构或者有权机关出具的、经中华人民共和国驻该国使（领）馆认证或者该国驻华使（领）馆认证的本人无配偶的证明，或者所在国驻华使（领）馆出具的本人无配偶的证明。

第六条 办理结婚登记的当事人有下列情形之一的，婚姻登记机关不予登记：

（一）未到法定结婚年龄的；

（二）非双方自愿的；

（三）一方或者双方已有配偶的；

（四）属于直系血亲或者三代以内旁系血亲的；

（五）患有医学上认为不应当结婚的疾病的。

第七条 婚姻登记机关应当对结婚登记当事人出具的证件、证明材料进行审查并询问相关情况。对当事人符合结婚条件的，应当当场予以登记，发给结婚证；对当事人不符合结婚条件不予登记的，应当向当事人说明理由。

第八条 男女双方补办结婚登记的，适用本条例结婚登记的规定。

▶《婚姻法司法解释（三）》

第一条第二款 当事人以结婚登记程序存在瑕疵为由提起民事诉讼，主张撤销结婚登记的，告知其可以依法申请行政复议或者提起行政诉讼。

▶《婚姻法司法解释（一）》

第四条 男女双方根据婚姻法第八条规定补办结婚登记的，婚姻关系的效力从双方均符合婚姻法所规定的结婚的实质要件时起算。

第五条 未按婚姻法第八条规定办理结婚登记而以夫妻名义共同生活的男女，起诉到人民法院要求离婚的，应当区别对待：

（一）1994 年 2 月 1 日民政部《婚姻登记管理条例》① 公布实施以前，男女双方已经符合结婚实质要件的，按事实婚姻处理；

（二）1994 年 2 月 1 日民政部《婚姻登记管理条例》公布实施以后，男女双方符合结婚实质要件的，人民法院应当告知其在案件受理前补办结婚登记；未补办结婚登记的，按解除同居关系处理。

第六条 未按婚姻法第八条规定办理结婚登记而以夫妻名义共同生活的男女，一方死亡，另一方以配偶身份主张享有继承权的，按照本解释第五条的原则处理。

▶《最高人民法院行政审判庭关于婚姻登记行政案件原告资格及判决方式有关问题的答复》

浙江省高级人民法院：

你院《关于婚姻关系当事人以外的其他人可否对婚姻登记行为提起行政诉讼及对程序违法的婚姻登记行为能否判决撤销的请示》收悉。经研究，答复如下：

一、依据《中华人民共和国行政诉讼法》第二十四条第二款规定，有权起诉婚姻登记行为的婚姻关系当事人死亡的，其近亲属可以提起行政诉讼。

二、根着《中华人民共和国婚姻法》第八条规定，婚姻关系双方或—方当事人未亲自到婚姻登记机关进行婚姻登记，且不能证明婚姻登记系男女双方的真实意思表示，当事人对该婚姻登记不服提起诉讼的，人民法院应当依法予以撤销。

▶《最高人民法院关于符合结婚条件的男女在登记结婚之前曾公开同居生活能否连续计算婚姻关系存续期间并依此分割财产问题的复函》

黑龙江省高级人民法院：

你院《关于符合结婚条件的男女在登记结婚之前曾公开同居生活能否连续计算婚姻关系存续期间并依此分割财产问题的请示》收悉。经研究，答复如下：

我院同意你院审判委员会的第一种意见，即根据民政部 1994 年 2 月 1 日实

---

① 该条例已被 2003 年 8 月 8 日国务院第 387 号令《婚姻登记条例》取代。

施的《婚姻登记管理条例》。1989 年 11 月 21 日我院《关于人民法院审理未办理结婚登记而以夫妻名义同居生活案件的若干意见》以及 1994 年 4 月 4 日我院《关于适用新的〈婚姻登记管理条例〉的通知》的有关规定，在民政部婚姻登记管理条例施行之前，对于符合结婚条件的男女在登记结婚之前，以夫妻名义同居生活，群众也认为是夫妻关系的，可认定为事实婚姻关系，与登记婚姻关系合并计算婚姻关系存续期间。

▶《最高人民法院民事审判庭关于贯彻执行最高人民法院〈关于人民法院审理未办结婚登记而以夫妻名义同居生活案件的若干意见〉有关问题的电话答复》

广东省高级人民法院：

你院《关于贯彻执行最高人民法院〈关于人民法院审理未办结婚登记而以夫妻名义同居生活案件的若干意见〉有关问题的请示》收悉，经研究，电话答复如下：

一、关于你院请示中一、二条所提一方或双方当事人隐瞒结婚时年龄以及隐瞒近亲属关系骗取结婚证，现一方提出离婚，是作为非法同居关系，事实婚姻关系还是作为登记婚姻处理的问题，我们认为：非法同居关系，事实婚姻关系的共同特征是未办结婚登记即以夫妻名义同居生活。隐瞒结婚年龄以及隐瞒近亲属关系骗取结婚证后，一方要求离婚的案件，不符合非法同居关系或事实婚姻关系的构成特征，因此不能按非法同居关系或事实婚姻关系对待，而应作为登记婚姻按《最高人民法院关于判决离婚的若干具体规定》第四条和其他有关规定处理。

二、关于处理非法同居案件中，双方对非婚生子女抚养和非法同居期间财产处理已达成协议，是分别制作判决书、调解书还是用判决形式一并处理的问题，我们认为：解除非法同居案件中的子女抚养和财产分割属于牵连之诉，应予一并处理。当事人对子女抚养和财产分割达成协议的，人民法院只须将当事人之间达成的协议直接写进判决书即可，无须分别制作判决书、调解书。

三、关于女方在非法同居期间怀孕，男方提出解除非法同居关系人民法院是否受婚姻法第二十七条的限制是否受理的问题，我们认为婚姻法二十七条保护的前提是合法的婚姻关系，女方在非法同居期间怀孕，违反了婚姻法的有关规定，为了严肃执法，对男方诉到法院要求解除非法同居关系的，应予受理。受理后即应作出解除非法同居关系的判决。女方分娩后，再处理子女抚养问题。

▶《人民法院处理涉台民事案件的几个法律问题》

一、关于婚姻问题

一些去台人员，由于夫妻长期隔离在海峡两岸，家庭发生了变异：有的单方在大陆依法办理了离婚手续；有的一方或者双方已经再婚，或者长期与他人以夫妻的名义同居生活，生育了子女，等等。对这种由于特殊的历史原因造成的婚姻纠纷，我们将充分考虑海峡两岸人民长期分离的实际情况，从有利于稳定婚姻家庭关系的现状出发，根据我国婚姻法一夫一妻制的基本原则，妥善处理。这类案件有以下几种情况：

第一，对已经人民法院判决离婚的案件，不论是单方诉讼还是双方诉讼，也不论对方是否接到判决书，法院的判决都是有效的。如果双方均未再婚，现在请求恢复夫妻关系的，人民法院可以用裁定注销原来的判决，宣告婚姻关系恢复。但经判决离婚后，一方或者双方又另行结婚的，如果其再婚的配偶已经离婚或者已经死亡，现在双方要求恢复夫妻关系的，应当到有关婚姻登记机关重新办理结婚登记手续；如果再婚配偶还健在，必须在办理离婚手续后，才可以与原配偶重新结婚。我们认为，这样实事求是地处理海峡两岸由于长期隔离而造成的特殊婚姻关系，是符合各方当事人的利益的。

第二，对双方分离以后未办理离婚手续，大陆一方又与他人结婚，或者长期与他人以夫妻关系同居生活的，我们原则上承认这种婚姻关系。现去台一方回来，大陆一方为与原配偶恢复关系，提出与再婚配偶离婚的，是否准予离婚，人民法院应当依照《中华人民共和国婚姻法》第二十五条关于“人民法院审理离婚案件，应当进行调解；如感情确已破裂，调解无效，应准予离婚”的规定处理。如果认定感情尚未破裂的，则判决不准离婚。去台一方回大陆定居后，向人民法院提出要求与在台的配偶离婚的，人民法院应当受理，并根据婚姻法的规定，作出是否准予离婚的判决。

第三，对于双方分离后未办理离婚手续，一方或者双方分别在大陆和台湾再婚的，对这种由于特殊原因形成的婚姻关系，我们不以重婚对待。当事人不告诉，人民法院不主动干预；如果其中一方当事人提出与其配偶离婚的，人民法院应当按照离婚案件受理。

……

《最高人民法院民事审判庭关于未经结婚登记以夫妻名义同居生活一方死亡后另一方有无继承其遗产权利的答复》

辽宁省高级人民法院：

你院关于未经结婚登记以夫妻名义同居生活，一方死亡后另一方有无继承其遗产权利的案情报告收悉。经研究认为，在本案中，不能承认刘美珍与栾庆吉为事实婚姻。

至于栾庆杰死亡后遗留的财产，可按财产纠纷处理。

《最高人民法院关于三代以内的旁系血亲之间的婚姻关系如何处理问题的批复》

安徽省高级人民法院：

你院法民他字〔1986〕第4号关于曹永林诉占可琴离婚一案的请示报告收悉。经征求全国人大常委法制工作委员会和民政部等单位的意见后，我们研究认为：曹永林与占可琴是三代以内的表兄妹，双方隐瞒近亲关系骗取结婚登记，违反了我国婚姻法第六条关于禁止三代以内的旁系血亲结婚的规定，这种婚姻关系依法是不应保护的。但曹、占两人已经结婚多年，并生有子女，根据本案的具体情况，为保护妇女和儿童的利益，同意你院的第二种意见，按婚姻法第二十五条规定处理。处理时，必须指出双方骗取结婚登记的错误，特别是对男方曹永林的错误要进行严肃的批评教育，并可建议其工作单位给以适当处分，对子女抚养和财产分割，应照顾子女和女方的合法权益，合情合理地予以解决。

《最高人民法院民事审判庭关于李玲与王景年婚姻纠纷案的复函》

宁夏回族自治区高级人民法院民事审判庭：

你院〔82〕宁高法民函字第1号请示和补充意见的来函均已收悉。

李玲与王景年婚姻纠纷一案，经研究认为：他们双方在插队期间，以夫妻相待，共同生活长达5年之久，回城就业时李玲又将户口粮食关系落在王景年家中，邻里群众均公认他们是夫妻，双方年龄又都符合1950年婚姻法规定的条件，虽未经政府登记结婚，但已构成事实婚姻，他们的婚姻纠纷应按一般离婚案件审理。

上述意见，供参考。

《婚姻登记工作规范》

第一章 总　　则

第一条 为加强婚姻登记规范化管理，维护婚姻当事人的合法权益，根据

《中华人民共和国婚姻法》和《婚姻登记条例》，制定本规范。

第二条 各级婚姻登记机关应当依照法律、法规及本规范，认真履行职责，做好婚姻登记工作。

第二章 婚姻登记机关

第三条 婚姻登记机关是依法履行婚姻登记行政职能的机关。

第四条 婚姻登记机关履行下列职责：

（一）办理婚姻登记；

（二）补发婚姻登记证；

（三）撤销受胁迫的婚姻；

（四）建立和管理婚姻登记档案；

（五）宣传婚姻法律法规，倡导文明婚俗。

第五条 婚姻登记管辖按照行政区域划分。

（一）县、不设区的市、市辖区人民政府民政部门办理双方或者一方常住户口在本行政区域内的内地居民之间的婚姻登记。

省级人民政府可以根据实际情况，规定乡（镇）人民政府办理双方或者一方常住户口在本乡（镇）的内地居民之间的婚姻登记。

（二）省级人民政府民政部门或者其确定的民政部门，办理一方常住户口在辖区内的涉外和涉香港、澳门、台湾居民以及华侨的婚姻登记。

办理经济技术开发区、高新技术开发区等特别区域内居民婚姻登记的机关由省级人民政府民政部门提出意见报同级人民政府确定。

（三）现役军人由部队驻地、入伍前常住户口所在地或另一方当事人常住户口所在地婚姻登记机关办理婚姻登记。

婚姻登记机关不得违反上述规定办理婚姻登记。

第六条 具有办理婚姻登记职能的县级以上人民政府民政部门和乡（镇）人民政府应当按照本规范要求设置婚姻登记处。

省级人民政府民政部门设置、变更或撤销婚姻登记处，应当形成文件并对外公布；市、县（市、区）人民政府民政部门、乡（镇）人民政府设置、变更或撤销婚姻登记处，应当形成文件，对外公布并逐级上报省级人民政府民政部门。省级人民政府民政部门应当相应调整婚姻登记信息系统使用相关权限。

第七条 省、市、县（市、区）人民政府民政部门和乡镇人民政府设置的婚姻登记处分别称为：

××省（自治区、直辖市）民政厅（局）婚姻登记处，××市民政局婚姻登记处，××县（市）民政局婚姻登记处；

××市××区民政局婚姻登记处；

××县（市、区）××乡（镇）人民政府婚姻登记处。

县、不设区的市、市辖区人民政府民政部门设置多个婚姻登记处的，应当在婚姻登记处前冠其所在地的地名。

第八条 婚姻登记处应当在门外醒目处悬挂婚姻登记处标牌。标牌尺寸不得小于1500mm×300mm或550mm×450mm。

第九条 婚姻登记处应当按照民政部要求，使用全国婚姻登记工作标识。

第十条 具有办理婚姻登记职能的县级以上人民政府民政部门和乡（镇）人民政府应当刻制婚姻登记工作业务专用印章和钢印。专用印章和钢印为圆形，直径35mm。

婚姻登记工作业务专用印章和钢印，中央刊“★”，“★”外围刊婚姻登记处所属民政厅（局）或乡（镇）人民政府名称，如：“××省民政厅”、“××市民政局”、“××市××区民政局”、“××县民政局”或者“××县××乡（镇）人民政府”。

“★”下方刊“婚姻登记专用章”。民政局设置多个婚姻登记处的，“婚姻登记专用章”下方刊婚姻登记处序号。

第十一条 婚姻登记处应当有独立的场所办理婚姻登记，并设有候登大厅、结婚登记区、离婚登记室和档案室。结婚登记区、离婚登记室可合并为相应数量的婚姻登记室。

婚姻登记场所应当宽敞、庄严、整洁，设有婚姻登记公告栏。

婚姻登记处不得设在婚纱摄影、婚庆服务、医疗等机构场所内，上述服务机构不得设置在婚姻登记场所内。

第十二条 婚姻登记处应当配备以下设备：

（一）复印机；

（二）传真机；

（三）扫描仪；

（四）证件及纸张打印机；

（五）计算机；

（六）身份证阅读器。

第十三条 婚姻登记处可以安装具有音频和视频功能的设备，并妥善保管音频和视频资料。

婚姻登记场所应当配备必要的公共服务设施，婚姻登记当事人应当按照要求合理使用。

第十四条 婚姻登记处实行政务公开，下列内容应当在婚姻登记处公开展示：

（一）本婚姻登记处的管辖权及依据；

（二）婚姻法的基本原则以及夫妻的权利、义务；

（三）结婚登记、离婚登记的条件与程序；

（四）补领婚姻登记证的条件与程序；

（五）无效婚姻及可撤销婚姻的规定；

（六）收费项目与收费标准；

（七）婚姻登记员职责及其照片、编号；

（八）婚姻登记处办公时间和服务电话，设置多个婚姻登记处的，应当同时公布，巡回登记的，应当公布巡回登记时间和地点；

（九）监督电话。

第十五条 婚姻登记处应当备有《中华人民共和国婚姻法》、《婚姻登记条例》及其他有关文件，供婚姻当事人免费查阅。

第十六条 婚姻登记处在工作日应当对外办公，办公时间在办公场所外公告。

第十七条 婚姻登记处应当通过省级婚姻登记信息系统开展实时联网登记，并将婚姻登记电子数据实时传送给民政部婚姻登记信息系统。

各级民政部门应当为本行政区域内婚姻登记管理信息化建设创造条件，并制定婚姻登记信息化管理制度。

婚姻登记处应当将保存的本辖区未录入信息系统的婚姻登记档案录入婚姻登记历史数据补录系统。

第十八条 婚姻登记处应当按照《婚姻登记档案管理办法》的规定管理婚姻登记档案。

第十九条 婚姻登记处应当制定婚姻登记印章、证书、纸制档案、电子档案等管理制度，完善业务学习、岗位责任、考评奖惩等制度。

第二十条 婚姻登记处应当开通婚姻登记网上预约功能和咨询电话，电话号码在当地114查询台登记。

具备条件的婚姻登记处应当开通互联网网页，互联网网页内容应当包括：办公时间、办公地点；管辖权限；申请结婚登记的条件、办理结婚登记的程序；申请离婚登记的条件、办理离婚登记的程序；申请补领婚姻登记证的程序和需要的证明材料、撤销婚姻的程序等内容。

第二十一条 婚姻登记处可以设立婚姻家庭辅导室，通过政府购买服务或公开招募志愿者等方式聘用婚姻家庭辅导员，并在坚持群众自愿的前提下，开展婚姻家庭辅导服务。婚姻家庭辅导员应当具备以下资格之一：

（一）社会工作师；

（二）心理咨询师；

（三）律师；

（四）其他相应专业资格。

第二十二条 婚姻登记处可以设立颁证厅，为有需要的当事人颁发结婚证。

第三章 婚姻登记员

第二十三条 婚姻登记机关应当配备专职婚姻登记员。婚姻登记员人数、编制可以参照《婚姻登记机关等级评定标准》确定。

第二十四条 婚姻登记员由本级民政部门考核、任命。

婚姻登记员应当由设区的市级以上人民政府民政部门进行业务培训，经考核合格，取得婚姻登记员培训考核合格证明，方可从事婚姻登记工作。其他人员不得从事本规范第二十五条规定的工作。

婚姻登记员培训考核合格证明由省级人民政府民政部门统一印制。

婚姻登记员应当至少每2年参加一次设区的市级以上人民政府民政部门举办的业务培训，取得业务培训考核合格证明。

婚姻登记处应当及时将婚姻登记员上岗或离岗信息逐级上报省级人民政府民政部门，省级人民政府民政部门应当根据上报的信息及时调整婚姻登记信息系统使用相关权限。

第二十五条 婚姻登记员的主要职责：

（一）负责对当事人有关婚姻状况声明的监誓；

（二）审查当事人是否具备结婚、离婚、补发婚姻登记证、撤销受胁迫婚姻的条件；

（三）办理婚姻登记手续，签发婚姻登记证；

（四）建立婚姻登记档案。

第二十六条 婚姻登记员应当熟练掌握相关法律法规，熟练使用婚姻登记信息系统，文明执法，热情服务。婚姻登记员一般应具有大学专科以上学历。

婚姻登记员上岗应当佩带标识并统一着装。

第四章 结婚登记

第二十七条 结婚登记应当按照初审—受理—审查—登记（发证）的程序办理。

第二十八条 受理结婚登记申请的条件是：

（一）婚姻登记处具有管辖权；

（二）要求结婚的男女双方共同到婚姻登记处提出申请；

（三）当事人男年满22周岁，女年满20周岁；

（四）当事人双方均无配偶（未婚、离婚、丧偶）；

（五）当事人双方没有直系血亲和三代以内旁系血亲关系；

（六）双方自愿结婚；

（七）当事人提交3张2寸双方近期半身免冠合影照片；

（八）当事人持有本规范第二十九条至第三十五条规定的有效证件。

第二十九条 内地居民办理结婚登记应当提交本人有效的居民身份证和户口簿，因故不能提交身份证的可以出具有效的临时身份证。

居民身份证与户口簿上的姓名、性别、出生日期、公民身份号码应当一致；不一致的，当事人应当先到有关部门更正。

户口簿上的婚姻状况应当与当事人声明一致。不一致的，当事人应当向登记机关提供能够证明其声明真实性的法院生效司法文书、配偶居民死亡医学证明（推断）书等材料；不一致且无法提供相关材料的，当事人应当先到有关部门更正。

当事人声明的婚姻状况与婚姻登记档案记载不一致的，当事人应当向登记机关提供能够证明其声明真实性的法院生效司法文书、配偶居民死亡医学证明（推断）书等材料。

第三十条 现役军人办理结婚登记应当提交本人的居民身份证、军人证件和部队出具的军人婚姻登记证明。

居民身份证、军人证件和军人婚姻登记证明上的姓名、性别、出生日期、公民身份号码应当一致；不一致的，当事人应当先到有关部门更正。

第三十一条 香港居民办理结婚登记应当提交：

（一）港澳居民来往内地通行证或者港澳同胞回乡证；

（二）香港居民身份证；

（三）经香港委托公证人公证的本人无配偶以及与对方当事人没有直系血亲和三代以内旁系血亲关系的声明。

第三十二条 澳门居民办理结婚登记应当提交：

（一）港澳居民来往内地通行证或者港澳同胞回乡证；

（二）澳门居民身份证；

（三）经澳门公证机构公证的本人无配偶以及与对方当事人没有直系血亲和三代以内旁系血亲关系的声明。

第三十三条 台湾居民办理结婚登记应当提交：

（一）台湾居民来往大陆通行证或者其他有效旅行证件；

（二）本人在台湾地区居住的有效身份证；

（三）经台湾公证机构公证的本人无配偶以及与对方当事人没有直系血亲和三代以内旁系血亲关系的声明。

第三十四条 华侨办理结婚登记应当提交：

（一）本人的有效护照；

（二）居住国公证机构或者有权机关出具的、经中华人民共和国驻该国使（领）馆认证的本人无配偶以及与对方当事人没有直系血亲和三代以内旁系血亲关系的证明，或者中华人民共和国驻该国使（领）馆出具的本人无配偶以及与对方当事人没有直系血亲和三代以内旁系血亲关系的证明。

与中国无外交关系的国家出具的有关证明，应当经与该国及中国均有外交关系的第三国驻该国使（领）馆和中国驻第三国使（领）馆认证，或者经第三国驻华使（领）馆认证。

第三十五条 外国人办理结婚登记应当提交：

（一）本人的有效护照或者其他有效的国际旅行证件；

（二）所在国公证机构或者有权机关出具的、经中华人民共和国驻该国使（领）馆认证或者该国驻华使（领）馆认证的本人无配偶的证明，或者所在国驻华使（领）馆出具的本人无配偶证明。

与中国无外交关系的国家出具的有关证明，应当经与该国及中国均有外交关系的第三国驻该国使（领）馆和中国驻第三国使（领）馆认证，或者经第三国驻华使（领）馆认证。

第三十六条 婚姻登记员受理结婚登记申请，应当按照下列程序进行：

（一）询问当事人的结婚意愿；

（二）查验本规范第二十九条至第三十五条规定的相应证件和材料；

（三）自愿结婚的双方各填写一份《申请结婚登记声明书》；《申请结婚登记声明书》中"声明人"一栏的签名必须由声明人在监誓人面前完成并按指纹；

（四）当事人现场复述声明书内容，婚姻登记员作监誓人并在监誓人一栏签名。

第三十七条 婚姻登记员对当事人提交的证件、证明、声明进行审查，符合结婚条件的，填写《结婚登记审查处理表》和结婚证。

第三十八条 《结婚登记审查处理表》的填写：

（一）《结婚登记审查处理表》项目的填写，按照下列规定通过计算机完成：

1. "申请人姓名"：当事人是中国公民的，使用中文填写；当事人是外国人的，按照当事人护照上的姓名填写。

2. "出生日期"：使用阿拉伯数字，按照身份证件上的出生日期填写为"××××年××月××日"。

3. "身份证件号"：当事人是内地居民的，填写居民身份证号；当事人是香港、澳门、台湾居民的，填写香港、澳门、台湾居民身份证号，并在号码后加注"（香港）"、"（澳门）"或者"（台湾）"；当事人是华侨的，填写护照或旅行证件号；当事人是外国人的，填写当事人的护照或旅行证件号。

证件号码前面有字符的，应当一并填写。

4. "国籍"：当事人是内地居民、香港居民、澳门居民、台湾居民、华侨的，填写"中国"；当事人是外国人的，按照护照上的国籍填写；无国籍人，填写"无国籍"。

5. "提供证件情况"：应当将当事人提供的证件、证明逐一填写，不得省略。

6. "审查意见"：填写"符合结婚条件，准予登记"。

7. "结婚登记日期"：使用阿拉伯数字，填写为："××××年××月××日"。填写的日期应当与结婚证上的登记日期一致。

8．“结婚证字号”填写式样按照民政部相关规定执行，填写规则见附则。

9．“结婚证印制号”填写颁发给当事人的结婚证上印制的号码。

10．“承办机关名称”：填写承办该结婚登记的婚姻登记处的名称。

（二）“登记员签名”：由批准该结婚登记的婚姻登记员亲笔签名，不得使用个人印章或者计算机打印。

（三）在“照片”处粘贴当事人提交的照片，并在骑缝处加盖钢印。

第三十九条 结婚证的填写：

（一）结婚证上“结婚证字号”“姓名”“性别”“出生日期”“身份证件号”“国籍”“登记日期”应当与《结婚登记审查处理表》中相应项目完全一致。

（二）“婚姻登记员”：由批准该结婚登记的婚姻登记员使用黑色墨水钢笔或签字笔亲笔签名，签名应清晰可辨，不得使用个人印章或者计算机打印。

（三）在“照片”栏粘贴当事人双方合影照片。

（四）在照片与结婚证骑缝处加盖婚姻登记工作业务专用钢印。

（五）“登记机关”：盖婚姻登记工作业务专用印章（红印）。

第四十条 婚姻登记员在完成结婚证填写后，应当进行认真核对、检查。对填写错误、证件被污染或者损坏的，应当将证件报废处理，重新填写。

第四十一条 颁发结婚证，应当在当事人双方均在场时按照下列步骤进行：

（一）向当事人双方询问核对姓名、结婚意愿；

（二）告知当事人双方领取结婚证后的法律关系以及夫妻权利、义务；

（三）见证当事人本人亲自在《结婚登记审查处理表》上的“当事人领证签名并按指纹”一栏中签名并按指纹；

“当事人领证签名并按指纹”一栏不得空白，不得由他人代为填写、代按指纹。

（四）将结婚证分别颁发给结婚登记当事人双方，向双方当事人宣布：取得结婚证，确立夫妻关系；

（五）祝贺新人。

第四十二条 申请补办结婚登记的，当事人填写《申请补办结婚登记声明书》，婚姻登记机关按照结婚登记程序办理。

第四十三条 申请复婚登记的，当事人填写《申请结婚登记声明书》，婚姻登记机关按照结婚登记程序办理。

第四十四条 婚姻登记员每办完一对结婚登记，应当依照《婚姻登记档案管理办法》，对应当存档的材料进行整理、保存，不得出现原始材料丢失、损毁情况。

第四十五条 婚姻登记机关对不符合结婚登记条件的，不予受理。当事人要求出具《不予办理结婚登记告知书》的，应当出具。

第七章 补领婚姻登记证

第六十二条 当事人遗失、损毁婚姻登记证，可以向原办理该婚姻登记的机关或者一方常住户口所在地的婚姻登记机关申请补领。有条件的省份，可以允许本省居民向本辖区内负责内地居民婚姻登记的机关申请补领婚姻登记证。

第六十三条 婚姻登记机关为当事人补发结婚证、离婚证，应当按照初审—受理—审查—发证程序进行。

第六十四条 受理补领结婚证、离婚证申请的条件是：

（一）婚姻登记处具有管辖权；

（二）当事人依法登记结婚或者离婚，现今仍然维持该状况；

（三）当事人持有本规范第二十九条至第三十五条规定的身份证件；

（四）当事人亲自到婚姻登记处提出申请，填写《申请补领婚姻登记证声明书》。

当事人因故不能到婚姻登记处申请补领婚姻登记证的，有档案可查且档案信息与身份信息一致的，可以委托他人办理。委托办理应当提交当事人的户口簿、身份证和经公证机关公证的授权委托书。委托书应当写明当事人姓名、身份证件号码、办理婚姻登记的时间及承办机关、目前的婚姻状况、委托事由、受委托人的姓名和身份证件号码。受委托人应当同时提交本人的身份证件。

当事人结婚登记档案查找不到的，当事人应当提供充分证据证明婚姻关系，婚姻登记机关经过严格审查，确认当事人存在婚姻关系的，可以为其补领结婚证。

第六十五条 婚姻登记员受理补领婚姻登记证申请，应当按照下列程序进行：

（一）查验本规范第六十四条规定的相应证件和证明材料；

（二）当事人填写《申请补领婚姻登记证声明书》，《申请补领婚姻登记证声明书》中“声明人”一栏的签名必须由声明人在监誓人面前完成并按指纹；

（三）婚姻登记员作监誓人并在监誓人一栏签名；

（四）申请补领结婚证的，双方当事人提交3张2寸双方近期半身免冠合影照片；申请补领离婚证的当事人提交2张2寸单人近期半身免冠照片。

第六十六条 婚姻登记员对当事人提交的证件、证明进行审查，符合补发条件的，填写《补发婚姻登记证审查处理表》和婚姻登记证。《补发婚姻登记证审查处理表》参照本规范第三十八条规定填写。

第六十七条 补发婚姻登记证时，应当向当事人询问核对姓名、出生日期，见证当事人本人亲自在《补发婚姻登记证审查处理表》"当事人领证签名并按指纹"一栏中签名并按指纹，将婚姻登记证发给当事人。

第六十八条 当事人的户口簿上以曾用名的方式反映姓名变更的，婚姻登记机关可以采信。

当事人办理结婚登记时未达到法定婚龄，通过非法手段骗取婚姻登记，其在申请补领时仍未达法定婚龄的，婚姻登记机关不得补发结婚证；其在申请补领时已达法定婚龄的，当事人应对结婚登记情况作出书面说明，婚姻登记机关补发的结婚证登记日期为当事人达到法定婚龄之日。

第六十九条 当事人办理过结婚登记，申请补领时的婚姻状况因离婚或丧偶发生改变的，不予补发结婚证；当事人办理过离婚登记的，申请补领时的婚姻状况因复婚发生改变的，不予补发离婚证。

第七十条 婚姻登记机关对不具备补发结婚证、离婚证受理条件的，不予受理。

第八章 监督与管理

第七十一条 各级民政部门应当建立监督检查制度，定期对本级民政部门设立的婚姻登记处和下级婚姻登记机关进行监督检查。

第七十二条 婚姻登记机关及其婚姻登记员有下列行为之一的，对直接负责的主管人员和其他直接责任人员依法给予行政处分：

（一）为不符合婚姻登记条件的当事人办理婚姻登记的；

（二）违反程序规定办理婚姻登记、发放婚姻登记证、撤销婚姻的；

（三）要求当事人提交《婚姻登记条例》和本规范规定以外的证件材料的；

（四）擅自提高收费标准或者增加收费项目的；

（五）玩忽职守造成婚姻登记档案损毁的；

（六）购买使用伪造婚姻证书的；

（七）违反规定应用婚姻登记信息系统的。

第七十三条 婚姻登记员违反规定办理婚姻登记，给当事人造成严重后果的，应当由婚姻登记机关承担对当事人的赔偿责任，并对承办人员进行追偿。

第七十四条 婚姻登记证使用单位不得使用非上级民政部门提供的婚姻登记证。各级民政部门发现本行政区域内有使用非上级民政部门提供的婚姻登记证的，应当予以没收，并追究相关责任人的法律责任和行政责任。

第七十五条 婚姻登记机关发现婚姻登记证有质量问题时，应当及时书面报告省级人民政府民政部门或者国务院民政部门。

第七十六条 人民法院作出与婚姻相关的判决、裁定和调解后，当事人将生效司法文书送婚姻登记机关的，婚姻登记机关应当将司法文书复印件存档并将相关信息录入婚姻登记信息系统。

婚姻登记机关应当加强与本地区人民法院的婚姻信息共享工作，完善婚姻信息数据库。

第九章　附　　则

第七十七条 本规范规定的当事人无配偶声明或者证明，自出具之日起6个月内有效。

第七十八条 县级或县级以上人民政府民政部门办理婚姻登记的，“结婚证字号”填写式样为“Jaaaaaa-bbbb-cccccc”（其中“aaaaaa”为6位行政区划代码，“bbbb”为当年年号，“cccccc”为当年办理婚姻登记的序号）。“离婚证字号”开头字符为“L”。“补发结婚证字号”开头字符为“BJ”。“补发离婚证字号”开头字符为“BL”。

县级人民政府民政部门设立多个婚姻登记巡回点的，由县级人民政府民政部门明确字号使用规则，规定各登记点使用号段。

乡（镇）人民政府办理婚姻登记的，行政区划代码由6位改为9位（在县级区划代码后增加三位乡镇代码），其他填写方法与上述规定一致。

对为方便人民群众办理婚姻登记、在行政区划单位之外设立的婚姻登记机关，其行政区划代码由省级人民政府民政部门按照前四位取所属地级市行政区划代码前四位，五六位为序号（从61开始，依次为62、63、……、99）的方式统一编码。

第七十九条 当事人向婚姻登记机关提交的“本人无配偶证明”等材料是外国语言文字的，应当翻译成中文。当事人未提交中文译文的，视为未提交该文件。婚姻登记机关可以接受中国驻外国使领馆或有资格的翻译机构出具的翻译文本。

第八十条 本规范自2016年2月1日起实施。

▶《婚姻登记档案管理办法》

第一条 为规范婚姻登记档案管理，维护婚姻当事人的合法权益，根据《中华人民共和国档案法》和《婚姻登记条例》，制定本办法。

第二条 婚姻登记档案是婚姻登记机关在办理结婚登记、撤销婚姻、离婚登记、补发婚姻登记证的过程中形成的具有凭证作用的各种记录。

第三条 婚姻登记主管部门对婚姻登记档案工作实行统一领导，分级管理，并接受同级地方档案行政管理部门的监督和指导。

第四条 婚姻登记机关应当履行下列档案工作职责：

（一）及时将办理完毕的婚姻登记材料收集、整理、归档；

（二）建立健全各项规章制度，确保婚姻登记档案的齐全完整；

（三）采用科学的管理方法，提高婚姻登记档案的保管水平；

（四）办理查档服务，出具婚姻登记记录证明，告知婚姻登记档案的存放地；

（五）办理婚姻登记档案的移交工作。

第五条 办理结婚登记（含复婚、补办结婚登记，下同）形成的下列材料应当归档：

（一）《结婚登记审查处理表》；

（二）《申请结婚登记声明书》或者《申请补办结婚登记声明书》；

（三）香港特别行政区居民、澳门特别行政区居民、台湾地区居民、出国人员、华侨以及外国人提交的《婚姻登记条例》第五条规定的各种证明材料（含翻译材料）；

（四）当事人身份证件（从《婚姻登记条例》第五条规定，下同）复印件；

（五）其他有关材料。

第六条 办理撤销婚姻形成的下列材料应当归档：

（一）婚姻登记机关关于撤销婚姻的决定；

（二）《撤销婚姻申请书》；

（三）当事人的结婚证原件；

（四）公安机关出具的当事人被拐卖、解救证明，或人民法院作出的能够证明当事人被胁迫结婚的判决书；

（五）当事人身份证件复印件；

（六）其他有关材料。

第七条 办理离婚登记形成的下列材料应当归档：

（一）《离婚登记审查处理表》；

（二）《申请离婚登记声明书》；

（三）当事人结婚证复印件；

（四）当事人离婚协议书；

（五）当事人身份证件复印件；

（六）其他有关材料。

第八条 办理补发婚姻登记证形成的下列材料应当归档：

（一）《补发婚姻登记证审查处理表》；

（二）《申请补领婚姻登记证声明书》；

（三）婚姻登记档案保管部门出具的婚姻登记档案记录证明或其他有关婚姻状况的证明；

（四）当事人身份证件复印件；

（五）当事人委托办理时提交的经公证机关公证的当事人身份证件复印件和委托书，受委托人本人的身份证件复印件；

（六）其他有关材料。

第九条 婚姻登记档案按照年度—婚姻登记性质分类。婚姻登记性质分为结婚登记类、撤销婚姻类、离婚登记类和补发婚姻登记证类四类。

人民法院宣告婚姻无效或者撤销婚姻的判决书副本归入撤销婚姻类档案。

婚姻无效或者撤销婚姻的，应当在当事人原婚姻登记档案的《结婚登记审查处理表》的“备注”栏中注明有关情况及相应的撤销婚姻类档案的档号。

第十条 婚姻登记材料的立卷归档应当遵循下列原则与方法：

（一）婚姻登记材料按照年度归档。

（二）一对当事人婚姻登记材料组成一卷。

（三）卷内材料分别按照本办法第五、六、七、八条规定的顺序排列。

（四）以有利于档案保管和利用的方法固定案卷。

（五）按本办法第九条的规定对案卷进行分类，并按照办理婚姻登记的时间顺序排列。

（六）在卷内文件首页上端的空白处加盖归档章（见附件1），并填写有关内容。归档章设置全宗号、年度、室编卷号、馆编卷号和页数等项目。

全宗号：档案馆给立档单位编制的代号。

年度：案卷的所属年度。

室编卷号：案卷排列的顺序号，每年每个类别分别从“1”开始标注。

馆编卷号：档案移交时按进馆要求编制。

页数：卷内材料有文字的页面数。

（七）按室编卷号的顺序将婚姻登记档案装入档案盒，并填写档案盒封面、盒脊和备考表的项目。

档案盒封面应标明全宗名称和婚姻登记处名称（见附件2）。

档案盒盒脊设置全宗号、年度、婚姻登记性质、起止卷号和盒号等项目（见附件3）。其中，起止卷号填写盒内第一份案卷和最后一份案卷的卷号，中间用“—”号连接；盒号即档案盒的排列顺序号，在档案移交时按进馆要求编制。

备考表置于盒内，说明本盒档案的情况，并填写整理人、检查人和日期（见附件4）。

（八）按类别分别编制婚姻登记档案目录（见附件5）。

（九）每年的婚姻登记档案目录加封面后装订成册，一式三份，并编制目录号（见附件6）。

第十一条 婚姻登记材料的归档要求：

（一）当年的婚姻登记材料应当在次年的3月31日前完成立卷归档；

（二）归档的婚姻登记材料必须齐全完整，案卷规范、整齐，复印件一律使用A4规格的复印纸，复印件和照片应当图像清晰；

（三）归档章、档案盒封面、盒脊、备考表等项目，使用蓝黑墨水或碳素墨水钢笔填写；婚姻登记档案目录应当打印；备考表和档案目录一律使用A4规格纸张。

第十二条 使用计算机办理婚姻登记所形成的电子文件，应当与纸质文件一并归档，归档要求参照《电子文件归档与管理规范》（GB/T18894－2002）。

第十三条 婚姻登记档案的保管期限为100年。对有继续保存价值的可以延长保管期限直至永久。

第十四条 婚姻登记档案应当按照下列规定进行移交：

（一）县级（含）以上地方人民政府民政部门形成的婚姻登记档案，应当在本单位档案部门保管一定时期后向同级国家档案馆移交，具体移交时间由双方商定。

（二）具有办理婚姻登记职能的乡（镇）人民政府形成的婚姻登记档案应当向乡（镇）档案部门移交，具体移交时间从乡（镇）的规定。

乡（镇）人民政府应当将每年的婚姻登记档案目录副本向上一级人民政府民政部门报送。

（三）被撤销或者合并的婚姻登记机关的婚姻登记档案应当按照前两款的规定及时移交。

第十五条 婚姻登记档案的利用应当遵守下列规定：

（一）婚姻登记档案保管部门应当建立档案利用制度，明确办理程序，维护当事人的合法权益；

（二）婚姻登记机关可以利用本机关移交的婚姻登记档案；

（三）婚姻当事人持有合法身份证件，可以查阅本人的婚姻登记档案；婚姻当事人因故不能亲自前往查阅的，可以办理授权委托书，委托他人代为办理，委托书应当经公证机关公证；

（四）人民法院、人民检察院、公安和安全部门为确认当事人的婚姻关系，持单位介绍信可以查阅婚姻登记档案；律师及其他诉讼代理人在诉讼过程中，持受理案件的法院出具的证明材料及本人有效证件可以查阅与诉讼有关的婚姻登记档案；

（五）其他单位、组织和个人要求查阅婚姻登记档案的，婚姻登记档案保管部门在确认其利用目的合理的情况下，经主管领导审核，可以利用；

（六）利用婚姻登记档案的单位、组织和个人，不得公开婚姻登记档案的内容，不得损害婚姻登记当事人的合法权益；

（七）婚姻登记档案不得外借，仅限于当场查阅；复印的婚姻登记档案需加盖婚姻登记档案保管部门的印章方为有效。

第十六条 婚姻登记档案的鉴定销毁应当符合下列要求：

（一）婚姻登记档案保管部门对保管期限到期的档案要进行价值鉴定，对无保存价值的予以销毁，但婚姻登记档案目录应当永久保存。

（二）对销毁的婚姻登记档案应当建立销毁清册，载明销毁档案的时间、种类和数量，并永久保存。

（三）婚姻登记档案保管部门应当派人监督婚姻登记档案的销毁过程，确保销毁档案没有漏销或者流失，并在销毁清册上签字。

第十七条 本办法由民政部负责解释。

第十八条 本办法自公布之日起施行。

▶《民政部对“进一步完善我国残疾儿童早期干预及系统支持相关政策、法规的建议”的答复》

……

五、关于婚检的相关问题

我国现行婚姻法于1981年1月1日起施行，2001年4月28日，九届全国人大常委会第二十一次会议通过修改婚姻法的决定，并于同日起施行。婚姻法没有对婚检制度作出规定，但对于疾病给婚姻可能造成的影响并应加以规制的意图是明确的，这些内容主要体现在禁止结婚的情形以及无效婚姻的规定中。婚姻法第七条规定，患有医学上认为不应当结婚的疾病的，禁止结婚。婚姻法第十条规定，婚前患有医学上认为不应当结婚的疾病，婚后尚未治愈的，婚姻无效。2018年8月，十一届全国人大常委会第五次会议对《民法典各分编（草案)》进行了初次审议。其中，婚姻家庭编草案在吸收各方面意见的基础上，在禁止结婚的情形中删除了“患有医学上认为不应当结婚的疾病”的规定，在无效婚姻的情形中删除了“婚前患有医学上认为不应当结婚的疾病，婚后尚未治愈”的规定，将严重疾病作为可撤销婚姻的情形加以规定。此外，母婴保健法从婚前保健的角度，对婚前医学检查的范围、检查后果的处理等作了规定。由于相关部门一直未明确医学上不应当结婚的疾病，一些地方将婚前医学检查作为结婚登记要件的做法缺乏法律依据。因此，2003年《婚姻登记条例》出台后，我国取消强制婚检，实行自愿婚检制度。近年来，民政部门在严格依法登记的同时，积极探索提高婚检率的有效举措，很多婚姻登记机关借助婚姻登记平台，协助有关部门向当事人发放婚检和优生优育方面的宣传资料，与有关部门共同举办婚检知识宣传活动。有条件的婚姻登记机关，还为生育知识咨询和婚前体检咨询工作提供场所，不少地方的婚检率呈现回升的态势。卫生健康部门自2012年起，在10个地中海贫血高发省份的126个县（市、区）启动实施地中海贫血防控项目，为新婚和计划怀孕夫妇免费提供筛查、基因检测和产前诊断等服务。目前，29个省份和计划单列市通过政府购买服务、列入公共卫生服务等多种途径全面推进免费婚检，多数省份推行“一站式”服务。经过努力，婚检工作取得积极进展和成效，2004年－2018年全国共有10209万名新婚夫妇接收了婚检服务，婚检率从2004年的2.7%上升至2018年的61.1%，接近取消强制婚检前的平均水平。卫生健康部门自2012年起启动实施免费孕前优生健康检查项目，为计划怀孕夫妇免费提供19项孕前优生服务，每年约有600万个生育家庭受益。

▶《民政部办公厅关于补发婚姻登记证中相关字段填写问题的复函》（2007年1月9日）

上海市民政局：

你局《关于补领婚姻证书中相关字段如何填写问题的函》（沪民婚发〔2006〕19号）收悉。现答复如下：

一、补发婚姻登记证中"姓名"、"国籍"、"身份证件号"、"出生日期"的填写：婚姻登记证是当事人依法缔结或解除婚姻关系的法律文书。按照《婚姻登记条例》和《民政部婚姻登记工作暂行规范》（民发〔2003〕127号，以下简称《暂行规范》）的规定，申请补领婚姻登记证必须具备两个条件：一是当事人依法缔结或解除了婚姻关系，二是该关系持续至今。由此可见，婚姻登记机关为当事人补发的婚姻登记证反映的是补发时当事人双方之间存在夫妻或离异关系（排除可能有人弄虚作假，骗取婚姻登记证的情形）。因此，补发婚姻证中的"姓名"、"国籍"、"身份证件号"、"出生日期"应当按照当事人申请补领时出具的身份证件上的内容填写。

二、补发婚姻登记证中"登记日期"的填写：婚姻登记证中的"登记日期"是指当事人进行结婚登记或离婚登记的日期。《中华人民共和国婚姻法》规定，"要求结婚的男女双方必须亲自到婚姻登记机关进行结婚登记。符合本法规定的，予以登记，发给结婚证。取得结婚证，即确立夫妻关系"，"男女双方自愿离婚的，准予离婚。……婚姻登记机关查明双方确实是自愿并对子女和财产问题已有适当处理时，发给离婚证"，因此，"登记日期"即是双方当事人依法登记建立或解除婚姻关系的日期。

鉴于婚姻登记证在不同时期有不同的式样，早年登记的当事人持新版式婚姻登记证有可能引发真实性的质疑，新版婚姻登记证专门设"备注"栏，解决这一问题。《民政部办公厅关于启用新式婚姻登记证等问题的通知》（民办函〔2003〕166号）规定："当事人结婚证、离婚证遗失或损毁的，仍补发结婚证、离婚证，但须在证件备注中注明：结（离）婚证遗失（损毁），补发此证。****年**月**日（补发日期）。"即补发原因和补发日期填写在"备注”栏中。

三、补发婚姻登记证中“结（离）婚证字号”的填写：婚姻登记证中“结（离）婚证字号”是从方便管理的角度，由婚姻登记机关为发出证书设定的编号。按照《暂行规范》的规定，“结（离）婚证字号”反映的是办理该登记的机关、登记年份及登记序号。由于补发婚姻登记证与办理婚姻登记，发给结婚证（或离婚证）的性质不同（办理婚姻登记，发给结婚证，当事人即建立夫妻关系。办理离婚登记，发给离婚证，当事人即解除夫妻关系。无论是结婚登记、还是离婚登记，当事人之间的民事关系都发生了改变。但是，补领婚姻登记证，不改变当事人之间的民事关系，如果当事人婚姻登记证丢失或损毁后，未到婚姻登记机关补领，双方的夫妻或离异关系依然存在），属于不同的类别，其编号应当与婚姻登记发证编号有区别。《民政部办公厅关于规范补领婚姻证件字号的复函》（民办函〔2005〕70号）规定：“补领婚姻登记证类可以在字号中增加‘补’字。”另外，由于婚姻登记证中的“结（离）婚证字号”对当事人之间的婚姻关系并无实质影响，而且相当一部分早期的婚姻登记档案中并未设置证书字号，因此，新版婚姻登记证中未设计填写原婚姻证件字号。

如果当事人要求取得原婚姻登记信息（姓名、国籍、身份证件号、出生日期、证书字号）证明，可以按照《婚姻登记档案管理办法》向婚姻登记档案保管部门申领加盖婚姻登记档案保管部门印章的婚姻登记档案复印件。

附件：上海市民政局关于补领婚姻证书中相关字段如何填写的函（2006年11月20日）

民政部办公厅：

《婚姻登记工作暂行规范》（民发〔2003〕127号）对关于补领婚姻证书事项中婚姻证书上如何填写姓名、登记日期、婚姻证书字号、国籍、身份证件号码、备注等字段都没有具体的规定。因为补领婚姻证书涉及历史和现在，关系到当事人的合法权利和婚姻登记工作的规范。我局认为补领婚姻登记证书应尊重历史，补领的婚姻登记证书上的内容应该是历史的重现，即证书上的内容应该是查档证明上反映出的当事人原来的个人信息和登记信息，登记日期和证书号也是原来领取证书时的日期和号码，在备注栏中写明补领登记日期和给予的补领登记证书号。如果证书是为了给当事人最新的个人身份以方便的话，那么补领婚姻证书上包括姓名、国籍、身份证件号码等事项都应该以当事人补领证书时出具的身份证件为准，并且登记日期、婚姻证字号就应该对应的是补领登记日期和补领证书号，在备注栏中写明原来登记时的日期和号码。

以上两种填写方式，哪一种为妥，请函复。

▶《民政部关于贯彻执行〈婚姻登记条例〉若干问题的意见》

各省、自治区、直辖市民政厅（局），计划单列市民政局，新疆各生产建设兵团民政局：

为切实保障《婚姻登记条例》的贯彻实施，规范婚姻登记工作，方便当事人办理婚姻登记，经商国务院法制办公室、外交部、公安部、解放军总政治部等有关部门，现就《婚姻登记条例》贯彻执行过程中的若干问题提出以下处理意见：

一、关于身份证问题

当事人无法提交居民身份证的，婚姻登记机关可根据当事人出具的有效临时身份证办理婚姻登记。

二、关于户口簿问题

当事人无法出具居民户口簿的，婚姻登记机关可凭公安部门或有关户籍管理机构出具的加盖印章的户籍证明办理婚姻登记；当事人属于集体户口的，婚姻登记机关可凭集体户口簿内本人的户口卡片或加盖单位印章的记载其户籍情况的户口簿复印件办理婚姻登记。

当事人未办理落户手续的，户口迁出地或另一方当事人户口所在地的婚姻登记机关可凭公安部门或有关户籍管理机构出具的证明材料办理婚姻登记。

三、关于身份证、户口簿查验问题

当事人所持户口簿与身份证上的“姓名”、“性别”、“出生日期”内容不一致的，婚姻登记机关应告知当事人先到户籍所在地的公安部门履行相关项目变更和必要的证簿换领手续后再办理婚姻登记。

当事人声明的婚姻状况与户口簿“婚姻状况”内容不一致的，婚姻登记机关对当事人婚姻状况的审查主要依据其本人书面声明。

四、关于少数民族当事人提供的照片问题

为尊重少数民族的风俗习惯，少数民族当事人办理婚姻登记时提供的照片是否免冠从习俗。

五、关于离婚登记中的结婚证问题

申请办理离婚登记的当事人有一本结婚证丢失的，婚姻登记机关可根据另一本结婚证办理离婚登记；当事人两本结婚证都丢失的，婚姻登记机关可根据结婚登记档案或当事人提供的结婚登记记录证明等证明材料办理离婚登记。当事人应对结婚证丢失情况作出书面说明，该说明由婚姻登记机关存档。

申请办理离婚登记的当事人提供的结婚证上的姓名、出生日期、身份证号与身份证、户口簿不一致的，当事人应书面说明不一致的原因。

六、关于补领结婚证、离婚证问题

申请补领结婚证、离婚证的当事人出具的身份证、户口簿上的姓名、年龄、身份证号与原婚姻登记档案记载不一致的，当事人应书面说明不一致的原因，婚姻登记机关可根据当事人出具的身份证件补发结婚证、离婚证。

当事人办理结婚登记时未达法定婚龄，申请补领时仍未达法定婚龄的，婚姻登记机关不得补发结婚证。当事人办理结婚登记时未达法定婚龄，申请补领时已达法定婚龄的，当事人应对结婚登记情况作出书面说明；婚姻登记机关补发的结婚证登记日期应为当事人达到法定婚龄之日。

七、关于出国人员、华侨及港澳台居民结婚提交材料的问题

出国人员办理结婚登记应根据其出具的证件分情况处理：当事人出具身份证、户口簿作为身份证件的，按内地居民婚姻登记规定办理；当事人出具中国护照作为身份证件的，按华侨婚姻登记规定办理。

当事人以中国护照作为身份证件，在内地居住满一年、无法取得有关国家或我驻外使领馆出具的婚姻状况证明的，婚姻登记机关可根据当事人本人的相关情况声明及两个近亲属出具的有关当事人婚姻状况的证明办理结婚登记。

……

九、关于现役军人的婚姻登记问题

办理现役军人的婚姻登记仍按《民政部办公厅关于印发〈军队贯彻实施〈中华人民共和国婚姻法〉若干问题的规定〉有关内容的通知》（民办函〔2001〕226号）执行。

办理现役军人婚姻登记的机关可以是现役军人部队驻地所在地或户口注销前常住户口所在地的婚姻登记机关，也可以是非现役军人一方常住户口所在地的婚姻登记机关。

十、关于服刑人员的婚姻登记问题

服刑人员申请办理婚姻登记，应当亲自到婚姻登记机关提出申请并出具有效的身份证件；服刑人员无法出具身份证件的，可由监狱管理部门出具有关证

明材料。

办理服刑人员婚姻登记的机关可以是一方当事人常住户口所在地或服刑监狱所在地的婚姻登记机关。

▶《民政部办公厅关于退伍军人待安置期间办理婚姻登记问题的答复》

江西省民政厅：

你省武宁县民政局婚姻登记处《关于询问退伍军人待安置期间可否办理结婚登记的问题》的来函收悉。经研究，现就有关问题答复如下：

目前，由于现役军人身份证件和户口簿的管理与普通居民确有不同，退伍军人待安置期间可能暂时没有身份证和户口簿。如果因此不能办理婚姻登记，将影响退伍军人的正常生活和工作。为妥善解决其结婚登记的问题，可由该退伍军人入伍前常住户口所在地的公安部门出具其身份、户籍证明，替代普通居民的身份证和户口簿，其他则须按《婚姻登记条例》的规定办理。安置部门出具的待安置未分配证明和入伍通知书可复印存档、备查。

▶《民政部办公厅对〈关于“事实婚姻”者补办结婚登记问题〉的意见》

浙江省民政厅：

收到驻佛罗伦萨总领馆《关于“事实婚姻”者补办结婚登记问题》的函，经研究，我们提出以下意见：

一、男女双方均是居住在国外的华侨，他们要求在国内结婚登记的，应当双方共同到一方出国前户口所在地的婚姻登记机关申请登记，并按照《华侨同国内公民、港澳同胞同内地公民之间办理婚姻登记的几项规定》提供证件、证明。婚姻登记机关对符合《中华人民共和国婚姻法》规定的结婚条件，且证件、证明齐全的，应当予以登记，发给结婚证。

二、按照《中华人民共和国婚姻法》第七条“要求结婚的男女双方必须亲自到婚姻登记机关进行结婚登记”的规定，华侨在国内办理结婚登记也必须双方亲自到场，否则，不予登记。

三、按照《中华人民共和国婚姻法》第七条规定，当事人的夫妻关系从取得结婚证起确立，因此，结婚证上的发证日期，应当如实填为登记日期，不得将发证日期填写为登记之前的时间。

请通知办理华侨婚姻登记的机关，按上述意见受理有关华侨的婚姻登记申请。

▶《民政部关于婚姻状况登记证明的认证等几个问题的函》

外交部办公厅：

自1983年3月10日、8月26日民政部先后发布实行《华侨同国内公民、港澳同胞同内地公民之间办理婚姻登记的几项规定》和《中国公民同外国人办理婚姻登记的几项规定》以来，在各驻外使馆的大力协助下，我国的涉外婚姻登记工作取得了一定成绩，赢得了较好的国际信誉，对促进中外友好关系，激发海外侨胞心向祖国，起到了积极的作用。涉外婚姻登记工作总的说来，还处于摸索经验的过程，因此工作中难免出现一些问题。最近，有关省、市反映我驻外使馆在办理婚姻状况证明的认证方面有几个问题，现将这些反映分述如下：

一、反映我有的驻外使馆为不到我婚姻法规定的婚龄的华侨认证了婚姻状况证明。当事人回国申请结婚时，婚姻登记机关不予办理结婚登记。这不仅给当事人造成了不必要的经济损失，也给我们的工作带来了不良影响。

二、反映我有的驻外使馆把外国人或外籍华人按华侨对待，直接为其出具了婚姻状况证明。这不符合《中国公民同外国人办理婚姻登记的几项规定》。

三、我出国人员在国外学习期间要求与国内公民结婚，而本人又不能回国办理结婚登记手续。我有的驻外使馆为其出具证明，要求婚姻登记机关变通处理。这不符合婚姻法第七条“要求结婚的男女双方必须亲自到婚姻登记机关进行结婚登记”的规定。

涉外婚姻登记工作是一项政策性很强的工作，严格执法，不仅关系到婚姻当事人的切身利益，而且关系到我国的国际信誉。希各驻外使领馆协助婚姻登记机关作好婚姻当事人的思想工作，严格依法办事。

特此函告，供今后工作中参考。

▶《外交部、最高人民法院、民政部、司法部、国务院侨务办公室关于驻外使领馆处理华侨婚姻问题的若干规定》

……

一、华侨结婚

（一）为了方便华侨在居住国结婚，我们鼓励华侨按居住国的法律在当地办理结婚登记或举行结婚仪式。如当地有关当局为此征求我驻外使领馆的意见，可按以下原则处理：

1. 如该婚姻符合我国婚姻法的规定，我可应其要求用口头表示或书面证明；

“×××与×××申请结婚，其婚姻的缔结符合中华人民共和国婚姻法关于结婚的规定”。

2. 如该婚姻除年龄和禁止近亲通婚的规定外，其他均符合我婚姻法的规定，我也可应其要求，根据情况用口头表示或书面证明：

“鉴于×××与×××已在××国定居，如××国有关当局依照当地法律准许他们结婚，我们不表示异议。”

3. 目前有些使领馆应驻在国有关当局的要求，为合乎本条（1）、（2）情况的婚姻出具的证明，虽同上述两种证明的措辞不一致，但如它符合我婚姻法的基本精神，并已为驻在国有关当局所接受者，可将所出具证明的格式和案例报外交部领事司转民政部民政司备案后，仍按过去惯用格式办理。

4. 如该婚姻违反我婚姻法关于禁止干涉婚姻自由和禁止重婚的规定，我既不能承认该婚姻为有效，也不能为其出具任何证明。

5. 华侨与外国人（包括外籍华人）申请结婚登记，我使领馆不受理。如当地有关当局要求我使领馆出具证明时，我可根据情况用口头表示或书面证明：

“中国籍人×××与××国籍人×××申请结婚，我们不表示异议”。

（二）遇有下列情况之一的结婚申请，我使领馆不宜受理：

1. 驻在国法律不承认外国使领馆办理的结婚登记为有效；

2. 不符合我婚姻法关于结婚的规定。

（三）申请结婚的男女双方均是华侨，且符合我婚姻法的规定者，如驻在国法律允许，双方又坚持要我使领馆为其办理结婚登记的，我使领馆可为其办理结婚登记，并颁发结婚证书。如驻在国有关当局要求，我也可为该证书出具译文，并证明其与原本相符。

……

▶《司法部关于解释和公证婚姻状况问题的通知》

各省、市、自治区司法厅（局）：

广东、福建等省司法厅（局）多次来文提出如何解释和公证婚姻状况问题。经与有关部门研究，现通知如下：

一、关于婚姻状况的解释问题

我国实行登记婚姻制度。凡符合我国婚姻法规定结婚条件的男女，到婚姻登记机关登记，领取结婚证后，即确立了夫妻关系。登记时间为结婚时间。

由于我国是一个经历过长期封建统治的国家，经济和文化较落后，解放后三十多年来，虽然两次颁布婚姻法，多次大张旗鼓地宣传婚姻法，但历史上遗留的某些封建传统习惯对于婚姻家庭问题的影响，还一时难以完全消除。至今在一些地方，特别是偏僻地区的农村，仍有一些人结婚时没有按婚姻法的规定到婚姻登记机关登记，就以夫妻相待共同生活，有的已生儿育女，形成了事实上的夫妻关系（所谓“事实婚姻”）。对于这种不符合我国婚姻法规定的情况，一般应通过宣传教育，动员他们到婚姻登记机关办理登记手续，登记时间为结婚时间。他们在登记前所生育的子女，根据我国婚姻法第十九条的规定，享有与婚生子女同等的权利。

以上问题，如外国驻华使领馆向我提出询问，可据此精神予以口头答复。

二、关于婚姻状况的公证问题

1. 对于第一部婚姻法公布施行前（即1950年5月1日以前），按当时当地风俗习惯结婚，且为群众公认的，经调查核实后，给予办理夫妻关系证明。

2. 对第一部婚姻法公布施行后结婚的（即1950年5月1日以后结婚的），公证处凭申请人的结婚证，经调查核实后，给予办理结婚证明，出具公证书。

3. 对于未履行结婚登记手续的所谓“事实婚姻”的当事人，申请办理有关婚姻状况公证书的，公证处应动员教育他们先办理结婚登记手续，然后凭他们的结婚证，经调查核实后，给予办理结婚证明，出具公证书。登记时间为结婚时间。不得凭其他证明文件办理结婚证明，出具公证书。

对于他们办理结婚登记以前生育的子女，公证处在办理其出生证明时，公证书的内容按《公证书试行格式》第八式出具即可，不必证明他们的父母结婚登记前的婚姻状况。

以上精神，希即通知所属地、市、县司法局（处）和公证处，并自文到之日起一律按本文的规定办理有关婚姻状况证明。各地如有疑问或遇到特殊情况，可逐级请示解决。

第一千零五十条　【婚后双方互为家庭成员】登记结婚后，按照男女双方约定，女方可以成为男方家庭的成员，男方可以成为女方家庭的成员。

条文对比

《民法典婚姻家庭编》	《婚姻法》
第一千零五十条 登记结婚后，按照男女双方约定，女方可以成为男方家庭的成员，男方可以成为女方家庭的成员。	**第九条** 登记结婚后，根据男女双方约定，女方可以成为男方家庭的成员，男方可以成为女方家庭的成员。

关联法规

《民法典婚姻家庭编》

第一千零四十五条 亲属包括配偶、血亲和姻亲。

配偶、父母、子女、兄弟姐妹、祖父母、外祖父母、孙子女、外孙子女为近亲属。

配偶、父母、子女和其他共同生活的近亲属为家庭成员。

《妇女权益保障法》

第三十二条 妇女在农村土地承包经营、集体经济组织收益分配、土地征收或者征用补偿费使用以及宅基地使用等方面，享有与男子平等的权利。

第三十三条 任何组织和个人不得以妇女未婚、结婚、离婚、丧偶等为由，侵害妇女在农村集体经济组织中的各项权益。因结婚男方到女方住所落户的，男方和子女享有与所在地农村集体经济组织成员平等的权益。

《婚姻登记条例》

第五条 办理结婚登记的内地居民应当出具下列证件和证明材料：

（一）本人的户口簿、身份证；

（二）本人无配偶以及与对方当事人没有直系血亲和三代以内旁系血亲关系的签字声明。

办理结婚登记的香港居民、澳门居民、台湾居民应当出具下列证件和证明材料：

（一）本人的有效通行证、身份证；

（二）经居住地公证机构公证的本人无配偶以及与对方当事人没有直系血亲和三代以内旁系血亲关系的声明。

办理结婚登记的华侨应当出具下列证件和证明材料：

（一）本人的有效护照；

（二）居住国公证机构或者有权机关出具的、经中华人民共和国驻该国使（领）馆认证的本人无配偶以及与对方当事人没有直系血亲和三代以内旁系血亲关系的证明，或者中华人民共和国驻该国使（领）馆出具的本人无配偶以及与对方当事人没有直系血亲和三代以内旁系血亲关系的证明。

办理结婚登记的外国人应当出具下列证件和证明材料：

（一）本人的有效护照或者其他有效的国际旅行证件；

（二）所在国公证机构或者有权机关出具的、经中华人民共和国驻该国使（领）馆认证或者该国驻华使（领）馆认证的本人无配偶的证明，或者所在国驻华使（领）馆出具的本人无配偶的证明。

第一千零五十一条　【婚姻无效的情形】有下列情形之一的，婚姻无效：

（一）重婚；

（二）有禁止结婚的亲属关系；

（三）未到法定婚龄。

条文对比

《民法典婚姻家庭编》	《婚姻法》
第一千零五十一条　有下列情形之一的，婚姻无效： （一）重婚； （二）有禁止结婚的亲属关系； （三）未到法定婚龄。	**第十条**　有下列情形之一的，婚姻无效： （一）重婚的； （二）有禁止结婚的亲属关系的； ~~（三）婚前患有医学上认为不应当结婚的疾病，婚后尚未治愈的；~~ （四）未到法定婚龄的。

关联法规

►《民法典总则编》

第一百四十四条　无民事行为能力人实施的民事法律行为无效。

第一百四十五条 限制民事行为能力人实施的纯获利益的民事法律行为或者与其年龄、智力、精神健康状况相适应的民事法律行为有效；实施的其他民事法律行为经法定代理人同意或者追认后有效。

相对人可以催告法定代理人自收到通知之日起三十日内予以追认。法定代理人未作表示的，视为拒绝追认。民事法律行为被追认前，善意相对人有撤销的权利。撤销应当以通知的方式作出。

第一百四十六条 行为人与相对人以虚假的意思表示实施的民事法律行为无效。

以虚假的意思表示隐藏的民事法律行为的效力，依照有关法律规定处理。

▶《民法典婚姻家庭编》

第一千零四十二条 禁止包办、买卖婚姻和其他干涉婚姻自由的行为。禁止借婚姻索取财物。

禁止重婚。禁止有配偶者与他人同居。

禁止家庭暴力。禁止家庭成员间的虐待和遗弃。

第一千零四十七条 结婚年龄，男不得早于二十二周岁，女不得早于二十周岁。

第一千零四十八条 直系血亲或者三代以内的旁系血亲禁止结婚。

第一千零五十四条 无效的或者被撤销的婚姻自始没有法律约束力，当事人不具有夫妻的权利和义务。同居期间所得的财产，由当事人协议处理；协议不成的，由人民法院根据照顾无过错方的原则判决。对重婚导致的无效婚姻的财产处理，不得侵害合法婚姻当事人的财产权益。当事人所生的子女，适用本法关于父母子女的规定。

婚姻无效或者被撤销的，无过错方有权请求损害赔偿。

第一千零七十九条 夫妻一方要求离婚的，可以由有关组织进行调解或者直接向人民法院提起离婚诉讼。

人民法院审理离婚案件，应当进行调解；如果感情确已破裂，调解无效的，应当准予离婚。

有下列情形之一，调解无效的，应当准予离婚：

（一）重婚或者与他人同居；

（二）实施家庭暴力或者虐待、遗弃家庭成员；

（三）有赌博、吸毒等恶习屡教不改；

（四）因感情不和分居满二年；

（五）其他导致夫妻感情破裂的情形。

一方被宣告失踪，另一方提起离婚诉讼的，应当准予离婚。

经人民法院判决不准离婚后，双方又分居满一年，一方再次提起离婚诉讼的，应当准予离婚。

▶《婚姻登记条例》

第六条 办理结婚登记的当事人有下列情形之一的，婚姻登记机关不予登记：

（一）未到法定结婚年龄的；

（二）非双方自愿的；

（三）一方或者双方已有配偶的；

（四）属于直系血亲或者三代以内旁系血亲的；

（五）患有医学上认为不应当结婚的疾病的。

第七条 婚姻登记机关应当对结婚登记当事人出具的证件、证明材料进行审查并询问相关情况。对当事人符合结婚条件的，应当当场予以登记，发给结婚证；对当事人不符合结婚条件不予登记的，应当向当事人说明理由。

▶《婚姻法司法解释（二）》

第二条 人民法院受理申请宣告婚姻无效案件后，经审查确属无效婚姻的，应当依法作出宣告婚姻无效的判决。原告申请撤诉的，不予准许。

第三条 人民法院受理离婚案件后，经审查确属无效婚姻的，应当将婚姻无效的情形告知当事人，并依法作出宣告婚姻无效的判决。

第四条 人民法院审理无效婚姻案件，涉及财产分割和子女抚养的，应当对婚姻效力的认定和其他纠纷的处理分别制作裁判文书。

第五条 夫妻一方或者双方死亡后一年内，生存一方或者利害关系人依据婚姻法第十条的规定申请宣告婚姻无效的，人民法院应当受理。

第六条 利害关系人依据婚姻法第十条的规定，申请人民法院宣告婚姻无效的，利害关系人为申请人，婚姻关系当事人双方为被申请人。

夫妻一方死亡的，生存一方为被申请人。

夫妻双方均已死亡的，不列被申请人。

第七条 人民法院就同一婚姻关系分别受理了离婚和申请宣告婚姻无效案件的，对于离婚案件的审理，应当待申请宣告婚姻无效案件作出判决后进行。

前款所指的婚姻关系被宣告无效后，涉及财产分割和子女抚养的，应当继续审理。

▶《婚姻法司法解释（三）》

第一条第一款 当事人以婚姻法第十条规定以外的情形申请宣告婚姻无效的，人民法院应当判决驳回当事人的申请。

▶《婚姻法司法解释（一）》

第七条 有权依据婚姻法第十条规定向人民法院就已办理结婚登记的婚姻申请宣告婚姻无效的主体，包括婚姻当事人及利害关系人。利害关系人包括：

（一）以重婚为由申请宣告婚姻无效的，为当事人的近亲属及基层组织。

（二）以未到法定婚龄为由申请宣告婚姻无效的，为未达法定婚龄者的近亲属。

（三）以有禁止结婚的亲属关系为由申请宣告婚姻无效的，为当事人的近亲属。

……

第八条 当事人依据婚姻法第十条规定向人民法院申请宣告婚姻无效的，申请时，法定的无效婚姻情形已经消失的，人民法院不予支持。

第九条 人民法院审理宣告婚姻无效案件，对婚姻效力的审理不适用调解，应当依法作出判决；有关婚姻效力的判决一经作出，即发生法律效力。

涉及财产分割和子女抚养的，可以调解。调解达成协议的，另行制作调解书。对财产分割和子女抚养问题的判决不服的，当事人可以上诉。

第十三条 婚姻法第十二条所规定的自始无效，是指无效或者可撤销婚姻在依法被宣告无效或被撤销时，才确定该婚姻自始不受法律保护。

第十四条 人民法院根据当事人的申请，依法宣告婚姻无效或者撤销婚姻的，应当收缴双方的结婚证书并将生效的判决书寄送当地婚姻登记管理机关。

第十五条 被宣告无效或被撤销的婚姻，当事人同居期间所得的财产，按共同共有处理。但有证据证明为当事人一方所有的除外。

第十六条 人民法院审理重婚导致的无效婚姻案件时，涉及财产处理的，应当准许合法婚姻当事人作为有独立请求权的第三人参加诉讼。

第一千零五十二条　【受胁迫婚姻的撤销；请求撤销婚姻的除斥期间】 因胁迫结婚的，受胁迫的一方可以向人民法院请求撤销婚姻。

请求撤销婚姻的，应当自胁迫行为终止之日起一年内提出。

被非法限制人身自由的当事人请求撤销婚姻的，应当自恢复人身自由之日起一年内提出。

条文对比

《民法典婚姻家庭编》	《婚姻法》
第一千零五十二条　因胁迫结婚的，受胁迫的一方可以向人民法院请求撤销婚姻。 请求撤销婚姻的，应当自**胁迫行为终止**之日起一年内提出。 被非法限制人身自由的当事人请求撤销婚姻的，应当自恢复人身自由之日起一年内提出。	**第十一条**　因胁迫结婚的，受胁迫的一方可以向~~婚姻登记机关或~~人民法院请求撤销~~该~~婚姻。受胁迫的一方撤销婚姻的请求，应当自~~结婚登记~~之日起一年内提出。被非法限制人身自由的当事人请求撤销婚姻的，应当自恢复人身自由之日起一年内提出。

关联法规

▶《民法典婚姻家庭编》

第一千零五十四条　无效的或者被撤销的婚姻自始没有法律约束力，当事人不具有夫妻的权利和义务。同居期间所得的财产，由当事人协议处理；协议不成的，由人民法院根据照顾无过错方的原则判决。对重婚导致的无效婚姻的财产处理，不得侵害合法婚姻当事人的财产权益。当事人所生的子女，适用本法关于父母子女的规定。

婚姻无效或者被撤销的，无过错方有权请求损害赔偿。

▶《婚姻登记条例》

第九条　因胁迫结婚的，受胁迫的当事人依据婚姻法第十一条的规定向婚姻登记机关请求撤销其婚姻的，应当出具下列证明材料：

（一）本人的身份证、结婚证；

（二）能够证明受胁迫结婚的证明材料。

婚姻登记机关经审查认为受胁迫结婚的情况属实且不涉及子女抚养、财产及债务问题的，应当撤销该婚姻，宣告结婚证作废。

▶《婚姻法司法解释（三）》

第一条 当事人以婚姻法第十条规定以外的情形申请宣告婚姻无效的，人民法院应当判决驳回当事人的申请。

当事人以结婚登记程序存在瑕疵为由提起民事诉讼，主张撤销结婚登记的，告知其可以依法申请行政复议或者提起行政诉讼。

▶《婚姻法司法解释（一）》

第十条 婚姻法第十一条所称的“胁迫”，是指行为人以给另一方当事人或者其近亲属的生命、身体健康、名誉、财产等方面造成损害为要挟，迫使另一方当事人违背真实意愿结婚的情况。

因受胁迫而请求撤销婚姻的，只能是受胁迫一方的婚姻关系当事人本人。

第十一条 人民法院审理婚姻当事人因受胁迫而请求撤销婚姻的案件，应当适用简易程序或者普通程序。

第十二条 婚姻法第十一条规定的“一年”，不适用诉讼时效中止、中断或者延长的规定。

第十四条 人民法院根据当事人的申请，依法宣告婚姻无效或者撤销婚姻的，应当收缴双方的结婚证书并将生效的判决书寄送当地婚姻登记管理机关。

第十五条 被宣告无效或被撤销的婚姻，当事人同居期间所得的财产，按共同共有处理。但有证据证明为当事人一方所有的除外。

▶《中国边民与毗邻国边民婚姻登记办法》

第十一条 因受胁迫结婚的，受胁迫的边民可以依据《中华人民共和国婚姻法》第十一条的规定向婚姻登记机关请求撤销其婚姻。受胁迫方应当出具下列证件、证明材料：

（一）本人的身份证件；

（二）结婚证；

（三）要求撤销婚姻的书面申请；

（四）公安机关出具或者人民法院作出的能够证明当事人被胁迫结婚的证明材料。

受胁迫方为毗邻国边民的，其身份证件包括能够证明边民身份的有效护照、国际旅行证件或者边境地区出入境通行证件。

婚姻登记机关经审查认为受胁迫结婚的情况属实且不涉及子女抚养、财产及债务问题的，应当撤销该婚姻，宣告结婚证作废。

第一千零五十三条　【重大疾病如实告知义务；未如实告知时对方的婚姻撤销请求权】一方患有重大疾病的，应当在结婚登记前如实告知另一方；不如实告知的，另一方可以向人民法院请求撤销婚姻。

请求撤销婚姻的，应当自知道或者应当知道撤销事由之日起一年内提出。

条文对比

《民法典婚姻家庭编》	新增条文
第一千零五十三条　一方患有重大疾病的，应当在结婚登记前如实告知另一方；不如实告知的，另一方可以向人民法院请求撤销婚姻。 请求撤销婚姻的，应当自知道或者应当知道撤销事由之日起一年内提出。	

关联法规

《民法典总则编》

第一百四十八条　一方以欺诈手段，使对方在违背真实意思的情况下实施的民事法律行为，受欺诈方有权请求人民法院或者仲裁机构予以撤销。

《母婴保健法》

第七条　医疗保健机构应当为公民提供婚前保健服务。

婚前保健服务包括下列内容：

（一）婚前卫生指导：关于性卫生知识、生育知识和遗传病知识的教育；

（二）婚前卫生咨询：对有关婚配、生育保健等问题提供医学意见；

（三）婚前医学检查：对准备结婚的男女双方可能患影响结婚和生育的疾病进行医学检查。

第八条 婚前医学检查包括对下列疾病的检查：

（一）严重遗传性疾病；

（二）指定传染病；

（三）有关精神病。

经婚前医学检查，医疗保健机构应当出具婚前医学检查证明。

第九条 经婚前医学检查，对患指定传染病在传染期内或者有关精神病在发病期内的，医师应当提出医学意见；准备结婚的男女双方应当暂缓结婚。

第十条 经婚前医学检查，对诊断患医学上认为不宜生育的严重遗传性疾病的，医师应当向男女双方说明情况，提出医学意见；经男女双方同意，采取长效避孕措施或者施行结扎手术后不生育的，可以结婚。但《中华人民共和国婚姻法》规定禁止结婚的除外。

第十一条 接受婚前医学检查的人员对检查结果持有异议的，可以申请医学技术鉴定，取得医学鉴定证明。

第十二条 男女双方在结婚登记时，应当持有婚前医学检查证明或者医学鉴定证明。

第十三条 省、自治区、直辖市人民政府根据本地区的实际情况，制定婚前医学检查制度实施办法。

省、自治区、直辖市人民政府对婚前医学检查应当规定合理的收费标准，对边远贫困地区或者交费确有困难的人员应当给予减免。

▶《民通意见》

68. 一方当事人故意告知对方虚假情况，或者故意隐瞒真实情况，诱使对方当事人作出错误意思表示的，可以认定为欺诈行为。

▶《民政部对“进一步完善我国残疾儿童早期干预及系统支持相关政策、法规的建议”的答复》

……

五、关于婚检的相关问题

我国现行婚姻法于1981年1月1日起施行，2001年4月28日，九届全国人大常委会第二十一次会议通过修改婚姻法的决定，并于同日起施行。婚姻法没有对婚检制度作出规定，但对于疾病给婚姻可能造成的影响并应加以规制的意图是明确的，这些内容主要体现在禁止结婚的情形以及无效婚姻的规定中。婚姻法第七条规定，患有医学上认为不应当结婚的疾病的，禁止结婚。婚姻法第十条规定，婚前患有医学上认为不应当结婚的疾病，婚后尚未治愈的，婚姻无效。2018 年 8 月，十一届全国人大常委会第五次会议对《民法典各分编（草案)》进行了初次审议。其中，婚姻家庭编草案在吸收各方面意见的基础上，在禁止结婚的情形中删除了“患有医学上认为不应当结婚的疾病”的规定，在无效婚姻的情形中删除了“婚前患有医学上认为不应当结婚的疾病，婚后尚未治愈”的规定，将严重疾病作为可撤销婚姻的情形加以规定。此外，母婴保健法从婚前保健的角度，对婚前医学检查的范围、检查后果的处理等作了规定。由于相关部门一直未明确医学上不应当结婚的疾病，一些地方将婚前医学检查作为结婚登记要件的做法缺乏法律依据。因此，2003 年《婚姻登记条例》出台后，我国取消强制婚检，实行自愿婚检制度。近年来，民政部门在严格依法登记的同时，积极探索提高婚检率的有效举措，很多婚姻登记机关借助婚姻登记平台，协助有关部门向当事人发放婚检和优生优育方面的宣传资料，与有关部门共同举办婚检知识宣传活动。有条件的婚姻登记机关，还为生育知识咨询和婚前体检咨询工作提供场所，不少地方的婚检率呈现回升的态势。卫生健康部门自 2012 年起，在 10 个地中海贫血高发省份的 126 个县（市、区）启动实施地中海贫血防控项目，为新婚和计划怀孕夫妇免费提供筛查、基因检测和产前诊断等服务。目前，29 个省份和计划单列市通过政府购买服务、列入公共卫生服务等多种途径全面推进免费婚检，多数省份推行“一站式”服务。经过努力，婚检工作取得积极进展和成效，2004 年 – 2018 年全国共有 10209 万名新婚夫妇接收了婚检服务，婚检率从 2004 年的 2.7% 上升至 2018 年的 61.1%，接近取消强制婚检前的平均水平。卫生健康部门自 2012 年起启动实施免费孕前优生健康检查项目，为计划怀孕夫妇免费提供 19 项孕前优生服务，每年约有 600 万个生育家庭受益。

第一千零五十四条　【婚姻无效或被撤销的法律后果】 无效的或者被撤销的婚姻自始没有法律约束力，当事人不具有夫妻的权利和义务。同居期间所得的财产，由当事人协议处理；协议不成的，由人民法院根据照顾无过错方的原则判决。对重婚导致的无效婚姻的财产处理，不得侵害合法婚姻当事人的财产权益。当事人所生的子女，适用本法关于父母子女的规定。

婚姻无效或者被撤销的，无过错方有权请求损害赔偿。

条文对比

《民法典婚姻家庭编》	《婚姻法》
第一千零五十四条 无效的或者被撤销的婚姻自始没有法律约束力，当事人不具有夫妻的权利和义务。同居期间所得的财产，由当事人协议处理；协议不成的，由人民法院根据照顾无过错方的原则判决。对重婚导致的无效婚姻的财产处理，不得侵害合法婚姻当事人的财产权益。当事人所生的子女，适用本法关于父母子女的规定。 **婚姻无效或者被撤销的，无过错方有权请求损害赔偿。**	**第十二条** 无效或被撤销的婚姻，自始无效。当事人不具有夫妻的权利和义务。同居期间所得的财产，由当事人协议处理；协议不成时，由人民法院根据照顾无过错方的原则判决。对重婚导致的婚姻无效的财产处理，不得侵害合法婚姻当事人的财产权益。当事人所生的子女，适用本法有关父母子女的规定。

关联法规

《民法典物权编》

第二百九十七条 不动产或者动产可以由两个以上组织、个人共有。共有包括按份共有和共同共有。

第二百九十八条 按份共有人对共有的不动产或者动产按照其份额享有所有权。

第二百九十九条 共同共有人对共有的不动产或者动产共同享有所有权。

第三百条 共有人按照约定管理共有的不动产或者动产；没有约定或者约定不明确的，各共有人都有管理的权利和义务。

第三百零一条 处分共有的不动产或者动产以及对共有的不动产或者动产作重大修缮、变更性质或者用途的，应当经占份额三分之二以上的按份共有人或者全体共同共有人同意，但是共有人之间另有约定的除外。

第三百零二条 共有人对共有物的管理费用以及其他负担，有约定的，按照其约定；没有约定或者约定不明确的，按份共有人按照其份额负担，共同共有人共同负担。

第三百零三条 共有人约定不得分割共有的不动产或者动产，以维持共有关系的，应当按照约定，但是共有人有重大理由需要分割的，可以请求分割；没有约定或者约定不明确的，按份共有人可以随时请求分割，共同共有人在共有的基础丧失或者有重大理由需要分割时可以请求分割。因分割造成其他共有人损害的，应当给予赔偿。

第三百零四条 共有人可以协商确定分割方式。达不成协议，共有的不动产或者动产可以分割且不会因分割减损价值的，应当对实物予以分割；难以分割或者因分割会减损价值的，应当对折价或者拍卖、变卖取得的价款予以分割。

共有人分割所得的不动产或者动产有瑕疵的，其他共有人应当分担损失。

第三百零五条 按份共有人可以转让其享有的共有的不动产或者动产份额。其他共有人在同等条件下享有优先购买的权利。

第三百零六条 按份共有人转让其享有的共有的不动产或者动产份额的，应当将转让条件及时通知其他共有人。其他共有人应当在合理期限内行使优先购买权。

两个以上其他共有人主张行使优先购买权的，协商确定各自的购买比例；协商不成的，按照转让时各自的共有份额比例行使优先购买权。

第三百零七条 因共有的不动产或者动产产生的债权债务，在对外关系上，共有人享有连带债权、承担连带债务，但是法律另有规定或者第三人知道共有人不具有连带债权债务关系的除外；在共有人内部关系上，除共有人另有约定外，按份共有人按照份额享有债权、承担债务，共同共有人共同享有债权、承担债务。偿还债务超过自己应当承担份额的按份共有人，有权向其他共有人追偿。

第三百零八条 共有人对共有的不动产或者动产没有约定为按份共有或者共同共有，或者约定不明确的，除共有人具有家庭关系等外，视为按份共有。

第三百零九条 按份共有人对共有的不动产或者动产享有的份额，没有约定或者约定不明确的，按照出资额确定；不能确定出资额的，视为等额享有。

▶《民法典婚姻家庭编》

第一千零五十一条 有下列情形之一的，婚姻无效：

（一）重婚；

（二）有禁止结婚的亲属关系；

（三）未到法定婚龄。

第一千零五十二条 因胁迫结婚的，受胁迫的一方可以向人民法院请求撤销婚姻。

请求撤销婚姻的，应当自胁迫行为终止之日起一年内提出。

被非法限制人身自由的当事人请求撤销婚姻的，应当自恢复人身自由之日起一年内提出。

第一千零六十七条 父母不履行抚养义务的，未成年子女或者不能独立生活的成年子女，有要求父母给付抚养费的权利。

成年子女不履行赡养义务的，缺乏劳动能力或者生活困难的父母，有要求成年子女给付赡养费的权利。

第一千零六十八条 父母有教育、保护未成年子女的权利和义务。未成年子女造成他人损害的，父母应当依法承担民事责任。

第一千零六十九条 子女应当尊重父母的婚姻权利，不得干涉父母离婚、再婚以及婚后的生活。子女对父母的赡养义务，不因父母的婚姻关系变化而终止。

第一千零七十条 父母和子女有相互继承遗产的权利。

第一千零七十一条 非婚生子女享有与婚生子女同等的权利，任何组织或者个人不得加以危害和歧视。

不直接抚养非婚生子女的生父或者生母，应当负担未成年子女或者不能独立生活的成年子女的抚养费。

第一千零七十二条 继父母与继子女间，不得虐待或者歧视。

继父或者继母和受其抚养教育的继子女间的权利义务关系，适用本法关于父母子女关系的规定。

第一千零七十三条 对亲子关系有异议且有正当理由的，父或者母可以向人民法院提起诉讼，请求确认或者否认亲子关系。

对亲子关系有异议且有正当理由的，成年子女可以向人民法院提起诉讼，请求确认亲子关系。

▶《婚姻法司法解释（二）》

第四条 人民法院审理无效婚姻案件，涉及财产分割和子女抚养的，应当对婚姻效力的认定和其他纠纷的处理分别制作裁判文书。

第五条 夫妻一方或者双方死亡后一年内，生存一方或者利害关系人依据婚姻法第十条的规定申请宣告婚姻无效的，人民法院应当受理。

第六条 利害关系人依据婚姻法第十条的规定，申请人民法院宣告婚姻无效的，利害关系人为申请人，婚姻关系当事人双方为被申请人。

夫妻一方死亡的，生存一方为被申请人。

夫妻双方均已死亡的，不列被申请人。

第七条 人民法院就同一婚姻关系分别受理了离婚和申请宣告婚姻无效案件的，对于离婚案件的审理，应当待申请宣告婚姻无效案件作出判决后进行。

前款所指的婚姻关系被宣告无效后，涉及财产分割和子女抚养的，应当继续审理。

▶《婚姻法司法解释（一）》

第十三条 婚姻法第十二条所规定的自始无效，是指无效或者可撤销婚姻在依法被宣告无效或被撤销时，才确定该婚姻自始不受法律保护。

第十四条 人民法院根据当事人的申请，依法宣告婚姻无效或者撤销婚姻的，应当收缴双方的结婚证书并将生效的判决书寄送当地婚姻登记管理机关。

第十五条 被宣告无效或被撤销的婚姻，当事人同居期间所得的财产，按共同共有处理。但有证据证明为当事人一方所有的除外。

第十六条 人民法院审理重婚导致的无效婚姻案件时，涉及财产处理的，应当准许合法婚姻当事人作为有独立请求权的第三人参加诉讼。

▶《最高人民法院民事审判庭关于贯彻执行最高人民法院〈关于人民法院审查未办结婚登记而以夫妻名义同居生活案件的若干意见〉有关问题的电话答复》

广东省高级人民法院：

你院《关于贯彻执行最高人民法院〈关于人民法院审理未办结婚登记而以夫妻名义同居生活案件的若干意见〉有关问题的请示》收悉，经研究，电话答复如下：

一、关于你院请示中一、二条所提一方或双方当事人隐瞒结婚时年龄以及隐瞒近亲属关系骗取结婚证，现一方提出离婚，是作为非法同居关系，事实婚姻关系还是作为登记婚姻处理的问题，我们认为：非法同居关系，事实婚姻关系的共同特征是未办结婚登记即以夫妻名义同居生活。隐瞒结婚年龄以及隐瞒近亲属关系骗取结婚证后，一方要求离婚的案件，不符合非法同居关系或事实婚姻关系的构成特征，因此不能按非法同居关系或事实婚姻关系对待，而应作为登记婚姻按《最高人民法院关于判决离婚的若干具体规定》第四条和其他有关规定处理。

二、关于处理非法同居案件中，双方对非婚生子女抚养和非法同居期间财产处理已达成协议，是分别制作判决书、调解书还是用判决形式一并处理的问题，我们认为：解除非法同居案件中的子女抚养和财产分割属于牵连之诉，应予一并处理。当事人对子女抚养和财产分割达成协议的，人民法院只须将当事人之间达成的协议直接写进判决书即可，无须分别制作判决书、调解书。

三、关于女方在非法同居期间怀孕，男方提出解除非法同居关系人民法院是否受婚姻法第二十七条的限制是否受理的问题，我们认为婚姻法二十七条保护的前提是合法的婚姻关系，女方在非法同居期间怀孕，违反了婚姻法的有关规定，为了严肃执法，对男方诉到法院要求解除非法同居关系的，应予受理。受理后即应作出解除非法同居关系的判决。女方分娩后，再处理子女抚养问题。

▶《司法部公证司关于为未婚同居者办理婚姻状况等公证书的复函》

黑龙江省司法厅公证管理处：

你处黑司公函〔1992〕5号收悉。对于未婚男女同居，并生有子女者申办婚姻状况公证的，公证处应按〔87〕司公字第63号（见《公证工作手册》第九辑第96页）和〔89〕司公字第13号文（见《公证规章集成》第313页）的规定办理，即为当事人办理未婚公证书，不能办理非法同居公证书。当事人要求办理父母子女关系公证的，可以依据实际情况为其子女办理出生公证。由于该子女是非婚生子女，因此生父的确定应符合认领亲子的规定。

第三章 家庭关系

第一节 夫妻关系

第一千零五十五条 【夫妻地位平等】夫妻在婚姻家庭中地位平等。

条文对比

《民法典婚姻家庭编》	《婚姻法》
第一千零五十五条 夫妻在**婚姻**家庭中地位平等。	**第十三条** 夫妻在家庭中地位平等。

关联法规

▶ **《宪法》**

第四十八条 中华人民共和国妇女在政治的、经济的、文化的、社会的和家庭的生活等各方面享有同男子平等的权利。

国家保护妇女的权利和利益，实行男女同工同酬，培养和选拔妇女干部。

▶ **《民法典婚姻家庭编》**

第一千零四十一条 婚姻家庭受国家保护。

实行婚姻自由、一夫一妻、男女平等的婚姻制度。

保护妇女、未成年人、老年人、残疾人的合法权益。

▶ **《妇女权益保障法》**

第四十三条 国家保障妇女享有与男子平等的婚姻家庭权利。

第四十四条 国家保护妇女的婚姻自主权。禁止干涉妇女的结婚、离婚自由。

第四十七条 妇女对依照法律规定的夫妻共同财产享有与其配偶平等的占有、使用、收益和处分的权利，不受双方收入状况的影响。

夫妻书面约定婚姻关系存续期间所得的财产归各自所有，女方因抚育子女、照料老人、协助男方工作等承担较多义务的，有权在离婚时要求男方予以补偿。

第四十九条 父母双方对未成年子女享有平等的监护权。

父亲死亡、丧失行为能力或者有其他情形不能担任未成年子女的监护人的，母亲的监护权任何人不得干涉。

第五十条 离婚时，女方因实施绝育手术或者其他原因丧失生育能力的，处理子女抚养问题，应在有利子女权益的条件下，照顾女方的合理要求。

第五十一条 妇女有按照国家有关规定生育子女的权利，也有不生育的自由。

育龄夫妻双方按照国家有关规定计划生育，有关部门应当提供安全、有效的避孕药具和技术，保障实施节育手术的妇女的健康和安全。

国家实行婚前保健、孕产期保健制度，发展母婴保健事业。各级人民政府应当采取措施，保障妇女享有计划生育技术服务，提高妇女的生殖健康水平。

第一千零五十六条 【夫妻姓名权】夫妻双方都有各自使用自己姓名的权利。

条文对比

《民法典婚姻家庭编》	《婚姻法》
第一千零五十六条 夫妻双方都有<u>各自使用</u>自己姓名的权利。	**第十四条** 夫妻双方都有<u>各用</u>自己姓名的权利。

关联法规

▶ **《民法典总则编》**

第一百一十条 自然人享有生命权、身体权、健康权、姓名权、肖像权、名誉权、荣誉权、隐私权、婚姻自主权等权利。

法人、非法人组织享有名称权、名誉权和荣誉权。

▶《户口登记条例》

第十八条 公民变更姓名，依照下列规定办理：

一、未满十八周岁的人需要变更姓名的时候，由本人或者父母、收养人向户口登记机关申请变更登记；

二、十八周岁以上的人需要变更姓名的时候，由本人向户口登记机关申请变更登记。

第一千零五十七条 【夫妻人身自由权】夫妻双方都有参加生产、工作、学习和社会活动的自由，一方不得对另一方加以限制或者干涉。

条文对比

《民法典婚姻家庭编》	《婚姻法》
第一千零五十七条 夫妻双方都有参加生产、工作、学习和社会活动的自由，一方不得对另一方加以限制或者干涉。	**第十五条** 夫妻双方都有参加生产、工作、学习和社会活动的自由，一方不得对他方加以限制或干涉。

关联法规

▶《宪法》

第三十七条 中华人民共和国公民的人身自由不受侵犯。

任何公民，非经人民检察院批准或者决定或者人民法院决定，并由公安机关执行，不受逮捕。

禁止非法拘禁和以其他方法非法剥夺或者限制公民的人身自由，禁止非法搜查公民的身体。

▶《妇女权益保障法》

第二条 妇女在政治的、经济的、文化的、社会的和家庭的生活等各方面享有同男子平等的权利。

实行男女平等是国家的基本国策。国家采取必要措施，逐步完善保障妇女权益的各项制度，消除对妇女一切形式的歧视。

国家保护妇女依法享有的特殊权益。

禁止歧视、虐待、遗弃、残害妇女。

第九条 国家保障妇女享有与男子平等的政治权利。

第十条 妇女有权通过各种途径和形式，管理国家事务，管理经济和文化事业，管理社会事务。

制定法律、法规、规章和公共政策，对涉及妇女权益的重大问题，应当听取妇女联合会的意见。

妇女和妇女组织有权向各级国家机关提出妇女权益保障方面的意见和建议。

第十一条 妇女享有与男子平等的选举权和被选举权。

全国人民代表大会和地方各级人民代表大会的代表中，应当有适当数量的妇女代表。国家采取措施，逐步提高全国人民代表大会和地方各级人民代表大会的妇女代表的比例。

居民委员会、村民委员会成员中，妇女应当有适当的名额。

第十五条 国家保障妇女享有与男子平等的文化教育权利。

第二十二条 国家保障妇女享有与男子平等的劳动权利和社会保障权利。

第三十六条 国家保障妇女享有与男子平等的人身权利。

第三十七条 妇女的人身自由不受侵犯。禁止非法拘禁和以其他非法手段剥夺或者限制妇女的人身自由；禁止非法搜查妇女的身体。

第三十八条 妇女的生命健康权不受侵犯。禁止溺、弃、残害女婴；禁止歧视、虐待生育女婴的妇女和不育的妇女；禁止用迷信、暴力等手段残害妇女；禁止虐待、遗弃病、残妇女和老年妇女。

第三十九条 禁止拐卖、绑架妇女；禁止收买被拐卖、绑架的妇女；禁止阻碍解救被拐卖、绑架的妇女。各级人民政府和公安、民政、劳动和社会保障、卫生等部门按照其职责及时采取措施解救被拐卖、绑架的妇女，做好善后工作，妇女联合会协助和配合做好有关工作。任何人不得歧视被拐卖、绑架的妇女。

第四十条 禁止对妇女实施性骚扰。受害妇女有权向单位和有关机关投诉。

第四十一条 禁止卖淫、嫖娼。禁止组织、强迫、引诱、容留、介绍妇女卖淫或者对妇女进行猥亵活动。禁止组织、强迫、引诱妇女进行淫秽表演活动。

第四十二条 妇女的名誉权、荣誉权、隐私权、肖像权等人格权受法律保护。禁止用侮辱、诽谤等方式损害妇女的人格尊严。

禁止通过大众传播媒介或者其他方式贬低损害妇女人格。未经本人同意，不得以营利为目的，通过广告、商标、展览橱窗、报纸、期刊、图书、音像制品、电子出版物、网络等形式使用妇女肖像。

第四十三条 国家保障妇女享有与男子平等的婚姻家庭权利。

▶ **《就业促进法》**

第二条 国家把扩大就业放在经济社会发展的突出位置，实施积极的就业政策，坚持劳动者自主择业、市场调节就业、政府促进就业的方针，多渠道扩大就业。

第二十七条 国家保障妇女享有与男子平等的劳动权利。

用人单位招用人员，除国家规定的不适合妇女的工种或者岗位外，不得以性别为由拒绝录用妇女或者提高对妇女的录用标准。

用人单位录用女职工，不得在劳动合同中规定限制女职工结婚、生育的内容。

第一千零五十八条 【父母对未成年子女抚养、教育和保护的权利义务平等】夫妻双方平等享有对未成年子女抚养、教育和保护的权利，共同承担对未成年子女抚养、教育和保护的义务。

条文对比

《民法典婚姻家庭编》	《婚姻法》
第一千零五十八条 夫妻双方平等享有对未成年子女抚养、教育和保护的权利，共同承担对未成年子女抚养、教育和保护的义务。	**第二十一条第一款** 父母对子女有抚养教育的义务~~；子女对父母有赡养扶助的义~~务。

关联法规

▶ **《民法典总则编》**

第二十六条 父母对未成年子女负有抚养、教育和保护的义务。

成年子女对父母负有赡养、扶助和保护的义务。

第二十七条 父母是未成年子女的监护人。

未成年人的父母已经死亡或者没有监护能力的，由下列有监护能力的人按顺序担任监护人：

（一）祖父母、外祖父母；

（二）兄、姐；

（三）其他愿意担任监护人的个人或者组织，但是须经未成年人住所地的居民委员会、村民委员会或者民政部门同意。

第二十八条 无民事行为能力或者限制民事行为能力的成年人，由下列有监护能力的人按顺序担任监护人：

（一）配偶；

（二）父母、子女；

（三）其他近亲属；

（四）其他愿意担任监护人的个人或者组织，但是须经被监护人住所地的居民委员会、村民委员会或者民政部门同意。

第二十九条 被监护人的父母担任监护人的，可以通过遗嘱指定监护人。

第三十条 依法具有监护资格的人之间可以协议确定监护人。协议确定监护人应当尊重被监护人的真实意愿。

第三十一条 对监护人的确定有争议的，由被监护人住所地的居民委员会、村民委员会或者民政部门指定监护人，有关当事人对指定不服的，可以向人民法院申请指定监护人；有关当事人也可以直接向人民法院申请指定监护人。

居民委员会、村民委员会、民政部门或者人民法院应当尊重被监护人的真实意愿，按照最有利于被监护人的原则在依法具有监护资格的人中指定监护人。

依据本条第一款规定指定监护人前，被监护人的人身权利、财产权利以及其他合法权益处于无人保护状态的，由被监护人住所地的居民委员会、村民委员会、法律规定的有关组织或者民政部门担任临时监护人。

监护人被指定后，不得擅自变更；擅自变更的，不免除被指定的监护人的责任。

第三十二条 没有依法具有监护资格的人的，监护人由民政部门担任，也可以由具备履行监护职责条件的被监护人住所地的居民委员会、村民委员会担任。

第三十三条 具有完全民事行为能力的成年人，可以与其近亲属、其他愿意担任监护人的个人或者组织事先协商，以书面形式确定自己的监护人，在自己丧失或者部分丧失民事行为能力时，由该监护人履行监护职责。

第三十四条 监护人的职责是代理被监护人实施民事法律行为，保护被监护人的人身权利、财产权利以及其他合法权益等。

监护人依法履行监护职责产生的权利，受法律保护。

监护人不履行监护职责或者侵害被监护人合法权益的，应当承担法律责任。

因发生突发事件等紧急情况，监护人暂时无法履行监护职责，被监护人的生活处于无人照料状态的，被监护人住所地的居民委员会、村民委员会或者民政部门应当为被监护人安排必要的临时生活照料措施。

第三十五条 监护人应当按照最有利于被监护人的原则履行监护职责。监护人除为维护被监护人利益外，不得处分被监护人的财产。

未成年人的监护人履行监护职责，在作出与被监护人利益有关的决定时，应当根据被监护人的年龄和智力状况，尊重被监护人的真实意愿。

成年人的监护人履行监护职责，应当最大程度地尊重被监护人的真实意愿，保障并协助被监护人实施与其智力、精神健康状况相适应的民事法律行为。对被监护人有能力独立处理的事务，监护人不得干涉。

第三十六条 监护人有下列情形之一的，人民法院根据有关个人或者组织的申请，撤销其监护人资格，安排必要的临时监护措施，并按照最有利于被监护人的原则依法指定监护人：

（一）实施严重损害被监护人身心健康的行为；

（二）怠于履行监护职责，或者无法履行监护职责且拒绝将监护职责部分或者全部委托给他人，导致被监护人处于危困状态；

（三）实施严重侵害被监护人合法权益的其他行为。

本条规定的有关个人、组织包括：其他依法具有监护资格的人，居民委员会、村民委员会、学校、医疗机构、妇女联合会、残疾人联合会、未成年人保护组织、依法设立的老年人组织、民政部门等。

前款规定的个人和民政部门以外的组织未及时向人民法院申请撤销监护人资格的，民政部门应当向人民法院申请。

第三十七条 依法负担被监护人抚养费、赡养费、扶养费的父母、子女、配偶等，被人民法院撤销监护人资格后，应当继续履行负担的义务。

第三十八条 被监护人的父母或者子女被人民法院撤销监护人资格后，除对被监护人实施故意犯罪的外，确有悔改表现的，经其申请，人民法院可以在尊重被监护人真实意愿的前提下，视情况恢复其监护人资格，人民法院指定的监护人与被监护人的监护关系同时终止。

第三十九条 有下列情形之一的，监护关系终止：

（一）被监护人取得或者恢复完全民事行为能力；

（二）监护人丧失监护能力；

（三）被监护人或者监护人死亡；

（四）人民法院认定监护关系终止的其他情形。

监护关系终止后，被监护人仍然需要监护的，应当依法另行确定监护人。

▶《民法典侵权责任编》

第一千一百六十九条 教唆、帮助他人实施侵权行为的，应当与行为人承担连带责任。

教唆、帮助无民事行为能力人、限制民事行为能力人实施侵权行为的，应当承担侵权责任；该无民事行为能力人、限制民事行为能力人的监护人未尽到监护职责的，应当承担相应的责任。

第一千一百八十八条 无民事行为能力人、限制民事行为能力人造成他人损害的，由监护人承担侵权责任。监护人尽到监护职责的，可以减轻其侵权责任。

有财产的无民事行为能力人、限制民事行为能力人造成他人损害的，从本人财产中支付赔偿费用；不足部分，由监护人赔偿。

第一千一百八十九条 无民事行为能力人、限制民事行为能力人造成他人损害，监护人将监护职责委托给他人的，监护人应当承担侵权责任；受托人有过错的，承担相应的责任。

▶《老年人权益保障法》

第十条 各级人民政府和有关部门对维护老年人合法权益和敬老、养老、助老成绩显著的组织、家庭或者个人，对参与社会发展做出突出贡献的老年人，按照国家有关规定给予表彰或者奖励。

第十一条 老年人应当遵纪守法，履行法律规定的义务。

第十二条 每年农历九月初九为老年节。

第十三条 老年人养老以居家为基础，家庭成员应当尊重、关心和照料老年人。

第十四条 赡养人应当履行对老年人经济上供养、生活上照料和精神上慰藉的义务，照顾老年人的特殊需要。赡养人是指老年人的子女以及其他依法负有赡养义务的人。赡养人的配偶应当协助赡养人履行赡养义务。

第十五条 赡养人应当使患病的老年人及时得到治疗和护理；对经济困难的老年人，应当提供医疗费用。对生活不能自理的老年人，赡养人应当承担照料责任；不能亲自照料的，可以按照老年人的意愿委托他人或者养老机构等照料。

第十六条 赡养人应当妥善安排老年人的住房，不得强迫老年人居住或者迁居条件低劣的房屋。老年人自有的或者承租的住房，子女或者其他亲属不得侵占，不得擅自改变产权关系或者租赁关系。老年人自有的住房，赡养人有维修的义务。

第十七条 赡养人有义务耕种或者委托他人耕种老年人承包的田地，照管或者委托他人照管老年人的林木和牲畜等，收益归老年人所有。

▶《妇女权益保障法》

第四十九条 父母双方对未成年子女享有平等的监护权。父亲死亡、丧失行为能力或者有其他情形不能担任未成年子女的监护人的，母亲的监护权任何人不得干涉。

▶《残疾人保障法》

第九条 残疾人的扶养人必须对残疾人履行扶养义务。残疾人的监护人必须履行监护职责，尊重被监护人的意愿，维护被监护人的合法权益。残疾人的亲属、监护人应当鼓励和帮助残疾人增强自立能力。禁止对残疾人实施家庭暴力，禁止虐待、遗弃残疾人。

第六十七条 违反本法规定，侵害残疾人的合法权益，其他法律、法规规定行政处罚的，从其规定；造成财产损失或者其他损害的，依法承担民事责任；构成犯罪的，依法追究刑事责任。

▶《刑法》

第二百六十一条 对于年老、年幼、患病或者其他没有独立生活能力的人，负有扶养义务而拒绝扶养，情节恶劣的，处五年以下有期徒刑、拘役或者管制。

《未成年人保护法》

第三条 未成年人享有生存权、发展权、受保护权、参与权等权利，国家根据未成年人身心发展特点给予特殊、优先保护，保障未成年人的合法权益不受侵犯。

未成年人享有受教育权，国家、社会、学校和家庭尊重和保障未成年人的受教育权。

未成年人不分性别、民族、种族、家庭财产状况、宗教信仰等，依法平等地享有权利。

第十条 父母或者其他监护人应当创造良好、和睦的家庭环境，依法履行对未成年人的监护职责和抚养义务。禁止对未成年人实施家庭暴力，禁止虐待、遗弃未成年人，禁止溺婴和其他残害婴儿的行为，不得歧视女性未成年人或者有残疾的未成年人。

第十一条 父母或者其他监护人应当关注未成年人的生理、心理状况和行为习惯，以健康的思想、良好的品行和适当的方法教育和影响未成年人，引导未成年人进行有益身心健康的活动，预防和制止未成年人吸烟、酗酒、流浪、沉迷网络以及赌博、吸毒、卖淫等行为。

第十二条 父母或者其他监护人应当学习家庭教育知识，正确履行监护职责，抚养教育未成年人。有关国家机关和社会组织应当为未成年人的父母或者其他监护人提供家庭教育指导。

第十三条 父母或者其他监护人应当尊重未成年人受教育的权利，必须使适龄未成年人依法入学接受并完成义务教育，不得使接受义务教育的未成年人辍学。

第十四条 父母或者其他监护人应当根据未成年人的年龄和智力发展状况，在作出与未成年人权益有关的决定时告知其本人，并听取他们的意见。

第十五条 父母或者其他监护人不得允许或者迫使未成年人结婚，不得为未成年人订立婚约。

第十六条 父母因外出务工或者其他原因不能履行对未成年人监护职责的，应当委托有监护能力的其他成年人代为监护。

《预防未成年人犯罪法》

第十五条 未成年人的父母或者其他监护人和学校应当教育未成年人不得吸烟、酗酒。任何经营场所不得向未成年人出售烟酒。

第十六条 中小学生旷课的，学校应当及时与其父母或者其他监护人取得联系。

未成年人擅自外出夜不归宿的，其父母或者其他监护人、其所在的寄宿制学校应当及时查找，或者向公安机关请求帮助。收留夜不归宿的未成年人的，应当征得其父母或者其他监护人的同意，或者在二十四小时内及时通知其父母或者其他监护人、所在学校或者及时向公安机关报告。

第十七条 未成年人的父母或者其他监护人和学校发现未成年人组织或者参加实施不良行为的团伙的，应当及时予以制止。发现该团伙有违法犯罪行为的，应当向公安机关报告。

第十八条 未成年人的父母或者其他监护人和学校发现有人教唆、胁迫、引诱未成年人违法犯罪的，应当向公安机关报告。公安机关接到报告后，应当及时依法查处，对未成年人人身安全受到威胁的，应当及时采取有效措施，保护其人身安全。

第十九条 未成年人的父母或者其他监护人，不得让不满十六周岁的未成年人脱离监护单独居住。

第二十条 未成年人的父母或者其他监护人对未成年人不得放任不管，不得迫使其离家出走，放弃监护职责。未成年人离家出走的，其父母或者其他监护人应当及时查找，或者向公安机关请求帮助。

第二十一条 未成年人的父母离异的，离异双方对子女都有教育的义务，任何一方都不得因离异而不履行教育子女的义务。

第二十二条 继父母、养父母对受其抚养教育的未成年继子女、养子女，应当履行本法规定的父母对未成年子女在预防犯罪方面的职责。

第二十三条 学校对有不良行为的未成年人应当加强教育、管理，不得歧视。

第二十四条 教育行政部门、学校应当举办各种形式的讲座、座谈、培训等活动，针对未成年人不同时期的生理、心理特点，介绍良好有效的教育方法，指导教师、未成年人的父母和其他监护人有效地防止、矫治未成年人的不良行为。

第二十五条 对于教唆、胁迫、引诱未成年人实施不良行为或者品行不良，影响恶劣，不适宜在学校工作的教职员工，教育行政部门、学校应当予以解聘或者辞退；构成犯罪的，依法追究刑事责任。

第二十六条 禁止在中小学校附近开办营业性歌舞厅、营业性电子游戏场所以及其他未成年人不适宜进入的场所。禁止开办上述场所的具体范围由省、自治区、直辖市人民政府规定。对本法施行前已在中小学校附近开办上述场所的，应当限期迁移或者停业。

第二十七条 公安机关应当加强中小学校周围环境的治安管理，及时制止、处理中小学校周围发生的违法犯罪行为。城市居民委员会、农村村民委员会应当协助公安机关做好维护中小学校周围治安的工作。

第二十八条 公安派出所、城市居民委员会、农村村民委员会应当掌握本辖区内暂住人口中未成年人的就学、就业情况。对于暂住人口中未成年人实施不良行为的，应当督促其父母或者其他监护人进行有效的教育、制止。

第二十九条 任何人不得教唆、胁迫、引诱未成年人实施本法规定的不良行为，或者为未成年人实施不良行为提供条件。

第三十条 以未成年人为对象的出版物，不得含有诱发未成年人违法犯罪的内容，不得含有渲染暴力、色情、赌博、恐怖活动等危害未成年人身心健康的内容。

第三十一条 任何单位和个人不得向未成年人出售、出租含有诱发未成年人违法犯罪以及渲染暴力、色情、赌博、恐怖活动等危害未成年人身心健康内容的读物、音像制品或者电子出版物。

任何单位和个人不得利用通讯、计算机网络等方式提供前款规定的危害未成年人身心健康的内容及其信息。

第三十二条 广播、电影、电视、戏剧节目，不得有渲染暴力、色情、赌博、恐怖活动等危害未成年人身心健康的内容。广播电影电视行政部门、文化行政部门必须加强对广播、电影、电视、戏剧节目以及各类演播场所的管理。

第三十三条 营业性歌舞厅以及其他未成年人不适宜进入的场所，应当设置明显的未成年人禁止进入标志，不得允许未成年人进入。

营业性电子游戏场所在国家法定节假日外，不得允许未成年人进入，并应当设置明显的未成年人禁止进入标志。

对于难以判明是否已成年的，上述场所的工作人员可以要求其出示身份证件。

第四章 对未成年人严重不良行为的矫治

第三十四条 本法所称“严重不良行为”，是指下列严重危害社会，尚不够刑事处罚的违法行为：

（一）纠集他人结伙滋事，扰乱治安；

（二）携带管制刀具，屡教不改；

（三）多次拦截殴打他人或者强行索要他人财物；

（四）传播淫秽的读物或者音像制品等；

（五）进行淫乱或者色情、卖淫活动；

（六）多次偷窃；

（七）参与赌博，屡教不改；

（八）吸食、注射毒品；

（九）其他严重危害社会的行为。

第三十五条 对未成年人实施本法规定的严重不良行为的，应当及时予以制止。

对有本法规定严重不良行为的未成年人，其父母或者其他监护人和学校应当相互配合，采取措施严加管教，也可以送工读学校进行矫治和接受教育。

对未成年人送工读学校进行矫治和接受教育，应当由其父母或者其他监护人，或者原所在学校提出申请，经教育行政部门批准。

第三十六条 工读学校对就读的未成年人应当严格管理和教育。工读学校除按照义务教育法的要求，在课程设置上与普通学校相同外，应当加强法制教育的内容，针对未成年人严重不良行为产生的原因以及有严重不良行为的未成年人的心理特点，开展矫治工作。

家庭、学校应当关心、爱护在工读学校就读的未成年人，尊重他们的人格尊严，不得体罚、虐待和歧视。工读学校毕业的未成年人在升学、就业等方面，同普通学校毕业的学生享有同等的权利，任何单位和个人不得歧视。

第三十七条 未成年人有本法规定严重不良行为，构成违反治安管理行为的，由公安机关依法予以治安处罚。因不满十四周岁或者情节特别轻微免予处罚的，可以予以训诫。

第三十八条 未成年人因不满十六周岁不予刑事处罚的，责令他的父母或者其他监护人严加管教；在必要的时候，也可以由政府依法收容教养。

第三十九条 未成年人在被收容教养期间，执行机关应当保证其继续接受文化知识、法律知识或者职业技术教育；对没有完成义务教育的未成年人，执行机关应当保证其继续接受义务教育。

解除收容教养、劳动教养的未成年人，在复学、升学、就业等方面与其他未成年人享有同等权利，任何单位和个人不得歧视。

第五章 未成年人对犯罪的自我防范

第四十条 未成年人应当遵守法律、法规及社会公共道德规范，树立自尊、自律、自强意识，增强辨别是非和自我保护的能力，自觉抵制各种不良行为及违法犯罪行为的引诱和侵害。

第四十一条 被父母或者其他监护人遗弃、虐待的未成年人，有权向公安机关、民政部门、共产主义青年团、妇女联合会、未成年人保护组织或者学校、城市居民委员会、农村村民委员会请求保护。被请求的上述部门和组织都应当接受，根据情况需要采取救助措施的，应当先采取救助措施。

第四十二条 未成年人发现任何人对自己或者对其他未成年人实施本法第三章规定不得实施的行为或者犯罪行为，可以通过所在学校、其父母或者其他监护人向公安机关或者政府有关主管部门报告，也可以自己向上述机关报告。受理报告的机关应当及时依法查处。

第四十三条 对同犯罪行为作斗争以及举报犯罪行为的未成年人，司法机关、学校、社会应当加强保护，保障其不受打击报复。

第六章 对未成年人重新犯罪的预防

第四十四条 对犯罪的未成年人追究刑事责任，实行教育、感化、挽救方针，坚持教育为主、惩罚为辅的原则。

司法机关办理未成年人犯罪案件，应当保障未成年人行使其诉讼权利，保障未成年人得到法律帮助，并根据未成年人的生理、心理特点和犯罪的情况，有针对性地进行法制教育。

对于被采取刑事强制措施的未成年学生，在人民法院的判决生效以前，不得取消其学籍。

第四十五条 人民法院审判未成年人犯罪的刑事案件，应当由熟悉未成年人身心特点的审判员或者审判员和人民陪审员依法组成少年法庭进行。

对于审判的时候被告人不满十八周岁的刑事案件，不公开审理。

对未成年人犯罪案件，新闻报道、影视节目、公开出版物不得披露该未成年人的姓名、住所、照片及可能推断出该未成年人的资料。

第四十六条 对被拘留、逮捕和执行刑罚的未成年人与成年人应当分别关押、分别管理、分别教育。未成年犯在被执行刑罚期间，执行机关应当加强对未成年犯的法制教育，对未成年犯进行职业技术教育。对没有完成义务教育的未成年犯，执行机关应当保证其继续接受义务教育。

第四十七条 未成年人的父母或者其他监护人和学校、城市居民委员会、农村村民委员会、对因不满十六周岁而不予刑事处罚、免予刑事处罚的未成年人，或者被判处非监禁刑罚、被判处刑罚宣告缓刑、被假释的未成年人，应当采取有效的帮教措施，协助司法机关做好对未成年人的教育、挽救工作。

城市居民委员会、农村村民委员会可以聘请思想品德优秀，作风正派，热心未成年人教育工作的离退休人员或其他人员协助做好对前款规定的未成年人的教育、挽救工作。

第四十八条 依法免予刑事处罚、判处非监禁刑罚、判处刑罚宣告缓刑、假释或者刑罚执行完毕的未成年人，在复学、升学、就业等方面与其他未成年人享有同等权利，任何单位和个人不得歧视。

第四十九条 未成年人的父母或者其他监护人不履行监护职责，放任未成年人有本法规定的不良行为或者严重不良行为的，由公安机关对未成年人的父母或者其他监护人予以训诫，责令其严加管教。

第五十条 未成年人的父母或者其他监护人违反本法第十九条的规定，让不满十六周岁的未成年人脱离监护单独居住的，由公安机关对未成年人的父母或者其他监护人予以训诫，责令其立即改正。

▶《婚姻法司法解释（三）》

第三条 婚姻关系存续期间，父母双方或者一方拒不履行抚养子女义务，未成年或者不能独立生活的子女请求支付抚养费的，人民法院应予支持。

▶《婚姻法司法解释（一）》

第二十条 婚姻法第二十一条规定的“不能独立生活的子女”，是指尚在校接受高中及其以下学历教育，或者丧失或未完全丧失劳动能力等非因主观原因而无法维持正常生活的成年子女。

第二十一条 婚姻法第二十一条所称“抚养费”，包括子女生活费、教育费、医疗费等费用。

▶《民通意见》

158. 夫妻离婚后，未成年子女侵害他人权益的，同该子女共同生活的一方应当承担民事责任；如果独立承担民事责任确有困难的，可以责令未与该子女共同生活的一方共同承担民事责任。

159. 被监护人造成他人损害的，有明确的监护人时，由监护人承担民事责任；监护人不明确的，由顺序在前的有监护能力的人承担民事责任。

160. 在幼儿园、学校生活、学习的无民事行为能力人或者在精神病院治疗的精神病人，受到伤害或者给他人造成损害，单位有过错的，可以责令这些单位适当给予赔偿。

161. 侵权行为发生时行为人不满十八周岁，在诉讼时已满十八周岁，并有经济能力的，应当承担民事责任；行为人没有经济能力的，应当由原监护人承担民事责任。

行为人致人损害时年满十八周岁的，应当由本人承担民事责任；没有经济收入的，由扶养人垫付；垫付有困难的，也可以判决或者调解延期给付。

▶《最高人民法院关于未成年的侵权人死亡其父母作为监护人能否成为诉讼主体的复函》

内蒙古自治区高级人民法院：

你院〔1989〕内法民字第8号《关于那木斯来起诉损害赔偿一案的请示报告》收悉。

经研究认为，未成年人阿拉腾乌拉携带其父额尔登巴图藏在家中的炸药到那木斯来家玩耍，将炸药引爆，炸毁那木斯来家房屋顶棚及部分家具。那木斯来以额尔登巴图为被告要求赔偿损失，人民法院应依法受理，并依据《民法通则》及《婚姻法》的有关规定妥善处理。

第一千零五十九条　【夫妻扶养义务】夫妻有相互扶养的义务。

需要扶养的一方，在另一方不履行扶养义务时，有要求其给付扶养费的权利。

条文对比

《民法典婚姻家庭编》	《婚姻法》
第一千零五十九条　夫妻有相互扶养的义务。 需要扶养的一方，在另一方不履行扶养义务时，有要求其给付扶养费的权利。	**第二十条**　夫妻有互相扶养的义务。 一方不履行扶养义务时，需要扶养的一方，有要求对方付给扶养费的权利。

关联法规

▶《刑法》

第二百六十一条 对于年老、年幼、患病或者其他没有独立生活能力的人，负有抚养义务而拒绝抚养，情节恶劣的，处五年以下有期徒刑或者管制。

▶《老年人权益保障法》

第二十三条 老年人与配偶有相互扶养的义务。

由兄、姐扶养的弟、妹成年后，有负担能力的，对年老无赡养人的兄、姐有扶养的义务。

第一千零六十条 【夫妻双方家事代理权及限制】 夫妻一方因家庭日常生活需要而实施的民事法律行为，对夫妻双方发生效力，但是夫妻一方与相对人另有约定的除外。

夫妻之间对一方可以实施的民事法律行为范围的限制，不得对抗善意相对人。

条文对比

《民法典婚姻家庭编》	《婚姻法司法解释（一）》
第一千零六十条 夫妻一方因家庭日常生活需要而实施的民事法律行为，对夫妻双方发生效力，但是夫妻一方与相对人另有约定的除外。 夫妻之间对一方可以实施的民事法律行为范围的限制，不得对抗善意相对人。	**第十七条** 婚姻法第十七条关于“夫妻对夫妻共同所有的财产，有平等的处理权”的规定，应当理解为： （一）夫或妻在处理夫妻共同财产上的权利是平等的。因日常生活需要而处理夫妻共同财产的，任何一方均有权决定。 （二）夫或妻非因日常生活需要对夫妻共同财产做重要处理决定，夫妻双方应当平等协商，取得一致意见。他人有理由相信其为夫妻双方共同意思表示的，另一方不得以不同意或不知道为由对抗善意第三人。

关联法规

▶《民法典婚姻家庭编》

第一千零六十二条 夫妻在婚姻关系存续期间所得的下列财产，为夫妻的共同财产，归夫妻共同所有：

（一）工资、奖金、劳务报酬；

（二）生产、经营、投资的收益；

（三）知识产权的收益；

（四）继承或者受赠的财产，但是本法第一千零六十三条第三项规定的除外；

（五）其他应当归共同所有的财产。

夫妻对共同财产，有平等的处理权。

第一千零六十四条 夫妻双方共同签名或者夫妻一方事后追认等共同意思表示所负的债务，以及夫妻一方在婚姻关系存续期间以个人名义为家庭日常生活需要所负的债务，属于夫妻共同债务。

夫妻一方在婚姻关系存续期间以个人名义超出家庭日常生活需要所负的债务，不属于夫妻共同债务；但是，债权人能够证明该债务用于夫妻共同生活、共同生产经营或者基于夫妻双方共同意思表示的除外。

▶《夫妻债务纠纷司法解释》

为正确审理涉及夫妻债务纠纷案件，平等保护各方当事人合法权益，根据《中华人民共和国民法总则》《中华人民共和国婚姻法》《中华人民共和国合同法》《中华人民共和国民事诉讼法》等法律规定，制定本解释。

第一条 夫妻双方共同签字或者夫妻一方事后追认等共同意思表示所负的债务，应当认定为夫妻共同债务。

第二条 夫妻一方在婚姻关系存续期间以个人名义为家庭日常生活需要所负的债务，债权人以属于夫妻共同债务为由主张权利的，人民法院应予支持。

第三条 夫妻一方在婚姻关系存续期间以个人名义超出家庭日常生活需要所负的债务，债权人以属于夫妻共同债务为由主张权利的，人民法院不予支持，但债权人能够证明该债务用于夫妻共同生活、共同生产经营或者基于夫妻双方共同意思表示的除外。

第四条 本解释自2018年1月18日起施行。

本解释施行后，最高人民法院此前作出的相关司法解释与本解释相抵触的，以本解释为准。

▶《婚姻法司法解释（二）补充规定》

在《最高人民法院关于适用〈中华人民共和国婚姻法〉若干问题的解释(二)》第二十四条的基础上增加两款，分别作为该条第二款和第三款：

夫妻一方与第三人串通，虚构债务，第三人主张权利的，人民法院不予支持。

夫妻一方在从事赌博、吸毒等违法犯罪活动中所负债务，第三人主张权利的，人民法院不予支持。

▶《婚姻法司法解释（二）》

第二十四条 债权人就婚姻关系存续期间夫妻一方以个人名义所负债务主张权利的，应当按夫妻共同债务处理。但夫妻一方能够证明债权人与债务人明确约定为个人债务，或者能够证明属于婚姻法第十九条第三款规定情形的除外。

夫妻一方与第三人串通，虚构债务，第三人主张权利的，人民法院不予支持。

夫妻一方在从事赌博、吸毒等违法犯罪活动中所负债务，第三人主张权利的，人民法院不予支持。

第一千零六十一条 【夫妻遗产继承权】夫妻有相互继承遗产的权利。

条文对比

《民法典婚姻家庭编》	《婚姻法》
第一千零六十一条 夫妻有相互继承遗产的权利。	**第二十四条第一款** 夫妻有相互继承遗产的权利。

关联法规

▶《民法典总则编》

第一百二十四条 自然人依法享有继承权。

自然人合法的私有财产，可以依法继承。

▶《民法典继承编》

第一千一百二十七条 遗产按照下列顺序继承：

（一）第一顺序：配偶、子女、父母；

（二）第二顺序：兄弟姐妹、祖父母、外祖父母。

继承开始后，由第一顺序继承人继承，第二顺序继承人不继承；没有第一顺序继承人继承的，由第二顺序继承人继承。

本编所称子女，包括婚生子女、非婚生子女、养子女和有扶养关系的继子女。

本编所称父母，包括生父母、养父母和有扶养关系的继父母。

本编所称兄弟姐妹，包括同父母的兄弟姐妹、同父异母或者同母异父的兄弟姐妹、养兄弟姐妹、有扶养关系的继兄弟姐妹。

▶《妇女权益保障法》

第三十四条 妇女享有的与男子平等的财产继承权受法律保护。在同一顺序法定继承人中，不得歧视妇女。

丧偶妇女有权处分继承的财产，任何人不得干涉。

第三十五条 丧偶妇女对公、婆尽了主要赡养义务的，作为公、婆的第一顺序法定继承人，其继承权不受子女代位继承的影响。

▶《人民法院处理涉台民事案件的几个法律问题》

4. 关于继承问题

按照《中华人民共和国继承法》的规定，去台人员和台胞与大陆同胞一样，享有同等的继承权，不能因为继承人去台湾而影响他们对在大陆遗产的继承。去台人员或者台胞对大陆的遗产主张继承权的，人民法院依法给予保护。人民法院过去处理的继承案件中已经给去台人员或者台胞保留了遗产份额的，他们可以向人民法院申请取得。过去未经人民法院处理过的继承问题，去台人员或者台胞回大陆后均可以向人民法院起诉。今后人民法院处理继承案件时，对在台湾的合法继承人，要设法通知其参加诉讼；无法通知的，应为其保留应继承的份额，并指定财产代管人。

第一千零六十二条　【夫妻共同财产】夫妻在婚姻关系存续期间所得的下列财产，为夫妻的共同财产，归夫妻共同所有：

（一）工资、奖金、劳务报酬；

（二）生产、经营、投资的收益；

（三）知识产权的收益；

（四）继承或者受赠的财产，但是本法第一千零六十三条第三项规定的除外；

（五）其他应当归共同所有的财产。

夫妻对共同财产，有平等的处理权。

条文对比

《民法典婚姻家庭编》	《婚姻法》
第一千零六十二条　夫妻在婚姻关系存续期间所得的下列财产，**为夫妻的共同财产**，归夫妻共同所有： （一）工资、奖金、**劳务报酬**； （二）生产、经营、**投资**的收益； （三）知识产权的收益； （四）继承或者受赠的财产，但是本法第一千零六十三条第三项规定的除外； （五）其他应当归共同所有的财产。 夫妻对共同财产，有平等的处理权。	**第十七条**　夫妻在婚姻关系存续期间所得的下列财产，归夫妻共同所有： （一）工资、奖金； （二）生产、经营的收益； （三）知识产权的收益； （四）继承或赠与所得的财产，但本法第十八条第三项规定的除外； （五）其他应当归共同所有的财产。 夫妻对共同~~所有的~~财产，有平等的处理权。

关联法规

▶《民法典婚姻家庭编》

第一千零六十三条　下列财产为夫妻一方的个人财产：

（一）一方的婚前财产；

（二）一方因受到人身损害获得的赔偿或者补偿；

（三）遗嘱或者赠与合同中确定只归一方的财产；

（四）一方专用的生活用品；

（五）其他应当归一方的财产。

第一千零六十五条 男女双方可以约定婚姻关系存续期间所得的财产以及婚前财产归各自所有、共同所有或者部分各自所有、部分共同所有。约定应当采用书面形式。没有约定或者约定不明确的，适用本法第一千零六十二条、第一千零六十三条的规定。

夫妻对婚姻关系存续期间所得的财产以及婚前财产的约定，对双方具有法律约束力。

夫妻对婚姻关系存续期间所得的财产约定归各自所有，夫或者妻一方对外所负的债务，相对人知道该约定的，以夫或者妻一方的个人财产清偿。

▶《妇女权益保障法》

第三十一条 在婚姻、家庭共有财产关系中，不得侵害妇女依法享有的权益。

第三十二条 妇女在农村土地承包经营、集体经济组织收益分配、土地征收或者征用补偿费使用以及宅基地使用等方面，享有与男子平等的权利。

第三十三条 任何组织和个人不得以妇女未婚、结婚、离婚、丧偶等为由，侵害妇女在农村集体经济组织中的各项权益。

因结婚男方到女方住所落户的，男方和子女享有与所在地农村集体经济组织成员平等的权益。

第四十七条 妇女对依照法律规定的夫妻共同财产享有与其配偶平等的占有、使用、收益和处分的权利，不受双方收入状况的影响。

夫妻书面约定婚姻关系存续期间所得的财产归各自所有，女方因抚育子女、照料老人、协助男方工作等承担较多义务的，有权在离婚时要求男方予以补偿。

▶《婚姻法司法解释（二）》

第十一条 婚姻关系存续期间，下列财产属于婚姻法第十七条规定的“其他应当归共同所有的财产”：

（一）一方以个人财产投资取得的收益；

（二）男女双方实际取得或者应当取得的住房补贴、住房公积金；

（三）男女双方实际取得或者应当取得的养老保险金、破产安置补偿费。

第十二条 婚姻法第十七条第三项规定的“知识产权的收益”，是指婚姻关系存续期间，实际取得或者已经明确可以取得的财产性收益。

第十三条 军人的伤亡保险金、伤残补助金、医药生活补助费属于个人财产。

第十四条 人民法院审理离婚案件，涉及分割发放到军人名下的复员费、自主择业费等一次性费用的，以夫妻婚姻关系存续年限乘以年平均值，所得数额为夫妻共同财产。

前款所称年平均值，是指将发放到军人名下的上述费用总额按具体年限均分得出的数额。其具体年限为人均寿命七十岁与军人入伍时实际年龄的差额。

第十五条 夫妻双方分割共同财产中的股票、债券、投资基金份额等有价证券以及未上市股份有限公司股份时，协商不成或者按市价分配有困难的，人民法院可以根据数量按比例分配。

第十六条 人民法院审理离婚案件，涉及分割夫妻共同财产中以一方名义在有限责任公司的出资额，另一方不是该公司股东的，按以下情形分别处理：

（一）夫妻双方协商一致将出资额部分或者全部转让给该股东的配偶，过半数股东同意、其他股东明确表示放弃优先购买权的，该股东的配偶可以成为该公司股东；

（二）夫妻双方就出资额转让份额和转让价格等事项协商一致后，过半数股东不同意转让，但愿意以同等价格购买该出资额的，人民法院可以对转让出资所得财产进行分割。过半数股东不同意转让，也不愿意以同等价格购买该出资额的，视为其同意转让，该股东的配偶可以成为该公司股东；

用于证明前款规定的过半数股东同意的证据，可以是股东会决议，也可以是当事人通过其他合法途径取得的股东的书面声明材料。

第十七条 人民法院审理离婚案件，涉及分割夫妻共同财产中以一方名义在合伙企业中的出资，另一方不是该企业合伙人的，当夫妻双方协商一致，将其合伙企业中的财产份额全部或者部分转让给对方时，按以下情形分别处理：

（一）其他合伙人一致同意的，该配偶依法取得合伙人地位；

（二）其他合伙人不同意转让，在同等条件下行使优先受让权的，可以对转让所得的财产进行分割；

（三）其他合伙人不同意转让，也不行使优先受让权，但同意该合伙人退伙或者退还部分财产份额的，可以对退还的财产进行分割；

（四）其他合伙人既不同意转让，也不行使优先受让权，又不同意该合伙人退伙或者退还部分财产份额的，视为全体合伙人同意转让，该配偶依法取得合伙人地位。

第十八条 夫妻以一方名义投资设立独资企业的，人民法院分割夫妻在该独资企业中的共同财产时，应当按照以下情形分别处理：

（一）一方主张经营该企业的，对企业资产进行评估后，由取得企业一方给予另一方相应的补偿；

（二）双方均主张经营该企业的，在双方竞价基础上，由取得企业的一方给予另一方相应的补偿；

（三）双方均不愿意经营该企业的，按照《中华人民共和国个人独资企业法》等有关规定办理。

第十九条 由一方婚前承租、婚后用共同财产购买的房屋，房屋权属证书登记在一方名下的，应当认定为夫妻共同财产。

第二十条 双方对夫妻共同财产中的房屋价值及归属无法达成协议时，人民法院按以下情形分别处理：

（一）双方均主张房屋所有权并且同意竞价取得的，应当准许；

（二）一方主张房屋所有权的，由评估机构按市场价格对房屋作出评估，取得房屋所有权的一方应当给予另一方相应的补偿；

（三）双方均不主张房屋所有权的，根据当事人的申请拍卖房屋，就所得价款进行分割。

第二十一条 离婚时双方对尚未取得所有权或者尚未取得完全所有权的房屋有争议且协商不成的，人民法院不宜判决房屋所有权的归属，应当根据实际情况判决由当事人使用。

当事人就前款规定的房屋取得完全所有权后，有争议的，可以另行向人民法院提起诉讼。

第二十二条 当事人结婚前，父母为双方购置房屋出资的，该出资应当认定为对自己子女的个人赠与，但父母明确表示赠与双方的除外。

当事人结婚后，父母为双方购置房屋出资的，该出资应当认定为对夫妻双方的赠与，但父母明确表示赠与一方的除外。

▶《婚姻法司法解释（三）》

第四条 婚姻关系存续期间，夫妻一方请求分割共同财产的，人民法院不予支持，但有下列重大理由且不损害债权人利益的除外：

（一）一方有隐藏、转移、变卖、毁损、挥霍夫妻共同财产或者伪造夫妻共同债务等严重损害夫妻共同财产利益行为的；

（二）一方负有法定扶养义务的人患重大疾病需要医治，另一方不同意支付相关医疗费用的。

第五条 夫妻一方个人财产在婚后产生的收益，除孳息和自然增值外，应认定为夫妻共同财产。

第六条 婚前或者婚姻关系存续期间，当事人约定将一方所有的房产赠与另一方，赠与方在赠与房产变更登记之前撤销赠与，另一方请求判令继续履行的，人民法院可以按照合同法第一百八十六条的规定处理。

第七条 婚后由一方父母出资为子女购买的不动产，产权登记在出资人子女名下的，可按照婚姻法第十八条第（三）项的规定，视为只对自己子女一方的赠与，该不动产应认定为夫妻一方的个人财产。

由双方父母出资购买的不动产，产权登记在一方子女名下的，该不动产可认定为双方按照各自父母的出资份额按份共有，但当事人另有约定的除外。

▶《婚姻法司法解释（一）》

第十七条 婚姻法第十七条关于“夫或妻对夫妻共同所有的财产，有平等的处理权”的规定，应当理解为：

（一）夫或妻在处理夫妻共同财产上的权利是平等的。因日常生活需要而处理夫妻共同财产的，任何一方均有权决定。

（二）夫或妻非因日常生活需要对夫妻共同财产做重要处理决定，夫妻双方应当平等协商，取得一致意见。他人有理由相信其为夫妻双方共同意思表示的，另一方不得以不同意或不知道为由对抗善意第三人。

▶《民通意见》

90. 在共同共有关系终止时，对共有财产的分割，有协议的，按协议处理；没有协议的，应当根据等分原则处理，并且考虑共有人对共有财产的贡献大小，适当照顾共有人生产、生活的实际需要等情况。但分割夫妻共有财产，应当根据婚姻法的有关规定处理。

▶《人民法院审理离婚案件财产分割意见》

2. 夫妻双方在婚姻关系存续期间所得的财产，为夫妻共同财产，包括：

（1）一方或双方劳动所得的收入和购置的财产；

（2）一方或双方继承、受赠的财产；

（3）一方或双方由知识产权取得的经济利益；

（4）一方或双方从事承包、租赁等生产、经营活动的收益；

（5）一方或双方取得的债权；

（6）一方或双方的其他合法所得；

3. 在婚姻关系存续期间，复员、转业军人所得的复员费、转业费，结婚时间10年以上的，应按夫妻共同财产进行分割。复员军人从部队带回的医药补助费和回乡生产补助费，应归本人所有。

4. 夫妻分居两地分别管理、使用的婚后所得财产，应认定为夫妻共同财产。在分割财产时，各自分别管理、使用的财产归各自所有。双方所分财产相差悬殊的，差额部分，由多得财产的一方以与差额相当的财产抵偿另一方。

5. 已登记结婚，尚未共同生活，一方或双方受赠的礼金、礼物应认定为夫妻共同财产，具体处理时应考虑财产来源、数量等情况合理分割。各自出资购置、各自使用的财物，原则上归各自所有。

7. 对个人财产还是夫妻共同财产难以确定的，主张权利的一方有责任举证。当事人举不出有力证据，人民法院又无法查实的，按夫妻共同财产处理。

▶《最高人民法院关于刘立民与赵淑华因离婚诉讼涉及民办私立学校校产分割一案的复函》

辽宁省高级人民法院：

你院请示收悉，经研究，答复如下：

刘立民、赵淑华夫妻共同投资办学，应共同享有办学积累中属于夫妻的财产权益。原一、二审判决将办学积累全部认定为刘立民、赵淑华二人的共同财产进行分割没有法律依据。

刘立民、赵淑华夫妻离婚，已丧失了共同办学的条件，对其共同享有的财产权益应予分割。根据本案具体情况，为维护学校完整，学校由赵淑华单独管理后，赵淑华应对刘立民丧失的财产权益以及由此丧失的期待利益予以补偿。补偿数额可参照原二审判决的数额。

▶《人民法院处理涉台民事案件的几个法律问题》

二、关于夫妻共同财产问题

对去台一方请求原配偶返还婚前财产，或者要求分割夫妻共有财产的，如果这些财产在几十年中已被原配偶用于抚养子女，或用于赡养父母，或用于家庭其他生活消费的，人民法院应说服其撤诉或者驳回诉讼请求。但是，如果财产数额大并且标的物还存在的，在考虑其原配偶、子女等生活的情况下，可以酌情分割一部分给去台人员。对于过去财产问题的处理，原则上宜粗不宜细。

这是因为，几十年的财产变化情况、几十年的权利义务状况不宜一一细算。这样处理对双方当事人可能更好一些。

▶《最高人民法院关于夫妻一方未经对方同意将共有房屋赠与他人属于夫妻另一方的部分应属无效的批复》

浙江省高级人民法院：

你院1987年3月7日关于王棣华等人与王庆贞、朱亚英房屋继承一案的请示报告已悉。

据你院调查，王棣华等人与王庆贞、朱亚英诉争的房屋，原系王镛、王庆贞、王守瑜母亲的奁产，后被王镛舅母出典，1937年由王镛出资回赎，1947年办理了过户手续。1950年8月，杭州市人民政府给王镛颁发了房产证，但该房一直由王镛之妹王守瑜使用、管理。1956年3月，王镛在其妻孙跃文未表示同意的情况下，个人书写"赠与书"和"房地产让渡证明书"，连同房契和个人印章一并交给王守瑜（未办理过户手续）。1960年、1963年，王镛夫妇相继去世。1981年11月，王守瑜在联系出售该房时病故。当月，王庆贞之女朱亚英以1250元价款将房屋出售。王镛之子女王棣华等人得知，诉至法院，要求将该房确认为其父的遗产，予以继承。

经研究，我们认为，该案争执之房屋原系王镛、王守瑜、王庆贞之母的财产。出典后，由王镛于1937年出资赎回，解放后，该房屋确权为王镛所有。在王镛与孙跃文婚姻关系存继期间，夫妻任何一方所得之财产，包括上述房屋，应属夫妻共同财产，夫妻一方在处理共同财产时，应取得另一方的同意。王镛在征求孙跃文意见时，孙明确表示不同意将房屋赠与王守瑜，以后在赠与书上又未签字，因此赠与应属无效。但鉴于王守瑜已长期掌管使用，王镛生前曾有过赠与的明确表示，其子女当时也表示同意的历史状况，从实际情况出发，以认定一部分为王镛和孙跃文的遗产，一部分属于王守瑜的遗产为宜。按照继承法的规定，双方的遗产分别由他们各自的法定继承人继承。

▶《最高人民法院关于高原生活补助费能否作为夫妻共同财产继承的批复》

青海省高级人民法院：

你院6月16日〔83〕青法研字第36号《关于退休费能否作为家庭共同财产来继承的请示报告》收阅。经研究，原则上同意你院意见。即肖桂兰的住房补助费应为夫妻双方共有，属于其夫赵泰部分，可由其合法继承人继承，高原生活补助费不属共同财产，应归肖个人所有。

权威案例

《彭丽静与梁喜平、王保山、河北金海岸房地产开发有限公司股权转让侵权纠纷案》，《最高人民法院公报》2009 年第 5 期

裁判要点：一、夫妻双方共同出资设立公司的，应当以各自所有的财产作为注册资本，并各自承担相应的责任。因此，夫妻双方登记注册公司时应当提交财产分割证明。未进行财产分割的，应当认定为夫妻双方以共同共有财产出资设立公司，在夫妻关系存续期间，夫或妻名下的公司股份属于夫妻双方共同共有的财产，作为共同共有人，夫妻双方对该项财产享有平等的占有、使用、收益和处分的权利。

二、根据《最高人民法院关于适用〈中华人民共和国婚姻法〉若干问题的解释（一）》第十七条第二款的规定，夫或妻非因日常生活需要对夫妻共同财产做重要处理决定，夫妻双方应当平等协商，取得一致意见。他人有理由相信夫或妻一方做出的处理为夫妻双方共同意思表示的，另一方不得以不同意或不知道为由对抗善意第三人。因此，夫或妻一方转让共同共有的公司股权的行为，属于对夫妻共同财产做出重要处理，应当由夫妻双方协商一致并共同在股权转让协议、股东会决议和公司章程修正案上签名。

三、夫妻双方共同共有公司股权的，夫或妻一方与他人订立股权转让协议的效力问题，应当根据案件事实，结合另一方对股权转让是否明知、受让人是否为善意等因素进行综合分析。如果能够认定另一方明知股权转让，且受让人是基于善意，则股权转让协议对于另一方具有约束力。

第一千零六十三条　【夫妻个人财产】下列财产为夫妻一方的个人财产：

（一）一方的婚前财产；

（二）一方因受到人身损害获得的赔偿或者补偿；

（三）遗嘱或者赠与合同中确定只归一方的财产；

（四）一方专用的生活用品；

（五）其他应当归一方的财产。

条文对比

《民法典婚姻家庭编》	《婚姻法》
第一千零六十三条 下列财产为夫妻一方的个人财产： （一）一方的婚前财产； （二）一方因受到人身损害获得的赔偿或者补偿； （三）遗嘱或者赠与合同中确定只归一方的财产； （四）一方专用的生活用品； （五）其他应当归一方的财产。	**第十八条** 有下列情形之一的，为夫妻一方的财产： （一）一方的婚前财产； （二）一方因身体受到伤害获得的医疗费、残疾人生活补助费等费用； （三）遗嘱或赠与合同中确定只归夫或妻一方的财产； （四）一方专用的生活用品； （五）其他应当归一方的财产。

关联法规

▶《民法典婚姻家庭编》

第一千零六十二条 夫妻在婚姻关系存续期间所得的下列财产，为夫妻的共同财产，归夫妻共同所有：

（一）工资、奖金、劳务报酬；

（二）生产、经营、投资的收益；

（三）知识产权的收益；

（四）继承或者受赠的财产，但是本法第一千零六十三条第三项规定的除外；

（五）其他应当归共同所有的财产。

夫妻对共同财产，有平等的处理权。

第一千零六十五条 男女双方可以约定婚姻关系存续期间所得的财产以及婚前财产归各自所有、共同所有或者部分各自所有、部分共同所有。约定应当采用书面形式。没有约定或者约定不明确的，适用本法第一千零六十二条、第一千零六十三条的规定。

夫妻对婚姻关系存续期间所得的财产以及婚前财产的约定，对双方具有法律约束力。

夫妻对婚姻关系存续期间所得的财产约定归各自所有，夫或者妻一方对外所负的债务，相对人知道该约定的，以夫或者妻一方的个人财产清偿。

▶《婚姻法司法解释（二）》

第十三条 军人的伤亡保险金、伤残补助金、医药生活补助费属于个人财产。

第二十二条 当事人结婚前，父母为双方购置房屋出资的，该出资应当认定为对自己子女的个人赠与，但父母明确表示赠与双方的除外。

当事人结婚后，父母为双方购置房屋出资的，该出资应当认定为对夫妻双方的赠与，但父母明确表示赠与一方的除外。

第二十三条 债权人就一方婚前所负个人债务向债务人的配偶主张权利的，人民法院不予支持。但债权人能够证明所负债务用于婚后家庭共同生活的除外。

▶《婚姻法司法解释（三）》

第六条 婚前或者婚姻关系存续期间，当事人约定将一方所有的房产赠与另一方，赠与方在赠与房产变更登记之前撤销赠与，另一方请求判令继续履行的，人民法院可以按照合同法第一百八十六条的规定处理。

第七条 婚后由一方父母出资为子女购买的不动产，产权登记在出资人子女名下的，可按照婚姻法第十八条第（三）项的规定，视为只对自己子女一方的赠与，该不动产应认定为夫妻一方的个人财产。

由双方父母出资购买的不动产，产权登记在一方子女名下的，该不动产可认定为双方按照各自父母的出资份额按份共有，但当事人另有约定的除外。

第十二条 婚姻关系存续期间，双方用夫妻共同财产出资购买以一方父母名义参加房改的房屋，产权登记在一方父母名下，离婚时另一方主张按照夫妻共同财产对该房屋进行分割的，人民法院不予支持。购买该房屋时的出资，可以作为债权处理。

▶《婚姻法司法解释（一）》

第十九条 婚姻法第十八条规定为夫妻一方的所有的财产，不因婚姻关系的延续而转化为夫妻共同财产。但当事人另有约定的除外。

▶《最高人民法院关于依法妥善审理涉及夫妻债务案件有关问题的通知》

五、把握不同阶段夫妻债务的认定标准。依照婚姻法第十七条、第十八条、第十九条和第四十一条有关夫妻共同财产制、分别财产制和债务偿还原则以及有关婚姻法司法解释的规定，正确处理夫妻一方以个人名义对外所负债务问题。

第一千零六十四条 【夫妻共同债务】 夫妻双方共同签名或者夫妻一方事后追认等共同意思表示所负的债务，以及夫妻一方在婚姻关系存续期间以个人名义为家庭日常生活需要所负的债务，属于夫妻共同债务。

夫妻一方在婚姻关系存续期间以个人名义超出家庭日常生活需要所负的债务，不属于夫妻共同债务；但是，债权人能够证明该债务用于夫妻共同生活、共同生产经营或者基于夫妻双方共同意思表示的除外。

条文对比

《民法典婚姻家庭编》	《夫妻债务纠纷司法解释》
第一千零六十四条 夫妻双方共同签名或者夫妻一方事后追认等共同意思表示所负的债务，**以及**夫妻一方在婚姻关系存续期间以个人名义为家庭日常生活需要所负的债务，属于夫妻共同债务。 夫妻一方在婚姻关系存续期间以个人名义超出家庭日常生活需要所负的债务，不属于夫妻共同债务；但是，债权人能够证明该债务用于夫妻共同生活、共同生产经营或者基于夫妻双方共同意思表示的除外。	**第一条** 夫妻双方共同签字或者夫妻一方事后追认等共同意思表示所负的债务~~，应当认定为夫妻共同债务~~。 **第二条** 夫妻一方在婚姻关系存续期间以个人名义为家庭日常生活需要所负的债务，债权人以属于夫妻共同债务为由主张权利的，人民法院应予支持。 **第三条** 夫妻一方在婚姻关系存续期间以个人名义超出家庭日常生活需要所负的债务，债权人以属于夫妻共同债务为由主张权利的，人民法院不予支持，但债权人能够证明该债务用于夫妻共同生活、共同生产经营或者基于夫妻双方共同意思表示的除外。

关联法规

▶ **《民法典婚姻家庭编》**

第一千零六十条 夫妻一方因家庭日常生活需要而实施的民事法律行为，对夫妻双方发生效力，但是夫妻一方与相对人另有约定的除外。

夫妻之间对一方可以实施的民事法律行为范围的限制，不得对抗善意相对人。

《婚姻法司法解释（二）补充规定》

在《最高人民法院关于适用〈中华人民共和国婚姻法〉若干问题的解释（二）》第二十四条的基础上增加两款，分别作为该条第二款和第三款：

夫妻一方与第三人串通，虚构债务，第三人主张权利的，人民法院不予支持。

夫妻一方在从事赌博、吸毒等违法犯罪活动中所负债务，第三人主张权利的，人民法院不予支持。

《婚姻法司法解释（二）》

第十三条 军人的伤亡保险金、伤残补助金、医药生活补助费属于个人财产。

第二十二条 当事人结婚前，父母为双方购置房屋出资的，该出资应当认定为对自己子女的个人赠与，但父母明确表示赠与双方的除外。

当事人结婚后，父母为双方购置房屋出资的，该出资应当认定为对夫妻双方的赠与，但父母明确表示赠与一方的除外。

第二十四条 债权人就婚姻关系存续期间夫妻一方以个人名义所负债务主张权利的，应当按夫妻共同债务处理。但夫妻一方能够证明债权人与债务人明确约定为个人债务，或者能够证明属于婚姻法第十九条第三款规定情形的除外。”

第二十五条 当事人的离婚协议或者人民法院的判决书、裁定书、调解书已经对夫妻财产分割问题作出处理的，债权人仍有权就夫妻共同债务向男女双方主张权利。

一方就共同债务承担连带清偿责任后，基于离婚协议或者人民法院的法律文书向另一方主张追偿的，人民法院应当支持。

第二十六条 夫或妻一方死亡的，生存一方应当对婚姻关系存续期间的共同债务承担连带清偿责任。

《婚姻法司法解释（三）》

第六条 婚前或者婚姻关系存续期间，当事人约定将一方所有的房产赠与另一方，赠与方在赠与房产变更登记之前撤销赠与，另一方请求判令继续履行的，人民法院可以按照合同法第一百八十六条的规定处理。

第七条 婚后由一方父母出资为子女购买的不动产，产权登记在出资人子女名下的，可按照婚姻法第十八条第（三）项的规定，视为只对自己子女一方的赠与，该不动产应认定为夫妻一方的个人财产。

由双方父母出资购买的不动产，产权登记在一方子女名下的，该不动产可认定为双方按照各自父母的出资份额按份共有，但当事人另有约定的除外。

第十二条 婚姻关系存续期间，双方用夫妻共同财产出资购买以一方父母名义参加房改的房屋，产权登记在一方父母名下，离婚时另一方主张按照夫妻共同财产对该房屋进行分割的，人民法院不予支持。购买该房屋时的出资，可以作为债权处理。

▶《婚姻法司法解释（一）》

第十九条 婚姻法第十八条规定为夫妻一方的所有的财产，不因婚姻关系的延续而转化为夫妻共同财产。但当事人另有约定的除外。

▶《最高人民法院关于依法妥善审理涉及夫妻债务案件有关问题的通知》

五、把握不同阶段夫妻债务的认定标准。依照婚姻法第十七条、第十八条、第十九条和第四十一条有关夫妻共同财产制、分别财产制和债务偿还原则以及有关婚姻法司法解释的规定，正确处理夫妻一方以个人名义对外所负债务问题。

▶《最高人民法院关于办理涉夫妻债务纠纷案件有关工作的通知》

《最高人民法院关于审理涉及夫妻债务纠纷案件适用法律有关问题的解释》(以下简称《解释》)，已自2018年1月18日起施行，为依法平等保护各方当事人合法权益，现就有关工作通知如下：

一、正在审理的一审、二审案件，适用《解释》的规定。

二、已经终审的案件，甄别时应当严格把握认定事实不清、适用法律错误、结果明显不公的标准。比如，对夫妻一方与债权人恶意串通坑害另一方，另一方在毫不知情的情况下无端背负巨额债务的案件等，应当依法予以纠正。再审案件改判引用法律条文时，尽可能引用婚姻法第十七条、第四十一条等法律。

三、对于符合改判条件的终审案件，要加大调解力度，尽可能消化在再审审查阶段或者再审调解阶段。案件必须改判的，也要尽量做好当事人服判息诉工作。

四、对于符合上述改判条件的终审案件，也可由执行部门尽量通过执行和解等方式，解决对利益严重受损的配偶一方权益保护问题。

《夫妻债务纠纷司法解释》

为正确审理涉及夫妻债务纠纷案件，平等保护各方当事人合法权益，根据《中华人民共和国民法总则》《中华人民共和国婚姻法》《中华人民共和国合同法》《中华人民共和国民事诉讼法》等法律规定，制定本解释。

第一条 夫妻双方共同签字或者夫妻一方事后追认等共同意思表示所负的债务，应当认定为夫妻共同债务。

第二条 夫妻一方在婚姻关系存续期间以个人名义为家庭日常生活需要所负的债务，债权人以属于夫妻共同债务为由主张权利的，人民法院应予支持。

第三条 夫妻一方在婚姻关系存续期间以个人名义超出家庭日常生活需要所负的债务，债权人以属于夫妻共同债务为由主张权利的，人民法院不予支持，但债权人能够证明该债务用于夫妻共同生活、共同生产经营或者基于夫妻双方共同意思表示的除外。

第四条 本解释自2018年1月18日起施行。

本解释施行后，最高人民法院此前作出的相关司法解释与本解释相抵触的，以本解释为准。

《最高人民法院关于依法妥善审理涉及夫妻债务案件有关问题的通知》

各省、自治区、直辖市高级人民法院，解放军军事法院，新疆维吾尔自治区高级人民法院生产建设兵团分院：

家事审判工作是人民法院审判工作的重要内容。在家事审判工作中，正确处理夫妻债务，事关夫妻双方和债权人合法权益的保护，事关婚姻家庭稳定和市场交易安全的维护，事关和谐健康诚信经济社会建设的推进。为此，最高人民法院审判委员会第1710次会议讨论通过《最高人民法院关于适用〈中华人民共和国婚姻法〉若干问题的解释（二）的补充规定》，对该司法解释第二十四条增加规定了第二款和第三款。2017年2月28日，最高人民法院公布了修正的《最高人民法院关于适用〈中华人民共和国婚姻法〉若干问题的解释（二）》。为依法妥善审理好夫妻债务案件，现将有关问题通知如下：

一、坚持法治和德治相结合原则。在处理夫妻债务案件时，除应当依照婚姻法等法律和司法解释的规定，保护夫妻双方和债权人的合法权益，还应当结合社会主义道德价值理念，增强法律和司法解释适用的社会效果，以达到真正化解矛盾纠纷、维护婚姻家庭稳定、促进交易安全、推动经济社会和谐健康发展的目的。

二、保障未具名举债夫妻一方的诉讼权利。在审理以夫妻一方名义举债的案件中，原则上应当传唤夫妻双方本人和案件其他当事人本人到庭；需要证人出庭作证的，除法定事由外，应当通知证人出庭作证。在庭审中，应当按照《最高人民法院关于适用〈中华人民共和国民事诉讼法〉的解释》的规定，要求有关当事人和证人签署保证书，以保证当事人陈述和证人证言的真实性。未具名举债一方不能提供证据，但能够提供证据线索的，人民法院应当根据当事人的申请进行调查取证；对伪造、隐藏、毁灭证据的要依法予以惩处。未经审判程序，不得要求未举债的夫妻一方承担民事责任。

三、审查夫妻债务是否真实发生。债权人主张夫妻一方所负债务为夫妻共同债务的，应当结合案件的具体情况，按照《最高人民法院关于审理民间借贷案件适用法律若干问题的规定》第十六条第二款、第十九条规定，结合当事人之间关系及其到庭情况、借贷金额、债权凭证、款项交付、当事人的经济能力、当地或者当事人之间的交易方式、交易习惯、当事人财产变动情况以及当事人陈述、证人证言等事实和因素，综合判断债务是否发生。防止违反法律和司法解释规定，仅凭借条、借据等债权凭证就认定存在债务的简单做法。

在当事人举证基础上，要注意依职权查明举债一方作出有悖常理的自认的真实性。对夫妻一方主动申请人民法院出具民事调解书的，应当结合案件基础事实重点审查调解协议是否损害夫妻另一方的合法权益。对人民调解协议司法确认案件，应当按照《最高人民法院关于适用〈中华人民共和国民事诉讼法〉的解释》要求，注重审查基础法律关系的真实性。

四、区分合法债务和非法债务，对非法债务不予保护。在案件审理中，对夫妻一方在从事赌博、吸毒等违法犯罪活动中所负的债务，不予法律保护；对债权人知道或者应当知道夫妻一方举债用于赌博、吸毒等违法犯罪活动而向其出借款项，不予法律保护；对夫妻一方以个人名义举债后用于个人违法犯罪活动，举债人就该债务主张按夫妻共同债务处理的，不予支持。

五、把握不同阶段夫妻债务的认定标准。依照婚姻法第十七条、第十八条、第十九条和第四十一条有关夫妻共同财产制、分别财产制和债务偿还原则以及有关婚姻法司法解释的规定，正确处理夫妻一方以个人名义对外所负债务问题。

六、保护被执行夫妻双方基本生存权益不受影响。要树立生存权益高于债权的理念。对夫妻共同债务的执行涉及夫妻双方的工资、住房等财产权益，甚至可能损害其基本生存权益的，应当保留夫妻双方及其所扶养家属的生活必需费用。执行夫妻名下住房时，应保障生活所必需的居住房屋，一般不得拍卖、变卖或抵债被执行人及其所扶养家属生活所必需的居住房屋。

七、制裁夫妻一方与第三人串通伪造债务的虚假诉讼。对实施虚假诉讼的当事人、委托诉讼代理人和证人等，要加强罚款、拘留等对妨碍民事诉讼的强制措施的适用。对实施虚假诉讼的委托诉讼代理人，除依法制裁外，还应向司法行政部门、律师协会或者行业协会发出司法建议。对涉嫌虚假诉讼等犯罪的，应依法将犯罪的线索、材料移送侦查机关。

以上通知，请遵照执行。执行中有何问题，请及时报告我院。

权威案例

《赵俊诉项会敏、何雪琴民间借贷纠纷案》，《最高人民法院公报》2014 年第 12 期

裁判要点：一、夫妻一方具有和第三人恶意串通、通过虚假诉讼虚构婚内债务嫌疑的，该夫妻一方单方自认债务，并不必然免除“出借人”对借贷关系成立并生效的事实应承担的举证责任。

二、借款人配偶未参加诉讼且出借人及借款人均未明确表示放弃该配偶可能承担的债务份额的，为查明案件事实，应依法追加与案件审理结果具有利害关系的借款人配偶作为第三人参加诉讼，以形成实质性的对抗。

三、出借人仅提供借据佐证借贷关系的，应深入调查辅助性事实以判断借贷合意的真实性，如举债的必要性、款项用途的合理性等。出借人无法提供证据证明借款交付事实的，应综合考虑出借人的经济状况、资金来源、交付方式、在场见证人等因素判断当事人陈述的可信度。对于大额借款仅有借据而无任何交付凭证、当事人陈述有重大疑点或矛盾之处的，应依据证据规则认定“出借人”未完成举证义务，判决驳回其诉讼请求。

《单洪远、刘春林诉胡秀花、单良、单译贤法定继承纠纷案》，《最高人民法院公报》2006 年第 5 期

裁判要点：《最高人民法院关于适用〈中华人民共和国婚姻法〉若干问题的解释（二）》第二十四条的规定，本意在于加强对债权人的保护，一般只适用于对夫妻外部债务关系的处理。人民法院在处理涉及夫妻内部财产关系的纠纷时，不能简单依据该规定将夫或妻一方的对外债务认定为夫妻共同债务，其

他人民法院依据该规定作出的关于夫妻对外债务纠纷的生效裁判，也不能当然地作为处理夫妻内部财产纠纷的判决依据，主张夫或妻一方的对外债务属于夫妻共同债务的当事人仍负有证明该项债务确为夫妻共同债务的举证责任。

第一千零六十五条　【夫妻财产约定制】男女双方可以约定婚姻关系存续期间所得的财产以及婚前财产归各自所有、共同所有或者部分各自所有、部分共同所有。约定应当采用书面形式。没有约定或者约定不明确的，适用本法第一千零六十二条、第一千零六十三条的规定。

夫妻对婚姻关系存续期间所得的财产以及婚前财产的约定，对双方具有法律约束力。

夫妻对婚姻关系存续期间所得的财产约定归各自所有，夫或者妻一方对外所负的债务，相对人知道该约定的，以夫或者妻一方的个人财产清偿。

条文对比

《民法典婚姻家庭编》	《婚姻法》
第一千零六十五条　男女双方可以约定婚姻关系存续期间所得的财产以及婚前财产归各自所有、共同所有或者部分各自所有、部分共同所有。约定应当采用书面形式。没有约定或者约定不明确的，适用本法第一千零六十二条、第一千零六十三条的规定。 夫妻对婚姻关系存续期间所得的财产以及婚前财产的约定，对双方具有**法律**约束力。 夫妻对婚姻关系存续期间所得的财产约定归各自所有，夫或者妻一方对外所负的债务，相对人知道该约定的，以夫或者妻一方的个人财产清偿。	**第十九条**　夫妻可以约定婚姻关系存续期间所得的财产以及婚前财产归各自所有、共同所有或部分各自所有、部分共同所有。约定应当采用书面形式。没有约定或约定不明确的，适用本法第十七条、第十八条的规定。 夫妻对婚姻关系存续期间所得的财产以及婚前财产的约定，对双方具有约束力。 夫妻对婚姻关系存续期间所得的财产约定归各自所有的，夫或妻一方对外所负的债务，第三人知道该约定的，以夫或妻一方所有的财产清偿。

关联法规

《民法典总则编》

第一百三十五条 民事法律行为可以采用书面形式、口头形式或者其他形式；法律、行政法规规定或者当事人约定采用特定形式的，应当采用特定形式。

第一百四十三条 具备下列条件的民事法律行为有效：

（一）行为人具有相应的民事行为能力；

（二）意思表示真实；

（三）不违反法律、行政法规的强制性规定，不违背公序良俗。

《民法典婚姻家庭编》

第一千零六十二条 夫妻在婚姻关系存续期间所得的下列财产，为夫妻的共同财产，归夫妻共同所有：

（一）工资、奖金、劳务报酬；

（二）生产、经营、投资的收益；

（三）知识产权的收益；

（四）继承或者受赠的财产，但是本法第一千零六十三条第三项规定的除外；

（五）其他应当归共同所有的财产。

夫妻对共同财产，有平等的处理权。

第一千零六十三条 下列财产为夫妻一方的个人财产：

（一）一方的婚前财产；

（二）一方因受到人身损害获得的赔偿或者补偿；

（三）遗嘱或者赠与合同中确定只归一方的财产；

（四）一方专用的生活用品；

（五）其他应当归一方的财产。

《妇女权益保障法》

第四十七条 妇女对依照法律规定的夫妻共同财产享有与其配偶平等的占有、使用、收益和处分的权利，不受双方收入状况的影响。

夫妻书面约定婚姻关系存续期间所得的财产归各自所有，女方因抚育子女、照料老人、协助男方工作等承担较多义务的，有权在离婚时要求男方予以补偿。

▶《婚姻法司法解释（二）》

第二十三条 债权人就一方婚前所负个人债务向债务人的配偶主张权利的，人民法院不予支持。但债权人能够证明所负债务用于婚后家庭共同生活的除外。

第二十四条 债权人就婚姻关系存续期间夫妻一方以个人名义所负债务主张权利的，应当按夫妻共同债务处理。但夫妻一方能够证明债权人与债务人明确约定为个人债务，或者能够证明属于婚姻法第十九条第三款规定情形的除外。

夫妻一方与第三人串通，虚构债务，第三人主张权利的，人民法院不予支持。

夫妻一方在从事赌博、吸毒等违法犯罪活动中所负债务，第三人主张权利的，人民法院不予支持。

第二十五条 当事人的离婚协议或者人民法院的判决书、裁定书、调解书已经对夫妻财产分割问题作出处理的，债权人仍有权就夫妻共同债务向男女双方主张权利。

一方就共同债务承担连带清偿责任后，基于离婚协议或者人民法院的法律文书向另一方主张追偿的，人民法院应当支持。

第二十六条 夫或妻一方死亡的，生存一方应当对婚姻关系存续期间的共同债务承担连带清偿责任。

▶《婚姻法司法解释（三）》

第六条 婚前或者婚姻关系存续期间，当事人约定将一方所有的房产赠与另一方，赠与方在赠与房产变更登记之前撤销赠与，另一方请求判令继续履行的，人民法院可以按照合同法第一百八十六条的规定处理。

第十六条 夫妻之间订立借款协议，以夫妻共同财产出借给一方从事个人经营活动或用于其他个人事务的，应视为双方约定处分夫妻共同财产的行为，离婚时可按照借款协议的约定处理。

▶《婚姻法司法解释（一）》

第十八条 婚姻法第十九条所称“第三人知道该约定的”，夫妻一方对此负有举证责任。

▶《人民法院审理离婚案件财产分割意见》

1. 夫妻双方对财产归谁所有以书面形式约定的，或以口头形式约定，双方无争议的，离婚时应按约定处理。但规避法律的约定无效。

17. 夫妻为共同生活或为履行抚养、赡养义务等所负债务，应认定为夫妻共同债务，离婚时应当以夫妻共同财产清偿。

下列债务不能认定为夫妻共同债务，应由一方以个人财产清偿：

（1）夫妻双方约定由个人负担的债务，但以逃避债务为目的的除外。

（2）一方未经对方同意，擅自资助与其没有抚养义务的亲朋所负的债务。

（3）一方未经对方同意，独自筹资从事经营活动，其收入确未用于共同生活所负的债务。

（4）其他应由个人承担的债务。

18. 婚前一方借款购置的房屋等财物已转化为夫妻共同财产的，为购置财物借款所负债务，视为夫妻共同债务。

权威案例

《唐某诉李某某、唐某乙法定继承纠纷案》，《最高人民法院公报》2014 年第 12 期

裁判要点：夫妻之间达成的婚内财产分割协议是双方通过订立契约对采取何种夫妻财产制所作的约定，是双方协商一致对家庭财产进行内部分配的结果，在不涉及婚姻家庭以外第三人利益的情况下，应当尊重夫妻之间的真实意思表示，按照双方达成的婚内财产分割协议履行，优先保护事实物权人，不宜以产权登记作为确认不动产权属的唯一依据。

第一千零六十六条　【婚内分割夫妻共同财产请求权】婚姻关系存续期间，有下列情形之一的，夫妻一方可以向人民法院请求分割共同财产：

（一）一方有隐藏、转移、变卖、毁损、挥霍夫妻共同财产或者伪造夫妻共同债务等严重损害夫妻共同财产利益的行为；

（二）一方负有法定扶养义务的人患重大疾病需要医治，另一方不同意支付相关医疗费用。

条文对比

《民法典婚姻家庭编》	《婚姻法司法解释（三）》
第一千零六十六条 婚姻关系存续期间，有下列情形之一的，夫妻一方可以向人民法院请求分割共同财产： （一）一方有隐藏、转移、变卖、毁损、挥霍夫妻共同财产或者伪造夫妻共同债务等严重损害夫妻共同财产利益的行为； （二）一方负有法定扶养义务的人患重大疾病需要医治，另一方不同意支付相关医疗费用。	**第四条** 婚姻关系存续期间，夫妻一方请求分割共同财产的，人民法院不予支持，但有下列重大理由且不损害债权人利益的除外： （一）一方有隐藏、转移、变卖、毁损、挥霍夫妻共同财产或者伪造夫妻共同债务等严重损害夫妻共同财产利益行为的； （二）一方负有法定扶养义务的人患重大疾病需要医治，另一方不同意支付相关医疗费用的。

关联法规

《民法典婚姻家庭编》

第一千零六十二条 夫妻在婚姻关系存续期间所得的下列财产，为夫妻的共同财产，归夫妻共同所有：

（一）工资、奖金、劳务报酬；

（二）生产、经营、投资的收益；

（三）知识产权的收益；

（四）继承或者受赠的财产，但是本法第一千零六十三条第三项规定的除外；

（五）其他应当归共同所有的财产。

夫妻对共同财产，有平等的处理权。

第一千零六十三条 下列财产为夫妻一方的个人财产：

（一）一方的婚前财产；

（二）一方因受到人身损害获得的赔偿或者补偿；

（三）遗嘱或者赠与合同中确定只归一方的财产；

（四）一方专用的生活用品；

（五）其他应当归一方的财产。

第一千零六十五条 男女双方可以约定婚姻关系存续期间所得的财产以及婚前财产归各自所有、共同所有或者部分各自所有、部分共同所有。约定应当采用书面形式。没有约定或者约定不明确的，适用本法第一千零六十二条、第一千零六十三条的规定。

夫妻对婚姻关系存续期间所得的财产以及婚前财产的约定，对双方具有法律约束力。

夫妻对婚姻关系存续期间所得的财产约定归各自所有，夫或者妻一方对外所负的债务，相对人知道该约定的，以夫或者妻一方的个人财产清偿。

▶《民法典物权编》

第三百零三条 共有人约定不得分割共有的不动产或者动产，以维持共有关系的，应当按照约定，但是共有人有重大理由需要分割的，可以请求分割；没有约定或者约定不明确的，按份共有人可以随时请求分割，共同共有人在共有的基础丧失或者有重大理由需要分割时可以请求分割。因分割造成其他共有人损害的，应当给予赔偿。

▶《婚姻法司法解释（二）》

第十一条 婚姻关系存续期间，下列财产属于婚姻法第十七条规定的“其他应当归共同所有的财产”：

（一）一方以个人财产投资取得的收益；

（二）男女双方实际取得或者应当取得的住房补贴、住房公积金；

（三）男女双方实际取得或者应当取得的养老保险金、破产安置补偿费。

第十二条 婚姻法第十七条第三项规定的“知识产权的收益”，是指婚姻关系存续期间，实际取得或者已经明确可以取得的财产性收益。

第十三条 军人的伤亡保险金、伤残补助金、医药生活补助费属于个人财产。

第二节 父母子女关系和其他近亲属关系

第一千零六十七条 【父母与子女间的抚养赡养义务】父母不履行抚养义务的，未成年子女或者不能独立生活的成年子女，有要求父母给付抚养费的权利。

成年子女不履行赡养义务的，缺乏劳动能力或者生活困难的父母，有要求成年子女给付赡养费的权利。

条文对比

《民法典婚姻家庭编》	《婚姻法司法解释（三）》
第一千零六十七条 父母不履行抚养义务的，未成年**子女**或者不能独立生活的**成年**子女，有要求父母给付抚养费的权利。 **成年**子女不履行赡养义务的，缺乏劳动能力或者生活困难的父母，有要求**成年**子女给付赡养费的权利。	**第二十一条** ~~父母对子女有抚养教育的义务；子女对父母有赡养扶助的义务。~~ 父母不履行抚养义务时，未成年~~的~~或不能独立生活的子女，有要求父母付给抚养费的权利。 子女不履行赡养义务时，无劳动能力~~的~~或生活困难的父母，有要求子女付给赡养费的权利。 ~~禁止溺婴、弃婴和其他残害婴儿的行为。~~

关联法规

▶《民法典总则编》

第二十六条 父母对未成年子女负有抚养、教育和保护的义务。

成年子女对父母负有赡养、扶助和保护的义务。

▶《民法典婚姻家庭编》

第一千零五十四条 无效的或者被撤销的婚姻自始没有法律约束力，当事人不具有夫妻的权利和义务。同居期间所得的财产，由当事人协议处理；协议不成的，由人民法院根据照顾无过错方的原则判决。对重婚导致的无效婚姻的财产处理，不得侵害合法婚姻当事人的财产权益。当事人所生的子女，适用本法关于父母子女的规定。

婚姻无效或者被撤销的，无过错方有权请求损害赔偿。

第一千零七十二条 继父母与继子女间，不得虐待或者歧视。

继父或者继母和受其抚养教育的继子女间的权利义务关系，适用本法关于父母子女关系的规定。

第一千一百一十一条 自收养关系成立之日起，养父母与养子女间的权利义务关系，适用本法关于父母子女关系的规定；养子女与养父母的近亲属间的权利义务关系，适用本法关于子女与父母的近亲属关系的规定。

养子女与生父母以及其他近亲属间的权利义务关系，因收养关系的成立而消除。

《老年人权益保障法》

第十条 各级人民政府和有关部门对维护老年人合法权益和敬老、养老、助老成绩显著的组织、家庭或者个人，对参与社会发展做出突出贡献的老年人，按照国家有关规定给予表彰或者奖励。

第十一条 老年人应当遵纪守法，履行法律规定的义务。

第十二条 每年农历九月初九为老年节。

第十三条 老年人养老以居家为基础，家庭成员应当尊重、关心和照料老年人。

第十四条 赡养人应当履行对老年人经济上供养、生活上照料和精神上慰藉的义务，照顾老年人的特殊需要。赡养人是指老年人的子女以及其他依法负有赡养义务的人。赡养人的配偶应当协助赡养人履行赡养义务。

第十五条 赡养人应当使患病的老年人及时得到治疗和护理；对经济困难的老年人，应当提供医疗费用。

对生活不能自理的老年人，赡养人应当承担照料责任；不能亲自照料的，可以按照老年人的意愿委托他人或者养老机构等照料。

第十六条 赡养人应当妥善安排老年人的住房，不得强迫老年人居住或者迁居条件低劣的房屋。老年人自有的或者承租的住房，子女或者其他亲属不得侵占，不得擅自改变产权关系或者租赁关系。

老年人自有的住房，赡养人有维修的义务。

第十七条 赡养人有义务耕种或者委托他人耕种老年人承包的田地，照管或者委托他人照管老年人的林木和牲畜等，收益归老年人所有。

第十八条 家庭成员应当关心老年人的精神需求，不得忽视、冷落老年人。

与老年人分开居住的家庭成员，应当经常看望或者问候老年人。

用人单位应当按照国家有关规定保障赡养人探亲休假的权利。

第十九条 赡养人不得以放弃继承权或者其他理由，拒绝履行赡养义务。赡养人不履行赡养义务，老年人有要求赡养人付给赡养费等权利。

赡养人不得要求老年人承担力不能及的劳动。

第二十条 经老年人同意，赡养人之间可以就履行赡养义务签订协议。赡养协议的内容不得违反法律的规定和老年人的意愿。

基层群众性自治组织、老年人组织或者赡养人所在单位监督协议的履行。

第二十一条 老年人的婚姻自由受法律保护。子女或者其他亲属不得干涉老年人离婚、再婚及婚后的生活。

赡养人的赡养义务不因老年人的婚姻关系变化而消除。

第二十二条 老年人对个人的财产，依法享有占有、使用、收益和处分的权利，子女或者其他亲属不得干涉，不得以窃取、骗取、强行索取等方式侵犯老年人的财产权益。

老年人有依法继承父母、配偶、子女或者其他亲属遗产的权利，有接受赠与的权利。子女或者其他亲属不得侵占、抢夺、转移、隐匿或者损毁应当由老年人继承或者接受赠与的财产。

老年人以遗嘱处分财产，应当依法为老年配偶保留必要的份额。

▶《刑法》

第二百六十一条 对于年老、年幼、患病或者其他没有独立生活能力的人，负有扶养义务而拒绝扶养，情节恶劣的，处五年以下有期徒刑、拘役或者管制。

▶《未成年人保护法》

第二条 本法所称未成年人是指未满十八周岁的公民。

第十条 父母或者其他监护人应当创造良好、和睦的家庭环境，依法履行对未成年人的监护职责和抚养义务。禁止对未成年人实施家庭暴力，禁止虐待、遗弃未成年人，禁止溺婴和其他残害婴儿的行为，不得歧视女性未成年人或者有残疾的未成年人。

第十一条 父母或者其他监护人应当关注未成年人的生理、心理状况和行为习惯，以健康的思想、良好的品行和适当的方法教育和影响未成年人，引导未成年人进行有益身心健康的活动，预防和制止未成年人吸烟、酗酒、流浪、沉迷网络以及赌博、吸毒、卖淫等行为。

第十二条 父母或者其他监护人应当学习家庭教育知识，正确履行监护职责，抚养教育未成年人。

有关国家机关和社会组织应当为未成年人的父母或者其他监护人提供家庭教育指导。

第十三条 父母或者其他监护人应当尊重未成年人受教育的权利，必须使适龄未成年人依法入学接受并完成义务教育，不得使接受义务教育的未成年人辍学。

第十四条 父母或者其他监护人应当根据未成年人的年龄和智力发展状况，在作出与未成年人权益有关的决定时告知其本人，并听取他们的意见。

第十五条 父母或者其他监护人不得允许或者迫使未成年人结婚，不得为未成年人订立婚约。

第十六条 父母因外出务工或者其他原因不能履行对未成年人监护职责的，应当委托有监护能力的其他成年人代为监护。

第五十二条 人民法院审理继承案件，应当依法保护未成年人的继承权和受遗赠权。

人民法院审理离婚案件，涉及未成年子女抚养问题的，应当听取有表达意愿能力的未成年子女的意见，根据保障子女权益的原则和双方具体情况依法处理。

第五十三条 父母或者其他监护人不履行监护职责或者侵害被监护的未成年人的合法权益，经教育不改的，人民法院可以根据有关人员或者有关单位的申请，撤销其监护人的资格，依法另行指定监护人。被撤销监护资格的父母应当依法继续负担抚养费用。

▶《婚姻法司法解释（三）》

第二条 夫妻一方向人民法院起诉请求确认亲子关系不存在，并已提供必要证据予以证明，另一方没有相反证据又拒绝做亲子鉴定的，人民法院可以推定请求确认亲子关系不存在一方的主张成立。

当事人一方起诉请求确认亲子关系，并提供必要证据予以证明，另一方没有相反证据又拒绝做亲子鉴定的，人民法院可以推定请求确认亲子关系一方的主张成立。

第三条 婚姻关系存续期间，父母双方或者一方拒不履行抚养子女义务，未成年或者不能独立生活的子女请求支付抚养费的，人民法院应予支持。

▶《婚姻法司法解释（一）》

第二十条 婚姻法第二十一条规定的“不能独立生活的子女”，是指尚在校接受高中及其以下学历教育，或者丧失或未完全丧失劳动能力等非因主观原因而无法维持正常生活的成年子女。

第二十一条 婚姻法第二十一条所称“抚养费”，包括子女生活费、教育费、医疗费等费用。

▶《人民法院处理涉台民事案件的几个法律问题》

3. 关于抚养、赡养和收养问题

去台一方回大陆后，大陆一方向其索要已成年子女过去的抚养费用的，对这种请求人民法院原则上不予支持。因为支付子女的抚养费，是为了保证未成年子女的生活；现在子女已经成年了，就没有实际支付的必要了。抚养子女是夫妻双方的义务。夫妻双方都在，由夫妻双方共同承担这个义务；一方由于特殊原因未与子女共同生活或者无力尽抚养义务，则由另一方独自承担这个义务。因此，一方已经尽了全部抚养义务的，不能向对方主张追索抚养费。至于其他没有抚养、赡养义务的人，代替去台一方抚养了子女或者赡养了父母的，去台人员则应酌情补偿。

去台人员返回大陆定居后，要求自己的子女承担赡养义务的，人民法院应当根据法律规定和子女的家庭经济状况尽可能给予解决。但是，去台人员的子女已被他人合法收养的，在收养关系解除之前，不承担对生父或者生母的赡养义务。被收养的子女因生父或者生母回大陆而要求解除收养关系，或者去台人员要求解除收养关系的，要根据养父母、养子女、生父母三方面关系的实际情况，慎重地处理。

第一千零六十八条 【父母对未成年子女的教育和保护义务】 父母有教育、保护未成年子女的权利和义务。未成年子女造成他人损害的，父母应当依法承担民事责任。

条文对比

《民法典婚姻家庭编》	《婚姻法》
第一千零六十八条 父母有教育、保护未成年子女的权利和义务。未成年子女造成他人损害的，父母**应当依法**承担民事责任。	**第二十三条** 父母有保护和教育未成年子女的权利和义务。~~在~~未成年子女对国家、集体或他人造成损害时，父母~~有~~承担民事责任~~的义务~~。

关联法规

▶《民法典总则编》

第十七条 十八周岁以上的自然人为成年人。不满十八周岁的自然人为未成年人。

第二十七条 父母是未成年子女的监护人。

未成年人的父母已经死亡或者没有监护能力的，由下列有监护能力的人按顺序担任监护人：

（一）祖父母、外祖父母；

（二）兄、姐；

（三）其他愿意担任监护人的个人或者组织，但是须经未成年人住所地的居民委员会、村民委员会或者民政部门同意。

第二十八条 无民事行为能力或者限制民事行为能力的成年人，由下列有监护能力的人按顺序担任监护人：

（一）配偶；

（二）父母、子女；

（三）其他近亲属；

（四）其他愿意担任监护人的个人或者组织，但是须经被监护人住所地的居民委员会、村民委员会或者民政部门同意。

第二十九条 被监护人的父母担任监护人的，可以通过遗嘱指定监护人。

第三十条 依法具有监护资格的人之间可以协议确定监护人。协议确定监护人应当尊重被监护人的真实意愿。

第三十一条 对监护人的确定有争议的，由被监护人住所地的居民委员会、村民委员会或者民政部门指定监护人，有关当事人对指定不服的，可以向人民法院申请指定监护人；有关当事人也可以直接向人民法院申请指定监护人。

居民委员会、村民委员会、民政部门或者人民法院应当尊重被监护人的真实意愿，按照最有利于被监护人的原则在依法具有监护资格的人中指定监护人。

依据本条第一款规定指定监护人前，被监护人的人身权利、财产权利以及其他合法权益处于无人保护状态的，由被监护人住所地的居民委员会、村民委员会、法律规定的有关组织或者民政部门担任临时监护人。

监护人被指定后，不得擅自变更；擅自变更的，不免除被指定的监护人的责任。

第三十二条 没有依法具有监护资格的人的，监护人由民政部门担任，也可以由具备履行监护职责条件的被监护人住所地的居民委员会、村民委员会担任。

第三十三条 具有完全民事行为能力的成年人，可以与其近亲属、其他愿意担任监护人的个人或者组织事先协商，以书面形式确定自己的监护人，在自己丧失或者部分丧失民事行为能力时，由该监护人履行监护职责。

第三十四条 监护人的职责是代理被监护人实施民事法律行为，保护被监护人的人身权利、财产权利以及其他合法权益等。

监护人依法履行监护职责产生的权利，受法律保护。

监护人不履行监护职责或者侵害被监护人合法权益的，应当承担法律责任。

因发生突发事件等紧急情况，监护人暂时无法履行监护职责，被监护人的生活处于无人照料状态的，被监护人住所地的居民委员会、村民委员会或者民政部门应当为被监护人安排必要的临时生活照料措施。

第三十五条 监护人应当按照最有利于被监护人的原则履行监护职责。监护人除为维护被监护人利益外，不得处分被监护人的财产。

未成年人的监护人履行监护职责，在作出与被监护人利益有关的决定时，应当根据被监护人的年龄和智力状况，尊重被监护人的真实意愿。

成年人的监护人履行监护职责，应当最大程度地尊重被监护人的真实意愿，保障并协助被监护人实施与其智力、精神健康状况相适应的民事法律行为。对被监护人有能力独立处理的事务，监护人不得干涉。

第三十六条 监护人有下列情形之一的，人民法院根据有关个人或者组织的申请，撤销其监护人资格，安排必要的临时监护措施，并按照最有利于被监护人的原则依法指定监护人：

（一）实施严重损害被监护人身心健康的行为；

（二）怠于履行监护职责，或者无法履行监护职责且拒绝将监护职责部分或者全部委托给他人，导致被监护人处于危困状态；

（三）实施严重侵害被监护人合法权益的其他行为。

本条规定的有关个人、组织包括：其他依法具有监护资格的人，居民委员会、村民委员会、学校、医疗机构、妇女联合会、残疾人联合会、未成年人保护组织、依法设立的老年人组织、民政部门等。

前款规定的个人和民政部门以外的组织未及时向人民法院申请撤销监护人资格的，民政部门应当向人民法院申请。

第三十七条 依法负担被监护人抚养费、赡养费、扶养费的父母、子女、配偶等，被人民法院撤销监护人资格后，应当继续履行负担的义务。

第三十八条 被监护人的父母或者子女被人民法院撤销监护人资格后，除对被监护人实施故意犯罪的外，确有悔改表现的，经其申请，人民法院可以在尊重被监护人真实意愿的前提下，视情况恢复其监护人资格，人民法院指定的监护人与被监护人的监护关系同时终止。

第三十九条 有下列情形之一的，监护关系终止：

（一）被监护人取得或者恢复完全民事行为能力；

（二）监护人丧失监护能力；

（三）被监护人或者监护人死亡；

（四）人民法院认定监护关系终止的其他情形。

监护关系终止后，被监护人仍然需要监护的，应当依法另行确定监护人。

▶《民法典婚姻家庭编》

第一千零五十四条 无效的或者被撤销的婚姻自始没有法律约束力，当事人不具有夫妻的权利和义务。同居期间所得的财产，由当事人协议处理；协议不成的，由人民法院根据照顾无过错方的原则判决。对重婚导致的无效婚姻的财产处理，不得侵害合法婚姻当事人的财产权益。当事人所生的子女，适用本法关于父母子女的规定。

婚姻无效或者被撤销的，无过错方有权请求损害赔偿。

第一千零七十二条 继父母与继子女间，不得虐待或者歧视。

继父或者继母和受其抚养教育的继子女间的权利义务关系，适用本法关于父母子女关系的规定。

第一千一百一十一条 自收养关系成立之日起，养父母与养子女间的权利义务关系，适用本法关于父母子女关系的规定；养子女与养父母的近亲属间的权利义务关系，适用本法关于子女与父母的近亲属关系的规定。

养子女与生父母以及其他近亲属间的权利义务关系，因收养关系的成立而消除。

▶《未成年人保护法》

第三条 未成年人享有生存权、发展权、受保护权、参与权等权利，国家根据未成年人身心发展特点给予特殊、优先保护，保障未成年人的合法权益不受侵犯。

未成年人享有受教育权，国家、社会、学校和家庭尊重和保障未成年人的受教育权。

未成年人不分性别、民族、种族、家庭财产状况、宗教信仰等，依法平等地享有权利。

第十条 父母或者其他监护人应当创造良好、和睦的家庭环境，依法履行对未成年人的监护职责和抚养义务。

禁止对未成年人实施家庭暴力，禁止虐待、遗弃未成年人，禁止溺婴和其他残害婴儿的行为，不得歧视女性未成年人或者有残疾的未成年人。

第十一条 父母或者其他监护人应当关注未成年人的生理、心理状况和行为习惯，以健康的思想、良好的品行和适当的方法教育和影响未成年人，引导未成年人进行有益身心健康的活动，预防和制止未成年人吸烟、酗酒、流浪、沉迷网络以及赌博、吸毒、卖淫等行为。

第十二条 父母或者其他监护人应当学习家庭教育知识，正确履行监护职责，抚养教育未成年人。

有关国家机关和社会组织应当为未成年人的父母或者其他监护人提供家庭教育指导。

第十三条 父母或者其他监护人应当尊重未成年人受教育的权利，必须使适龄未成年人依法入学接受并完成义务教育，不得使接受义务教育的未成年人辍学。

▶《预防未成年人犯罪法》

第二条 预防未成年人犯罪，立足于教育和保护，从小抓起，对未成年人的不良行为及时进行预防和矫治。

第十条 未成年人的父母或者其他监护人对未成年人的法制教育负有直接责任。学校在对学生进行预防犯罪教育时，应当将教育计划告知未成年人的父母或者其他监护人，未成年人的父母或者其他监护人应当结合学校的计划，针对具体情况进行教育。

第十一条 少年宫、青少年活动中心等校外活动场所应当把预防未成年人犯罪的教育作为一项重要的工作内容，开展多种形式的宣传教育活动。

第十二条 对于已满十六周岁不满十八周岁准备就业的未成年人，职业教育培训机构、用人单位应当将法律知识和预防犯罪教育纳入职业培训的内容。

第十三条 城市居民委员会、农村村民委员会应当积极开展有针对性的预防未成年人犯罪的法制宣传活动。

第十四条 未成年人的父母或者其他监护人和学校应当教育未成年人不得有下列不良行为：

（1）旷课、夜不归宿；

（2）携带管制刀具；

（3）打架斗殴、辱骂他人；

（4）强行向他人索要财物；

（5）偷窃、故意毁坏财物；

（6）参与赌博或者变相赌博；

（7）观看、收听色情、淫秽的音像制品、读物等；

（8）进入法律、法规规定未成年人不适宜进入的营业性歌舞厅等场所；

（9）其他严重违背社会公德的不良行为。

第十五条 未成年人的父母或者其他监护人和学校应当教育未成年人不得吸烟、酗酒。任何经营场所不得向未成年人出售烟酒。

第十六条 中小学生旷课的，学校应当及时与其父母或者其他监护人取得联系。

未成年人擅自外出夜不归宿的，其父母或者其他监护人、其所在的寄宿制学校应当及时查找，或者向公安机关请求帮助。收留夜不归宿的未成年人的，应当征得其父母或者其他监护人的同意，或者在二十四小时内及时通知其父母或者其他监护人、所在学校或者及时向公安机关报告。

第十七条 未成年人的父母或者其他监护人和学校发现未成年人组织或者参加实施不良行为的团伙的，应当及时予以制止。发现该团伙有违法犯罪行为的，应当向公安机关报告。

第十八条 未成年人的父母或者其他监护人和学校发现有人教唆、胁迫、引诱未成年人违法犯罪的，应当向公安机关报告。公安机关接到报告后，应当及时依法查处，对未成年人人身安全受到威胁的，应当及时采取有效措施，保护其人身安全。

第十九条 未成年人的父母或者其他监护人，不得让不满十六周岁的未成年人脱离监护单独居住。

第二十条 未成年人的父母或者其他监护人对未成年人不得放任不管，不得迫使其离家出走，放弃监护职责。

未成年人离家出走的，其父母或者其他监护人应当及时查找，或者向公安机关请求帮助。

▶《最高人民法院关于未成年的侵权人死亡其父母作为监护人能否成为诉讼主体的复函》

内蒙古自治区高级人民法院：

你院〔1989〕内法民字第8号《关于那木斯来起诉损害赔偿一案的请示报告》收悉。

经研究认为，未成年人阿拉腾乌拉携带其父额尔登巴图藏在家中的炸药到那木斯来家玩耍，将炸药引爆，炸毁那木斯家房屋顶棚及部分家具。那木斯来以额尔登巴图为被告要求赔偿损失，人民法院应依法受理，并依据《民法通则》及《婚姻法》的有关规定妥善处理。

▶《最高人民法院民事审判庭关于田海和诉田莆民、田长友扶养费一案的电话答复》

安徽省高级人民法院：

你院《关于田海和诉田莆民、田长友扶养一案的请示》问题，经我们研究认为，此案不宜比照婚姻法第二十三条规定处理。现就该案有关问答复如下：

一、同意你院关于田海和与田长友之间收养关系不成立的意见。因为双方从未在一起生活过，田海和对田长友也没尽过抚养义务，事实上没有形成收养关系，“继书”不宜采纳。

二、田莆民与田海和之间订立的“承养字”没有法律约束力。

三、田海和是有残疾的成年人，不宜比照婚姻法第二十三条的规定处理，扩大该法律原文解释。

四、田海和生活困难问题请有关法院会同当地政府有关部门协商，作为社会救济，给予妥善安置。

▶《最高人民法院关于革命军人离婚后的财产处理等问题的函》

由中央政治法律委员会转来你的来信一件收悉。你所询问关于革命军人离婚后的财产处理及终审判决的问题，因不了解所问详情，仅就我们处理这类问题时的几个原则意见提供你参考。

一、关于男女双方离婚后的财产处理问题，婚姻法第七章已作了明确规定，对于双方的应得财产都要保护，若一方在离婚后生活确有困难，可给予适当的照顾。如果一方在离婚时愿意将自己应得的财产之一部或全部赠予另一方时，亦为法律所允许。但一方并无此种赠予表示，即应根据婚姻法第七章第二十三条、第二十四条、第二十五条的规定进行处理。革命军人离婚时的财产问题亦应按照婚姻法规定的原则办理。

……

《最高人民法院华东分院关于妇女离婚带产问题之处理意见的批复》

山东省人民法院德州分院：

（一）你院1952年德法民〔52〕字第504号关于妇女离婚带产问题的报告收到。

（二）根据你院所述情况，我们意见：凡系过去处理的离婚案件，在女方带走土地及婚前个人财产后，关于房屋家具少带或不带的问题，为避免牵涉面太广，对生产影响很大，一般可不必重行处理；但是如果有个别女方因离婚带产处理不够公平妥当，而影响生产，或生活困难，请求照顾时，可视男方的经济情况，参酌婚姻法第二十五条精神，给予适当的处理。

（三）男女双方对家庭财产虽有平等的所有权与处理权，根据婚姻法第二十三条的精神，离婚时，应先经双方协议，足见不是机械的采取各半平分的方法，主要是根据双方具体经济情况，并照顾女方及子女利益，和有利于双方劳动生产；因此，如统一布置平均分析家庭财产，也是不妥当的。

第一千零六十九条　【子女尊重父母的婚姻权利及赡养义务】 子女应当尊重父母的婚姻权利，不得干涉父母离婚、再婚以及婚后的生活。子女对父母的赡养义务，不因父母的婚姻关系变化而终止。

条文对比

《民法典婚姻家庭编》	《婚姻法》
第一千零六十九条　子女应当尊重父母的婚姻权利，不得干涉父母**离婚**、再婚以及婚后的生活。子女对父母的赡养义务，不因父母的婚姻关系变化而终止。	**第三十条**　子女应当尊重父母的婚姻权利，不得干涉父母再婚以及婚后的生活。子女对父母的赡养义务，不因父母的婚姻关系变化而终止。

关联法规

▶《民法典婚姻家庭编》

第一千零五十四条 无效的或者被撤销的婚姻自始没有法律约束力，当事人不具有夫妻的权利和义务。同居期间所得的财产，由当事人协议处理；协议不成的，由人民法院根据照顾无过错方的原则判决。对重婚导致的无效婚姻的财产处理，不得侵害合法婚姻当事人的财产权益。当事人所生的子女，适用本法关于父母子女的规定。

婚姻无效或者被撤销的，无过错方有权请求损害赔偿。

第一千零七十二条 继父母与继子女间，不得虐待或者歧视。

继父或者继母和受其抚养教育的继子女间的权利义务关系，适用本法关于父母子女关系的规定。

第一千一百一十一条 自收养关系成立之日起，养父母与养子女间的权利义务关系，适用本法关于父母子女关系的规定；养子女与养父母的近亲属间的权利义务关系，适用本法关于子女与父母的近亲属关系的规定。

养子女与生父母以及其他近亲属间的权利义务关系，因收养关系的成立而消除。

▶《老年人权益保障法》

第十八条 家庭成员应当关心老年人的精神需求，不得忽视、冷落老年人。与老年人分开居住的家庭成员，应当经常看望或者问候老年人。

用人单位应当按照国家有关规定保障赡养人探亲休假的权利。

第二十一条 老年人的婚姻自由受法律保护。子女或者其他亲属不得干涉老年人离婚、再婚及婚后的生活。

赡养人的赡养义务不因老年人的婚姻关系变化而消除。

第四十八条 养老机构应当与接受服务的老年人或者其代理人签订服务协议，明确双方的权利、义务。养老机构及其工作人员不得以任何方式侵害老年人的权益。

第七十六条 干涉老年人婚姻自由，对老年人负有赡养义务、扶养义务而拒绝赡养、扶养，虐待老年人或者对老年人实施家庭暴力的，由有关单位给予批评教育；构成违反治安管理行为的，依法给予治安管理处罚；构成犯罪的，依法追究刑事责任。

▶《刑法》

第二百五十七条 以暴力干涉他人婚姻自由的，处二年以下有期徒刑或者拘役。犯前款罪，致使被害人死亡的，处二年以上七年以下有期徒刑。

第一款罪，告诉的才处理。

第二百六十一条 对于年老、年幼、患病或者其他没有独立生活能力的人，负有扶养义务而拒绝扶养，情节恶劣的，处五年以下有期徒刑、拘役或者管制。

第一千零七十条 【父母子女的遗产继承权】父母和子女有相互继承遗产的权利。

条文对比

《民法典婚姻家庭编》	《婚姻法》
第一千零七十条 父母和子女有相互继承遗产的权利。	**第二十四条第二款** 父母和子女有相互继承遗产的权利。

关联法规

▶《民法典总则编》

第一百二十四条 自然人依法享有继承权。

自然人合法的私有财产，可以依法继承。

▶《民法典婚姻家庭编》

第一千零五十四条 无效的或者被撤销的婚姻自始没有法律约束力，当事人不具有夫妻的权利和义务。同居期间所得的财产，由当事人协议处理；协议不成的，由人民法院根据照顾无过错方的原则判决。对重婚导致的无效婚姻的财产处理，不得侵害合法婚姻当事人的财产权益。当事人所生的子女，适用本法关于父母子女的规定。

婚姻无效或者被撤销的，无过错方有权请求损害赔偿。

第一千零七十二条 继父母与继子女间，不得虐待或者歧视。

继父或者继母和受其抚养教育的继子女间的权利义务关系，适用本法关于父母子女关系的规定。

第一千一百一十一条 自收养关系成立之日起，养父母与养子女间的权利义务关系，适用本法关于父母子女关系的规定；养子女与养父母的近亲属间的权利义务关系，适用本法关于子女与父母的近亲属关系的规定。

养子女与生父母以及其他近亲属间的权利义务关系，因收养关系的成立而消除。

▶《民法典继承编》

第一千一百二十七条 遗产按照下列顺序继承：

（一）第一顺序：配偶、子女、父母；

（二）第二顺序：兄弟姐妹、祖父母、外祖父母。

继承开始后，由第一顺序继承人继承，第二顺序继承人不继承；没有第一顺序继承人继承的，由第二顺序继承人继承。

本编所称子女，包括婚生子女、非婚生子女、养子女和有扶养关系的继子女。

本编所称父母，包括生父母、养父母和有扶养关系的继父母。

本编所称兄弟姐妹，包括同父母的兄弟姐妹、同父异母或者同母异父的兄弟姐妹、养兄弟姐妹、有扶养关系的继兄弟姐妹。

▶《人民法院处理涉台民事案件的几个法律问题》

四、关于继承问题

按照《中华人民共和国继承法》的规定，去台人员和台胞与大陆同胞一样，享有同等的继承权，不能因为继承人去台湾而影响他们对在大陆遗产的继承。去台人员或者台胞对大陆的遗产主张继承权的，人民法院依法给予保护。人民法院过去处理的继承案件中已经给去台人员或者台胞保留了遗产份额的，他们可以向人民法院申请取得。过去未经人民法院处理过的继承问题，去台人员或者台胞回大陆后均可以向人民法院起诉。今后人民法院处理继承案件时，对在台湾的合法继承人，要设法通知其参加诉讼；无法通知的，应为其保留应继承的份额，并指定财产代管人。

第一千零七十一条　【非婚生子女的权利；不直接抚养方给付抚养费的义务】非婚生子女享有与婚生子女同等的权利，任何组织或者个人不得加以危害和歧视。

不直接抚养非婚生子女的生父或者生母，应当负担未成年子女或者不能独立生活的成年子女的抚养费。

条文对比

《民法典婚姻家庭编》	《婚姻法》
第一千零七十一条　非婚生子女享有与婚生子女同等的权利，任何组织或者个人不得加以危害和歧视。 不直接抚养非婚生子女的生父或者生母，应当负担**未成年**子女**或者不能独立生活的成年子女**的**抚养费**。	**第二十五条**　非婚生子女享有与婚生子女同等的权利，任何人不得加以危害和歧视。 不直接抚养非婚生子女的生父或生母，应当负担子女的~~生活费和教育费，直至子女能独立生活为止~~。

关联法规

▶ **《民法典婚姻家庭编》**

第一千零五十四条　无效的或者被撤销的婚姻自始没有法律约束力，当事人不具有夫妻的权利和义务。同居期间所得的财产，由当事人协议处理；协议不成的，由人民法院根据照顾无过错方的原则判决。对重婚导致的无效婚姻的财产处理，不得侵害合法婚姻当事人的财产权益。当事人所生的子女，适用本法关于父母子女的规定。

婚姻无效或者被撤销的，无过错方有权请求损害赔偿。

第一千零七十二条　继父母与继子女间，不得虐待或者歧视。

继父或者继母和受其抚养教育的继子女间的权利义务关系，适用本法关于父母子女关系的规定。

第一千一百一十一条　自收养关系成立之日起，养父母与养子女间的权利义务关系，适用本法关于父母子女关系的规定；养子女与养父母的近亲属间的权利义务关系，适用本法关于子女与父母的近亲属关系的规定。

养子女与生父母以及其他近亲属间的权利义务关系，因收养关系的成立而消除。

▶《最高人民法院关于三代以内的旁系血亲之间的婚姻关系如何处理问题的批复》

安徽省高级人民法院：

你院法民他字〔1986〕第4号关于曹永林诉占可琴离婚一案的请示报告收悉。经征求全国人大常委法制工作委员会和民政部等单位的意见后，我们研究认为：曹永林与占可琴是三代以内的表兄妹，双方隐瞒近亲关系骗取结婚登记，违反了我国婚姻法第六条关于禁止三代以内的旁系血亲结婚的规定，这种婚姻关系依法是不应保护的。但曹、占两人已经结婚多年，并生有子女，根据本案的具体情况，为保护妇女和儿童的利益，同意你院的第二种意见，按婚姻法第二十五条规定处理。处理时，必须指出双方骗取结婚登记的错误，特别是对男方曹永林的错误要进行严肃的批评教育，并可建议其工作单位给以适当处分，对子女抚养和财产分割，应照顾子女和女方的合法权益，合情合理地予以解决。

▶《最高人民法院关于非婚生子女抚养问题的批复》

内蒙古自治区高级人民法院：

你院内法民字〔1980〕10号关于高玉兰非婚生子抚养纠纷一案的请示报告收悉。据报送材料和卷宗所载，王桂芳之子郭才生前与高玉兰恋爱过程中致高怀孕，高于1979年1月23日生一男孩后即及时送给事先找妥的收养人徐金柱抚养，后王桂芳以“留后代”为由要求抚养，虽经喜桂图旗人民法院及呼伦贝尔盟中级人民法院判决归王桂芳抚养，但因生母高玉兰与收养人徐家均不同意，执行不通，而你院拟改变原判决。

经我们研究，认为根据婚姻法规定精神，处理这类案件，应以保障儿童身心健康成长为出发点，从该案实际情况看，收养人徐金柱夫妇未生育子女，对所争之男孩从出生到现在已抚养一年多了，又有较好的抚养条件，有利于儿童的成长，应该承认此抚养关系和予以保护。至于王桂芳虽与此男孩有血缘关系，但孩子生父已死，生母为孩子利益着想，有权决定送人抚养，况且王桂芳家抚养条件不利于孩子身心健康成长。因此，我们同意你院的处理意见，即改判由收养人徐金柱继续抚养为宜。对王桂芳之诉讼请求，不予支持，应说服其息诉。

第一千零七十二条　【继父母子女之间的权利义务】继父母与继子女间，不得虐待或者歧视。

继父或者继母和受其抚养教育的继子女间的权利义务关系，适用本法关于父母子女关系的规定。

条文对比

《民法典婚姻家庭编》	《婚姻法》
第一千零七十二条　继父母与继子女间，不得虐待或者歧视。 继父或者继母和受其抚养教育的继子女间的权利义务**关系**，适用本法关于父母子女关系的规定。	**第二十七条**　继父母与继子女间，不得虐待或歧视。 继父或继母和受其抚养教育的继子女间的权利**和**义务，适用本法对父母子女关系的~~有关~~规定。

关联法规

▶《民法典婚姻家庭编》

第一千零五十四条　无效的或者被撤销的婚姻自始没有法律约束力，当事人不具有夫妻的权利和义务。同居期间所得的财产，由当事人协议处理；协议不成的，由人民法院根据照顾无过错方的原则判决。对重婚导致的无效婚姻的财产处理，不得侵害合法婚姻当事人的财产权益。当事人所生的子女，适用本法关于父母子女的规定。

婚姻无效或者被撤销的，无过错方有权请求损害赔偿。

第一千零六十七条　父母不履行抚养义务的，未成年子女或者不能独立生活的成年子女，有要求父母给付抚养费的权利。

成年子女不履行赡养义务的，缺乏劳动能力或者生活困难的父母，有要求成年子女给付赡养费的权利。

第一千零六十八条　父母有教育、保护未成年子女的权利和义务。未成年子女造成他人损害的，父母应当依法承担民事责任。

第一千零六十九条　子女应当尊重父母的婚姻权利，不得干涉父母离婚、再婚以及婚后的生活。子女对父母的赡养义务，不因父母的婚姻关系变化而终止。

第一千零七十条 父母和子女有相互继承遗产的权利。

第一千零七十一条 非婚生子女享有与婚生子女同等的权利，任何组织或者个人不得加以危害和歧视。

不直接抚养非婚生子女的生父或者生母，应当负担未成年子女或者不能独立生活的成年子女的抚养费。

第一千零七十三条 对亲子关系有异议且有正当理由的，父或者母可以向人民法院提起诉讼，请求确认或者否认亲子关系。

对亲子关系有异议且有正当理由的，成年子女可以向人民法院提起诉讼，请求确认亲子关系。

第一千一百一十一条 自收养关系成立之日起，养父母与养子女间的权利义务关系，适用本法关于父母子女关系的规定；养子女与养父母的近亲属间的权利义务关系，适用本法关于子女与父母的近亲属关系的规定。

养子女与生父母以及其他近亲属间的权利义务关系，因收养关系的成立而消除。

▶ **《民法典继承编》**

第一千一百二十七条 遗产按照下列顺序继承：

（一）第一顺序：配偶、子女、父母；

（二）第二顺序：兄弟姐妹、祖父母、外祖父母。

继承开始后，由第一顺序继承人继承，第二顺序继承人不继承；没有第一顺序继承人继承的，由第二顺序继承人继承。

本编所称子女，包括婚生子女、非婚生子女、养子女和有扶养关系的继子女。

本编所称父母，包括生父母、养父母和有扶养关系的继父母。

本编所称兄弟姐妹，包括同父母的兄弟姐妹、同父异母或者同母异父的兄弟姐妹、养兄弟姐妹、有扶养关系的继兄弟姐妹。

▶ **《继承法意见》**

21. 继子女继承了继父母遗产的，不影响其继承生父母的遗产。

继父母继承了继子女遗产的，不影响其继承生子女的遗产。

24. 继兄弟姐妹之间的继承权，因继兄弟姐妹之间的扶养关系而发生。没有扶养关系的，不能互为第二顺序继承人。

继兄弟姐妹之间相互继承了遗产的，不影响其继承亲兄弟姐妹的遗产。

26. 被继承人的养子女、已形成扶养关系的继子女的生子女可代位继承；被继承人亲生子女的养子女可代位继承；被继承人养子女的养子女可代位继承；与被继承人已形成扶养关系的继子女的养子女也可以代位继承。

《人民法院审理离婚案件财产分割意见》

13. 生父与继母或生母与继父离婚时，对曾受其抚养教育的继子女，继父或继母不同意继续抚养的，仍应由生父母抚养。

《最高人民法院关于继母与生父离婚后仍有权要求已与其形成抚养关系的继子女履行赡养义务的批复》

辽宁省高级人民法院：

你院〔85〕民监字6号关于《王淑梅诉李春景姐弟等人赡养费一案处理意见的请示报告》收悉。

据报告及所附材料，被申诉人王淑梅于1951年12月与申诉人李春景之父李明心结婚时，李明心有前妻所生子女李春景等五人（均未成年）。在长期共同生活中，王淑梅对五个继子女都尽了一定的抚养教育义务，直至其成年并参加工作。1983年4月王淑梅与李明心离婚。1983年8月王淑梅向大连市西岗区人民法院起诉，要求继子女给付赡养费。一、二审法院判决认为，继子女李春景姐弟五人受过王淑梅的抚养教育，根据权利义务一致的原则，在王淑梅年老体弱、生活无来源的情况下，对王淑梅应履行赡养义务。李春景姐弟对判决不服，以王淑梅已与生父离婚，继母与继子女关系即消失为由，拒不承担对王淑梅的赡养义务，并向你院申诉。你院认为，王淑梅与李明心既已离婚，继子女与继母关系事实上已经消除，李春景姐弟不应再承担对王淑梅的赡养义务。

经我们研究认为：王淑梅与李春景姐弟五人之间，既存在继母与继子女间的姻亲关系，又存在由于长期共同生活而形成的抚养关系。尽管继母王淑梅与生父李明心离婚，婚姻关系消失，但王淑梅与李春景姐弟等人之间已经形成的抚养关系不能消失。因此，有负担能力的李春景姐弟等人，对曾经长期抚养教育过他们的年老体弱、生活困难的王淑梅应尽赡养扶助的义务。

第一千零七十三条　【亲子关系异议之诉】对亲子关系有异议且有正当理由的，父或者母可以向人民法院提起诉讼，请求确认或者否认亲子关系。

对亲子关系有异议且有正当理由的，成年子女可以向人民法院提起诉讼，请求确认亲子关系。

条文对比

《民法典婚姻家庭编》	新增条文
第一千零七十三条　对亲子关系有异议且有正当理由的，父或者母可以向人民法院提起诉讼，请求确认或者否认亲子关系。 对亲子关系有异议且有正当理由的，成年子女可以向人民法院提起诉讼，请求确认亲子关系。	

关联法规

▶ **《民法典婚姻家庭编》**

第一千零五十四条　无效的或者被撤销的婚姻自始没有法律约束力，当事人不具有夫妻的权利和义务。同居期间所得的财产，由当事人协议处理；协议不成的，由人民法院根据照顾无过错方的原则判决。对重婚导致的无效婚姻的财产处理，不得侵害合法婚姻当事人的财产权益。当事人所生的子女，适用本法关于父母子女的规定。

婚姻无效或者被撤销的，无过错方有权请求损害赔偿。

第一千零七十二条　继父母与继子女间，不得虐待或者歧视。

继父或者继母和受其抚养教育的继子女间的权利义务关系，适用本法关于父母子女关系的规定。

第一千一百一十一条　自收养关系成立之日起，养父母与养子女间的权利义务关系，适用本法关于父母子女关系的规定；养子女与养父母的近亲属间的权利义务关系，适用本法关于子女与父母的近亲属关系的规定。

养子女与生父母以及其他近亲属间的权利义务关系，因收养关系的成立而消除。

《婚姻法司法解释（三）》

第二条 夫妻一方向人民法院起诉请求确认亲子关系不存在，并已提供必要证据予以证明，另一方没有相反证据又拒绝做亲子鉴定的，人民法院可以推定请求确认亲子关系不存在一方的主张成立。

当事人一方起诉请求确认亲子关系，并提供必要证据予以证明，另一方没有相反证据又拒绝做亲子鉴定的，人民法院可以推定请求确认亲子关系一方的主张成立。

《最高人民法院关于夫妻离婚后人工授精所生子女的法律地位如何确定的复函》

河北省高级人民法院：

你院冀法（民）〔1991〕43号《关于夫妻离婚后人工授精所生子女的法律地位如何确定的请示报告》收悉。

经研究，我们认为，在夫妻关系存续期间，双方一致同意进行人工授精，所生子女应视为夫妻双方的婚生子女，父母子女之间权利义务关系适用《婚姻法》的有关规定。

第一千零七十四条 【祖与孙的抚养赡养义务】 有负担能力的祖父母、外祖父母，对于父母已经死亡或者父母无力抚养的未成年孙子女、外孙子女，有抚养的义务。

有负担能力的孙子女、外孙子女，对于子女已经死亡或者子女无力赡养的祖父母、外祖父母，有赡养的义务。

条文对比

《民法典婚姻家庭编》	《婚姻法》
第一千零七十四条 有负担能力的祖父母、外祖父母，对于父母已经死亡<u>或者</u>父母	**第二十八条** 有负担能力的祖父母、外祖父母，对于父母已经死亡<u>或</u>父母无力抚养

《民法典婚姻家庭编》	《婚姻法》
无力抚养的未成年孙子女、外孙子女，有抚养的义务。 有负担能力的孙子女、外孙子女，对于子女已经死亡或者子女无力赡养的祖父母、外祖父母，有赡养的义务。	的未成年的孙子女、外孙子女，有抚养的义务。有负担能力的孙子女、外孙子女，对于子女已经死亡或子女无力赡养的祖父母、外祖父母，有赡养的义务。

关联法规

《民法典婚姻家庭编》

第一千一百一十一条 自收养关系成立之日起，养父母与养子女间的权利义务关系，适用本法关于父母子女关系的规定；养子女与养父母的近亲属间的权利义务关系，适用本法关于子女与父母的近亲属关系的规定。

养子女与生父母以及其他近亲属间的权利义务关系，因收养关系的成立而消除。

《老年人权益保障法》

第十九条 赡养人不得以放弃继承权或者其他理由，拒绝履行赡养义务。

赡养人不履行赡养义务，老年人有要求赡养人付给赡养费等权利。

赡养人不得要求老年人承担力不能及的劳动。

第二十条 经老年人同意，赡养人之间可以就履行赡养义务签订协议。赡养协议的内容不得违反法律的规定和老年人的意愿。

基层群众性自治组织、老年人组织或者赡养人所在单位监督协议的履行。

《最高人民法院关于当前民事审判工作中的若干具体问题》

三、关于婚姻家庭、继承纠纷等家事案件的审理问题

……

第四，关于祖父母、外祖父母是否享有探望权的问题。这个问题涉及当事人的情感、隐私、风俗习惯等很多伦理因素，要尽量避免法律的刚性对婚姻家庭和未成年人生活的伤害。我们倾向认为，原则上应根据婚姻法第三十八条规定，将探望权的主体限定为父或者母，但是可以探索在特定情况下的突破，比如祖父母或外祖父母代替已经死亡或者无抚养能力的子女尽抚养义务时，根据婚姻法第二十八条规定，可以赋予其探望权。

▶《最高人民法院民事审判庭关于田海和诉田莆民、田长友扶养费一案的电话答复》

安徽省高级人民法院：

你院《关于田海和诉田莆民、田长友扶养一案的请示》问题，经我们研究认为，此案不宜比照婚姻法第二十三条规定处理。现就该案有关问答复如下：

一、同意你院关于田海和与田长友之间收养关系不成立的意见。因为双方从未在一起生活过，田海和对田长友也没尽过抚养义务，事实上没有形成收养关系，“继书”不宜采纳。

二、田莆民与田海和之间订立的“承养字”没有法律约束力。

三、田海和是有残疾的成年人，不宜比照婚姻法第二十三条的规定处理，扩大该法律原文解释。

四、田海和生活困难问题请有关法院会同当地政府有关部门协商，作为社会救济，给予妥善安置。

第一千零七十五条　【兄姐与弟妹的扶养义务】有负担能力的兄、姐，对于父母已经死亡或者父母无力抚养的未成年弟、妹，有扶养的义务。

由兄、姐扶养长大的有负担能力的弟、妹，对于缺乏劳动能力又缺乏生活来源的兄、姐，有扶养的义务。

条文对比

《民法典婚姻家庭编》	《婚姻法》
第一千零七十五条　有负担能力的兄、姐，对于父母已经死亡或者父母无力抚养的未成年弟、妹，有扶养的义务。 由兄、姐扶养长大的有负担能力的弟、妹，对于缺乏劳动能力又缺乏生活来源的兄、姐，有扶养的义务。	**第二十九条**　有负担能力的兄、姐，对于父母已经死亡或父母无力抚养的未成年的弟、妹，有扶养的义务。由兄、姐扶养长大的有负担能力的弟、妹，对于缺乏劳动能力又缺乏生活来源的兄、姐，有扶养的义务。

关联法规

▶《民法典婚姻家庭编》

第一千一百一十一条 自收养关系成立之日起，养父母与养子女间的权利义务关系，适用本法关于父母子女关系的规定；养子女与养父母的近亲属间的权利义务关系，适用本法关于子女与父母的近亲属关系的规定。

养子女与生父母以及其他近亲属间的权利义务关系，因收养关系的成立而消除。

▶《老年人权益保障法》

第二十三条 老年人与配偶有相互扶养的义务。由兄、姐扶养的弟、妹成年后，有负担能力的，对年老无赡养人的兄、姐有扶养的义务。

▶《最高人民法院关于对年老、无子女的人能否按婚姻法第二十三条类推判决有负担能力的兄弟姐妹承担抚养义务的复函》

上海市高级人民法院：

你院〔81〕沪高民督字第54号“关于对年老、无子女的人，能否按照婚姻法第二十三条类推，判决有负担能力的兄弟姐妹承担抚养义务的请示报告”收悉。经研究，基本同意你院的意见。李××过去对其弟妹尽过抚助义务，现年老、丧失劳动能力，又无子女赡养，参照婚姻法有关规定的精神，根据权利义务一致的原则，其弟、妹对李××应承担抚养义务，但不宜用“类推”的提法。在处理中，要依靠李的弟、妹等所在单位组织，对其进行思想教育。并主要根据他们的经济条件，争取调解解决。

第四章 离 婚

第一千零七十六条 【协议离婚及其内容】夫妻双方自愿离婚的，应当签订书面离婚协议，并亲自到婚姻登记机关申请离婚登记。

离婚协议应当载明双方自愿离婚的意思表示和对子女抚养、财产以及债务处理等事项协商一致的意见。

条文对比

《民法典婚姻家庭编》	《婚姻法》
第一千零七十六条 夫妻双方自愿离婚的，**应当签订书面离婚协议，并亲自**到婚姻登记机关申请离婚登记。 **离婚协议应当载明双方自愿离婚的意思表示和对子女抚养、财产以及债务处理等事项协商一致的意见。**	**第三十一条** 男女双方自愿离婚的，~~准予离婚。双方必须~~到婚姻登记机关申请离婚。~~婚姻登记机关查明双方确实是自愿并对子女和财产问题已有适当处理时，发给离婚证。~~

关联法规

▶《婚姻登记条例》

第十条 内地居民自愿离婚的，男女双方应当共同到一方当事人常住户口所在地的婚姻登记机关办理离婚登记。

中国公民同外国人在中国内地自愿离婚的，内地居民同香港居民、澳门居民、台湾居民、华侨在中国内地自愿离婚的，男女双方应当共同到内地居民常住户口所在地的婚姻登记机关办理离婚登记。

第十一条 办理离婚登记的内地居民应当出具下列证件和证明材料：

（一）本人的户口簿、身份证；

（二）本人的结婚证；

（三）双方当事人共同签署的离婚协议书。

办理离婚登记的香港居民、澳门居民、台湾居民、华侨、外国人除应当出具前款第（二）项、第（三）项规定的证件、证明材料外，香港居民、澳门居民、台湾居民还应当出具本人的有效通行证、身份证，华侨、外国人还应当出具本人的有效护照或者其他有效国际旅行证件。

离婚协议书应当载明双方当事人自愿离婚的意思表示以及对子女抚养、财产及债务处理等事项协商一致的意见。

第十二条 办理离婚登记的当事人有下列情形之一的，婚姻登记机关不予受理：

（一）未达成离婚协议的；

（二）属于无民事行为能力人或者限制民事行为能力人的；

（三）其结婚登记不是在中国内地办理的。

第十三条 婚姻登记机关应当对离婚登记当事人出具的证件、证明材料进行审查并询问相关情况。对当事人确属自愿离婚，并已对子女抚养、财产、债务等问题达成一致处理意见的，应当当场予以登记，发给离婚证。

▶《婚姻法司法解释（二）》

第八条 离婚协议中关于财产分割的条款或者当事人因离婚就财产分割达成的协议，对男女双方具有法律约束力。

当事人因履行上述财产分割协议发生纠纷提起诉讼的，人民法院应当受理。

第九条 男女双方协议离婚后一年内就财产分割问题反悔，请求变更或者撤销财产分割协议的，人民法院应当受理。

人民法院审理后，未发现订立财产分割协议时存在欺诈、胁迫等情形的，应当依法驳回当事人的诉讼请求。

▶《最高人民法院关于辛克伟与张晓杰抚养子女纠纷申请再审案的函》

河北省高级人民法院：

你院〔91〕民监字第203号关于辛克伟与张晓杰抚养子女纠纷申请再审一案的请示报告收悉。经研究，答复如下：

张晓杰与辛克伟在离婚时自愿达成的抚养子女协议并不违反法律，双方在履行该协议中发生争执，仍属于抚养子女纠纷。对此，张晓杰以“侵害监护权”为由起诉，原一、二审人民法院以“侵权”案件受理、审判，均属不当。故你院对本案可依照审判监督程序予以提审，撤销一、二审判决，驳回原告“侵权”的诉讼请求，并告知原告如以子女抚养纠纷起诉，应依照民事诉讼法第22条规定，向被告住所地人民法院提出。

以上意见供参考。

附：

河北省高级人民法院关于辛克伟与张晓杰抚养子女纠纷案的请示报告（1991年10月）

最高人民法院：

我院受理的辛克伟与张晓杰抚养子女纠纷申请再审一案，因对法律条款的适用认识不一致，特向你院请示，现将案情报告如下：

申请再审人：辛克伟，男，41岁，汉族，北京市外贸局运输公司检测场工人，现住北京市海淀区二里沟进出口大楼3楼丙门4号。

对方当事人：张晓杰，女，31岁，汉族，中国天然气总公司管道局技工学校教员，现住廊坊市西小区技工学校宿舍楼。

一九八八年一月七日，双方在廊坊安次新开路办事处协议离婚。协议中规定：婚生男孩辛家齐（一九八五年六月生）归女方抚养，男方每月付抚养费25元，每月男方可看望孩子，并能接回北京几天，双方如有一方再婚，孩子归没再婚一方抚养，双方都再婚，按原协议办，一九八九年一月，张晓杰再婚后，辛克伟几次去接孩子未成。一九九0年一月九日，辛克伟从张晓杰之母家中强行将孩子接回北京，为此，张晓杰诉至廊坊市安次区人民法院，请求依法确认对子女的抚养权和监护权。辛克伟答辩要求按离婚协议抚养子女并对管辖提出异议，一审廊坊安次区法院以侵权为由收案，审理后判决：小孩由张晓杰抚养，辛克伟每月承担抚养费二十五元，辛克伟不服上诉。廊坊市中级人民法院经审理，驳回上诉，维持原判。辛克伟不服申请再审提出：双方离婚协议是合法的民事法律行为，张晓杰再婚后应主动履行协议，由我抚养孩子，但连看望孩子也遭到张晓杰的拒绝，我是按协议接走孩子的，此案不应定为侵权。张晓杰在诉状中也只要求确认对孩子的抚养权和监护权，按一般管辖原则，不应由安次区法院管理。

我院调卷审查后研究认为，双方离婚协议中关于抚养子女的内容并不违背法律规定，从《婚姻法》第二十四条、第二十九条以及最高法院《关于贯彻执行民法通则若干问题的意见（试行)》第十五条的规定看，离婚的男女双方对子女抚养问题协议解决，法律是允许的，张晓杰再婚后应将孩子交予没有再婚的辛克伟抚养，辛克伟在几次接孩子未成的情况下，采取强行将孩子接回北京的方法虽然欠妥，但不构成侵犯监护权。原审将案由定为侵权收案审理不妥。按一般管理原则，应将此案移送被告所在地法院管辖。廊坊市中级法院认为：双方离婚协议中以是否再婚作为能否抚养孩子的条件，没有考虑到哪方抚养子女有利其成长的实际情况，限制了诚恳和应该抚养子女一方的再婚自由，是违背法律规定的。双方离婚后，辛家齐一直靠张晓杰生活，辛克伟强行将孩子接回北京，侵犯了张晓杰的监护权，原审将该案定为侵权是正确的，原判并无不当，因此在本案的定性与法律的适用上我院与廊坊市中级法院认识不一致，主要对双方离婚协议中“双方如有一方再婚，孩子归没有再婚一方抚养”是否合法以及地域管辖中“因侵权行为提起的诉讼”是否适用此案看法不一，因协商未果，特此请示，请予答复。

《人民法院处理涉台民事案件的几个法律问题》

一、关于婚姻问题

一些去台人员，由于夫妻长期隔离在海峡两岸，家庭发生了变异：有的单方在大陆依法办理了离婚手续；有的一方或者双方已经再婚，或者长期与他人以夫妻的名义同居生活，生育了子女，等等。对这种由于特殊的历史原因造成的婚姻纠纷，我们将充分考虑海峡两岸人民长期分离的实际情况，从有利于稳定婚姻家庭关系的现状出发，根据我国婚姻法一夫一妻制的基本原则，妥善处理。这类案件有以下几种情况：

……

第二，对双方分离以后未办理离婚手续，大陆一方又与他人结婚，或者长期与他人以夫妻关系同居生活的，我们原则上承认这种婚姻关系。现去台一方回来，大陆一方为与原配偶恢复关系，提出与再婚配偶离婚的，是否准予离婚，人民法院应当依照《中华人民共和国婚姻法》第二十五条关于“人民法院审理离婚案件，应当进行调解；如感情确已破裂，调解无效，应准予离婚”的规定处理。如果认定感情尚未破裂的，则判决不准离婚。去台一方回大陆定居后，向人民法院提出要求与在台的配偶离婚的，人民法院应当受理，并根据婚姻法的规定，作出是否准予离婚的判决。

第三，对于双方分离后未办理离婚手续，一方或者双方分别在大陆和台湾再婚的，对这种由于特殊原因形成的婚姻关系，我们不以重婚对待。当事人不告诉，人民法院不主动干预；如果其中一方当事人提出与其配偶离婚的，人民法院应当按照离婚案件受理。

▶《最高人民法院关于旅居外国的中国公民按居住国法律允许的方式达成的分居协议，我国法律是否承认其离婚效力的函》

驻阿根廷大使馆领事部：

你部一九八四年十月三十一日〔84〕领发70号文收悉。关于在国内结婚后旅居阿根廷的中国公民王钰与杨洁敏因婚姻纠纷，由于阿根廷婚姻法不允许离婚，即按阿根廷法律允许的方式达成长期分居协议，请求你部承认并协助执行问题，经与外交部领事司研究认为，我驻外使领馆办理中国公民之间的有关事项，应当执行我国法律。王钰与杨洁敏的分居协议，不符合我国婚姻法的规定，故不能承认和协助执行。他们按照阿根廷法律允许的方式达成的分居协议，只能按阿根廷法律规定的程序向阿有关方面申请承认。如果他们要取得在国内离婚的效力，必须向国内原结婚登记机关或结婚登记地人民法院申办离婚手续。

▶《外交部、司法部、民政部关于驻外使、领馆就中国公民申请人民法院承认外国法院离婚判决进行公证、认证的有关规定》

各驻外使领馆、团、处：

近年来，随着我公民在国外结婚、离婚人数的增多，涉及中国公民向我人民法院申请承认外国法院离婚判决的案件也越来越多。为维护司法裁判的严肃性，统一、明确做法，方便当事人，经商最高人民法院，现对有关事宜做如下具体规定：

婚姻当事人一方为中国公民的外国法院的离婚判决书在国内使用，须经国内中级人民法院对该判决裁定承认后，才能为当事人出具以该外国法院离婚判决为准的婚姻状况公证。

婚姻当事人一方为中国公民的外国法院离婚判决书在国外使用：

（一）若居住国可根据外国法院离婚判决书或其他证明材料，为当事人出具婚姻状况证明，不需要我驻该国使、领馆出具以外国法院离婚判决为准的婚姻状况公证，我使、领馆可不予干预，但不干预不等于承认。

（二）若当事人不能在居住国取得婚姻状况证明，需我驻该国使、领馆出具以此判决为准的婚姻状况公证，应先向国内中级人民法院申请对该判决的承认。该判决经裁定承认后，才能为当事人出具有关公证。

国内中级人民法院受理当事人的申请时，对外国法院离婚判决书的真伪不能判定，要求当事人对该判决书的真实性进行证明的，当事人可向驻外使、领馆申请公证、认证。外国法院的离婚判决书可经过居住国公证机构公证、外交部或外交部授权机构认证，我使、领馆认证；亦或居住国外交部直接认证，我使、领馆认证。进行上述认证的目的是为判决书的真伪提供证明，不涉及对其内容的承认。

当事人不能亲自回国申请承认外国法院的离婚判决，可委托他人代理。驻外使、领馆可为此类委托书办理公证或认证。受理委托书公证应要求当事人亲自申请。

当事人或其代理人申请国内中级人民法院对外国法院离婚判决书的裁定承认，必须提供：

（一）外国法院离婚判决书正本及经证明无误的中文译文；

（二）若申请人是离婚判决的原告，作出判决的外国法院出具的被告已被合法传唤出庭或合法传唤出庭文件已送达被告的有关证明文件及经证明无误的中文译文。

（三）若判决书中未指明判决已生效或生效时间的，作出判决的外国法院出具的判决已生效的证明文件及经证明无误的中文译文。

驻外使、领馆应按照公证、认证程序为上述文件办理公证或认证。

第五条中所述的“经证明无误的中文译文”，可经如下途径证明：

（一）外国公证机构公证、外交部或外交部授权机构认证及我驻外使、领馆认证；

（二）驻外使、领馆直接公证；

（三）国内公证机关公证；

外国法院离婚判决书生效日期与我国法院裁定承认日期不同，离婚后未再婚公证应以外国法院离婚判决书生效日期为准。

国内中级人民法院裁定对外国法院离婚判决不予承认的，当事人可到国内原户籍所在地或婚姻缔结地中级人民法院起诉离婚。驻外使领馆可根据国内法院的离婚判决，为当事人出具在国外期间的婚姻状况证明。

有关外国法院离婚判决中夫妻财产分割、生活费负担、子女抚养等方面判决承认执行的公证、认证，不适用本规定。

原规定与上述规定不一致的，按此规定办理。上述规定以外的情况，请逐案报请国内。

《民政部办公厅关于能否撤销李某与张某离婚登记问题的复函》

你厅《关于能否撤销李某与张某离婚登记问题的请示》（冀民请〔2003〕29 号）收悉。现答复如下：

从你厅的请示和所附材料看，李某与张某办理离婚登记时，离婚意思表示明确，证件证明齐全，程序合法。当事人李某以假离婚、离婚的目的是为了逃避债务为由，请求宣布其解除婚姻关系无效，没有法律依据：（1）《婚姻法》第三十一条规定“男女双方自愿离婚的，准予离婚。双方必须到婚姻登记机关申请离婚。婚姻登记机关查明双方确实是自愿并对子女和财产已有适当处理时，发给离婚证”。婚姻法没有关于离婚目的的规定，也未规定离婚目的对离婚效力的影响。（2）《婚姻登记管理条例》第 25 条“申请婚姻登记的当事人弄虚作假、骗取婚姻登记的，婚姻登记管理机关应当撤销婚姻登记，……对离婚的当事人宣布其解除婚姻关系无效并收回离婚证”是指申请人不符合婚姻登记的实质条件，通过弄虚作假，骗取登记的，婚姻登记机关应当撤销登记。而李某与张某是双方自愿离婚，并对子女抚养和财产处理达成一致意见（见双方的离婚协议书），不存在不符合离婚登记实质条件的情况，因此，婚姻登记机关不能撤销李某与张某的离婚登记。

当事人所在单位出具的证明内容是否是真实的，单位是否真实地知道当事人的离婚目的以及是否认真做了调解和好工作，不影响离婚登记效力。

关于离婚当事人之间以及当事人与第三人之间财产、债务纠纷，可以向人民法院提起诉讼，由人民法院根据具体情况进行调解或判决。《婚姻法》第四十一条规定“离婚时，原为夫妻共同生活所负债务，应当共同偿还。共同财产不足清偿的，或财产归各自所有的，由双方协议清偿；协议不成时，由人民法院判决。”1986 年 10 月 3 日最高人民法院《关于男女双方登记离婚后，因对财产、子女抚养发生纠纷，当事人向人民法院起诉的，法院应予受理的批复》（〔1986〕民他字第 45 号）规定“男女双方经婚姻登记机关办理离婚登记后，因对财产、子女抚养引起纠纷，当事人向人民法院起诉的，可直接由有关法院依法受理”。

▶《民政部办公厅关于李清民与潘淑伟离婚登记是否合法有效问题的复函》

吉林省民政厅：

你厅《关于李清民与潘淑伟离婚登记是否合法有效问题的请示》（吉民文〔1995〕98号）收悉。经研究，现答复如下：

关于李清民与潘淑伟离婚登记是否合法有效问题，我们认为，李清民与潘淑伟于1993年9月20日，双方亲自到桦甸市红石镇人民政府申请离婚登记，其证件、证明齐全，离婚协议写明了自愿离婚，对子女抚养、财产分割及债务处理等方面达成了协议，并交了结婚证，桦甸市红石镇据此办理离婚登记的实质性要件和形式要件是具备的。同时也应明确，该镇在颁发离婚证的程序上没有严格按法定婚姻登记程序办理，确有不当之处，使双方婚姻状况的存续到终止出现了中断。但如果李清民接到离婚证后没有马上提出异议，双方对离婚协议所列事项均已履行完毕，应当视为离婚事实已经成立。李清民在此种情况下，因某种原因要求撤销登记，不应予以支持，并可向法院提出建议。

▶《外交部、最高人民法院、民政部、司法部、国务院侨务办公室关于驻外使领馆处理华侨婚姻问题的若干规定》

二、华侨离婚

（一）鉴于离婚案件比较复杂，我驻外使领馆原则上不受理华侨申请离婚的案件。

（二）夫妻一方居住在国外，另一方居住在国内，如双方自愿要求离婚，对抚养子女、赡养父母和处理财产等均无争议的，可按我国婚姻法第二十四条的规定，在国内一方户籍所在地或居所地的婚姻登记机关办理离婚手续。如一方不能到婚姻登记机关申请离婚或双方对离婚有争议，不论哪一方提起诉讼，均应向国内一方户籍所在地或居所地的人民法院起诉。

如居住在国外的一方已向居住国法院起诉，居住在国内一方可根据情况采取必要的法律步骤。对此，我驻外使领馆应给予必要的协助。

（三）夫妻双方均是居住在国外的华侨，他们要求离婚，原则上应向居所地有关机关申请办理离婚手续。

如他们原先是在国内办理结婚登记的，现因某种原因，居所地有关机关不受理时，双方可以回国向原结婚登记机关或结婚登记地人民法院申办离婚。如双方因特殊情况不能回国时，当事人可以办理授权委托书，委托国内亲友或律师为代理人代为办理，并向国内原结婚登记机关或结婚登记地人民法院提交书面意见，由该登记机关办理或人民法院审理。委托书和意见书均须经当地公证机关公证，我驻外使领馆认证。上述委托书和意见书也可由我驻外使领馆直接公证。如他们原在我驻外使领馆登记结婚的，申请离婚时，双方无争议的，可向原经办结婚登记的我驻外使领馆办理离婚手续；双方有争议的，则应向出国前最后户籍所在地或居所地的人民法院起诉。如已迁居其他国家仍按以上规定办理，但有关法律文书需经居住国公证机关公证，我驻该国使领馆认证。如已回国定居，其离婚申请则向户籍所在地或居所地的婚姻登记机关或人民法院提出。

如他们原是在外国婚姻登记机关办理结婚登记或举行结婚仪式的，他们的离婚案件国内不受理。如他们已回国定居而要求离婚，应向其户籍所在地的婚姻登记机关或人民法院提出。

（四）居住在国外的华侨与其配偶（包括居住在国内的中国公民）经居住国法院判决离婚的，如当事人双方对判决无异议，我可不干预。如该判决不违反我婚姻法的基本精神，当事人双方对该判决又无异议，我也可承认它对双方当事人在法律上均有拘束力。如该判决书要在我国内执行，应根据我国民诉法二百零四条的规定进行审查。

（五）夫妻双方现均系外籍华人，或一方系华侨另一方现系外籍华人，要求离婚，应向居住国有关机关申请办理离婚手续。我驻外使领馆一般不予受理。如他们原先是在中国或我驻外使领馆办理结婚登记的，现因某种原因，居住国有关机关不受理时，我驻外使领馆可参照处理华侨离婚案件的规定精神予以受理。

（六）华侨因离婚受到不公正的对待或不应有的损失时，使领馆为维护华侨的正当权益，应视具体情况，予以关心并采取适当措施。

第一千零七十七条　【离婚冷静期的期限及法律效果】自婚姻登记机关收到离婚登记申请之日起三十日内，任何一方不愿意离婚的，可以向婚姻登记机关撤回离婚登记申请。

前款规定期限届满后三十日内，双方应当亲自到婚姻登记机关申请发给离婚证；未申请的，视为撤回离婚登记申请。

条文对比

《民法典婚姻家庭编》	新增条文
第一千零七十七条 自婚姻登记机关收到离婚登记申请之日起三十日内，任何一方不愿意离婚的，可以向婚姻登记机关撤回离婚登记申请。 前款规定期限届满后三十日内，双方应当亲自到婚姻登记机关申请发给离婚证；未申请的，视为撤回离婚登记申请。	

第一千零七十八条 【协议离婚的处理】婚姻登记机关查明双方确实是自愿离婚，并已经对子女抚养、财产以及债务处理等事项协商一致的，予以登记，发给离婚证。

条文对比

《民法典婚姻家庭编》	《婚姻法》
第一千零七十八条 婚姻登记机关查明双方确实是自愿**离婚**，**并已经**对子女**抚养**、财产**以及债务处理等事项协商一致的**，**予以**登记，发给离婚证。	**第三十一条** ~~男女双方自愿离婚的，准予离婚。双方必须到婚姻登记机关申请离婚。~~婚姻登记机关查明双方确实是自愿并对子女和财产~~问题已有适当处理时，~~发给离婚证。

关联法规

▶ **《婚姻登记条例》**

第十条 内地居民自愿离婚的，男女双方应当共同到一方当事人常住户口所在地的婚姻登记机关办理离婚登记。

中国公民同外国人在中国内地自愿离婚的，内地居民同香港居民、澳门居民、台湾居民、华侨在中国内地自愿离婚的，男女双方应当共同到内地居民常住户口所在地的婚姻登记机关办理离婚登记。

第十一条 办理离婚登记的内地居民应当出具下列证件和证明材料：

（一）本人的户口簿、身份证；

（二）本人的结婚证；

（三）双方当事人共同签署的离婚协议书。

办理离婚登记的香港居民、澳门居民、台湾居民、华侨、外国人除应当出具前款第（二）项、第（三）项规定的证件、证明材料外，香港居民、澳门居民、台湾居民还应当出具本人的有效通行证、身份证，华侨、外国人还应当出具本人的有效护照或者其他有效国际旅行证件。

离婚协议书应当载明双方当事人自愿离婚的意思表示以及对子女抚养、财产及债务处理等事项协商一致的意见。

第十二条 办理离婚登记的当事人有下列情形之一的，婚姻登记机关不予受理：

（一）未达成离婚协议的；

（二）属于无民事行为能力人或者限制民事行为能力人的；

（三）其结婚登记不是在中国内地办理的。

第十三条 婚姻登记机关应当对离婚登记当事人出具的证件、证明材料进行审查并询问相关情况。对当事人确属自愿离婚，并已对子女抚养、财产、债务等问题达成一致处理意见的，应当当场予以登记，发给离婚证。

第一千零七十九条 【调解及诉讼离婚】 夫妻一方要求离婚的，可以由有关组织进行调解或者直接向人民法院提起离婚诉讼。

人民法院审理离婚案件，应当进行调解；如果感情确已破裂，调解无效的，应当准予离婚。

有下列情形之一，调解无效的，应当准予离婚：

（一）重婚或者与他人同居；

（二）实施家庭暴力或者虐待、遗弃家庭成员；

（三）有赌博、吸毒等恶习屡教不改；

（四）因感情不和分居满二年；

（五）其他导致夫妻感情破裂的情形。

一方被宣告失踪，另一方提起离婚诉讼的，应当准予离婚。

经人民法院判决不准离婚后，双方又分居满一年，一方再次提起离婚诉讼的，应当准予离婚。

条文对比

《民法典婚姻家庭编》	《婚姻法》
第一千零七十九条 夫妻一方要求离婚的，可以由有关组织进行调解或者直接向人民法院提起离婚诉讼。 人民法院审理离婚案件，应当进行调解；如果感情确已破裂，调解无效的，应当准予离婚。 有下列情形之一，调解无效的，应当准予离婚： （一）重婚或者与他人同居； （二）实施家庭暴力或者虐待、遗弃家庭成员； （三）有赌博、吸毒等恶习屡教不改； （四）因感情不和分居满二年； （五）其他导致夫妻感情破裂的情形。 一方被宣告失踪，另一方提起离婚诉讼的，应当准予离婚。 **经人民法院判决不准离婚后，双方又分居满一年，一方再次提起离婚诉讼的，应当准予离婚。**	**第三十二条** 男女一方要求离婚的，可由有关部门进行调解或直接向人民法院提出离婚诉讼。 人民法院审理离婚案件，应当进行调解；如感情确已破裂，调解无效，应准予离婚。 有下列情形之一，调解无效的，应准予离婚： （一）重婚或~~有配偶者~~与他人同居~~的~~； （二）实施家庭暴力或虐待、遗弃家庭成员~~的~~； （三）有赌博、吸毒等恶习屡教不改~~的~~； （四）因感情不和分居满二年~~的~~； （五）其他导致夫妻感情破裂的情形。 一方被宣告失踪，另一方提出离婚诉讼的，应准予离婚。

关联法规

▶ 《民法典总则编》

第四十条 自然人下落不明满二年的，利害关系人可以向人民法院申请宣告该自然人为失踪人。

第四十一条 自然人下落不明的时间自其失去音讯之日起计算。战争期间下落不明的，下落不明的时间自战争结束之日或者有关机关确定的下落不明之日起计算。

第四十二条 失踪人的财产由其配偶、成年子女、父母或者其他愿意担任财产代管人的人代管。

代管有争议，没有前款规定的人，或者前款规定的人无代管能力的，由人民法院指定的人代管。

第四十三条 财产代管人应当妥善管理失踪人的财产，维护其财产权益。

失踪人所欠税款、债务和应付的其他费用，由财产代管人从失踪人的财产中支付。

财产代管人因故意或者重大过失造成失踪人财产损失的，应当承担赔偿责任。

第四十四条 财产代管人不履行代管职责、侵害失踪人财产权益或者丧失代管能力的，失踪人的利害关系人可以向人民法院申请变更财产代管人。

财产代管人有正当理由的，可以向人民法院申请变更财产代管人。

人民法院变更财产代管人的，变更后的财产代管人有权请求原财产代管人及时移交有关财产并报告财产代管情况。

第四十五条 失踪人重新出现，经本人或者利害关系人申请，人民法院应当撤销失踪宣告。

失踪人重新出现，有权请求财产代管人及时移交有关财产并报告财产代管情况。

第四十六条 自然人有下列情形之一的，利害关系人可以向人民法院申请宣告该自然人死亡：

（一）下落不明满四年；

（二）因意外事件，下落不明满二年。

因意外事件下落不明，经有关机关证明该自然人不可能生存的，申请宣告死亡不受二年时间的限制。

▶《民事诉讼法》

第二十二条 特别规定

下列民事诉讼，由原告住所地人民法院管辖；原告住所地与经常居住地不一致的，由原告经常居住地人民法院管辖：

（一）对不在中华人民共和国领域内居住的人提起的有关身份关系的诉讼；

（二）对下落不明或者宣告失踪的人提起的有关身份关系的诉讼；

（三）对被采取强制性教育措施的人提起的诉讼；

（四）对被监禁的人提起的诉讼。

第六十二条 离婚诉讼代理

离婚案件有诉讼代理人的，本人除不能表达意思的以外，仍应出庭；确因特殊情况无法出庭的，必须向人民法院提交书面意见。

第一百三十四条 审理方式

人民法院审理民事案件，除涉及国家秘密、个人隐私或者法律另有规定的以外，应当公开进行。离婚案件，涉及商业秘密的案件，当事人申请不公开审理的，可以不公开审理。

▶《婚姻登记条例》

第十三条 婚姻登记机关应当对离婚登记当事人出具的证件、证明材料进行审查并询问相关情况。对当事人确属自愿离婚，并已对子女抚养、财产、债务等问题达成一致处理意见的，应当当场予以登记，发给离婚证。

▶《婚姻法司法解释（二）》

第一条 当事人起诉请求解除同居关系的，人民法院不予受理。但当事人请求解除的同居关系，属于婚姻法第三条、第三十二条、第四十六条规定的"有配偶者与他人同居"的，人民法院应当受理并依法予以解除。

当事人因同居期间财产分割或者子女抚养纠纷提起诉讼的，人民法院应当受理。

▶《婚姻法司法解释（三）》

第九条 夫以妻擅自中止妊娠侵犯其生育权为由请求损害赔偿的，人民法院不予支持；夫妻双方因是否生育发生纠纷，致使感情确已破裂，一方请求离婚的，人民法院经调解无效，应依照婚姻法第三十二条第三款第（五）项的规定处理。

▶《婚姻法司法解释（一）》

第一条 婚姻法第三条、第三十二条、第四十三条、第四十五条、第四十六条所称的"家庭暴力"，是指行为人以殴打、捆绑、残害、强行限制人身自由或者其他手段，给其家庭成员的身体、精神等方面造成一定伤害后果的行为。持续性、经常性的家庭暴力，构成虐待。

第二条 婚姻法第三条、第三十二条、第四十六条规定的"有配偶者与他人同居”的情形，是指有配偶者与婚外异性，不以夫妻名义，持续、稳定地共同居住。

第九条 人民法院审理宣告婚姻无效案件，对婚姻效力的审理不适用调解，应当依法作出判决；有关婚姻效力的判决一经作出，即发生法律效力。涉及财产分割和子女抚养的，可以调解。调解达成协议的，另行制作调解书。对财产分割和子女抚养问题的判决不服的，当事人可以上诉。

第二十二条 人民法院审理离婚案件，符合第三十二条第二款规定“应准予离婚”情形的，不应当因当事人有过错而判决不准离婚。

第三十条 人民法院受理离婚案件时，应当将婚姻法第四十六条等规定中当事人的有关权利义务，书面告知当事人。在适用婚姻法第四十六条时，应当区分以下不同情况：

（一）符合婚姻法第四十六条规定的无过错方作为原告基于该条规定向人民法院提起损害赔偿请求的，必须在离婚诉讼的同时提出。

（二）符合婚姻法第四十六条规定的无过错方作为被告的离婚诉讼案件，如果被告不同意离婚也不基于该条规定提起损害赔偿请求的，可以在离婚后一年内就此单独提起诉讼。

（三）无过错方作为被告的离婚诉讼案件，一审时被告未基于婚姻法第四十六条规定提出损害赔偿请求，二审期间提出的，人民法院应当进行调解，调解不成的，告知当事人在离婚后一年内另行起诉。

▶《民通意见》

188. 我国法院受理的涉外离婚案件，离婚以及因离婚而引起的财产分割，适用我国法律。认定其婚姻是否有效，适用婚姻缔结地法律。

▶《最高人民法院函〈申请确认在台湾离婚协议效力问题〉》

北京市高级人民法院：

你院关于当事人向法院申请确认在台湾离婚协议效力问题的请示收悉。经研究，同意你院于1996年4月1日补报的倾向性意见，即由于当事人是自愿在台湾当局的主管部门协议离婚，而没有通过诉讼程序离婚，故人民法院对认可该离婚协议效力的申请，缺乏受理依据，应不予受理。当事人杨彦如申请再婚登记或变更户籍婚姻登记等应由主管部门处理。如其向人民法院起诉离婚，有管辖权的法院应依法受理。

▶《最高人民法院印发〈关于人民法院审理离婚案件处理财产分割问题的若干具体意见〉的通知》

第二十条 离婚时夫妻共同财产未从家庭共同财产中析出，一方要求析产的，可先就离婚和已查清的财产问题进行处理，对一时确实难以查清的财产的分割问题可告知当事人另案处理；或者中止离婚诉讼，待析产案件审结后再恢复离婚诉讼。

▶《最高人民法院关于人民法院审理离婚案件如何认定夫妻感情确已破裂的若干具体意见》

人民法院审理离婚案件，准予或不准离婚应以夫妻感情是否确已破裂作为区分的界限。判断夫妻感情是否确已破裂，应当从婚姻基础、婚后感情、离婚原因、夫妻关系的现状和有无和好的可能等方面综合分析。根据婚姻法的有关规定和审判实践经验，凡属下列情形之一的，视为夫妻感情确已破裂。一方坚决要求离婚，经调解无效，可依法判决准予离婚。

1. 一方患有法定禁止结婚的疾病，或一方有生理缺陷及其他原因不能发生性行为，且难以治愈的。

2. 婚前缺乏了解，草率结婚，婚后未建立起夫妻感情，难以共同生活的。

3. 婚前隐瞒了精神病，婚后经治不愈，或者婚前知道对方患有精神病而与其结婚，或一方在夫妻共同生活期间患精神病，久治不愈的。

4. 一方欺骗对方，或者在结婚登记时弄虚作假，骗取《结婚证》的。

5. 双方办理结婚登记后，未同居生活，无和好可能的。

6. 包办、买卖婚姻，婚后一方随即提出离婚，或者虽共同生活多年，但确未建立起夫妻感情的。

7. 因感情不和分居已满三年，确无和好可能的，或者经人民法院判决不准离婚后又分居满一年，互不履行夫妻义务的。

8. 一方与他人通奸、非法同居，经教育仍无悔改表现，无过错一方起诉离婚，或者过错方起诉离婚，对方不同意离婚，经批评教育、处分，或在人民法院判决不准离婚后，过错方又起诉离婚，确无和好可能的。

9. 一方重婚，对方提出离婚的。

10. 一方好逸恶劳、有赌博等恶习，不履行家庭义务，屡教不改，夫妻难以共同生活的。

11. 一方被依法判处长期徒刑，或其违法，犯罪行为严重伤害夫妻感情的。

12. 一方下落不明满二年，对方起诉离婚，经公告查找确无下落的。

13. 受对方的虐待、遗弃，或者受对方亲属虐待，或虐待对方亲属，经教育不改，另一方不谅解的。

14. 因其他原因导致夫妻感情确已破裂的。

《最高人民法院对我国留学生夫妻双方要求离婚如何办理离婚手续的通知》

你们双方要求解除婚姻关系一事的来信收悉。根据我国法律的有关规定，如果你们双方对离婚及财产分割、子女抚养等问题没有任何争议，可以回国向原结婚登记机关申请办理离婚手续；如果对以上问题存有争议，则需回国向原结婚登记地人民法院提起离婚诉讼。你们双方如因特殊情况不能回国，可办理授权委托书，委托国内亲友或律师作为代理人代为办理，并向国内原结婚登记机关或结婚登记地人民法院提交书面意见，由该登记机关办理或由人民法院进行审理。委托书和意见书须经当地公证机关公证、我驻美使领馆认证，亦可由我驻美使领馆直接公证。

《人民法院处理涉台民事案件的几个法律问题》

一、关于婚姻问题

一些去台人员，由于夫妻长期隔离在海峡两岸，家庭发生了变异：有的单方在大陆依法办理了离婚手续；有的一方或者双方已经再婚，或者长期与他人以夫妻的名义同居生活，生育了子女，等等。对这种由于特殊的历史原因造成的婚姻纠纷，我们将充分考虑海峡两岸人民长期分离的实际情况，从有利于稳定婚姻家庭关系的现状出发，根据我国婚姻法一夫一妻制的基本原则，妥善处理。这类案件有以下几种情况：

第一，对已经人民法院判决离婚的案件，不论是单方诉讼还是双方诉讼，也不论对方是否接到判决书，法院的判决都是有效的。如果双方均未再婚，现在请求恢复夫妻关系的，人民法院可以用裁定注销原来的判决，宣告婚姻关系恢复。但经判决离婚后，一方或者双方又另行结婚的，如果其再婚的配偶已经离婚或者已经死亡，现在双方要求恢复夫妻关系的，应当到有关婚姻登记机关重新办理结婚登记手续；如果再婚配偶还健在，必须在办理离婚手续后，才可以与原配偶重新结婚。我们认为，这样实事求是地处理海峡两岸由于长期隔离而造成的特殊婚姻关系，是符合各方当事人的利益的。

第二，对双方分离以后未办理离婚手续，大陆一方又与他人结婚，或者长期与他人以夫妻关系同居生活的，我们原则上承认这种婚姻关系。现去台一方回来，大陆一方为与原配偶恢复关系，提出与再婚配偶离婚的，是否准予离婚，人民法院应当依照《中华人民共和国婚姻法》第二十五条关于“人民法院审理离婚案件，应当进行调解；如感情确已破裂，调解无效，应准予离婚”的规定处理。如果认定感情尚未破裂的，则判决不准离婚。去台一方回大陆定居后，向人民法院提出要求与在台的配偶离婚的，人民法院应当受理，并根据婚姻法的规定，作出是否准予离婚的判决。

第三，对于双方分离后未办理离婚手续，一方或者双方分别在大陆和台湾再婚的，对这种由于特殊原因形成的婚姻关系，我们不以重婚对待。当事人不告诉，人民法院不主动干预；如果其中一方当事人提出与其配偶离婚的，人民法院应当按照离婚案件受理。

▶《最高人民法院关于刘秦勤与邓西民离婚问题的函》

刘秦勤、邓西民：

来信收到。你们要求解除婚姻关系一事，根据我国法律的有关规定，你们双方如果对离婚及财产分割等问题没有任何争议，可以回国向原结婚登记机关申请办理离婚手续；如果对以上问题存有争议，则需回国向原结婚登记地人民法院提起离婚诉讼。如果你们双方因特殊情况不能回国，可办理授权委托书，委托国内亲友或律师作为代理人代为办理，并向国内原结婚登记机关或结婚登记地人民法院提交书面意见，由该登记机关办理或由人民法院进行审理。委托书和意见书均须经当地公证机关公证，我驻美使领馆认证，亦可由我驻美使领馆直接公证。

▶《最高人民法院关于孟宪明、李瑞玲离婚案的批复》

河南省高级人民法院：

你院 1984 年 12 月 26 日关于孟宪明诉李瑞玲离婚一案处理意见的请示报告收悉。关于杞县人民法院〔84〕杞法民调字第 35 号对此案的离婚调解书是否有效的问题，我们研究认为，双方在 1982 年 3 月 4 日达成以离婚为前提的结婚协议后，于 1982 年 3 月 9 日办理了结婚登记，这是违反婚姻法结婚必须男女双方完全自愿的规定的。此后，双方协议离婚取得一致意见，并于 1984 年 3 月 18 日到杞县人民法院高阳人民法庭签署了离婚协议。1984 年 3 月 26 日，高阳人民法庭又已通知李瑞玲领取调解书。李瑞玲从 1984 年 3 月 27 日起至 4 月 15 日止这段期间内，三次去高阳人民法庭领调解书，只是由于客观原因而未能领到。根据上述事实，我们同意你院第一种意见，应认为调解书是有效的。

《最高人民法院关于马娜萍离婚案的批复》

云南省高级人民法院：

马娜萍与合应廷离婚一案，你院于一九六五年一月十六日〔65〕法民字第022号的请示报告已收悉。经研究认为：合应廷于一九四九年外出到泰国经商，至一九五九年即与女方断绝了通讯关系，如再经多方查找又无音讯，马娜萍申请离婚，可以由中级法院作一审缺席判决离婚，判决书交男方的亲属代收或转达。

《最高人民法院关于张绪桂与姚梅霞离婚案的批复》

安徽省高级人民法院：

你院关于张绪桂与姚梅霞离婚案的请示报告收悉。经研究后，我们认为：如姚梅霞提出离婚要求经查属实，现张绪桂又提出离婚，可按双方同意离婚处理。

《最高人民法院关于旅荷华侨离婚问题的复函》

外交部领事司：

1981年1月5日（80）领荷转字第33号转办单及3月12日（81）领二字第67号来函收到。现对我驻荷大使馆所询问题答复如下：

（一）旅荷华侨夫妇经荷兰法院判决离婚的，如不违反我国婚姻法的基本原则，可承认这种判决对双方当事人在法律上有拘束力（参见我院1957年5月4日法行字第8490号关于波兰法院对双方都居住在波兰的中国侨民的离婚判决在中国是否有法律效力问题给你司的复函）。离婚后，当事人要求我驻荷使领馆加以认证的，可予认证。

（二）夫妻一方侨居荷兰，一方仍在国内，如双方同意离婚，对子女、财产也无争议的，可按我国婚姻法第24条的规定，在国内一方户籍所在地或居住地负责婚姻登记的机关办理离婚手续。提起诉讼的，如系国内一方提出离婚，应向本人所在地或居住地人民法院起诉；侨居荷兰一方要求离婚，也应向国内一方的户籍所在地或居住地人民法院起诉。

（三）侨居荷兰一方提出离婚，荷兰法院予以受理和判决的，如双方并无异议，可不予干涉；如一方对子女抚养或国内财产的处理有不同意见，可按（一）项的精神决定是否承认这种判决在我国境内具有效力。

《外交部、最高人民法院、民政部、司法部、国务院侨务办公室关于驻外使领馆处理华侨婚姻问题的若干规定》

二、华侨离婚

（一）鉴于离婚案件比较复杂，我驻外使领馆原则上不受理华侨申请离婚的案件。

（二）夫妻一方居住在国外，另一方居住在国内，如双方自愿要求离婚，对抚养子女、赡养父母和处理财产等均无争议的，可按我国婚姻法第二十四条的规定，在国内一方户籍所在地或居所地的婚姻登记机关办理离婚手续。如一方不能到婚姻登记机关申请离婚或双方对离婚有争议，不论哪一方提起诉讼，均应向国内一方户籍所在地或居所地的人民法院起诉。

如居住在国外的一方已向居住国法院起诉，居住在国内一方可根据情况采取必要的法律步骤。对此，我驻外使领馆应给予必要的协助。

（三）夫妻双方均是居住在国外的华侨，他们要求离婚，原则上应向居所地有关机关申请办理离婚手续。

如他们原先是在国内办理结婚登记的，现因某种原因，居所地有关机关不受理时，双方可以回国向原结婚登记机关或结婚登记地人民法院申办离婚。如双方因特殊情况不能回国时，当事人可以办理授权委托书，委托国内亲友或律师为代理人代为办理，并向国内原结婚登记机关或结婚登记地人民法院提交书面意见，由该登记机关办理或人民法院审理。委托书和意见书均须经当地公证机关公证，我驻外使领馆认证。上述委托书和意见书也可由我驻外使领馆直接公证。如他们原在我驻外使领馆登记结婚的，申请离婚时，双方无争议的，可向原经办结婚登记的我驻外使领馆办理离婚手续；双方有争议的，则应向出国前最后户籍所在地或居所地的人民法院起诉。如已迁居其他国家仍按以上规定办理，但有关法律文书需经居住国公证机关公证，我驻该国使领馆认证。如已回国定居，其离婚申请则向户籍所在地或居所地的婚姻登记机关或人民法院提出。

如他们原是在外国婚姻登记机关办理结婚登记或举行结婚仪式的，他们的离婚案件国内不受理。如他们已回国定居而要求离婚，应向其户籍所在地的婚姻登记机关或人民法院提出。

（四）居住在国外的华侨与其配偶（包括居住在国内的中国公民）经居住国法院判决离婚的，如当事人双方对判决无异议，我可不干预。如该判决不违反我婚姻法的基本精神，当事人双方对该判决又无异议，我也可承认它对双方当事人在法律上均有拘束力。如该判决书要在我国内执行，应根据我国民诉法二百零四条的规定进行审查。

（五）夫妻双方现均系外籍华人，或一方系华侨另一方现系外籍华人，要求离婚，应向居住国有关机关申请办理离婚手续。我驻外使领馆一般不予受理。如他们原先是在中国或我驻外使领馆办理结婚登记的，现因某种原因，居住国有关机关不受理时，我驻外使领馆可参照处理华侨离婚案件的规定精神予以受理。

（六）华侨因离婚受到不公正的对待或不应有的损失时，使领馆为维护华侨的正当权益，应视具体情况，予以关心并采取适当措施。

三、凡本规定未涉及的较复杂的婚姻案件仍请逐案报民政部、最高人民法院和外交部审批处理。

四、办理华侨离婚登记的收费额，可参照1981年5月18日外交部和国务院侨办签发的（81）部领二字第222号《关于办理华侨结婚登记收费事》的指示收取。

第一千零八十条　【婚姻关系的解除】完成离婚登记，或者离婚判决书、调解书生效，即解除婚姻关系。

条文对比

《民法典婚姻家庭编》	新增条文
第一千零八十条　完成离婚登记，或者离婚判决书、调解书生效，即解除婚姻关系。	

关联法规

《婚姻登记条例》

第十条　内地居民自愿离婚的，男女双方应当共同到一方当事人常住户口所在地的婚姻登记机关办理离婚登记。

中国公民同外国人在中国内地自愿离婚的，内地居民同香港居民、澳门居民、台湾居民、华侨在中国内地自愿离婚的，男女双方应当共同到内地居民常住户口所在地的婚姻登记机关办理离婚登记。

第十一条 办理离婚登记的内地居民应当出具下列证件和证明材料：

（一）本人的户口簿、身份证；

（二）本人的结婚证；

（三）双方当事人共同签署的离婚协议书。

办理离婚登记的香港居民、澳门居民、台湾居民、华侨、外国人除应当出具前款第（二）项、第（三）项规定的证件、证明材料外，香港居民、澳门居民、台湾居民还应当出具本人的有效通行证、身份证，华侨、外国人还应当出具本人的有效护照或者其他有效国际旅行证件。

离婚协议书应当载明双方当事人自愿离婚的意思表示以及对子女抚养、财产及债务处理等事项协商一致的意见。

第十二条 办理离婚登记的当事人有下列情形之一的，婚姻登记机关不予受理：

（一）未达成离婚协议的；

（二）属于无民事行为能力人或者限制民事行为能力人的；

（三）其结婚登记不是在中国内地办理的。

第十三条 婚姻登记机关应当对离婚登记当事人出具的证件、证明材料进行审查并询问相关情况。对当事人确属自愿离婚，并已对子女抚养、财产、债务等问题达成一致处理意见的，应当当场予以登记，发给离婚证。

第一千零八十一条 【军婚的保护】现役军人的配偶要求离婚，应当征得军人同意，但是军人一方有重大过错的除外。

条文对比

《民法典婚姻家庭编》	《婚姻法》
第一千零八十一条 现役军人的配偶要求离婚，应当征得军人同意，但是军人一方有重大过错的除外。	**第三十三条** 现役军人的配偶要求离婚，须得军人同意，但军人一方有重大过错的除外。

关联法规

▶《刑法》

第二百五十九条 明知是现役军人的配偶而与之同居或者结婚的，处三年以下有期徒刑或者拘役。

利用职权、从属关系，以胁迫手段奸淫现役军人的妻子的，依照本法第二百三十六条的规定定罪处罚。

▶《婚姻法司法解释（一）》

第二十三条 婚姻法第三十三条所称的“军人一方有重大过错”，可以依据婚姻法第三十二条第二款前三项规定及军人有其他重大过错导致夫妻感情破裂的情形予以判断。

▶《民政部办公厅关于特等、一等革命伤残军人的配偶离婚后是否继续享受优待的复函》

浙江省民政厅：

你厅《关于特等、一等革命伤残军人的配偶离婚后是否可以继续享受优待的请示》（浙民优字［1992］120号）收悉，经研究，现答复如下：

民政部第七部门《关于安置特等、一等革命残废军人有关问题的通知》（民［1985］安2号）规定：特等、一等革命伤残军人在城镇安置时，要求将农业户口的配偶及十六周岁以下子女（或已超过十六周岁仍在学校读书的子女）转为安置地城镇户口的，应当允许。国务院、中央军委批转的《关于进一步做好伤病残义务兵退伍和安置工作的意见》（国发［1992］4号），重申了这一政策。这政策的出发点是为了使特等、一等革命伤残军人的生活得到更好的照顾。因此，对因配偶原因造成与特等、一等革命伤残军人离婚的，其配偶按民［1985］安2号文件规定所受的优待可以取消。

第一千零八十二条 【男方提出离婚的限制与除外情形】 女方在怀孕期间、分娩后一年内或者终止妊娠后六个月内，男方不得提出离婚；但是，女方提出离婚或者人民法院认为确有必要受理男方离婚请求的除外。

条文对比

《民法典婚姻家庭编》	《婚姻法》
第一千零八十二条 女方在怀孕期间、分娩后一年内或者终止妊娠后六个月内，男方不得提出离婚；**但是**，女方提出离婚或者人民法院认为确有必要受理男方离婚请求的除外。	**第三十四条** 女方在怀孕期间、分娩后一年内或中止妊娠后六个月内，男方不得提出离婚。女方提出离婚的，或人民法院认为确有必要受理男方离婚请求的，不在此限。

关联法规

▶《妇女权益保障法》

第四十五条 女方在怀孕期间、分娩后一年内或者终止妊娠后六个月内，男方不得提出离婚。女方提出离婚的，或者人民法院认为确有必要受理男方离婚请求的，不在此限。

第一千零八十三条 【复婚】 离婚后，男女双方自愿恢复婚姻关系的，应当到婚姻登记机关重新进行结婚登记。

条文对比

《民法典婚姻家庭编》	《婚姻法》
第一千零八十三条 离婚后，男女双方自愿恢复婚姻关系的，应当到婚姻登记机关**重新**进行**结婚**登记。	**第三十五条** 离婚后，男女双方自愿恢复夫妻关系的，必须到婚姻登记机关进行复婚登记。

关联法规

▶《婚姻登记条例》

第十四条 离婚的男女双方自愿恢复夫妻关系的，应当到婚姻登记机关办理复婚登记。复婚登记适用本条例结婚登记的规定。

▶《婚姻法司法解释（一）》

第五条 未按婚姻法第八条规定办理结婚登记而以夫妻名义共同生活的男女，起诉到人民法院要求离婚的，应当区别对待：

（一）1994年2月1日民政部《婚姻登记管理条例》公布实施以前，男女双方已经符合结婚实质要件的，按事实婚姻处理；

（二）1994年2月1日民政部《婚姻登记管理条例》公布实施以后，男女双方符合结婚实质要件的，人民法院应当告知其在案件受理前补办结婚登记；未补办结婚登记的，按解除同居关系处理。

▶《最高人民法院关于处理配偶一方在港澳台或国外，人民法院已经判决离婚，现当事人要求复婚的复函》

上海市高级人民法院：

你院1980年7月30日〔80〕沪高法民字154号函收悉。

关于你院请示的处理配偶一方在港澳台或国外，已由人民法院判决离婚，现当事人要求复婚的问题，经研究，同意你院提出的处理意见。

此复。

附：上海市高级人民法院关于处理配偶一方在港澳台或国外，人民法院已经判决离婚，现当事人要求复婚的请示报告

最高人民法院：

去年8月以来，本市一些区、县法院先后收到和接待配偶一方在港澳台或国外，已经人民法院判决离婚，现当事人要求复婚的来信来访六起。其情况主要是在本市的一方以对方长期与家庭不通音讯，下落不明，提出离婚，或双方虽有通信联系，但本市一方迫于政治压力，以种种理由，坚决要求离婚，由人民法院判决准予离婚的。现在，随着中美建交以及我对台政策的变化，原来下落不明的，已有了下落，他们又取得了联系。于是本市一方（都是女方）因自己离婚后并未再婚，双方年纪已老（年龄最小的五十二岁，高的七十二岁），希望恢复夫妻关系后，能以配偶身份出国（境）与亲人团聚或动员亲人回来，而外出一方考虑到将来叶落归根，则以未收到判决书不承认法院的离婚判决，或恳求法院准予他们复婚。他们的子女也要求法院准许他们父母复婚，全家团圆。

对于这个问题，开始我们根据《中华人民共和国婚姻法》及《上海市婚姻登记暂行办法规定》的精神，答复她们通知在外的一方回来办理复婚登记手续。

可是实际上难以做到，个别的至今未把离婚情况告诉对方，当然不愿通知对方回来办理复婚手续。

面对这样的情况，我们感到这是一个特殊的问题，经与市委统战部、市侨务办公室联系，一致认为：对于这类案件的处理，应从有利于发展和壮大爱国统一战线和台湾归回祖国，实现祖国统一的大业出发，在不违背我国政策、法律基本原则的前提下，可以采取一些灵活办法，尽力促进这类人员的家庭团聚。为此，提出以下几点意见：

（一）人民法院根据有关政策、法律，为保护本市一方的正当权益所作出的离婚判决，无论在外的一方是否收到判决书，均为已经发生法律效力的判决。

（二）在外一方的当事人，要求与原配偶恢复婚姻关系，但本市一方已经另行结婚，或虽未再婚，而坚决不同意复婚的，通知对方不再重新处理。

（三）双方要求复婚，人民法院可以受理，但鉴于他们离婚时间较久，为维护一夫一妻的婚姻制度，在外一方必须提供无配偶的证明，并经当地公证部门公证，或我驻外使馆认证。

原审人民法院可按申诉案件处理，经查证双方确未再婚，可用裁定将原判决注销，准予双方恢复夫妻关系。

（四）台湾同胞要求与原配偶复婚，若提供无配偶的公证有困难，应提供律师或工作单位为他们出具无配偶的证明，寄交原审人民法院按（三）条二款办理。

（五）经人民法院判决离婚后，本市一方出于种种原因未将离婚情况告诉对方，恢复通讯后双方又确以夫妻关系相称和对待的，现在本市一方提出要求复婚，经调查确实的，可用裁定将原判决注销，准予双方恢复夫妻关系。

以上报告当否，请批示。

第一千零八十四条　【离婚后子女的抚养】父母与子女间的关系，不因父母离婚而消除。离婚后，子女无论由父或者母直接抚养，仍是父母双方的子女。

离婚后，父母对于子女仍有抚养、教育、保护的权利和义务。

离婚后，不满两周岁的子女，以由母亲直接抚养为原则。已满两周岁的子女，父母双方对抚养问题协议不成的，由人民法院根据双方的具体情况，按照最有利于未成年子女的原则判决。子女已满八周岁的，应当尊重其真实意愿。

条文对比

《民法典婚姻家庭编》	《婚姻法》
第一千零八十四条 父母与子女间的关系，不因父母离婚而消除。离婚后，子女无论由父或者母直接抚养，仍是父母双方的子女。 离婚后，父母对于子女仍有抚养、教育、**保护**的权利和义务。 离婚后，**不满两周岁的子女，以由母亲直接抚养为原则。已满两周岁的子女，父母双方对抚养问题协议不成的，由人民法院根据双方的具体情况，按照最有利于未成年子女的原则判决。子女已满八周岁的，应当尊重其真实意愿。**	**第三十六条** 父母与子女间的关系，不因父母离婚而消除。离婚后，子女无论由父或母直接抚养，仍是父母双方的子女。 离婚后，父母对于子女仍有抚养和教育的权利和义务。 离婚后，~~哺乳期内的子女，以随哺乳的母亲抚养为原则。哺乳期后的子女，如双方因抚养问题发生争执不能达成协议时，由人民法院根据子女的权益和双方的具体情况~~判决。

关联法规

▶《妇女权益保障法》

第五十条 离婚时，女方因实施绝育手术或者其他原因丧失生育能力的，处理子女抚养问题，应在有利子女权益的条件下，照顾女方的合理要求。

▶《民通意见》

21. 夫妻离婚后，与子女共同生活的一方无权取消对方对该子女的监护权；但是，未与该子女共同生活的一方，对该子女有犯罪行为、虐待行为或者对该子女明显不利的，人民法院认为可以取消的除外。

158. 夫妻离婚后，未成年子女侵害他人权益的，同该子女共同生活的一方应当承担民事责任；如果独立承担民事责任确有困难的，可以责令未与该子女共同生活的一方共同承担民事责任。

《人民法院审理离婚案件子女抚养意见》

1. 两周岁以下的子女，一般随母方生活，母方有下列情形之一的，可随父方生活：

（1）患有久治不愈的传染性疾病或其他严重疾病，子女不宜与其共同生活的；

（2）有抚养条件不尽抚养义务，而父方要求子女随其生活的；

（3）因其他原因，子女确无法随母方生活的。

2. 父母双方协议两周岁以下子女随父方生活，并对子女健康成长无不利影响的，可予准许。

3. 对两周岁以上未成年的子女，父方和母方均要求随其生活，一方有下列情形之一的，可予优先考虑：

（1）已做绝育手术或因其他原因丧失生育能力的；

（2）子女随其生活时间较长，改变生活环境对子女健康成长明显不利的；

（3）无其他子女，而另一方有其他子女的；

（4）子女随其生活，对子女成长有利，而另一方患有久治不愈的传染性疾病或其他严重疾病，或者有其他不利于子女身心健康的情形，不宜与子女共同生活的。

4. 父方与母方抚养子女的条件基本相同，双方均要求子女与其共同生活，但子女单独随祖父母或外祖父母共同生活多年，且祖父母或外祖父母要求并且有能力帮助子女照顾孙子女或外孙子女的，可作为子女随父或母生活的优先条件予以考虑。

5. 父母双方对十周岁以上的未成年子女随父或随母生活发生争执的，应考虑该子女的意见。

6. 在有利于保护子女利益的前提下，父母双方协议轮流抚养子女的，可予准许。

13. 生父与继母或生母与继父离婚时，对曾受其抚养教育的继子女，继父或继母不同意继续抚养的，仍应由生父母抚养。

14. 《中华人民共和国收养法》施行前，夫或妻一方收养的子女，对方未表示反对，并与该子女形成事实收养关系的，离婚后，应由双方负担子女的抚育费；夫或妻一方收养的子女，对方始终反对的，离婚后，应由收养方抚养该子女。

16. 一方要求变更子女抚养关系有下列情形之一的，应予支持。

（1）与子女共同生活的，一方因患严重疾病或因伤残无力继续抚养子女的；

（2）与子女共同生活的一方不尽抚养义务或有虐待子女行为，或其与子女共同生活对子女身心健康确有不利影响的；

（3）十周岁以上未成年子女，愿随另一方生活，该方又有抚养能力的；

（4）有其他正当理由需要变更的。

17. 父母双方协议变更子女抚养关系的，应予准许。

20. 在离婚诉讼期间，双方均拒绝抚养子女的，可先行裁定暂由一方抚养。

21. 对拒不履行或妨害他人履行生效判决、裁定、调解中有关子女抚养义务的当事人或者其他人，人民法院可依照《中华人民共和国民事诉讼法》第一百零二条的规定采取强制措施。

▶《最高人民法院关于辛克伟与张晓杰抚养子女纠纷申请再审案的函》

河北省高级人民法院：

你院〔91〕民监字第203号关于辛克伟与张晓杰抚养子女纠纷申请再审一案的请示报告收悉。经研究，答复如下：

张晓杰与辛克伟在离婚时自愿达成的抚养子女协议并不违反法律，双方在履行该协议中发生争执，仍属于抚养子女纠纷。对此，张晓杰以“侵害监护权”为由起诉，原一、二审人民法院以“侵权”案件受理、审判，均属不当。故你院对本案可依照审判监督程序予以提审，撤销一、二审判决，驳回原告“侵权”的诉讼请求，并告知原告如以子女抚养纠纷起诉，应依照民事诉讼法第22条规定，向被告住所地人民法院提出。

以上意见供参考。

附件（略）

▶《最高人民法院关于按中国婚姻法离婚的父母对子女的权利义务规定如何理解的函》

外交部领事司：

你司〔87〕领四转字第13号来函收悉。

关于英国驻华使馆就按中国婚姻法离婚的父母，在离婚后对子女的权利义务，中国婚姻法的规定如何理解的来照，经研究，我们认为：按我国婚姻法的规定，父母离婚后，对未成年子女仍负有抚养教育的权利与义务。没有抚养子女的一方，有权探视由他方抚养的子女。英国驻华使馆认为，按照中国婚姻法的规定，父母离婚后，并不取消没有抚养教育子女一方的权利，双方仍具有对子女抚养教育的合法权利，这种理解是符合中国婚姻法规定的精神的。

对于英国驻华使馆来照中所针对的案件，我们认为，香港居民鲁慕贞经我法院调解与澳门居民林勤离婚后，向港英当局申请归她抚养的、现居内地的双方婚生子林伟超去港定居，是否得到批准，这是有关管理部门决定的事。至于林勤从澳门申请去港探视孩子，被批准的可能性较小，我们希望英国驻华使馆注意我国法律的规定，在处理此事上，给予当事人方便。

▶《最高人民法院关于涉外离婚诉讼中子女抚养问题如何处理的批复》

浙江省高级人民法院：

你院 1987 年 6 月 11 日〔87〕浙法民他字 19 号请示报告收悉。

关于杭州市中级人民法院审理的加拿大籍华人姜伟明与中国公民陈科离婚一案有关子女归谁抚养的问题，经研究，我们认为，对该案审理中涉及的外籍华人离婚后子女抚养的问题，应适用我国法律，按照我国婚姻法有关规定的精神，从切实保护子女权益，有利于子女身心健康成长出发，结合双方的具体情况进行处理。处理时，对有识别能力的子女，要事先征求并尊重其本人愿随父或随母生活的意见。鉴于姜伟明、陈科之子陈宇（现年十二岁）过去主要由其母姜伟明抚养，本人又坚决表示不愿随父陈科生活的实际情况，我们同意你院审判委员会的处理意见，即根据有关政策法律规定，陈宇以仍由其母姜伟明抚养为宜。

第一千零八十五条 【离婚后的子女抚养费负担】 离婚后，子女由一方直接抚养的，另一方应当负担部分或者全部抚养费。负担费用的多少和期限的长短，由双方协议；协议不成的，由人民法院判决。

前款规定的协议或者判决，不妨碍子女在必要时向父母任何一方提出超过协议或者判决原定数额的合理要求。

条文对比

《民法典婚姻家庭编》	《婚姻法》
第一千零八十五条 离婚后，子女由一方直接抚养的，另一方应当负担**部分或者**全部**抚养费**。负担费用的多少和期限的长短，由双方协议；协议不成的，由人民法院判决。 关于子女生活费和教育费的协议或判决，不妨碍子女在必要时向父母任何一方提出超过协议或判决原定数额的合理要求。	**第三十七条** 离婚后，一方抚养的子女，另一方应负担~~必要的生活费和教育费的一部或~~全部，负担费用的多少和期限的长短，由双方协议；协议不成时，由人民法院判决。 前款规定的协议或者判决，不妨碍子女在必要时向父母任何一方提出超过协议或者判决原定数额的合理要求。

关联法规

《妇女权益保障法》

第四十九条 父母双方对未成年子女享有平等的监护权。父亲死亡、丧失行为能力或者有其他情形不能担任未成年子女的监护人的，母亲的监护权任何人不得干涉。

第五十条 离婚时，女方因实施绝育手术或者其他原因丧失生育能力的，处理子女抚养问题，应在有利子女权益的条件下，照顾女方的合理要求。

《人民法院审理离婚案件子女抚养意见》

7. 子女抚育费的数额，可根据子女的实际需要、父母双方的负担能力和当地的实际生活水平确定。

有固定收入的，抚育费一般可按其月总收入的百分之二十至三十的比例给付。负担两个以上子女抚育费的，比例可适当提高，但一般不得超过月总收入的百分之五十。

无固定收入的，抚育费的数额可依据当年总收入或同行业平均收入，参照上述比例确定。

有特殊情况的，可适当提高或降低上述比例。

8. 抚育费应定期给付，有条件的可一次性给付。

9. 对一方无经济收入或者下落不明的，可用其财物折抵子女抚育费。

10. 父母双方可以协议子女随一方生活并由抚养方负担子女全部抚育费。

但经查实，抚养方的抚养能力明显不能保障子女所需费用，影响子女健康成长的，不予准许。

11. 抚育费的给付期限，一般至子女十八周岁为止。十六周岁以上不满十八周岁，以其劳动收入为主要生活来源，并能维持当地一般生活水平的，父母可停止给付抚育费。

12. 尚未独立生活的成年子女有下列情形之一，父母又有给付能力的，仍应负担必要的抚育费：

（1）丧失劳动能力或虽未完全丧失劳动能力，但其收入不足以维持生活的；

（2）尚在校就读的；

（3）确无独立生活能力和条件的。

14.《中华人民共和国收养法》施行前，夫或妻一方收养的子女，对方未表示反对，并与该子女形成事实收养关系的，离婚后，应由双方负担子女的抚育费；夫或妻一方收养的子女，对方始终反对的，离婚后，应由收养方抚养该子女。

15. 离婚后，一方要求变更子女抚养关系的，或者子女要求增加抚育费的，应另行起诉。

18. 子女要求增加抚育费有下列情形之一，父或母有给付能力的，应予支持。

（1）原定抚育费数额不足以维持当地实际生活水平的；

（2）因子女患病、上学，实际需要已超过原定数额的；

（3）有其他正当理由应当增加的。

19. 父母不得因子女变更姓氏而拒付子女抚育费。父或母一方擅自将子女姓氏改为继母或继父姓氏而引起纠纷的，应责令恢复原姓氏。

20. 在离婚诉讼期间，双方均拒绝抚养子女的，可先行裁定暂由一方抚养。

21. 对拒不履行或妨害他人履行生效判决、裁定、调解中有关子女抚养义务的当事人或者其他人，人民法院可依照《中华人民共和国民事诉讼法》第一百零二条的规定采取强制措施。

▶《最高人民法院关于夫妻关系存续期间男方受欺骗抚养非亲生子女离婚后可否向女方追索抚养费的复函》

四川省高级人民法院：

你院“关于夫妻关系存续期间男方受欺骗抚养非亲生子女离婚后可否向女方追索抚养费的请示”收悉。经研究，我们认为，在夫妻关系存续期间，一方与他人通奸生育了子女，隐瞒真情，另一方受欺骗而抚养了非亲生子女，其中离婚后给付的抚育费，受欺骗方要求返还的，可酌情返还；至于在夫妻关系存续期间受欺骗方支出的抚育费用应否返还，因涉及的问题比较复杂，尚需进一步研究，就你院请示所述具体案件而言，因双方在离婚时，其共同财产已由男方一人分得，故可不予返还，以上意见供参考。

▶《最高人民法院关于离婚时协议一方不负担子女抚养费，经过若干时间他方提起要求对方负担抚养费的诉讼，法院如何处理的复函》

新疆维吾尔自治区高级人民法院：

你院 1981 年 6 月 6 日关于处理抚养纠纷中两个问题的请示收悉。

第一个问题。据你院来文所述，男女当事人在民政部门登记离婚，对孩子抚养问题，当时以一方抚养孩子，另一方不负担抚养费达成协议，过若干时间（如一、两年）后，抚养孩子的一方以新婚姻法第三十条为依据，向法院提起要求对方负担抚养费用的诉讼，另一方则据原协议拒绝这种要求。人民法院应如何处理？

我们认为：根据婚姻法第二十九条“父母与子女间的关系，不因父母离婚而消除。离婚后，子女无论由父方或母方抚养，仍是父母双方的子女。”“离婚后，父母对子女仍有抚养和教育的权利和义务。”和第三十条“关于子女生活费和教育费的协议或判决，不妨碍子女在必要时向父母任何一方提出超过协议或判决原定数额的合理要求”的规定，抚养孩子的一方向法院提起要求对方负担抚养费用的诉讼，人民法院应予受理，并根据原告申述的理由，经调查了解双方经济情况有无变化，子女的生活费和教育费是否确有增加的必要，从而作出变更或维持原协议的判决。

第二个问题。当事人邓森，因双方和孩子的情况发生了较大变化，要求改变原来对孩子抚养费部分的判决。我们同意你院的下述意见：即“邓森所提不是基于对原判不服的申诉，而是依据新情况提出诉讼请求。”因此，可由你院发交基层法院作新案处理。

权威案例

《刘青先诉徐飚、尹欣怡抚养费纠纷案》，《最高人民法院公报》2016 年第 7 期

裁判要点：抚养费案件中第三人撤销权的认定，需明确父母基于对子女的

抚养义务支付抚养费是否会侵犯父或母再婚后的夫妻共同财产权。虽然夫妻对共同所有财产享有平等处理的权利，但夫或妻也有合理处分个人收入的权利。除非一方支付的抚养费明显超过其负担能力或者有转移夫妻共同财产的行为，否则不能因未与现任配偶达成一致意见即认定属于侵犯夫妻共同财产权。

第一千零八十六条　【离婚后父母的探望权】 离婚后，不直接抚养子女的父或者母，有探望子女的权利，另一方有协助的义务。

行使探望权利的方式、时间由当事人协议；协议不成的，由人民法院判决。

父或者母探望子女，不利于子女身心健康的，由人民法院依法中止探望；中止的事由消失后，应当恢复探望。

条文对比

《民法典婚姻家庭编》	《婚姻法》
第一千零八十六条　离婚后，不直接抚养子女的父或者母，有探望子女的权利，另一方有协助的义务。 行使探望权利的方式、时间由当事人协议；协议不成的，由人民法院判决。 父或者母探望子女，不利于子女身心健康的，由人民法院依法中止探望；中止的事由消失后，应当恢复探望。	**第三十八条**　离婚后，不直接抚养子女的父或母，有探望子女的权利，另一方有协助的义务。 行使探望权利的方式、时间由当事人协议；协议不成时，由人民法院判决。 父或母探望子女，不利于子女身心健康的，由人民法院依法中止探望~~的权利~~；中止的事由消失后，应当恢复探望~~的权利~~。

关联法规

《婚姻法司法解释（一）》

第二十四条　人民法院作出的生效的离婚判决中未涉及探望权，当事人就探望权问题单独提起诉讼的，人民法院应予受理。

第二十五条　当事人在履行生效判决、裁定或者调解书的过程中，请求中止行使探望权的，人民法院在征询双方当事人意见后，认为需要中止行使探望权的，依法作出裁定。中止探望的情形消失后，人民法院应当根据当事人的申请通知其恢复探望权的行使。

第二十六条 未成年子女、直接抚养子女的父或母及其他对未成年子女负担抚养、教育义务的法定监护人，有权向人民法院提出中止探望权的请求。

第三十二条 婚姻法第四十八条关于对拒不执行有关探望子女等判决和裁定的，由人民法院依法强制执行的规定，是指对拒不履行协助另一方行使探望权的有关个人和单位采取拘留、罚款等强制措施，不能对子女的人身、探望行为进行强制执行。

▶ **《民通意见》**

21. 夫妻离婚后，与子女共同生活的一方无权取消对方对该子女的监护权。但是未与该子女共同生活的一方，对该子女有犯罪行为、虐待行为或者对该子女明显不利的，人民法院认为可以取消的除外。

第一千零八十七条 【离婚时夫妻共同财产的处理】 离婚时，夫妻的共同财产由双方协议处理；协议不成的，由人民法院根据财产的具体情况，按照照顾子女、女方和无过错方权益的原则判决。

对夫或者妻在家庭土地承包经营中享有的权益等，应当依法予以保护。

条文对比

《民法典婚姻家庭编》	《婚姻法》
第一千零八十七条 离婚时，夫妻的共同财产由双方协议处理；协议不成的，由人民法院根据财产的具体情况，**按照**照顾子女、女方**和无过错方**权益的原则判决。 **对**夫或者妻在家庭土地承包经营中享有的权益等，应当依法予以保护。	**第三十九条** 离婚时，夫妻的共同财产由双方协议处理；协议不成时，由人民法院根据财产的具体情况，照顾子女和女方权益的原则判决。 夫或妻在家庭土地承包经营中享有的权益等，应当依法予以保护。

关联法规

▶《民法典物权编》

第三百零八条 共有人对共有的不动产或者动产没有约定为按份共有或者共同共有，或者约定不明确的，除共有人具有家庭关系等外，视为按份共有。

第三百零九条 按份共有人对共有的不动产或者动产享有的份额，没有约定或者约定不明确的，按照出资额确定；不能确定出资额的，视为等额享有。

▶《民法典婚姻家庭编》

第一千零六十二条 夫妻在婚姻关系存续期间所得的下列财产，为夫妻的共同财产，归夫妻共同所有：

（一）工资、奖金、劳务报酬；

（二）生产、经营、投资的收益；

（三）知识产权的收益；

（四）继承或者受赠的财产，但是本法第一千零六十三条第三项规定的除外；

（五）其他应当归共同所有的财产。

夫妻对共同财产，有平等的处理权。

▶《妇女权益保障法》

第四十七条 妇女对依照法律规定的夫妻共同财产享有与其配偶平等的占有、使用、收益和处分的权利，不受双方收入状况的影响。

夫妻书面约定婚姻关系存续期间所得的财产归各自所有，女方因抚育子女、照料老人、协助男方工作等承担较多义务的，有权在离婚时要求男方予以补偿。

第四十八条 夫妻共有的房屋，离婚时，分割住房由双方协议解决；协议不成的，由人民法院根据双方的具体情况，按照照顾子女和女方权益的原则判决。夫妻双方另有约定的除外。

夫妻共同租用的房屋，离婚时，女方的住房应当按照照顾子女和女方权益的原则解决。

▶《农村土地承包经营纠纷调解仲裁法》

第二条 农村土地承包经营纠纷调解和仲裁，适用本法。

农村土地承包经营纠纷包括：

（一）因订立、履行、变更、解除和终止农村土地承包合同发生的纠纷；

（二）因农村土地承包经营权转包、出租、互换、转让、入股等流转发生的纠纷；

（三）因收回、调整承包地发生的纠纷；

（四）因确认农村土地承包经营权发生的纠纷；

（五）因侵害农村土地承包经营权发生的纠纷；

（六）法律、法规规定的其他农村土地承包经营纠纷。

因征收集体所有的土地及其补偿发生的纠纷，不属于农村土地承包仲裁委员会的受理范围，可以通过行政复议或者诉讼等方式解决。

▶《婚姻法司法解释（二）》

第八条 离婚协议中关于财产分割的条款或者当事人因离婚就财产分割达成的协议，对男女双方具有法律约束力。

当事人因履行上述财产分割协议发生纠纷提起诉讼的，人民法院应当受理。

第九条 男女双方协议离婚后一年内就财产分割问题反悔，请求变更或者撤销财产分割协议的，人民法院应当受理。

人民法院审理后，未发现订立财产分割协议时存在欺诈、胁迫等情形的，应当依法驳回当事人的诉讼请求。

第十条 当事人请求返还按照习俗给付的彩礼的，如果查明属于以下情形，人民法院应当予以支持：

（一）双方未办理结婚登记手续的；

（二）双方办理结婚登记手续但确未共同生活的；

（三）婚前给付并导致给付人生活困难的。

适用前款第（二）、（三）项的规定，应当以双方离婚为条件。

第十一条 婚姻关系存续期间，下列财产属于婚姻法第十七条规定的“其他应当归共同所有的财产”：

（一）一方以个人财产投资取得的收益；

（二）男女双方实际取得或者应当取得的住房补贴、住房公积金；

（三）男女双方实际取得或者应当取得的养老保险金、破产安置补偿费。

第十二条 婚姻法第十七条第三项规定的“知识产权的收益”，是指婚姻关系存续期间，实际取得或者已经明确可以取得的财产性收益。

第十三条 军人的伤亡保险金、伤残补助金、医药生活补助费属于个人财产。

第十四条 人民法院审理离婚案件，涉及分割发放到军人名下的复员费、自主择业费等一次性费用的，以夫妻婚姻关系存续年限乘以年平均值，所得数额为夫妻共同财产。

前款所称年平均值，是指将发放到军人名下的上述费用总额按具体年限均分得出的数额。其具体年限为人均寿命七十岁与军人入伍时实际年龄的差额。

第十五条 夫妻双方分割共同财产中的股票、债券、投资基金份额等有价证券以及未上市股份有限公司股份时，协商不成或者按市价分配有困难的，人民法院可以根据数量按比例分配。

第十六条 人民法院审理离婚案件，涉及分割夫妻共同财产中以一方名义在有限责任公司的出资额，另一方不是该公司股东的，按以下情形分别处理：

（一）夫妻双方协商一致将出资额部分或者全部转让给该股东的配偶，过半数股东同意、其他股东明确表示放弃优先购买权的，该股东的配偶可以成为该公司股东；

（二）夫妻双方就出资额转让份额和转让价格等事项协商一致后，过半数股东不同意转让，但愿意以同等价格购买该出资额的，人民法院可以对转让出资所得财产进行分割。过半数股东不同意转让，也不愿意以同等价格购买该出资额的，视为其同意转让，该股东的配偶可以成为该公司股东。

用于证明前款规定的过半数股东同意的证据，可以是股东会决议，也可以是当事人通过其他合法途径取得的股东的书面声明材料。

第十七条 人民法院审理离婚案件，涉及分割夫妻共同财产中以一方名义在合伙企业中的出资，另一方不是该企业合伙人的，当夫妻双方协商一致，将其合伙企业中的财产份额全部或者部分转让给对方时，按以下情形分别处理：

（一）其他合伙人一致同意的，该配偶依法取得合伙人地位；

（二）其他合伙人不同意转让，在同等条件下行使优先受让权的，可以对转让所得的财产进行分割；

（三）其他合伙人不同意转让，也不行使优先受让权，但同意该合伙人退伙或者退还部分财产份额的，可以对退还的财产进行分割；

（四）其他合伙人既不同意转让，也不行使优先受让权，又不同意该合伙人退伙或者退还部分财产份额的，视为全体合伙人同意转让，该配偶依法取得合伙人地位。

第十八条 夫妻以一方名义投资设立独资企业的，人民法院分割夫妻在该独资企业中的共同财产时，应当按照以下情形分别处理：

（一）一方主张经营该企业的，对企业资产进行评估后，由取得企业一方给予另一方相应的补偿；

（二）双方均主张经营该企业的，在双方竞价基础上，由取得企业的一方给予另一方相应的补偿；

（三）双方均不愿意经营该企业的，按照《中华人民共和国个人独资企业法》等有关规定办理。

第十九条 由一方婚前承租、婚后用共同财产购买的房屋，房屋权属证书登记在一方名下的，应当认定为夫妻共同财产。

第二十条 双方对夫妻共同财产中的房屋价值及归属无法达成协议时，人民法院按以下情形分别处理：

（一）双方均主张房屋所有权并且同意竞价取得的，应当准许；

（二）一方主张房屋所有权的，由评估机构按市场价格对房屋作出评估，取得房屋所有权的一方应当给予另一方相应的补偿；

（三）双方均不主张房屋所有权的，根据当事人的申请拍卖房屋，就所得价款进行分割。

第二十一条 离婚时双方对尚未取得所有权或者尚未取得完全所有权的房屋有争议且协商不成的，人民法院不宜判决房屋所有权的归属，应当根据实际情况判决由当事人使用。

当事人就前款规定的房屋取得完全所有权后，有争议的，可以另行向人民法院提起诉讼。

第二十二条 当事人结婚前，父母为双方购置房屋出资的，该出资应当认定为对自己子女的个人赠与，但父母明确表示赠与双方的除外。

当事人结婚后，父母为双方购置房屋出资的，该出资应当认定为对夫妻双方的赠与，但父母明确表示赠与一方的除外。

▶《婚姻法司法解释（三）》

第五条 夫妻一方个人财产在婚后产生的收益，除孳息和自然增值外，应认定为夫妻共同财产。

第六条 婚前或者婚姻关系存续期间，当事人约定将一方所有的房产赠与另一方，赠与方在赠与房产变更登记之前撤销赠与，另一方请求判令继续履行的，人民法院可以按照合同法第一百八十六条的规定处理。

第七条 婚后由一方父母出资为子女购买的不动产，产权登记在出资人子女名下的，可按照婚姻法第十八条第（三）项的规定，视为只对自己子女一方的赠与，该不动产应认定为夫妻一方的个人财产。

由双方父母出资购买的不动产，产权登记在一方子女名下的，该不动产可认定为双方按照各自父母的出资份额按份共有，但当事人另有约定的除外。

第十条 夫妻一方婚前签订不动产买卖合同，以个人财产支付首付款并在银行贷款，婚后用夫妻共同财产还贷，不动产登记于首付款支付方名下的，离婚时该不动产由双方协议处理。

依前款规定不能达成协议的，人民法院可以判决该不动产归产权登记一方，尚未归还的贷款为产权登记一方的个人债务。双方婚后共同还贷支付的款项及其相对应财产增值部分，离婚时应根据婚姻法第三十九条第一款规定的原则，由产权登记一方对另一方进行补偿。

第十一条 一方未经另一方同意出售夫妻共同共有的房屋，第三人善意购买、支付合理对价并办理产权登记手续，另一方主张追回该房屋的，人民法院不予支持。

夫妻一方擅自处分共同共有的房屋造成另一方损失，离婚时另一方请求赔偿损失的，人民法院应予支持。

第十二条 婚姻关系存续期间，双方用夫妻共同财产出资购买以一方父母名义参加房改的房屋，产权登记在一方父母名下，离婚时另一方主张按照夫妻共同财产对该房屋进行分割的，人民法院不予支持。购买该房屋时的出资，可以作为债权处理。

第十三条 离婚时夫妻一方尚未退休、不符合领取养老保险金条件，另一方请求按照夫妻共同财产分割养老保险金的，人民法院不予支持；婚后以夫妻共同财产缴付养老保险费，离婚时一方主张将养老金账户中婚姻关系存续期间个人实际缴付部分作为夫妻共同财产分割的，人民法院应予支持。

第十四条 当事人达成的以登记离婚或者到人民法院协议离婚为条件的财产分割协议，如果双方协议离婚未成，一方在离婚诉讼中反悔的，人民法院应当认定该财产分割协议没有生效，并根据实际情况依法对夫妻共同财产进行分割。

第十五条 婚姻关系存续期间，夫妻一方作为继承人依法可以继承的遗产，在继承人之间尚未实际分割，起诉离婚时另一方请求分割的，人民法院应当告知当事人在继承人之间实际分割遗产后另行起诉。

第十六条 夫妻之间订立借款协议，以夫妻共同财产出借给一方从事个人经营活动或用于其他个人事务的，应视为双方约定处分夫妻共同财产的行为，离婚时可按照借款协议的约定处理。

第十八条 离婚后，一方以尚有夫妻共同财产未处理为由向人民法院起诉请求分割的，经审查该财产确属离婚时未涉及的夫妻共同财产，人民法院应当依法予以分割。

►《民通意见》

90. 在共同共有关系终止时，对共有财产的分割，有协议的，按协议处理；没有协议的，应当根据等分原则处理，并且考虑共有人对共有财产的贡献大小，适当照顾共有人生产、生活的实际需要等情况。但分割夫妻共有财产，应当根据婚姻法的有关规定处理。

►《人民法院审理离婚案件财产分割意见》

1. 夫妻双方对财产归谁所有以书面形式约定的，或以口头形式约定，双方无争议的，离婚时应按约定处理。但规避法律的约定无效。

2. 夫妻双方在婚姻关系存续期间所得的财产，为夫妻共同财产，包括：

（1）一方或双方劳动所得的收入和购置的财产；

（2）一方或双方继承、受赠的财产；

（3）一方或双方由知识产权取得的经济利益；

（4）一方或双方从事承包、租赁等生产、经营活动的收益；

（5）一方或双方取得的债权；

（6）一方或双方的其他合法所得。

3. 在婚姻关系存续期间，复员、转业军人所得的复员费、转业费，结婚时间10年以上的，应按夫妻共同财产进行分割。复员军人从部队带回的医药补助费和回乡生产补助费，应归本人所有。

4. 夫妻分居两地分别管理、使用的婚后所得财产，应认定为夫妻共同财产。在分割财产时，各自分别管理、使用的财产归各自所有。双方所分财产相差悬殊的，差额部分，由多得财产的一方以与差额相当的财产抵偿另一方。

5. 已登记结婚，尚未共同生活，一方或双方受赠的礼金、礼物应认定为夫妻共同财产，具体处理时应考虑财产来源、数量等情况合理分割。各自出资购置、各自使用的财物，原则上归各自所有。

6. 一方婚前个人所有的财产，婚后由双方共同使用、经营、管理的，房屋和其他价值较大的生产资料经过8年，贵重的生活资料经过4年，可视为夫妻共同财产。

7. 对个人财产还是夫妻共同财产难以确定的，主张权利的一方有责任举证。当事人举不出有力证据，人民法院又无法查实的，按夫妻共同财产处理。

8. 夫妻共同财产，原则上均等分割。根据生产、生活的实际需要和财产的来源等情况，具体处理时也可以有所差别。属于个人专用的物品，一般归个人所有。

9. 一方以夫妻共同财产与他人合伙经营的，入伙的财产可分给一方所有，分得入伙财产的一方对另一方应给予相当于入伙财产一半价值的补偿。

10. 属于夫妻共同财产的生产资料，可分给有经营条件和能力的一方。分得该生产资料的一方对另一方应给予相当于该财产一半价值的补偿。

11. 对夫妻共同经营的当年无收益的养殖、种植业等，离婚时应从有利于发展生产、有利于经营管理考虑，予以合理分割或折价处理。

12. 婚后8年内双方对婚前一方所有的房屋进行过修缮、装修、原拆原建，离婚时未变更产权的，房屋仍归产权人所有，增值部分中属于另一方应得的份额，由房屋所有权人折价补偿另一方；进行过扩建的，扩建部分的房屋应按夫妻共同财产处理。

13. 对不宜分割使用的夫妻共有的房屋，应根据双方住房情况和照顾抚养子女方或无过错方等原则分给一方所有。分得房屋的一方对另一方应给予相当于该房屋一半价值的补偿。在双方条件等同的情况下，应照顾女方。

14. 婚姻存续期间居住的房屋属于一方所有，另一方以离婚后无房居住为由，要求暂住的，经查实可据情予以支持，但一般不超过两年。

无房一方租房居住经济上确有困难的，享有房屋产权的一方可给予一次性经济帮助。

15. 离婚时一方尚未取得经济利益的知识产权，归一方所有。在分割夫妻共同财产时，可根据具体情况，对另一方予以适当的照顾。

16. 婚前个人财产在婚后共同生活中自然毁损、消耗、灭失，离婚时一方要求以夫妻共同财产抵偿的，不予支持。

17. 夫妻为共同生活或为履行抚养、赡养义务等所负债务，应认定为夫妻共同债务，离婚时应当以夫妻共同财产清偿。

下列债务不能认定为夫妻共同债务，应由一方以个人财产清偿：

(1) 夫妻双方约定由个人负担的债务，但以逃避债务为目的的除外；

(2) 一方未经对方同意，擅自资助与其没有抚养义务的亲朋所负的债务；

(3) 一方未经对方同意，独自筹资从事经营活动，其收入确未用于共同生活所负的债务；

(4) 其他应由个人承担的债务。

18. 婚前一方借款购置的房屋等财物已转化为夫妻共同财产的，为购置财物借款所负债务，视为夫妻共同债务。

19. 借婚姻关系索取的财物，离婚时，如结婚时间不长，或者因索要财物造成对方生活困难的，可酌情返还。

对取得财物的性质是索取还是赠与难以认定的，可按赠与处理。

20. 离婚时夫妻共同财产未从家庭共同财产中析出，一方要求析产的，可先就离婚和已查清的财产问题进行处理，对一时确实难以查清的财产的分割问题可告知当事人另案处理；或者中止离婚诉讼，待析产案件审结后再恢复离婚诉讼。

21. 一方将夫妻共同财产非法隐藏、转移拒不交出的，或非法变卖、毁损的，分割财产时，对隐藏、转移、变卖、毁损财产的一方，应予以少分或不分。具体处理时，应把隐藏、转移、变卖、毁损的财产作为隐藏、转移、变卖、毁损财产的一方分得的财产份额，对另一方的应得的份额应以其他夫妻共同财产折抵，不足折抵的，差额部分由隐藏、转移、变卖、毁损财产的一方折价补偿对方。对非法隐藏、转移、变卖、毁损夫妻共同财产的一方，人民法院可依照《中华人民共和国民事诉讼法》第一百零二条的规定进行处理。

22. 属于事实婚姻的，其财产分割适用本意见。属于非法同居的，其财产分割按最高人民法院《关于人民法院审理未办结婚登记而以夫妻名义同居生活案件的若干意见》的有关规定处理。

▶《最高人民法院关于刘立民与赵淑华因离婚诉讼涉及民办私立学校校产分割一案的复函》

辽宁省高级人民法院：

你院请示收悉，经研究，答复如下：

刘立民、赵淑华夫妻共同投资办学，应共同享有办学积累中属于夫妻的财产权益。原一、二审判决将办学积累全部认定为刘立民、赵淑华二人的共同财产进行分割没有法律依据。

刘立民、赵淑华夫妻离婚，已丧失了共同办学的条件，对其共同享有的财产权益应予分割。根据本案具体情况，为维护学校完整，学校由赵淑华单独管理后，赵淑华应对刘立民丧失的财产权益以及由此丧失的期待利益予以补偿。补偿数额可参照原二审判决的数额。

▶《最高人民法院关于审理离婚案件中公房使用、承租若干问题的解答》

人民法院审理离婚案件对公房使用、承租问题应当依照《中华人民共和国民法通则》、《中华人民共和国婚姻法》、《中华人民共和国妇女权益保障法》和其他有关法律规定，坚持男女平等和保护妇女、儿童合法权益等原则，考虑双方的经济收入，实事求是，合情合理地予以解决。现将审判实践中提出的一些问题，根据有关法律的规定，解答如下：

一、问：在离婚案件中，当事人对公房的使用、承租问题发生争议，人民法院可否予以处理？

答：在离婚案件中，当事人对公房的使用、承租问题发生争议，自行协商不成，或者经当事人双方单位或有关部门调解不成的，人民法院应根据案件的具体情况，依法予以妥善处理。

二、问：夫妻共同居住的公房，在什么情况下，离婚后双方均可承租？

答：夫妻共同居住的公房，具有下列情形之一的，离婚后，双方均可承租：

（一）婚前由一方承租的公房，婚姻关系存续 5 年以上的；

（二）婚前一方承租的本单位的房屋，离婚时，双方均为本单位职工的；

（三）一方婚前借款投资建房取得的公房承租权，婚后夫妻共同偿还借款的；

（四）婚后一方或双方申请取得公房承租权的；

（五）婚前一方承租的公房，婚后因该承租房屋拆迁而取得房屋承租权的；

（六）夫妻双方单位投资联建或联合购置的共有房屋的；

（七）一方将其承租的本单位的房屋，交回本单位或交给另一方单位后，另一方单位另给调换房屋的；

（八）婚前双方均租有公房，婚后合并调换房屋的；

（九）其他应当认定为夫妻双方均可承租的情形。

三、问：对夫妻双方均可承租的公房，应依照什么原则处理？

答：对夫妻双方均可承租的公房，应依照下列原则予以处理：

（一）照顾抚养子女的一方；

（二）男女双方在同等条件下，照顾女方；

（三）照顾残疾或生活困难的一方；

（四）照顾无过错一方。

四、问：对夫妻双方均可承租的公房而由一方承租的，承租方对另一方是否给予经济补偿？

答：对夫妻双方均可承租的公房而由一方承租的，承租方对另一方可给予适当的经济补偿。

五、问：夫妻双方均可承租的公房能够隔开分室居住使用的，可否由双方分别租住？

答：夫妻双方均可承租的公房，如其面积较大能够隔开分室居住使用的，可由双方分别租住；对可以另调房屋分别租住或承租方给另一方解决住房的，可予准许。

六、问：离婚时，一方对另一方婚前承租的公房无权承租的，可否暂时居住？

答、离婚时，一方对另一方婚前承租的公房无权承租而解决住房确有困难的，人民法院可调解或判决其暂时居住，暂住期限一般不超过两年。暂住期间，暂住方应交纳与房屋租金等额的使用费及其他必要的费用。

七、问：离婚时，一方对另一方婚前承租的公房无权承租而另行租房经济上确有困难的，如何处理？

答：离婚时，一方对另一方婚前承租的公房无权承租，另行租房经济上确有困难的，如承租公房一方有负担能力，应给予一次性经济帮助。

八、问：在调整和变更单位自管房屋租赁关系时，是否需征得自管房单位的同意？

答：人民法院在调整和变更单位自管房屋（包括单位委托房地产管理部门代管的房屋）的租赁关系时，一般应征求自管房单位的意见。经调解或判决变更房屋租赁关系的，承租人应依照有关规定办理房屋变更登记手续。

九、问：对夫妻双方共同出资而取得“部分产权”的房屋，应如何处理？

答：对夫妻共同出资而取得“部分产权”的房屋，人民法院可参照上述有关解答，予以妥善处理。但分得房屋“部分产权”的一方，一般应按所得房屋产权的比例，依照离婚时当地政府有关部门公布的同类住房标准价，给予对方一半价值的补偿。

十、问：对夫妻双方均争房屋“部分产权”的，可否采取竞价方式解决？

答：对夫妻双方均争房屋“部分产权”的，如双方同意或者双方经济、住房条件基本相同，可采取竞价方式解决。

▶《人民法院处理涉台民事案件的几个法律问题》

二、关于夫妻共同财产问题

对去台一方请求原配偶返还婚前财产，或者要求分割夫妻共有财产的，如果这些财产在几十年中已被原配偶用于抚养子女，或用于赡养父母，或用于家庭其他生活消费的，人民法院应说服其撤诉或者驳回诉讼请求。但是，如果财产数额大并且标的物还存在的，在考虑其原配偶、子女等生活的情况下，可以酌情分割一部分给去台人员。对于过去财产问题的处理，原则上宜粗不宜细。这是因为，几十年的财产变化情况、几十年的权利义务状况不宜一一细算。这样处理对双方当事人可能更好一些。

▶《最高人民法院印发〈处理涉台刑事申诉民事案件座谈会纪要〉的通知》

三、会议认为，审理涉及去台人员和台胞人身关系和财产关系的民事案件，应注意掌握以下政策、法律原则：

……

（二）关于夫妻共同财产问题。人民法院对去台一方请求原配偶返还婚前财产，或者要求分割夫妻共有财产的，如财产已由原配偶用于抚养子女、赡养老人和家庭生活的，应说服撤诉或驳回诉讼请求；如争议财产数额大并且标的物仍在的，可酌情予以分割。

▶《最高人民法院关于革命军人离婚后的财产处理等问题的函》

由中央政治法律委员会转来你的来信一件收悉。你所询问关于革命军人离婚后的财产处理及终审判决的问题，因不了解所问详情，仅就我们处理这类问题时的几个原则意见提供你参考。

一、关于男女双方离婚后的财产处理问题，婚姻法第七章已作了明确规定，对于双方的应得财产都要保护，若一方在离婚后生活确有困难，可给予适当的照顾。如果一方在离婚时愿意将自己应得的财产之一部或全部赠予另一方时，亦为法律所允许。但一方并无此种赠予表示，即应根据婚姻法第七章第二十三条、第二十四条、第二十五条的规定进行处理。革命军人离婚时的财产问题亦应按照婚姻法规定的原则办理。

二、所谓"终审判决"，就是最后确定的判决。按照中华人民共和国法院组织暂行条例规定的审级制度，是基本上的三级二审制，省法院和它的分院就是二审终审法院，一般案件至此即为终审判决。对于这种终审判决，当事人如能举出新的事实，即可向原审法院提请再审。否则，即应按照判决执行。

▶ **《国家税务总局关于离婚后房屋权属变化是否征收契税的批复》**

广东省财政厅：

你厅《关于对离婚后房屋权属变化是否征收契税的请示》（粤财字〔1999〕85 号）收悉，经研究，现批复如下：

根据我国婚姻法的规定，夫妻共有房屋属共同共有财产。因夫妻财产分割而将原共有房屋产权归属一方，是房产共有权的变动而不是现行契税政策规定征税的房屋产权转移行为。因此，对离婚后原共有房屋产权的归属人不征收契税。

第一千零八十八条　【离婚时的经济补偿请求权】夫妻一方因抚育子女、照料老年人、协助另一方工作等负担较多义务的，离婚时有权向另一方请求补偿，另一方应当给予补偿。具体办法由双方协议；协议不成的，由人民法院判决。

条文对比

《民法典婚姻家庭编》	《婚姻法》
第一千零八十八条　夫妻一方因抚育子女、照料老年人、协助另一方工作等负担较多义务的，离婚时有权向另一方请求补偿，另一方应当给予补偿。**具体办法由双方协议；协议不成的，由人民法院判决。**	**第四十条**　~~夫妻书面约定婚姻关系存续期间所得的财产归各自所有，~~一方因抚育子女、照料老人、协助另一方工作等付出较多义务的，离婚时有权向另一方请求补偿，另一方应当予以补偿。

关联法规

▶ **《妇女权益保障法》**

第四十七条　妇女对依照法律规定的夫妻共同财产享有与其配偶平等的占

有、使用、收益和处分的权利，不受双方收入状况的影响。

夫妻书面约定婚姻关系存续期间所得的财产归各自所有，女方因抚育子女、照料老人、协助男方工作等承担较多义务的，有权在离婚时要求男方予以补偿。

第一千零八十九条 【离婚时夫妻共同债务的清偿】 离婚时，夫妻共同债务应当共同偿还。共同财产不足清偿或者财产归各自所有的，由双方协议清偿；协议不成的，由人民法院判决。

条文对比

《民法典婚姻家庭编》	《婚姻法》
第一千零八十九条 离婚时，**夫妻共同债务**应当共同偿还。共同财产不足清偿或者财产归各自所有的，由双方协议清偿；协议不成的，由人民法院判决。	**第四十一条** 离婚时，~~原为夫妻共同生活所负的债务，~~应当共同偿还。共同财产不足清偿~~的~~，或财产归各自所有的，由双方协议清偿；协议不成时，由人民法院判决。

关联法规

▶《民法典婚姻家庭编》

第一千零六十条 夫妻一方因家庭日常生活需要而实施的民事法律行为，对夫妻双方发生效力，但是夫妻一方与相对人另有约定的除外。

夫妻之间对一方可以实施的民事法律行为范围的限制，不得对抗善意相对人。

第一千零六十四条 夫妻双方共同签名或者夫妻一方事后追认等共同意思表示所负的债务，以及夫妻一方在婚姻关系存续期间以个人名义为家庭日常生活需要所负的债务，属于夫妻共同债务。

夫妻一方在婚姻关系存续期间以个人名义超出家庭日常生活需要所负的债务，不属于夫妻共同债务；但是，债权人能够证明该债务用于夫妻共同生活、共同生产经营或者基于夫妻双方共同意思表示的除外。

《夫妻债务纠纷司法解释》

为正确审理涉及夫妻债务纠纷案件，平等保护各方当事人合法权益，根据《中华人民共和国民法总则》《中华人民共和国婚姻法》《中华人民共和国合同法》《中华人民共和国民事诉讼法》等法律规定，制定本解释。

第一条 夫妻双方共同签字或者夫妻一方事后追认等共同意思表示所负的债务，应当认定为夫妻共同债务。

第二条 夫妻一方在婚姻关系存续期间以个人名义为家庭日常生活需要所负的债务，债权人以属于夫妻共同债务为由主张权利的，人民法院应予支持。

第三条 夫妻一方在婚姻关系存续期间以个人名义超出家庭日常生活需要所负的债务，债权人以属于夫妻共同债务为由主张权利的，人民法院不予支持，但债权人能够证明该债务用于夫妻共同生活、共同生产经营或者基于夫妻双方共同意思表示的除外。

第四条 本解释自2018年1月18日起施行。

本解释施行后，最高人民法院此前作出的相关司法解释与本解释相抵触的，以本解释为准。

《婚姻法司法解释（二）》

第二十三条 债权人就一方婚前所负个人债务向债务人的配偶主张权利的，人民法院不予支持。但债权人能够证明所负债务用于婚后家庭共同生活的除外。

第二十四条 债权人就婚姻关系存续期间夫妻一方以个人名义所负债务主张权利的，应当按夫妻共同债务处理。但夫妻一方能够证明债权人与债务人明确约定为个人债务，或者能够证明属于婚姻法第十九条第三款规定情形的除外。

第二十五条 当事人的离婚协议或者人民法院的判决书、裁定书、调解书已经对夫妻财产分割问题作出处理的，债权人仍有权就夫妻共同债务向男女双方主张权利。

一方就共同债务承担连带清偿责任后，基于离婚协议或者人民法院的法律文书向另一方主张追偿的，人民法院应当支持。

第二十六条 夫或妻一方死亡的，生存一方应当对婚姻关系存续期间的共同债务承担连带清偿责任。

《最高人民法院关于办理涉夫妻债务纠纷案件有关工作的通知》

《最高人民法院关于审理涉及夫妻债务纠纷案件适用法律有关问题的解释》

（以下简称《解释》），已自2018年1月18日起施行，为依法平等保护各方当事人合法权益，现就有关工作通知如下：

一、正在审理的一审、二审案件，适用《解释》的规定。

二、已经终审的案件，甄别时应当严格把握认定事实不清、适用法律错误、结果明显不公的标准。比如，对夫妻一方与债权人恶意串通坑害另一方，另一方在毫不知情的情况下无端背负巨额债务的案件等，应当依法予以纠正。再审案件改判引用法律条文时，尽可能引用婚姻法第十七条、第四十一条等法律。

三、对于符合改判条件的终审案件，要加大调解力度，尽可能消化在再审审查阶段或者再审调解阶段。案件必须改判的，也要尽量做好当事人服判息诉工作。

四、对于符合上述改判条件的终审案件，也可由执行部门尽量通过执行和解等方式，解决对利益严重受损的配偶一方权益保护问题。

▶《最高人民法院关于依法妥善审理涉及夫妻债务案件有关问题的通知》

各省、自治区、直辖市高级人民法院，解放军军事法院，新疆维吾尔自治区高级人民法院生产建设兵团分院：

家事审判工作是人民法院审判工作的重要内容。在家事审判工作中，正确处理夫妻债务，事关夫妻双方和债权人合法权益的保护，事关婚姻家庭稳定和市场交易安全的维护，事关和谐健康诚信经济社会建设的推进。为此，最高人民法院审判委员会第1710次会议讨论通过《最高人民法院关于适用〈中华人民共和国婚姻法〉若干问题的解释（二）的补充规定》，对该司法解释第二十四条增加规定了第二款和第三款。2017年2月28日，最高人民法院公布了修正的《最高人民法院关于适用〈中华人民共和国婚姻法〉若干问题的解释（二）》。为依法妥善审理好夫妻债务案件，现将有关问题通知如下：

一、坚持法治和德治相结合原则。在处理夫妻债务案件时，除应当依照婚姻法等法律和司法解释的规定，保护夫妻双方和债权人的合法权益，还应当结合社会主义道德价值理念，增强法律和司法解释适用的社会效果，以达到真正化解矛盾纠纷、维护婚姻家庭稳定、促进交易安全、推动经济社会和谐健康发展的目的。

二、保障未具名举债夫妻一方的诉讼权利。在审理以夫妻一方名义举债的案件中，原则上应当传唤夫妻双方本人和案件其他当事人本人到庭；需要证人出庭作证的，除法定事由外，应当通知证人出庭作证。在庭审中，应当按照

《最高人民法院关于适用〈中华人民共和国民事诉讼法〉的解释》的规定，要求有关当事人和证人签署保证书，以保证当事人陈述和证人证言的真实性。未具名举债一方不能提供证据，但能够提供证据线索的，人民法院应当根据当事人的申请进行调查取证；对伪造、隐藏、毁灭证据的要依法予以惩处。未经审判程序，不得要求未举债的夫妻一方承担民事责任。

三、审查夫妻债务是否真实发生。债权人主张夫妻一方所负债务为夫妻共同债务的，应当结合案件的具体情况，按照《最高人民法院关于审理民间借贷案件适用法律若干问题的规定》第十六条第二款、第十九条规定，结合当事人之间关系及其到庭情况、借贷金额、债权凭证、款项交付、当事人的经济能力、当地或者当事人之间的交易方式、交易习惯、当事人财产变动情况以及当事人陈述、证人证言等事实和因素，综合判断债务是否发生。防止违反法律和司法解释规定，仅凭借条、借据等债权凭证就认定存在债务的简单做法。

在当事人举证基础上，要注意依职权查明举债一方作出有悖常理的自认的真实性。对夫妻一方主动申请人民法院出具民事调解书的，应当结合案件基础事实重点审查调解协议是否损害夫妻另一方的合法权益。对人民调解协议司法确认案件，应当按照《最高人民法院关于适用〈中华人民共和国民事诉讼法〉的解释》要求，注重审查基础法律关系的真实性。

四、区分合法债务和非法债务，对非法债务不予保护。在案件审理中，对夫妻一方在从事赌博、吸毒等违法犯罪活动中所负的债务，不予法律保护；对债权人知道或者应当知道夫妻一方举债用于赌博、吸毒等违法犯罪活动而向其出借款项，不予法律保护；对夫妻一方以个人名义举债后用于个人违法犯罪活动，举债人就该债务主张按夫妻共同债务处理的，不予支持。

五、把握不同阶段夫妻债务的认定标准。依照婚姻法第十七条、第十八条、第十九条和第四十一条有关夫妻共同财产制、分别财产制和债务偿还原则以及有关婚姻法司法解释的规定，正确处理夫妻一方以个人名义对外所负债务问题。

六、保护被执行夫妻双方基本生存权益不受影响。要树立生存权益高于债权的理念。对夫妻共同债务的执行涉及夫妻双方的工资、住房等财产权益，甚至可能损害其基本生存权益的，应当保留夫妻双方及其所扶养家属的生活必需费用。执行夫妻名下住房时，应保障生活所必需的居住房屋，一般不得拍卖、变卖或抵债被执行人及其所扶养家属生活所必需的居住房屋。

七、制裁夫妻一方与第三人串通伪造债务的虚假诉讼。对实施虚假诉讼的当事人、委托诉讼代理人和证人等，要加强罚款、拘留等对妨碍民事诉讼的强制措施的适用。对实施虚假诉讼的委托诉讼代理人，除依法制裁外，还应向司法行政部门、律师协会或者行业协会发出司法建议。对涉嫌虚假诉讼等犯罪的，应依法将犯罪的线索、材料移送侦查机关。

以上通知，请遵照执行。执行中有何问题，请及时报告我院。

▶《最高人民法院关于当前民事审判工作中的若干具体问题》

三、关于婚姻家庭、继承纠纷等家事案件的审理问题

对未成年人、妇女和老年人等弱势群体的倾斜保护，不仅是社会共同体自身发展的内在需求，也是弘扬中华传统道德文化和社会主义核心价值观，推动家风、家德、家教建设的重要内容。对家事审判的整体裁判思路和理念，下午杜专委要作为一个重要问题专门讲，我只谈几个具体问题：

第一，关于夫妻共同债务的认定问题。这个问题已经引起社会的广泛关注，每年全国两会后，也总有一定数量全国人大代表、全国政协委员的建议、提案是针对此问题提出的，今年尤其多。夫妻一方举债的情形在现实生活中非常复杂，不仅存在夫妻一方以个人名义在婚姻关系存续期间举债给其配偶造成损害的情况；也存在夫妻合谋以离婚为手段，将共同财产分配给一方，而将债务分配给另一方，借以达到逃避债务、损害债权人利益目的的情形。从我们了解的情况看，各地法院对这个问题争议也非常大，包括共同债务除借款外是否还包括侵权等其他债务；在夫妻共同债务的认定上，除“用于夫妻共同生活”的标准外，是否要考虑增加“为了家庭共同利益”的标准；在举债人配偶一方举证证明举债人所借债务明显超出日常生活及生产经营所需，或者举债人具有赌博、吸毒等不良嗜好的，举证证明责任能否转移等问题。这些问题目前争议都非常大，我们也正在研究中。总体意见是，处理这类纠纷一定要兼顾债权人信赖利益的保护和妇女儿童权益的维护两个方面。就婚姻关系存续期间夫妻一方以个人名义所负债务性质的考量，应区分规制不同的法律关系，分别适用婚姻法第四十一条和《婚姻法司法解释（二）》。

……

▶《人民法院审理离婚案件财产分割意见》

17. 夫妻为共同生活或为履行抚养、赡养义务等所负债务，应认定为夫妻共同债务，离婚时应当以夫妻共同财产清偿。

下列债务不能认定为夫妻共同债务，应由一方以个人财产清偿：

（1）夫妻双方约定由个人负担的债务，但以逃避债务为目的的除外；

（2）一方未经对方同意，擅自资助与其没有抚养义务的亲朋所负的债务；

（3）一方未经对方同意，独自筹资从事经营活动，其收入确未用于共同生活所负的债务；

（4）其他应由个人承担的债务。

▶《最高人民法院民一庭关于婚姻关系存续期间夫妻一方以个人名义所负债务性质如何认定的答复》

江苏省高级人民法院：

你院〔2014〕苏民他字第2号《关于婚姻关系存续期间夫妻一方以个人名义所负债务的性质如何认定问题的请示》收悉。

经研究，同意你院审判委员会的倾向性意见。在不涉及他人的离婚案件中，由以个人名义举债的配偶一方负责举证证明所借债务用于夫妻共同生活，如证据不足，则其配偶一方不承担偿还责任。在债权人以夫妻一方为被告起诉的债务纠纷中，对于案涉债务是否属于夫妻共同债务，应当按照《最高人民法院关于适用〈中华人民共和国婚姻法〉若干问题的解释（二）》第二十四条规定认定。如果举债人的配偶举证证明所借债务并非用于夫妻共同生活，则其不承担偿还责任。

第一千零九十条　【离婚经济帮助】离婚时，如果一方生活困难，有负担能力的另一方应当给予适当帮助。具体办法由双方协议；协议不成的，由人民法院判决。

条文对比

《民法典婚姻家庭编》	《婚姻法》
第一千零九十条　离婚时，如果一方生活困难，**有负担能力的**另一方应当给予适当帮助。具体办法由双方协议；协议不成的，由人民法院判决。	**第四十二条**　离婚时，如一方生活困难，另一方应~~从其住房等个人财产中~~给予适当帮助。具体办法由双方协议；协议不成时，由人民法院判决。

关联法规

▶《妇女权益保障法》

第四十八条第一款 夫妻共有的房屋，离婚时，分割住房由双方协议解决；协议不成的，由人民法院根据双方的具体情况，按照照顾子女和女方权益的原则判决。夫妻双方另有约定的除外。

▶《婚姻法司法解释（一）》

第二十七条 婚姻法第四十二条所称“一方生活困难”，是指依靠个人财产和离婚时分得的财产无法维持当地基本生活水平。

一方离婚后没有住处的，属于生活困难。

离婚时，一方以个人财产中的住房对生活困难者进行帮助的形式，可以是房屋的居住权或者房屋的所有权。

▶《最高人民法院关于革命军人离婚后的财产处理等问题的函》

由中央政治法律委员会转来你的来信一件收悉。你所询问关于革命军人离婚后的财产处理及终审判决的问题，因不了解所问详情，仅就我们处理这类问题时的几个原则意见提供你参考。

一、关于男女双方离婚后的财产处理问题，婚姻法第七章已作了明确规定，对于双方的应得财产都要保护，若一方在离婚后生活确有困难，可给予适当的照顾。如果一方在离婚时愿意将自己应得的财产之一部或全部赠予另一方时，亦为法律所允许。但一方并无此种赠予表示，即应根据婚姻法第七章第二十三条、第二十四条、第二十五条的规定进行处理。革命军人离婚时的财产问题亦应按照婚姻法规定的原则办理。

二、所谓“终审判决”，就是最后确定的判决。按照中华人民共和国法院组织暂行条例规定的审级制度，是基本上的三级二审制，省法院和它的分院就是二审终审法院，一般案件至此即为终审判决。对于这种终审判决，当事人如能举出新的事实，即可向原审法院提请再审。否则，即应按照判决执行。

第一千零九十一条 【无过错方请求离婚损害赔偿的情形】 有下列情形之一，导致离婚的，无过错方有权请求损害赔偿：

（一）重婚；
（二）与他人同居；
（三）实施家庭暴力；
（四）虐待、遗弃家庭成员；
（五）有其他重大过错。

条文对比

《民法典婚姻家庭编》	《婚姻法》
第一千零九十一条 有下列情形之一，导致离婚的，无过错方有权请求损害赔偿： （一）重婚； （二）与他人同居； （三）实施家庭暴力； （四）虐待、遗弃家庭成员； **（五）有其他重大过错。**	**第四十六条** 有下列情形之一，导致离婚的，无过错方有权请求损害赔偿： （一）重婚的； （二）~~有配偶者~~与他人同居~~的~~； （三）实施家庭暴力~~的~~； （四）虐待、遗弃家庭成员~~的~~。

关联法规

► **《民法典侵权责任编》**

第一千一百八十三条 侵害自然人人身权益造成严重精神损害的，被侵权人有权请求精神损害赔偿。

因故意或者重大过失侵害自然人具有人身意义的特定物造成严重精神损害的，被侵权人有权请求精神损害赔偿。

► **《婚姻法司法解释（二）》**

第一条 当事人起诉请求解除同居关系的，人民法院不予受理。但当事人请求解除的同居关系，属于婚姻法第三条、第三十二条、第四十六条规定的"有配偶者与他人同居"的，人民法院应当受理并依法予以解除。

当事人因同居期间财产分割或者子女抚养纠纷提起诉讼的，人民法院应当受理。

第二十七条 当事人在婚姻登记机关办理离婚登记手续后，以婚姻法第四十六条规定为由向人民法院提出损害赔偿请求的，人民法院应当受理。但当事人在协议离婚时已经明确表示放弃该项请求，或者在办理离婚登记手续一年后提出的，不予支持。

▶《婚姻法司法解释（三）》

第十七条 夫妻双方均有婚姻法第四十六条规定的过错情形，一方或者双方向对方提出离婚损害赔偿请求的，人民法院不予支持。

▶《婚姻法司法解释（一）》

第一条 婚姻法第三条、第三十二条、第四十三条、第四十五条、第四十六条所称的“家庭暴力”，是指行为人以殴打、捆绑、残害、强行限制人身自由或者其他手段，给其家庭成员的身体、精神等方面造成一定伤害后果的行为。持续性、经常性的家庭暴力，构成虐待。

第二条 婚姻法第三条、第三十二条、第四十六条规定的“有配偶者与他人同居”的情形，是指有配偶者与婚外异性，不以夫妻名义，持续、稳定地共同居住。

第二十八条 婚姻法第四十六条规定的“损害赔偿”，包括物质损害赔偿和精神损害赔偿。涉及精神损害赔偿的，适用最高人民法院《关于确定民事侵权精神损害赔偿责任若干问题的解释》的有关规定。

第二十九条 承担婚姻法第四十六条规定的损害赔偿责任的主体，为离婚诉讼当事人中无过错方的配偶。

人民法院判决不准离婚的案件，对于当事人基于婚姻法第四十六条 提出的损害赔偿请求，不予支持。

在婚姻关系存续期间，当事人不起诉离婚而单独依据该条规定提起损害赔偿请求的，人民法院不予受理。

第三十条 人民法院受理离婚案件时，应当将婚姻法第四十六条等规定中当事人的有关权利义务，书面告知当事人。在适用婚姻法第四十六条时，应当区分以下不同情况：

（一）符合婚姻法第四十六条规定的无过错方作为原告基于该条规定向人民法院提起损害赔偿请求的，必须在离婚诉讼的同时提出。

（二）符合婚姻法第四十六条规定的无过错方作为被告的离婚诉讼案件，如果被告不同意离婚也不基于该条规定提起损害赔偿请求的，可以在离婚后一年内就此单独提起诉讼。

（三）无过错方作为被告的离婚诉讼案件，一审时被告未基于婚姻法第四十六条规定提出损害赔偿请求，二审期间提出的，人民法院应当进行调解，调解不成的，告知当事人在离婚后一年内另行起诉。

▶《最高人民法院关于确定民事侵权精神损害赔偿责任若干问题的解释》

为在审理民事侵权案件中正确确定精神损害赔偿责任，根据《中华人民共和国民法通则》等有关法律规定，结合审判实践经验，对有关问题作如下解释：

第一条 自然人因下列人格权利遭受非法侵害，向人民法院起诉请求赔偿精神损害的，人民法院应当依法予以受理：

（一）生命权、健康权、身体权；

（二）姓名权、肖像权、名誉权、荣誉权；

（三）人格尊严权、人身自由权。

违反社会公共利益、社会公德侵害他人隐私或者其他人格利益，受害人以侵权为由向人民法院起诉请求赔偿精神损害的，人民法院应当依法予以受理。

第二条 非法使被监护人脱离监护，导致亲子关系或者近亲属间的亲属关系遭受严重损害，监护人向人民法院起诉请求赔偿精神损害的，人民法院应当依法予以受理。

第三条 自然人死亡后，其近亲属因下列侵权行为遭受精神痛苦，向人民法院起诉请求赔偿精神损害的，人民法院应当依法予以受理：

（一）以侮辱、诽谤、贬损、丑化或者违反社会公共利益、社会公德的其他方式，侵害死者姓名、肖像、名誉、荣誉；

（二）非法披露、利用死者隐私，或者以违反社会公共利益、社会公德的其他方式侵害死者隐私；

（三）非法利用、损害遗体、遗骨，或者以违反社会公共利益、社会公德的其他方式侵害遗体、遗骨。

第四条 具有人格象征意义的特定纪念物品，

因侵权行为而永久性灭失或者毁损，物品所有人以侵权为由，向人民法院起诉请求赔偿精神损害的，人民法院应当依法予以受理。

第五条 法人或者其他组织以人格权利遭受侵害为由，向人民法院起诉请求赔偿精神损害的，人民法院不予受理。

第六条 当事人在侵权诉讼中没有提出赔偿精神损害的诉讼请求，诉讼终结后又基于同一侵权事实另行起诉请求赔偿精神损害的，人民法院不予受理。

第七条 自然人因侵权行为致死，或者自然人死亡后其人格或者遗体遭受侵害，死者的配偶、父母和子女向人民法院起诉请求赔偿精神损害的，列其配偶、父母和子女为原告；没有配偶、父母和子女的，可以由其他近亲属提起诉讼，列其他近亲属为原告。

第八条 因侵权致人精神损害，但未造成严重后果，受害人请求赔偿精神损害的，一般不予支持，人民法院可以根据情形判令侵权人停止侵害、恢复名誉、消除影响、赔礼道歉。

因侵权致人精神损害，造成严重后果的，人民法院除判令侵权人承担停止侵害、恢复名誉、消除影响、赔礼道歉等民事责任外，可以根据受害人一方的请求判令其赔偿相应的精神损害抚慰金。

第九条 精神损害抚慰金包括以下方式：

（一）致人残疾的，为残疾赔偿金；

（二）致人死亡的，为死亡赔偿金；

（三）其他损害情形的精神抚慰金。

第十条 精神损害的赔偿数额根据以下因素确定：

（一）侵权人的过错程度，法律另有规定的除外；

（二）侵害的手段、场合、行为方式等具体情节；

（三）侵权行为所造成的后果；

（四）侵权人的获利情况；

（五）侵权人承担责任的经济能力；

（六）受诉法院所在地平均生活水平。

法律、行政法规对残疾赔偿金、死亡赔偿金等有明确规定的，适用法律、行政法规的规定。

第十一条 受害人对损害事实和损害后果的发生有过错的，可以根据其过错程度减轻或者免除侵权人的精神损害赔偿责任。

第十二条 在本解释公布施行之前已经生效施行的司法解释，其内容有与本解释不一致的，以本解释为准。

《涉及家庭暴力婚姻案件审理指南》

第五章　财产分割

第五十三条　财产分割的基本理念

离婚妇女贫困化理论认为，传统的“男主外、女主内”的性别角色导致的家庭分工，给男性带来相应的事业发展、能力增长和社会地位的提高。与此同时，女性在相夫教子的家务劳动中投入了大量时间和精力，这在很大程度上限制了她在社会上的发展。一旦离婚，多年的奉献所带来的，是工作能力和学习能力的丧失，以及家庭暴力受害造成其平等协商能力的下降，使她无法平等主张自己的权利，因而导致其离婚后的贫困化。

人民法院在分割夫妻财产时，应当坚持性别平等的基本理念。这一基本理念的实现应当达到以下目的：一是公平地补偿，以平等体现离婚妇女在婚姻关系存续期间在照顾家庭方面投入的价值。二是有助于妇女离婚后的生存和发展。

第五十四条　一般要求

家庭暴力受害人请求离婚时，与普通的离婚案件当事人相比可能面临特殊的困难，应当引起特别关注。法院应当依法采取有效干预措施，确保公平处理配偶扶养、财产分割问题。

法院在审理婚姻家庭案件中，如果发现存在家庭暴力，应当意识到当事人双方之间存在权力失衡或者协商能力悬殊的现象。法院依法分割夫妻共同财产时，应当充分考虑家庭暴力因素，以利于女性离婚后在尽可能短的时间内恢复工作和学习的能力，找回自信、独立性和自主决策的能力，更好地承担家庭和社会责任。

第五十五条　财产利益受影响时的补偿与照顾

在加害人自认或法院认定的家庭暴力案件中，受害人需要治疗的、因家庭暴力失去工作或者影响正常工作的，以及在财产利益方面受到不利影响的，在财产分割时应得到适当照顾。

第五十六条　受害人所作牺牲的补偿与照顾

受害人向加害人提供接受高等教育的机会和资金支持，或支持加害人开拓事业而牺牲自己利益的，无论当初自愿与否，如果这种牺牲可能导致受害人离婚后生活和工作能力下降、收入减少、生活条件降低的，在财产分割时应当获得适当照顾。

第五十七条 家务劳动的平等对待

在家务劳动、抚充子女、照料老人等方面付出较多的当事人，在财产分割时可以适当予以照顾或补偿。

第五十八条 适当照顾的份额

符合上述第六十条、第六十一条、第六十二条（是否应当为第五十五条、第五十六条、第五十七条规定情况的受害人分割共有财产的份额一般不低于70%；针对加害人隐藏或转移财产的情况，分割夫妻共同财产时，受害方的份额一般不低于80%。

第五十九条 精神损害赔偿

家庭暴力受害人请求精神损害赔偿的，无论家庭暴力行为人是否已受到行政处罚或被追究刑事责任，人民法院均应当依据《中华人民共和国婚姻法》第46条相关规定予以支持。

第六十条 对共同债务的认定

认定夫妻一方在婚姻关系存续期间以个人名义所负债务的性质，不能机械适用《最高人民法院关于适用〈中华人民共和国婚姻法〉若干问题的解释(二)》第二十四条规定，而应综合考虑是否为家庭共同利益所负。主张为夫妻共同债务的一方应作出合理解释，相对方对此享有抗辩权。人民法院可以根据逻辑推理和日常生活经验进行判断，避免相对方的利益受损或放纵恶意债务人的不法行为。

第六十一条 对仿造债务等行为的制裁

人民法院发现一方有伪造或指使人伪造债务、转移或隐匿财产行为或嫌疑的，应当依据《中华人民共和国婚姻法》第47条和《中华人民共和国民事诉讼法》第102条相关规定予以处理。

第六十二条 对原判是否考虑家庭暴力因素的审查

被害人以家庭暴力未予认定或者认定错误导致财产分割或子女抚养判决不公而上诉或申请再审的，人民法院应当对原判是否充分考虑了涉及家庭暴力离婚案件自身的特点和规律以及当事人家庭分工模式等因素进行重点审查。一审已经认定家庭暴力，但在财产分割或子女抚养方面未给予考虑的，二审或再审过程中对此要予以重点审查，作出公平、合理的判决。

第一千零九十二条　【隐藏、变卖、毁损夫妻共同财产或伪造债务行为的处理规则】夫妻一方隐藏、转移、变卖、毁损、挥霍夫妻共同财产，或者伪造夫妻共同债务企图侵占另一方财产的，在离婚分割夫妻共同财产时，对该方可以少分或者不分。离婚后，另一方发现有上述行为的，可以向人民法院提起诉讼，请求再次分割夫妻共同财产。

条文对比

《民法典婚姻家庭编》	《婚姻法》
第一千零九十二条　夫妻一方隐藏、转移、变卖、毁损、**挥霍**夫妻共同财产，或者伪造**夫妻共同**债务企图侵占另一方财产的，**在离婚**分割夫妻共同财产时，对该方可以少分或者不分。离婚后，另一方发现有上述行为的，可以向人民法院提起诉讼，请求再次分割夫妻共同财产。	**第四十七条**　~~离婚时，~~一方隐藏、转移、变卖、毁损夫妻共同财产，或伪造债务企图侵占另一方财产的，分割夫妻共同财产时，对隐藏、转移、变卖、毁损夫妻共同财产或伪造债务的一方，可以少分或不分。离婚后，另一方发现有上述行为的，可以向人民法院提起诉讼，请求再次分割夫妻共同财产。 ~~人民法院对前款规定的妨害民事诉讼的行为，依照民事诉讼法的规定予以制裁。~~

关联法规

▶《刑法》

第三百一十四条　隐藏、转移、变卖、故意毁损已被司法机关查封、扣押、冻结的财产，情节严重的，处三年以下有期徒刑、拘役或者罚金。

▶《民事诉讼法》

第一百一十一条　诉讼参与人或者其他人有下列行为之一的，人民法院可以根据情节轻重予以罚款、拘留；构成犯罪的，依法追究刑事责任：

（一）伪造、毁灭重要证据，妨碍人民法院审理案件的；

（二）以暴力、威胁、贿买方法阻止证人作证或者指使、贿买、胁迫他人作伪证的；

（三）隐藏、转移、变卖、毁损已被查封、扣押的财产，或者已被清点并责令其保管的财产，转移已被冻结的财产的；

（四）对司法工作人员、诉讼参加人、证人、翻译人员、鉴定人、勘验人、协助执行的人，进行侮辱、诽谤、诬陷、殴打或者打击报复的；

（五）以暴力、威胁或者其他方法阻碍司法工作人员执行职务的；

（六）拒不履行人民法院已经发生法律效力的判决、裁定的。

人民法院对有前款规定的行为之一的单位，可以对其主要负责人或者直接责任人员予以罚款、拘留；构成犯罪的，依法追究刑事责任。

第一百一十四条 有义务协助调查、执行的单位有下列行为之一的，人民法院除责令其履行协助义务外，并可以予以罚款：

（一）有关单位拒绝或者妨碍人民法院调查取证的；

（二）有关单位接到人民法院协助执行通知书后，拒不协助查询、扣押、冻结、划拨、变价财产的；

（三）有关单位接到人民法院协助执行通知书后，拒不协助扣留被执行人的收入、办理有关财产权证照转移手续、转交有关票证、证照或者其他财产的；

（四）其他拒绝协助执行的。人民法院对有前款规定的行为之一的单位，可以对其主要负责人或者直接责任人员予以罚款；对仍不履行协助义务的，可以予以拘留；并可以向监察机关或者有关机关提出予以纪律处分的司法建议。

第一百一十五条 对个人的罚款金额，为人民币十万元以下。对单位的罚款金额，为人民币五万元以上一百万元以下。

拘留的期限，为十五日以下。

被拘留的人，由人民法院交公安机关看管。在拘留期间，被拘留人承认并改正错误的，人民法院可以决定提前解除拘留。

▶《婚姻法司法解释（二）》

第二十八条 夫妻一方申请对配偶的个人财产或者夫妻共同财产采取保全措施的，人民法院可以在采取保全措施可能造成损失的范围内，根据实际情况，确定合理的财产担保数额。

▶《婚姻法司法解释（三）》

第十八条 离婚后，一方以尚有夫妻共同财产未处理为由向人民法院起诉请求分割的，经审查该财产确属离婚时未涉及的夫妻共同财产，人民法院应当依法予以分割。

▶《婚姻法司法解释（一）》

第三十一条[①] 当事人依据婚姻法第四十七条的规定向人民法院提起诉讼，请求再次分割夫妻共同财产的诉讼时效为两年，从当事人发现之次日起计算。

▶《人民法院审理离婚案件财产分割意见》

21. 一方将夫妻共同财产非法隐藏、转移拒不交出的，或非法变卖、毁损的，分割财产时，对隐藏、转移、变卖、毁损财产的一方，应予以少分或不分。具体处理时，应把隐藏、转移、变卖、毁损的财产作为隐藏、转移、变卖、毁损财产的一方分得的财产份额，对另一方的应得的份额应以其他夫妻共同财产折抵，不足折抵的，差额部分由隐藏、转移、变卖、毁损财产的一方折价补偿对方。对非法隐藏、转移、变卖、毁损夫妻共同财产的一方，人民法院可依照《中华人民共和国民事诉讼法》第一百零二条的规定进行处理。

权威案例

指导案例66号：雷某某诉宋某某离婚纠纷案

裁判要点：一方在离婚诉讼期间或离婚诉讼前，隐藏、转移、变卖、毁损夫妻共同财产，或伪造债务企图侵占另一方财产的，离婚分割夫妻共同财产时，依照《中华人民共和国婚姻法》第四十七条的规定可以少分或不分财产。

---

① 建议废止《婚姻法司法解释（一）》第31条，理由：与《民法典总则编》第188条冲突。

第五章　收　　养

第一节　收养关系的成立

第一千零九十三条　【被收养人的条件】下列未成年人，可以被收养：

（一）丧失父母的孤儿；

（二）查找不到生父母的未成年人；

（三）生父母有特殊困难无力抚养的子女。

条文对比

《民法典婚姻家庭编》	《收养法》
第一千零九十三条　下列未成年人，可以被收养： （一）丧失父母的孤儿； （二）查找不到生父母的未成年人； （三）生父母有特殊困难无力抚养的子女。	**第四条**　下列~~不满十四周岁的~~未成年人可以被收养： （一）丧失父母的孤儿； （二）查找不到生父母的弃婴和儿童； （三）生父母有特殊困难无力抚养的子女。

关联法规

▶ **《民法典总则编》**

第十九条　八周岁以上的未成年人为限制民事行为能力人，实施民事法律行为由其法定代理人代理或者经其法定代理人同意、追认；但是，可以独立实施纯获利益的民事法律行为或者与其年龄、智力相适应的民事法律行为。

第二十条 不满八周岁的未成年人为无民事行为能力人，由其法定代理人代理实施民事法律行为。

▶《民法典婚姻家庭编》

第一千零九十九条 收养三代以内旁系同辈血亲的子女，可以不受本法第一千零九十三条第三项、第一千零九十四条第三项和第一千一百零二条规定的限制。

华侨收养三代以内旁系同辈血亲的子女，还可以不受本法第一千零九十八条第一项规定的限制。

第一千一百零三条 继父或者继母经继子女的生父母同意，可以收养继子女，并可以不受本法第一千零九十三条第三项、第一千零九十四条第三项、第一千零九十八条和第一千一百条第一款规定的限制。

第一千零九十四条 **【送养人的条件】**下列个人、组织可以作送养人：

（一）孤儿的监护人；

（二）儿童福利机构；

（三）有特殊困难无力抚养子女的生父母。

条文对比

《民法典婚姻家庭编》	《收养法》
第一千零九十四条 下列个人、组织可以作送养人： （一）孤儿的监护人； （二）儿童福利机构； （三）有特殊困难无力抚养子女的生父母。	**第五条** 下列公民、组织可以作送养人： （一）孤儿的监护人； （二）社会福利机构； （三）有特殊困难无力抚养子女的生父母。

关联法规

▶《民法典婚姻家庭编》

第一千零九十九条 收养三代以内旁系同辈血亲的子女，可以不受本法第一千零九十三条第三项、第一千零九十四条第三项和第一千一百零二条规定的限制。

华侨收养三代以内旁系同辈血亲的子女，还可以不受本法第一千零九十八条第一项规定的限制。

第一千一百零三条 继父或者继母经继子女的生父母同意，可以收养继子女，并可以不受本法第一千零九十三条第三项、第一千零九十四条第三项、第一千零九十八条和第一千一百条第一款规定的限制。

▶《未成年人保护法》

第四十三条 县级以上人民政府及其民政部门应当根据需要设立救助场所，对流浪乞讨等生活无着未成年人实施救助，承担临时监护责任；公安部门或者其他有关部门应当护送流浪乞讨或者离家出走的未成年人到救助场所，由救助场所予以救助和妥善照顾，并及时通知其父母或者其他监护人领回。

对孤儿、无法查明其父母或者其他监护人的以及其他生活无着的未成年人，由民政部门设立的儿童福利机构收留抚养。

未成年人救助机构、儿童福利机构及其工作人员应当依法履行职责，不得虐待、歧视未成年人；不得在办理收留抚养工作中牟取利益。

▶《民通意见》

23. 夫妻一方死亡后，另一方将子女送给他人收养，如收养对子女的健康成长并无不利，又办了合法收养手续的，认定收养关系成立。其他有监护资格的人不得以收养未经其同意而主张收养关系无效。

▶《民政部关于开展收养评估试点工作的通知》

上海市民政局、江苏省民政厅、湖北省民政厅、广东省民政厅、重庆市民政局：

为深入贯彻《中华人民共和国收养法》（以下简称《收养法》），全面保障被收养儿童权益，进一步提升收养工作水平，按照第十三次全国民政工作会议提出的“完善儿童收养政策，建立收养评估制度”的要求，民政部决定在上海、江苏、湖北、广东、重庆等地开展收养评估试点工作。现就有关事项通知如下：

一、充分认识开展收养评估试点工作的重要意义

开展收养评估试点工作，建立收养评估制度，是主动适应收养工作发展形势、更好地贯彻落实《收养法》、完善收养制度的现实需要。《收养法》实施以来的实践证明，当前被收养儿童生存权益保障问题已得到基本解决。随着经济社会发展和儿童福利保障的提高，收养制度需解决的问题已转变为更好实现被收养儿童成长权益问题。从国际通行做法以及国内个别地方的实践来看，建立完善收养评估制度，为被收养儿童寻找更为适合的收养家庭是适应当前形势发展需要的现实选择。同时，《收养法》第六条明确规定：收养人应当“有抚养教育被收养人的能力”。抚养教育被收养人能力涉及收养人的婚姻家庭状况、性格心理，以及与被收养人的相适度等诸多方面，对其科学判断需要运用相关专业知识和方法。开展收养评估试点工作，建立收养评估制度也是更好贯彻落实《收养法》规定，对收养人抚养教育被收养人能力进行科学判断的必然要求。

二、积极探索扎实完成收养评估试点工作任务

（一）探索建立收养评估模式。目前国内外收养评估主要有收养登记机关直接评估、社会组织评估、福利机构评估等模式。各试点省份要紧密联系本地实际，加强对各种收养评估模式的研究，着重加强对引入收养评估程序后的收养登记机关、收养关系当事人、收养评估机构之间相互作用、良性互动关系，以及收养评估所做结论的范式（或样本）、对收养登记的影响等方面的研究。要充分借鉴国内外经验，突出儿童权益优先原则，科学设计收养评估流程，使收养评估与送养人选择收养人以及办理收养登记程序有机融合、相互衔接，探索建立适合本地实际的收养评估模式。

（二）探索建立收养评估指标体系。收养评估是对收养人抚养教育被收养人能力的综合评定，需确定科学的指标体系，以确保评估结果的可信度。除收养人的收养动机、经济状况、婚姻状况、家庭状况、身体健康状况、学历学识、品德品行等指标外，还要对被收养人情况以及影响收养人抚养教育被收养人能力的其他因素进行深入研究，努力将其转化为可通过约见、面谈、家访、走访等办法观察反映的客观指标，并积极尝试运用其他方法对各项指标进行检验、完善，在实践中逐步建立科学、全面、开放的评估指标体系。

（三）探索建立收养评估监督机制。收养评估结果是影响收养关系成立的重要参考因素，各试点省份要结合收养评估模式的设计，探索建立对收养评估

工作的监督约束机制，畅通收养关系当事人利益表达渠道，充分重视收养关系当事人的合理诉求，切实加强对收养关系当事人合法权益的保护，使收养评估工作始终处于中立、客观、公平、公正的立场，有效保证收养评估结论的真实性、科学性。

（四）探索建立收养评估保障机制。收养评估工作的顺利开展需要人力、财力的支持。各试点省份要充分整合利用现有人才、资金、政策等各种资源，确保收养评估试点工作顺利开展。同时，要立足长远，扶持培养社会力量和专门人才，探索建立收养评估资金保障长效机制，为收养评估工作顺利开展提供人力支撑和物质保障。

三、切实加强对收养评估试点工作的领导

开展收养评估试点工作关系一项新制度的创立，意义重大，影响深远，各试点省份一定要高度重视，切实加强领导，为试点工作顺利开展提供有力保障。

一是要及时把试点工作开展纳入重要议事日程，制定试点工作方案，明确试点工作思路，确定试点工作推进的步骤方法。各试点省份可根据本省实际，选择基础条件好、工作积极性高的市、县作为先行试点地区，集中给予指导和支持，而后根据先行试点情况，逐步扩大试点范围和评估对象范围，有序推进试点工作的开展。

二是要建立分工明确、责任到人的试点工作推进机制，定期研究分析试点工作开展情况，对试点工作中的重点难点问题，主要领导要亲自过问、协调解决；对试点工作的关键环节，分管领导要参与指导，督促推进试点工作的开展。各试点省份、先行试点地区要及时向当地政府主要领导汇报，争取对试点工作的支持，要协调相关部门，增加共识、凝聚合力，为试点工作顺利开展提供良好环境。

试点省份以外的其他省份，也可结合本省实际，积极开展收养评估试点工作。民政部将适时召开试点工作研讨和总结会议，并以适当方式向全国推广试点工作经验。各试点省份要及时将评估试点工作方案、工作联系人和联系方式报民政部。中国儿童福利和收养中心将配合做好此次评估试点工作的沟通协调和咨询解答。

▶《民政部办公厅关于收养人因生活困难不能继续抚养被收养人有关问题的复函》

江苏省民政厅：

你厅《关于收养人因生活困难不能继续抚养被收养人应如何处置的请示》

（苏民福〔2009〕19 号）收悉。经研究，函复如下：

《中华人民共和国收养法》第二十三条规定：“自收养关系成立之日起，养父母与养子女间的权利义务关系，适用法律关于父母子女关系的规定”，因此，已经建立了收养关系的养父母具有和被收养人原生父母同等的权利义务。《中华人民共和国收养法》第五条规定，有特殊困难无力抚养子女的生父母可以作为送养人，故有特殊困难无力抚养子女的养父母也可以作为送养人送养其子女。养父母送养子女应当严格按照生父母送养的登记程序办理。

第一千零九十五条　【监护人送养未成年人的情形】未成年人的父母均不具备完全民事行为能力且可能严重危害该未成年人的，该未成年人的监护人可以将其送养。

条文对比

《民法典婚姻家庭编》	《收养法》
第一千零九十五条　未成年人的父母均不具备完全民事行为能力**且可能严重危害该未成年人**的，该未成年人的监护人**可以将其送养**。	**第十二条**　未成年人的父母均不具备完全民事行为能力的，该未成年人的监护人~~不得将其送养，但父母对该未成年人有严重危害可能的除外~~。

关联法规

▶ **《未成年人保护法》**

第五十三条　父母或者其他监护人不履行监护职责或者侵害被监护的未成年人的合法权益，经教育不改的，人民法院可以根据有关人员或者有关单位的申请，撤销其监护人的资格，依法另行指定监护人。被撤销监护资格的父母应当依法继续负担抚养费用。

第六十二条　父母或者其他监护人不依法履行监护职责，或者侵害未成年人合法权益的，由其所在单位或者居民委员会、村民委员会予以劝诫、制止；构成违反治安管理行为的，由公安机关依法给予行政处罚。

▶《民政部关于规范生父母有特殊困难无力抚养的子女和社会散居孤儿收养工作的意见》

二、明确送养人和送养意愿

生父母有特殊困难无力抚养的子女由生父母作为送养人。生父母均不具备完全民事行为能力且对被收养人有严重危害可能的，由被收养人的监护人作为送养人。社会散居孤儿由其监护人作为送养人。社会散居孤儿的监护人依法变更为社会福利机构的，可以由社会福利机构送养。送养人可以向民政部门提出送养意愿。民政部门可以委托社会福利机构代为接收送养意愿。

三、严格规范送养材料

提交送养材料时，送养人可以直接向县级以上人民政府民政部门提交，也可以由受委托的社会福利机构转交。受委托的社会福利机构应当协助送养人按照要求提交送养证明材料。

送养人应当提交下列证件和证明材料：本人及被收养人的居民身份证和居民户口簿或公安机关出具的户籍证明，《生父母或监护人同意送养的书面意见》(见附件1)，并根据下列情况提交相关证明材料。

（一）生父母作为送养人的，应当提交下列证明材料：

1. 生父母有特殊困难无力抚养子女的证明；

2. 生父母与当地卫生和计划生育部门签订的计划生育协议。

生父母有特殊困难无力抚养的证明是指生父母所在单位或者村（居）委会根据下列证件、证明材料之一出具的能够确定生父母有特殊困难无力抚养的相关证明：

（1）县级以上医疗机构出具的重特大疾病证明；

（2）县级残疾人联合会出具的重度残疾证明；

（3）人民法院判处有期徒刑或无期徒刑、死刑的判决书。

生父母确因其他客观原因无力抚养子女的，乡镇人民政府、街道办事处出具的有关证明可以作为生父母有特殊困难无力抚养的证明使用。

（二）如生父母一方死亡或者下落不明的，送养人还应当提交下列证明：

1. 死亡证明、公安机关或者其他有关机关出具的下落不明的证明；

2. 经公证的死亡或者下落不明一方的父母不行使优先抚养权的书面声明(见附件2)。

（三）生父母以外的监护人作为送养人的，应当提交下列证明材料：

1. 生父母的死亡证明或者人民法院出具的能够证明生父母双方均不具备完全民事行为能力的文书；

2. 监护人所在单位或村（居）委会出具的监护人实际承担监护责任的证明；

3. 其他有抚养义务的人（祖父母、外祖父母、成年兄姐）出具的经公证的同意送养的书面意见（见附件3）。

生父母均不具备完全民事行为能力的，还应当提交生父母所在单位、村（居）委会、医疗机构、司法鉴定机构或者其他有权机关出具的生父母对被收养人有严重危害可能的证明。

第一千零九十六条　【监护人送养孤儿的特殊规定】 监护人送养孤儿的，应当征得有抚养义务的人同意。有抚养义务的人不同意送养、监护人不愿意继续履行监护职责的，应当依照本法第一编的规定另行确定监护人。

条文对比

《民法典婚姻家庭编》	《收养法》
第一千零九十六条　监护人送养孤儿的，应当征得有抚养义务的人同意。有抚养义务的人不同意送养、监护人不愿意继续履行监护职责的，应当依照本法第一编的规定另行确定监护人。	**第十三条**　监护人送养~~未成年~~孤儿的，须征得有抚养义务的人同意。有抚养义务的人不同意送养、监护人不愿意继续履行监护职责的，应当依照《中华人民共和国民法通则》的规定变更监护人。

关联法规

▶《民法典总则编》

第二十七条　父母是未成年子女的监护人。

未成年人的父母已经死亡或者没有监护能力的，由下列有监护能力的人按顺序担任监护人：

（一）祖父母、外祖父母；

（二）兄、姐；

（三）其他愿意担任监护人的个人或者组织，但是须经未成年人住所地的居民委员会、村民委员会或者民政部门同意。

第三十六条 监护人有下列情形之一的，人民法院根据有关个人或者组织的申请，撤销其监护人资格，安排必要的临时监护措施，并按照最有利于被监护人的原则依法指定监护人：

（一）实施严重损害被监护人身心健康的行为；

（二）怠于履行监护职责，或者无法履行监护职责且拒绝将监护职责部分或者全部委托给他人，导致被监护人处于危困状态；

（三）实施严重侵害被监护人合法权益的其他行为。

本条规定的有关个人、组织包括：其他依法具有监护资格的人，居民委员会、村民委员会、学校、医疗机构、妇女联合会、残疾人联合会、未成年人保护组织、依法设立的老年人组织、民政部门等。

前款规定的个人和民政部门以外的组织未及时向人民法院申请撤销监护人资格的，民政部门应当向人民法院申请。

▶《中国公民收养子女登记办法》

第三条 收养社会福利机构抚养的查找不到生父母的弃婴、儿童和孤儿的，在社会福利机构所在地的收养登记机关办理登记。

收养非社会福利机构抚养的查找不到生父母的弃婴和儿童的，在弃婴和儿童发现地的收养登记机关办理登记。

收养生父母有特殊困难无力抚养的子女或者由监护人监护的孤儿的，在被收养人生父母或者监护人常住户口所在地（组织作监护人的，在该组织所在地）的收养登记机关办理登记。

收养三代以内同辈旁系血亲的子女，以及继父或者继母收养继子女的，在被收养人生父或者生母常住户口所在地的收养登记机关办理登记。

▶《最高人民法院民事审判庭关于夫妻一方死亡另一方将子女送他人收养是否应征得愿意并有抚养能力的祖父母或外祖父母同意的电话答复》

山西省高级人民法院：

你院〔1989〕晋法民报字第1号关于夫妻一方死亡，另一方将子女送他人收养是否应征得愿意并有能力抚养的祖父母或外祖父母同意的请示报告收悉。经研究认为：“收养”这类问题，情况复杂，应区别不同情况，依据有关政策法律妥善处理。

我们对下面几种情况的意见：

一、根据《民法通则》第十六条，及我院《关于贯彻执行民事政策法律若干问题的意见》第三十七条规定，收养关系是否成立，送养方主要由生父母决定。

二、我院《关于贯彻执行〈民法通则〉若干问题的意见》第二十三条规定，是针对夫妻一方死亡，另一方将子女送他人收养，收养关系已经成立，其他有监护资格的人能否以未经其同意而主张该收养关系无效问题规定的。

三、在审判实际中对不同情况的处理，需要具体研究。诸如你院报告中列举的具体问题，夫妻一方死亡，另一方有抚养子女的能力而不愿尽抚养义务，以及另一方无抚养能力，且子女已经由有抚养能力，又愿意抚养的祖父母、外祖父母抚养的，为送养子女发生争议时，从有利于子女健康成长考虑，子女由祖父母或外祖父母继续抚养较为合适。

《民通意见》

11. 认定监护人的监护能力，应当根据监护人的身体健康状况、经济条件，以及与被监护人在生活上的联系状况等因素确定。

12. 民法通则中规定的近亲属，包括配偶、父母、子女、兄弟姐妹、祖父母、外祖父母、孙子女、外孙子女。

13. 为患有精神病的未成年人设定监护人，适用民法通则第十六条的规定。

14. 人民法院指定监护人时，可以将民法通则第十六条第二款中的（一）、（二）、（三）项或者第十七条第一款中的（一）、（二）、（三）、（四）、（五）项规定视为指定监护人的顺序。前一顺序有监护资格的人无监护能力或者对被监护人明显不利的，人民法院可以根据对被监护人有利的原则，从后一顺序有监护资格的人中择优确定。被监护人有识别能力的，应视情况征求被监护人的意见。

监护人可以是一人，也可以是同一顺序中的数人。

15. 有监护资格的人之间协议确定监护人的，应当由协议确定的监护人对被监护人承担监护责任。

16. 对于担任监护人有争议的，应当按照民法通则第十六条第三款或者第十七条第二款的规定，由有关组织予以指定。未经指定而向人民法院起诉的，人民法院不予受理。

17. 有关组织依照民法通则规定指定监护人，以书面或者口头通知了被指定人的，应当认定指定成立。被指定人不服的，应当在接到通知的次日起三十日内向人民法院起诉。逾期起诉的，按变更监护关系处理。

18. 监护人被指定后，不得自行变更。擅自变更的，由原被指定的监护人和变更后的监护人承担监护责任。

19. 被指定人对指定不服提起诉讼的，人民法院应当根据本意见第十四条的规定，作出维持或者撤销指定监护人的判决。如果判决是撤销原指定的，可以同时另行指定监护人。此类案件，比照民事诉讼法（试行）规定的特别程序进行审理。

在人民法院作出判决前的监护责任，一般应当按照指定监护人的顺序，由有监护资格的人承担。

20. 监护人不履行监护职责，或者侵害了被监护人的合法权益，民法通则第十六条、第十七条规定的其他有监护资格的人或者单位向人民法院起诉，要求监护人承担民事责任的，按照普通程序审理；要求变更监护关系的，按照特别程序审理；既要求承担民事责任，又要求变更监护关系的，分别审理。

▶《收养登记工作规范》

第十七条 收养查找不到生父母的弃婴、弃儿的，收养登记机关应当根据《中国公民收养子女登记办法》第七条的规定，在登记前公告查找其生父母（附件 2）。

公告应当刊登在收养登记机关所在地设区的市（地区）级以上地方报纸上。公告要有查找不到生父母的弃婴、弃儿的照片。办理公告时收养登记员要保存捡拾证明和捡拾地派出所出具的报案证明。派出所出具的报案证明应当有出具该证明的警员签名和警号。

▶《民政部关于规范生父母有特殊困难无力抚养的子女和社会散居孤儿收养工作的意见》

各省、自治区、直辖市民政厅（局）：

为规范生父母有特殊困难无力抚养的子女和社会散居孤儿（以下简称两类儿童）的收养工作，切实维护被收养儿童的合法权益，根据《中华人民共和国收养法》及《中国公民收养子女登记办法》、《外国人在中华人民共和国收养子女登记办法》及相关规定，现就两类儿童收养提出如下意见：

一、坚持两类儿童收养工作原则

收养应当有利于被收养未成年人的抚养、成长。要落实儿童利益最佳的原则，把“一切为了孩子”的要求贯穿于收养工作始终，让儿童回归家庭，得到父母的关爱和良好的教育。要坚持国内收养优先的原则，鼓励、支持符合条件的国内家庭收养，研究创制亲属收养的政策措施，积极引导国内家庭转变收养观念，帮助大龄和残疾儿童实现国内收养。同时，积极稳妥地开展涉外收养工作。要遵循平等自愿的原则，充分尊重被收养人和送养人的意愿，切实维护其合法权益。对送养年满十周岁以上未成年人的，要征得其本人同意。告知送养人送养的权利义务，让其知晓送养后的法律后果，方便其行使选择权利。他人不得诱使或强迫监护人送养。要坚持依法登记的原则，强化对收养登记工作人员的管理约束，不断增强法律意识，提高依法办事能力，严格依法依规办理收养登记。

二、明确送养人和送养意愿

生父母有特殊困难无力抚养的子女由生父母作为送养人。生父母均不具备完全民事行为能力且对被收养人有严重危害可能的，由被收养人的监护人作为送养人。社会散居孤儿由其监护人作为送养人。社会散居孤儿的监护人依法变更为社会福利机构的，可以由社会福利机构送养。送养人可以向民政部门提出送养意愿。民政部门可以委托社会福利机构代为接收送养意愿。

三、严格规范送养材料

提交送养材料时，送养人可以直接向县级以上人民政府民政部门提交，也可以由受委托的社会福利机构转交。受委托的社会福利机构应当协助送养人按照要求提交送养证明材料。

送养人应当提交下列证件和证明材料：本人及被收养人的居民身份证和居民户口簿或公安机关出具的户籍证明，《生父母或监护人同意送养的书面意见》（见附件1），并根据下列情况提交相关证明材料。

（一）生父母作为送养人的，应当提交下列证明材料：

1. 生父母有特殊困难无力抚养子女的证明；

2. 生父母与当地卫生和计划生育部门签订的计划生育协议。

生父母有特殊困难无力抚养的证明是指生父母所在单位或者村（居）委会根据下列证件、证明材料之一出具的能够确定生父母有特殊困难无力抚养的相关证明：

（1）县级以上医疗机构出具的重特大疾病证明；

（2）县级残疾人联合会出具的重度残疾证明；

（3）人民法院判处有期徒刑或无期徒刑、死刑的判决书。

生父母确因其他客观原因无力抚养子女的，乡镇人民政府、街道办事处出具的有关证明可以作为生父母有特殊困难无力抚养的证明使用。

（二）如生父母一方死亡或者下落不明的，送养人还应当提交下列证明：

1. 死亡证明、公安机关或者其他有关机关出具的下落不明的证明；

2. 经公证的死亡或者下落不明一方的父母不行使优先抚养权的书面声明（见附件2）。

（三）生父母以外的监护人作为送养人的，应当提交下列证明材料：

1. 生父母的死亡证明或者人民法院出具的能够证明生父母双方均不具备完全民事行为能力的文书；

2. 监护人所在单位或村（居）委会出具的监护人实际承担监护责任的证明；

3. 其他有抚养义务的人（祖父母、外祖父母、成年兄姐）出具的经公证的同意送养的书面意见（见附件3）。

生父母均不具备完全民事行为能力的，还应当提交生父母所在单位、村（居）委会、医疗机构、司法鉴定机构或者其他有权机关出具的生父母对被收养人有严重危害可能的证明。

（四）涉外送养的，送养人还应当提交下列材料：

1. 被收养人照片；

2. 县级以上医疗机构出具的被收养人体检报告；

3. 被收养人成长报告。

体检报告参照《关于社会福利机构涉外送养若干规定》（民发〔2003〕112号）办理。被收养人成长报告应全面、准确地反映儿童的情况，包括儿童生父母简要情况、儿童成长发育情况、生活习惯、性格爱好等。7岁以上儿童的成长报告应着重反映儿童心理发育、学习、与人交往、道德品行等方面的情况。

四、依法办理收养登记

（一）中国公民收养两类儿童登记。

中国公民收养两类儿童登记的办理，按照《中国公民收养子女登记办法》

及相关规定执行。

（二）外国人收养两类儿童登记。

外国人收养两类儿童登记的办理，由省级人民政府民政部门对送养人提交的涉外送养材料进行审查，认为符合法律规定的，填写《生父母有特殊困难无力抚养的子女和社会散居孤儿涉外送养审查意见表》（见附件4），并向中国儿童福利和收养中心报送，同时附两套上述涉外送养材料的复制件以及被收养人照片。

中国儿童福利和收养中心为被收养人选择到外国收养人后，向省级人民政府民政部门发出《涉外送养通知》，由省级人民政府民政部门书面通知送养人，或者由受委托的社会福利机构代为转交送养人。

送养人接到书面通知后，省级人民政府民政部门和受委托的社会福利机构，应当积极协助送养人做好交接工作，并指导送养人将收养人的情况如实告诉7周岁以上被收养人，帮助送养人做好被收养人的心理辅导。

受委托的社会福利机构可在自身条件允许时，应当事人一方要求，指定人员陪同送养人和被收养人办理收养登记。

外国人收养两类儿童的其他事宜参照《关于社会福利机构涉外送养若干规定》（民发〔2003〕112号）执行。

五、做好两类儿童收养工作的相关要求

各级人民政府民政部门要加强对受托社会福利机构指导督促，做好宣传引导工作，依法保障两类儿童收养工作的健康开展。要切实加强对被收养人的身份审核。受委托的社会福利机构要对被收养人和送养人的情况进行实地调查走访，重点了解是否符合两类儿童的送养条件，注意做好调查笔录、材料保存等工作，严防弄虚作假。有条件的地方可通过政府购买服务、引入社会工作者等方式开展收养评估工作，对被收养人和送养人的情况进行了解把握。各级人民政府民政部门要加强对送养证明材料的审查，依法办理收养登记。

第一千零九十七条　【生父母共同送养与单方送养】生父母送养子女，应当双方共同送养。生父母一方不明或者查找不到的，可以单方送养。

条文对比

《民法典婚姻家庭编》	《收养法》
第一千零九十七条 生父母送养子女，应当双方共同送养。生父母一方不明或者查找不到的，可以单方送养。	**第十条第一款** 生父母送养子女，须双方共同送养。生父母一方不明或者查找不到的可以单方送养。

关联法规

《中国公民收养子女登记办法》

第六条 送养人应当向收养登记机关提交下列证件和证明材料：

（一）送养人的居民户口簿和居民身份证（组织作监护人的，提交其负责人的身份证件）；

（二）收养法规定送养时应当征得其他有抚养义务的人同意的，并提交其他有抚养义务的人同意送养的书面意见。

社会福利机构为送养人的，并应当提交弃婴、儿童进入社会福利机构的原始记录，公安机关出具的捡拾弃婴、儿童报案的证明，或者孤儿的生父母死亡或者宣告死亡的证明。

监护人为送养人的，并应当提交实际承担监护责任的证明，孤儿的父母死亡或者宣告死亡的证明，或者被收养人生父母无完全民事行为能力并对被收养人有严重危害的证明。

生父母为送养人的，并应当提交与当地计划生育部门签订的不违反计划生育规定的协议；有特殊困难无力抚养子女的，还应当提交送养人有特殊困难的声明。其中，因丧偶或者一方下落不明由单方送养的，还应当提交配偶死亡或者下落不明的证明。对送养人有特殊困难的声明，登记机关可以进行调查核实；子女由三代以内同辈旁系血亲收养的，还应当提交公安机关出具的或者经过公证的与收养人有亲属关系的证明。

被收养人是残疾儿童的，并应当提交县级以上医疗机构出具的该儿童的残疾证明。

《外国人在中华人民共和国收养子女登记办法》

第五条 送养人应当向省、自治区、直辖市人民政府民政部门提交本人的居民户口簿和居民身份证（社会福利机构作送养人的，应当提交其负责人的身份证件）、被收养人的户籍证明等情况证明，并根据不同情况提交下列有关证明材料：

（一）被收养人的生父母（包括已经离婚的）为送养人的，应当提交生父母有特殊困难无力抚养的证明和生父母双方同意送养的书面意见；其中，被收养人的生父或者生母因丧偶或者一方下落不明，由单方送养的，并应当提交配偶死亡或者下落不明的证明以及死亡的或者下落不明的配偶的父母不行使优先抚养权的书面声明；

（二）被收养人的父母均不具备完全民事行为能力，由被收养人的其他监护人作送养人的，应当提交被收养人的父母不具备完全民事行为能力且对被收养人有严重危害的证明以及监护人有监护权的证明；

（三）被收养人的父母均已死亡，由被收养人的监护人作送养人的，应当提交其生父母的死亡证明、监护人实际承担监护责任的证明，以及其他有抚养义务的人同意送养的书面意见；

（四）由社会福利机构作送养人的，应当提交弃婴、儿童被遗弃和发现的情况证明以及查找其父母或者其他监护人的情况证明；被收养人是孤儿的，应当提交孤儿父母的死亡或者宣告死亡证明，以及有抚养孤儿义务的其他人同意送养的书面意见。

送养残疾儿童的，还应当提交县级以上医疗机构出具的该儿童的残疾证明。

第六条 省、自治区、直辖市人民政府民政部门应当对送养人提交的证件和证明材料进行审查，对查找不到生父母的弃婴和儿童公告查找其生父母；认为被收养人、送养人符合收养法规定条件的，将符合收养法规定的被收养人、送养人名单通知中国收养组织，同时转交下列证件和证明材料：

（一）送养人的居民户口簿和居民身份证（社会福利机构作送养人的，为其负责人的身份证件）复制件；

（二）被收养人是弃婴或者孤儿的证明、户籍证明、成长情况报告和身体健康检查证明的复制件及照片。

省、自治区、直辖市人民政府民政部门查找弃婴或者儿童生父母的公告应当在省级地方报纸上刊登。自公告刊登之日起满60日，弃婴和儿童的生父母或者其他监护人未认领的，视为查找不到生父母的弃婴和儿童。

第一千零九十八条 【收养人条件】收养人应当同时具备下列条件：

（一）无子女或者只有一名子女；

（二）有抚养、教育和保护被收养人的能力；

（三）未患有在医学上认为不应当收养子女的疾病；

（四）无不利于被收养人健康成长的违法犯罪记录；

（五）年满三十周岁。

条文对比

《民法典婚姻家庭编》	《收养法》
第一千零九十八条 收养人应当同时具备下列条件： （一）无子女**或者只有一名子女**； （二）有抚养、教育**和保护**被收养人的能力； （三）未患有在医学上认为不应当收养子女的疾病； **（四）无不利于被收养人健康成长的违法犯罪记录；** （五）年满三十周岁。	**第六条** 收养人应当同时具备下列条件： （一）无子女； （二）有抚养教育被收养人的能力； （三）未患有在医学上认为不应当收养子女的疾病； （四）年满三十周岁。

关联法规

▶《民法典婚姻家庭编》

第一千零九十九条 收养三代以内旁系同辈血亲的子女，可以不受本法第一千零九十三条第三项、第一千零九十四条第三项和第一千一百零二条规定的限制。

华侨收养三代以内旁系同辈血亲的子女，还可以不受本法第一千零九十八条第一项规定的限制。

第一千一百条 无子女的收养人可以收养两名子女；有子女的收养人只能收养一名子女。

收养孤儿、残疾未成年人或者儿童福利机构抚养的查找不到生父母的未成年人，可以不受前款和本法第一千零九十八条第一项规定的限制。

第一千一百零三条 继父或者继母经继子女的生父母同意，可以收养继子女，并可以不受本法第一千零九十三条第三项、第一千零九十四条第三项、第一千零九十八条和第一千一百条第一款规定的限制。

▶《全国人民代表大会内务司法委员会关于第十一届全国人民代表大会第五次会议主席团交付审议的代表提出的议案审议结果的报告》

22. 关于修改收养法的议案1件。民政部积极推动制定《中国公民收养子女登记条例》，通过确立收养能力评估制度，对收养人抚养教育被收养人的能力作出全面评估。建议有关部门抓紧工作，适时向全国人大常委会提出修法建议。

附件：

……

22. 孙菁等30名代表提出关于修改收养法的议案1件（第361号）。议案提出，收养法虽然对规范收养行为起到了重要作用，但在实际执行中仍有些具体问题难以解决，建议对该法进行修改。

民政部提出，代表议案中提出的收养人和被收养人年龄不得相差40岁的建议很重要，民政部正积极推动制定《中国公民收养子女登记条例》，通过确立收养能力评估制度，对收养人抚养教育被收养人的能力作出全面评估。代表议案中关于"收养人虽有子女，但子女有残疾的，允许收养一名子女"的建议，现行收养法第八条已有相应规定。

我委同意民政部的意见，并将与有关部门加强联系，适时向全国人大常委会提出修法建议。

第一千零九十九条　【三代以内同辈旁系血亲的收养】 收养三代以内旁系同辈血亲的子女，可以不受本法第一千零九十三条第三项、第一千零九十四条第三项和第一千一百零二条规定的限制。

华侨收养三代以内旁系同辈血亲的子女，还可以不受本法第一千零九十八条第一项规定的限制。

条文对比

《民法典婚姻家庭编》	《收养法》
第一千零九十九条 收养三代以内旁系同辈血亲的子女，可以不受本法第一千零九十三条第三项、第一千零九十四条第三项和第一千一百零二条**规定**的限制。 华侨收养三代以内旁系同辈血亲的子女，还可以不受**本法第一千零九十八条第一项规定**的限制。	**第七条** 收养三代以内同辈旁系血亲的子女，可以不受本法第四条第三项、第五条第三项、第九条和被收养人不满十四周岁的限制。 华侨收养三代以内同辈旁系血亲的子女，还可以不受~~收养人无子女~~的限制。

关联法规

▶《民法典婚姻家庭编》

第一千零九十三条 下列未成年人，可以被收养：

（一）丧失父母的孤儿；

（二）查找不到生父母的未成年人；

（三）生父母有特殊困难无力抚养的子女。

第一千零九十四条 下列个人、组织可以作送养人：

（一）孤儿的监护人；

（二）儿童福利机构；

（三）有特殊困难无力抚养子女的生父母。

第一千零九十八条 收养人应当同时具备下列条件：

（一）无子女或者只有一名子女；

（二）有抚养、教育和保护被收养人的能力；

（三）未患有在医学上认为不应当收养子女的疾病；

（四）无不利于被收养人健康成长的违法犯罪记录；

（五）年满三十周岁。

第一千一百条 无子女的收养人可以收养两名子女；有子女的收养人只能收养一名子女。

收养孤儿、残疾未成年人或者儿童福利机构抚养的查找不到生父母的未成年人，可以不受前款和本法第一千零九十八条第一项规定的限制。

第一千一百零二条 无配偶者收养异性子女的，收养人与被收养人的年龄应当相差四十周岁以上。

▶《最高人民法院关于毛玉堂与毛新国的收养关系能否成立的复函》

河南省高级人民法院：

你院关于毛玉堂与毛新国的收养关系能否成立的请示报告收悉。经研究认为：毛新国是毛玉堂的外孙，双方是直系血亲，不能建立收养关系。据此，我们同意你院审判委员会倾向性意见，即毛玉堂与毛新国之间的收养关系不能成立，毛新国不应列为毛玉堂死亡后的第一顺序继承人。鉴于毛新国在其母死亡后，对毛玉堂尽了主要赡养义务的情况，根据最高人民法院《关于贯彻执行〈中华人民共和国继承法〉若干问题的意见》第27条规定精神，在分割毛玉堂的遗产时，毛新国可以多分。

以上意见，供参考。

▶《最高人民法院民事审判庭关于吴乱能否与养孙之间解除收养关系的请示的电话答复》

河北省高级人民法院：

你院报送的关于吴乱能否与养孙之间解除收养关系的请示报告收悉。经研究，我们认为，根据本案的实际情况，吴乱与孙翠楼双方自愿，虽有过继单，协商达成收养协议，公开以母子相称并按过继单规定给付吴乱生活费，已形成事实上的收养关系。但孙翠楼之子是在吴乱与孙翠楼收养关系成立后，随父一起去吴乱家的，吴乱与孙翠楼之子不存在收养关系。王果以及其子到吴乱家后单方面对吴乱尽义务多年，他们之间实际上是抚养关系。在财产分割问题上，应考虑王果及其子尽义务多年，又要体现对丧失劳动能力的老人的照顾，对双方的个人财产，共同财产，合情合理合法进行分割。

第一千一百条 【收养人数的限制及例外情形】 无子女的收养人可以收养两名子女；有子女的收养人只能收养一名子女。

收养孤儿、残疾未成年人或者儿童福利机构抚养的查找不到生父母的未成年人，可以不受前款和本法第一千零九十八条第一项规定的限制。

条文对比

《民法典婚姻家庭编》	《收养法》
第一千一百条　无子女的收养人可以收养两名子女；有子女的收养人只能收养一名子女。 收养孤儿、残疾**未成年人**或者儿童福利机构抚养的查找不到生父母的**未成年人**，可以不受**前款和本法第一千零九十八条第一项规定**的限制。	**第八条**　~~收养人只能收养一名子女~~。 收养孤儿、残疾~~儿童~~或者社会福利机构抚养的查找不到生父母的~~弃婴和儿童~~，可以不受~~收养人无子女和收养一名~~的限制。

关联法规

▶《民法典婚姻家庭编》

第一千零九十八条　收养人应当同时具备下列条件：

（一）无子女或者只有一名子女；

（二）有抚养、教育和保护被收养人的能力；

（三）未患有在医学上认为不应当收养子女的疾病；

（四）无不利于被收养人健康成长的违法犯罪记录；

（五）年满三十周岁。

第一千零九十九条　收养三代以内旁系同辈血亲的子女，可以不受本法第一千零九十三条第三项、第一千零九十四条第三项和第一千一百零二条规定的限制。

华侨收养三代以内旁系同辈血亲的子女，还可以不受本法第一千零九十八条第一项规定的限制。

第一千一百零三条　继父或者继母经继子女的生父母同意，可以收养继子女，并可以不受本法第一千零九十三条第三项、第一千零九十四条第三项、第一千零九十八条和第一千一百条第一款规定的限制。

第一千一百零一条　【共同收养与单方收养】有配偶者收养子女，应当夫妻共同收养。

条文对比

《民法典婚姻家庭编》	《收养法》
第一千一百零一条 有配偶者收养子女，应当夫妻共同收养。	**第十条第二款** 有配偶者收养子女，须夫妻共同收养。

关联法规

《中国公民收养子女登记办法》

第四条 收养关系当事人应当亲自到收养登记机关办理成立收养关系的登记手续。

夫妻共同收养子女的，应当共同到收养登记机关办理登记手续；一方因故不能亲自前往的，应当书面委托另一方办理登记手续，委托书应当经过村民委员会或者居民委员会证明或者经过公证。

《外国人在中华人民共和国收养子女登记办法》

第八条 外国人来华收养子女，应当亲自来华办理登记手续。夫妻共同收养的，应当共同来华办理收养手续；一方因故不能来华的，应当书面委托另一方。委托书应当经所在国公证和认证。

《收养登记工作规范》

第三十六条 受理补领收养登记证、解除收养关系证明申请的条件是：

（一）收养登记机关具有管辖权。

（二）依法登记收养或者解除收养关系，目前仍然维持该状况。

（三）收养人或者被收养人亲自到收养登记机关提出申请。

收养人或者被收养人因故不能到原收养登记机关申请补领收养登记证的，可以委托他人办理。委托办理应当提交经公证机关公证的当事人的身份证件复印件和委托书。委托书应当写明当事人办理收养登记的时间及承办机关、目前的收养状况、委托事由、受委托人的姓名和身份证件号码。受委托人应当同时提交本人的身份证件。

夫妻双方共同收养子女的，应当共同到收养登记机关提出申请，一方不能亲自到场的，应当书面委托另一方，委托书应当经过村（居）民委员会证明或者经过公证。外国人的委托书应当经所在国公证和认证。夫妻双方一方死亡的，另一方应当出具配偶死亡的证明；离婚的出具离婚证件，可以一方提出申请。

被收养人未成年的，可由监护人提出申请。监护人要提交监护证明。

（四）申请人持有身份证件、户口簿。

（五）申请人持有查档证明。

收养登记档案遗失的，申请人应当提交能够证明其收养状况的证明。户口本上父母子女关系的记载，单位、村（居）民委员会或者近亲属出具的写明当事人收养状况的证明可以作为当事人收养状况证明使用。

（六）收养人和被收养人的2张2寸合影或者单人近期半身免冠照片。

监护人提出申请的，要提交监护人1张2寸合影或者单人近期半身免冠照片。监护人为单位的，要提交单位法定代表人身份证件复印件和经办人1张2寸单人近期半身免冠照片。

第一千一百零二条　【无配偶者收养异性子女的限制】无配偶者收养异性子女的，收养人与被收养人的年龄应当相差四十周岁以上。

条文对比

《民法典婚姻家庭编》	《收养法》
第一千一百零二条　无配偶者收养异性子女的，收养人与被收养人的年龄应当相差四十周岁以上。	**第九条**　~~无配偶的男性收养女性的~~，收养人与被收养人的年龄应当相差四十周岁以上。

关联法规

▶ **《民法典婚姻家庭编》**

第一千零九十九条　收养三代以内旁系同辈血亲的子女，可以不受本法第一千零九十三条第三项、第一千零九十四条第三项和第一千一百零二条规定的限制。

华侨收养三代以内旁系同辈血亲的子女，还可以不受本法第一千零九十八条第一项规定的限制。

第一千一百零三条　【收养继子女的特别规定】继父或者继母经继子女的生父母同意，可以收养继子女，并可以不受本法第一千零九十三条第三项、第一千零九十四条第三项、第一千零九十八条和第一千一百条第一款规定的限制。

条文对比

《民法典婚姻家庭编》	《收养法》
第一千一百零三条　继父或者继母经继子女的生父母同意，可以收养继子女，并可以不受本法第一千零九十三条第三项、第一千零九十四条第三项、第一千零九十八条和第一千一百条第一款**规定**的限制。	**第十四条**　继父或者继母经继子女的生父母同意，可以收养继子女，并可以不受本法第四条第三项、第五条第三项、第六条和被收养人不满十四周岁以及收养一名的限制。

关联法规

▶《民法典婚姻家庭编》

第一千零九十三条　下列未成年人，可以被收养：

（一）丧失父母的孤儿；

（二）查找不到生父母的未成年人；

（三）生父母有特殊困难无力抚养的子女。

第一千零九十四条　下列个人、组织可以作送养人：

（一）孤儿的监护人；

（二）儿童福利机构；

（三）有特殊困难无力抚养子女的生父母。

第一千零九十八条　收养人应当同时具备下列条件：

（一）无子女或者只有一名子女；

（二）有抚养、教育和保护被收养人的能力；

（三）未患有在医学上认为不应当收养子女的疾病；

（四）无不利于被收养人健康成长的违法犯罪记录；

（五）年满三十周岁。

第一千一百条 无子女的收养人可以收养两名子女；有子女的收养人只能收养一名子女。

收养孤儿、残疾未成年人或者儿童福利机构抚养的查找不到生父母的未成年人，可以不受前款和本法第一千零九十八条第一项规定的限制。

▶《民政部办公厅关于外国人在中华人民共和国收养继子女当事人需要出具的证件和证明材料的通知》

各省、自治区、直辖市民政厅（局），中国收养中心：

为规范外国人在中华人民共和国收养继子女行为，保障被收养人和收养人的合法权益，依据《中华人民共和国收养法》（以下简称《收养法》）和《外国人在中华人民共和国收养子女登记办法》（以下简称《登记办法》）的有关规定，对当事人需要出具的证件和证明材料通知如下：

一、收养人需要出具的证件和证明材料

依据《收养法》第十四条、《登记办法》第四条的规定，外国人在华收养继子女需要出具的证件和证明材料包括：

1. 跨国收养申请书；

2. 出生证明；

3. 收养人与被收养人生父或者生母结婚的证明；

4. 收养人所在国主管机关同意其跨国收养子女的证明或者主管机关同意被收养人入境入籍的证明；

5. 收养人2寸免冠照片两张。

以上文件除第五项外，均需办理公证、认证手续，并按照《登记办法》第四条、第七条的规定由中国收养中心进行审核、办理。

二、送养人需要出具的证件和证明材料

依据《收养法》第十四条、《登记办法》第五条的规定，送养人需要向省、自治区、直辖市人民政府民政部门出具的证件和证明材料包括：

1. 被收养人生父或者生母同意送养的书面意见；

2. 送养人居民户口簿和居民身份证；

3. 被收养人居民身份证或者户籍证明；

4. 送养人与被收养人之间的亲子关系证明；

5. 被收养人 2 寸免冠照片两张。

如果送养人死亡或者被人民法院宣告死亡的，可以不提供第一、二、四项证明材料，但再婚一方应当提交送养人的死亡证明（正常死亡证明由医疗卫生单位出具，非正常死亡证明由县以上公安部门出具）或者人民法院宣告死亡的判决书，本人的居民户口簿和居民身份证以及与被收养人之间的亲子关系证明，死亡或者被宣告死亡一方的父母不行使优先抚养权的书面声明。收养登记员对当事人提交的送养人死亡证明应当严格审查和进行必要的调查，并将调查笔录归卷存档。在办理收养登记时，《收养登记证》上有关送养人的信息不填。

被收养人年满十周岁的，应当提交被收养人同意被收养的证明。

省、自治区、直辖市人民政府民政部门对上述证件和证明材料进行审查后，认为被收养人、送养人符合收养法规定条件的，应当依据《登记办法》第六条的规定，通知中国收养中心，同时转交上述证件和证明材料的复制件及照片。

请各地严格遵照执行，并做好建档归档工作。

第一千一百零四条　【收养、送养自愿原则】收养人收养与送养人送养，应当双方自愿。收养八周岁以上未成年人的，应当征得被收养人的同意。

条文对比

《民法典婚姻家庭编》	《收养法》
第一千一百零四条　收养人收养与送养人送养，应当双方自愿。收养八周岁以上未成年人的，应当征得被收养人的同意。	**第十一条**　收养人收养与送养人送养，须双方自愿。收养~~年满~~十周岁以上未成年人的，应当征得被收养人的同意。

关联法规

▶《民法典总则编》

第十九条　八周岁以上的未成年人为限制民事行为能力人，实施民事法律行为由其法定代理人代理或者经其法定代理人同意、追认；但是，可以独立实施纯获利益的民事法律行为或者与其年龄、智力相适应的民事法律行为。

第二十条 不满八周岁的未成年人为无民事行为能力人，由其法定代理人代理实施民事法律行为。

▶《民政部关于规范生父母有特殊困难无力抚养的子女和社会散居孤儿收养工作的意见》

各省、自治区、直辖市民政厅（局）：

为规范生父母有特殊困难无力抚养的子女和社会散居孤儿（以下简称两类儿童）的收养工作，切实维护被收养儿童的合法权益，根据《中华人民共和国收养法》及《中国公民收养子女登记办法》、《外国人在中华人民共和国收养子女登记办法》及相关规定，现就两类儿童收养提出如下意见：

一、坚持两类儿童收养工作原则

收养应当有利于被收养未成年人的抚养、成长。要落实儿童利益最佳的原则，把“一切为了孩子”的要求贯穿于收养工作始终，让儿童回归家庭，得到父母的关爱和良好的教育。要坚持国内收养优先的原则，鼓励、支持符合条件的国内家庭收养，研究创制亲属收养的政策措施，积极引导国内家庭转变收养观念，帮助大龄和残疾儿童实现国内收养。同时，积极稳妥地开展涉外收养工作。要遵循平等自愿的原则，充分尊重被收养人和送养人的意愿，切实维护其合法权益。对送养年满十周岁以上未成年人的，要征得其本人同意。告知送养人送养的权利义务，让其知晓送养后的法律后果，方便其行使选择权利。他人不得诱使或强迫监护人送养。要坚持依法登记的原则，强化对收养登记工作人员的管理约束，不断增强法律意识，提高依法办事能力，严格依法依规办理收养登记。

二、明确送养人和送养意愿

生父母有特殊困难无力抚养的子女由生父母作为送养人。生父母均不具备完全民事行为能力且对被收养人有严重危害可能的，由被收养人的监护人作为送养人。社会散居孤儿由其监护人作为送养人。社会散居孤儿的监护人依法变更为社会福利机构的，可以由社会福利机构送养。送养人可以向民政部门提出送养意愿。民政部门可以委托社会福利机构代为接收送养意愿。

三、严格规范送养材料

提交送养材料时，送养人可以直接向县级以上人民政府民政部门提交，也可以由受委托的社会福利机构转交。受委托的社会福利机构应当协助送养人按照要求提交送养证明材料。

送养人应当提交下列证件和证明材料：本人及被收养人的居民身份证和居民户口簿或公安机关出具的户籍证明，《生父母或监护人同意送养的书面意见》(见附件1)，并根据下列情况提交相关证明材料。

(一) 生父母作为送养人的，应当提交下列证明材料：

1. 生父母有特殊困难无力抚养子女的证明；

2. 生父母与当地卫生和计划生育部门签订的计划生育协议。

生父母有特殊困难无力抚养的证明是指生父母所在单位或者村（居）委会根据下列证件、证明材料之一出具的能够确定生父母有特殊困难无力抚养的相关证明：

(1) 县级以上医疗机构出具的重特大疾病证明；

(2) 县级残疾人联合会出具的重度残疾证明；

(3) 人民法院判处有期徒刑或无期徒刑、死刑的判决书。

生父母确因其他客观原因无力抚养子女的，乡镇人民政府、街道办事处出具的有关证明可以作为生父母有特殊困难无力抚养的证明使用。

(二) 如生父母一方死亡或者下落不明的，送养人还应当提交下列证明：

1. 死亡证明、公安机关或者其他有关机关出具的下落不明的证明；

2. 经公证的死亡或者下落不明一方的父母不行使优先抚养权的书面声明(见附件2)。

(三) 生父母以外的监护人作为送养人的，应当提交下列证明材料：

1. 生父母的死亡证明或者人民法院出具的能够证明生父母双方均不具备完全民事行为能力的文书；

2. 监护人所在单位或村（居）委会出具的监护人实际承担监护责任的证明；

3. 其他有抚养义务的人（祖父母、外祖父母、成年兄姐）出具的经公证的同意送养的书面意见（见附件3)。

生父母均不具备完全民事行为能力的，还应当提交生父母所在单位、村(居) 委会、医疗机构、司法鉴定机构或者其他有权机关出具的生父母对被收养人有严重危害可能的证明。

(四) 涉外送养的，送养人还应当提交下列材料：

1. 被收养人照片；

2. 县级以上医疗机构出具的被收养人体检报告；

3. 被收养人成长报告。

体检报告参照《关于社会福利机构涉外送养若干规定》（民发〔2003〕112号）办理。被收养人成长报告应全面、准确地反映儿童的情况，包括儿童生父母简要情况、儿童成长发育情况、生活习惯、性格爱好等。7岁以上儿童的成长报告应着重反映儿童心理发育、学习、与人交往、道德品行等方面的情况。

四、依法办理收养登记

（一）中国公民收养两类儿童登记。

中国公民收养两类儿童登记的办理，按照《中国公民收养子女登记办法》及相关规定执行。

（二）外国人收养两类儿童登记。

外国人收养两类儿童登记的办理，由省级人民政府民政部门对送养人提交的涉外送养材料进行审查，认为符合法律规定的，填写《生父母有特殊困难无力抚养的子女和社会散居孤儿涉外送养审查意见表》（见附件4），并向中国儿童福利和收养中心报送，同时附两套上述涉外送养材料的复制件以及被收养人照片。

中国儿童福利和收养中心为被收养人选择到外国收养人后，向省级人民政府民政部门发出《涉外送养通知》，由省级人民政府民政部门书面通知送养人，或者由受委托的社会福利机构代为转交送养人。

送养人接到书面通知后，省级人民政府民政部门和受委托的社会福利机构，应当积极协助送养人做好交接工作，并指导送养人将收养人的情况如实告诉7周岁以上被收养人，帮助送养人做好被收养人的心理辅导。

受委托的社会福利机构可在自身条件允许时，应当事人一方要求，指定人员陪同送养人和被收养人办理收养登记。

外国人收养两类儿童的其他事宜参照《关于社会福利机构涉外送养若干规定》（民发〔2003〕112号）执行。

五、做好两类儿童收养工作的相关要求

各级人民政府民政部门要加强对受托社会福利机构指导督促，做好宣传引导工作，依法保障两类儿童收养工作的健康开展。要切实加强对被收养人的身份审核。受委托的社会福利机构要对被收养人和送养人的情况进行实地调查走访，重点了解是否符合两类儿童的送养条件，注意做好调查笔录、材料保存等工作，严防弄虚作假。有条件的地方可通过政府购买服务、引入社会工作者等方式开展收养评估工作，对被收养人和送养人的情况进行了解把握。各级人民政府民政部门要加强对送养证明材料的审查，依法办理收养登记。

第一千一百零五条　【收养关系的成立】收养应当向县级以上人民政府民政部门登记。收养关系自登记之日起成立。

收养查找不到生父母的未成年人的，办理登记的民政部门应当在登记前予以公告。

收养关系当事人愿意签订收养协议的，可以签订收养协议。

收养关系当事人各方或者一方要求办理收养公证的，应当办理收养公证。

县级以上人民政府民政部门应当依法进行收养评估。

条文对比

《民法典婚姻家庭编》	《收养法》
第一千一百零五条　收养应当向县级以上人民政府民政部门登记。收养关系自登记之日起成立。 收养查找不到生父母的**未成年人**的，办理登记的民政部门应当在登记前予以公告。 收养关系当事人愿意签订收养协议的，可以签订收养协议。 收养关系当事人各方或者一方要求办理收养公证的，应当办理收养公证。 **县级以上人民政府民政部门应当依法进行收养评估。**	**第十五条**　收养应当向县级以上人民政府民政部门登记。收养关系自登记之日起成立。 收养查找不到生父母的~~弃婴和儿童~~的，办理登记的民政部门应当在登记前予以公告。 收养关系当事人愿意订立收养协议的，可以订立收养协议。 收养关系当事人各方或者一方要求办理收养公证的，应当办理收养公证。

关联法规

▶《中国公民收养子女登记办法》

第一条　为了规范收养登记行为，根据《中华人民共和国收养法》（以下简称收养法)，制定本办法。

第二条 中国公民在中国境内收养子女或者协议解除收养关系的，应当依照本办法的规定办理登记。

办理收养登记的机关是县级人民政府民政部门。

第三条 收养社会福利机构抚养的查找不到生父母的弃婴、儿童和孤儿的，在社会福利机构所在地的收养登记机关办理登记。

收养非社会福利机构抚养的查找不到生父母的弃婴和儿童的，在弃婴和儿童发现地的收养登记机关办理登记。

收养生父母有特殊困难无力抚养的子女或者由监护人监护的孤儿的，在被收养人生父母或者监护人常住户口所在地（组织作监护人的，在该组织所在地）的收养登记机关办理登记。

收养三代以内同辈旁系血亲的子女，以及继父或者继母收养继子女的，在被收养人生父或者生母常住户口所在地的收养登记机关办理登记。

第四条 收养关系当事人应当亲自到收养登记机关办理成立收养关系的登记手续。

夫妻共同收养子女的，应当共同到收养登记机关办理登记手续；一方因故不能亲自前往的，应当书面委托另一方办理登记手续，委托书应当经过村民委员会或者居民委员会证明或者经过公证。

第五条 收养人应当向收养登记机关提交收养申请书和下列证件、证明材料：

（一）收养人的居民户口簿和居民身份证；

（二）由收养人所在单位或者村民委员会、居民委员会出具的本人婚姻状况和抚养教育被收养人的能力等情况的证明，以及收养人出具的子女情况声明；

（三）县级以上医疗机构出具的未患有在医学上认为不应当收养子女的疾病的身体健康检查证明。

收养查找不到生父母的弃婴、儿童的，并应当提交收养人经常居住地计划生育部门出具的收养人生育情况证明；其中收养非社会福利机构抚养的查找不到生父母的弃婴、儿童的，收养人还应当提交下列证明材料：

（一）收养人经常居住地计划生育部门出具的收养人无子女的证明；

（二）公安机关出具的捡拾弃婴、儿童报案的证明。

收养继子女的，可以只提交居民户口簿、居民身份证和收养人与被收养人生父或者生母结婚的证明。

对收养人出具的子女情况声明，登记机关可以进行调查核实。

第六条 送养人应当向收养登记机关提交下列证件和证明材料：

（一）送养人的居民户口簿和居民身份证（组织作监护人的，提交其负责人的身份证件）；

（二）收养法规定送养时应当征得其他有抚养义务的人同意的，并提交其他有抚养义务的人同意送养的书面意见。

社会福利机构为送养人的，并应当提交弃婴、儿童进入社会福利机构的原始记录，公安机关出具的捡拾弃婴、儿童报案的证明，或者孤儿的生父母死亡或者宣告死亡的证明。

监护人为送养人的，并应当提交实际承担监护责任的证明，孤儿的父母死亡或者宣告死亡的证明，或者被收养人生父母无完全民事行为能力并对被收养人有严重危害的证明。

生父母为送养人的，并应当提交与当地计划生育部门签订的不违反计划生育规定的协议；有特殊困难无力抚养子女的，还应当提交送养人有特殊困难的声明。其中，因丧偶或者一方下落不明由单方送养的，还应当提交配偶死亡或者下落不明的证明。对送养人有特殊困难的声明，登记机关可以进行调查核实；子女由三代以内同辈旁系血亲收养的，还应当提交公安机关出具的或者经过公证的与收养人有亲属关系的证明。

被收养人是残疾儿童的，并应当提交县级以上医疗机构出具的该儿童的残疾证明。

第七条 收养登记机关收到收养登记申请书及有关材料后，应当自次日起30日内进行审查。对符合收养法规定条件的，为当事人办理收养登记，发给收养登记证，收养关系自登记之日起成立；对不符合收养法规定条件的，不予登记，并对当事人说明理由。

收养查找不到生父母的弃婴、儿童的，收养登记机关应当在登记前公告查找其生父母；自公告之日起满60日，弃婴、儿童的生父母或者其他监护人未认领的，视为查找不到生父母的弃婴、儿童。公告期间不计算在登记办理期限内。

第八条 收养关系成立后，需要为被收养人办理户口登记或者迁移手续的，由收养人持收养登记证到户口登记机关按照国家有关规定办理。

第九条 收养关系当事人协议解除收养关系的，应当持居民户口簿、居民身份证、收养登记证和解除收养关系的书面协议，共同到被收养人常住户口所在地的收养登记机关办理解除收养关系登记。

第十条 收养登记机关收到解除收养关系登记申请书及有关材料后，应当自次日起30日内进行审查；对符合收养法规定的，为当事人办理解除收养关系的登记，收回收养登记证，发给解除收养关系证明。

第十一条 为收养关系当事人出具证明材料的组织，应当如实出具有关证明材料。出具虚假证明材料的，由收养登记机关没收虚假证明材料，并建议有关组织对直接责任人员给予批评教育，或者依法给予行政处分、纪律处分。

第十二条 收养关系当事人弄虚作假骗取收养登记的，收养关系无效，由收养登记机关撤销登记，收缴收养登记证。

第十三条 本办法规定的收养登记证、解除收养关系证明的式样，由国务院民政部门制定。

第十四条 华侨以及居住在香港、澳门、台湾地区的中国公民在内地收养子女的，申请办理收养登记的管辖以及所需要出具的证件和证明材料，按照国务院民政部门的有关规定执行。

第十五条 本办法自发布之日起施行。

▶《收养登记工作规范》

第一章 收养登记机关和登记员

第一条 收养登记机关是依法履行收养登记行政职能的各级人民政府民政部门。

收养登记机关应当依照法律、法规及本规范，认真履行职责，做好收养登记工作。

第二条 收养登记机关的职责：

（一）办理收养登记；

（二）办理解除收养登记；

（三）撤销收养登记；

（四）补发收养登记证和解除收养关系证明；

（五）出具收养关系证明；

（六）办理寻找弃婴（弃儿）生父母公告；

（七）建立和保管收养登记档案；

（八）宣传收养法律法规。

第三条 收养登记的管辖按照《外国人在中华人民共和国收养子女登记办法》、《中国公民收养子女登记办法》和《华侨以及居住在香港、澳门、台湾地区的中国公民办理收养登记的管辖以及所需要出具的证件和证明材料的规定》的有关规定确定。

第四条 收养登记机关办理收养登记应当使用民政厅或者民政局公章。

收养登记机关应当按照有关规定刻制收养登记专用章。

第五条 收养登记机关应当设置有专门的办公场所，并在醒目位置悬挂收养登记处（科）标识牌。

收养登记场所应当庄严、整洁，设有收养登记公告栏。

第六条 收养登记实行政务公开，应当在收养登记场所公开展示下列内容：

（一）本收养登记机关的管辖权及依据；

（二）收养法的基本原则以及父母和子女的权利、义务；

（三）办理收养登记、解除收养登记的条件与程序；

（四）补领收养登记证的条件与程序；

（五）无效收养及可撤销收养的规定；

（六）收费项目与收费标准、依据；

（七）收养登记员职责及其照片、编号；

（八）办公时间和服务电话（电话号码在当地114查询台登记）；

（九）监督电话。

收养登记场所应当备有《中华人民共和国收养法》、《外国人在中华人民共和国收养子女登记办法》、《中国公民收养子女登记办法》和《华侨以及居住在香港、澳门、台湾地区的中国公民办理收养登记的管辖以及所需要出具的证件和证明材料的规定》，及其他有关文件供收养当事人免费查阅。

收养登记机关对外办公时间应当为国家法定办公时间。

第七条 收养登记机关应当实行计算机管理。各级民政部门应当为本行政区域内收养登记管理信息化建设创造条件。

第八条 收养登记机关应当配备收养登记员。收养登记员由本级民政部门考核、任免。

第九条 收养登记员的主要职责：

（一）解答咨询；

（二）审查当事人是否具备收养登记、解除收养登记、补发收养登记证、撤销收养登记的条件；

（三）颁发收养登记证；

（四）出具收养登记证明；

（五）及时将办理完毕的收养登记材料收集、整理、归档。

第十条 收养登记员应当熟练掌握相关法律法规和计算机操作，依法行政，热情服务，讲求效率。

收养登记员应当尊重当事人的意愿，保守收养秘密。

第十一条 收养登记员办理收养登记及相关业务应当按照申请—受理—审查—报批—登记—颁证的程序办理。

第十二条 收养登记员在完成表格和证书、证明填写后，应当进行认真核对、检查，并复印存档。对打印或者书写错误、证件被污染或者损坏的，应当作废处理，重新填写。

第二章 收养登记

第十三条 受理收养登记申请的条件是：

（一）收养登记机关具有管辖权；

（二）收养登记当事人提出申请；

（三）当事人持有的证件、证明材料符合规定。

收养人和被收养人应当提交2张2寸近期半身免冠合影照片。送养人应当提交2张2寸近期半身免冠合影或者单人照片，社会福利机构送养的除外。

第十四条 收养登记员受理收养登记申请，应当按照下列程序进行：

（一）区分收养登记类型，查验当事人提交的证件和证明材料、照片是否符合此类型的要求；

（二）询问或者调查当事人的收养意愿、目的和条件，告知收养登记的条件和弄虚作假的后果；

（三）见证当事人在《收养登记申请书》（附件1）上签名；

（四）将当事人的信息输入计算机应当用程序，并进行核查；

（五）复印当事人的身份证件、户口簿。单身收养的应当复印无婚姻登记记录证明、离婚证或者配偶死亡证明；夫妻双方共同收养的应当复印结婚证。

第十五条 《收养登记申请书》的填写：

（一）当事人“姓名”：当事人是中国公民的，使用中文填写；当事人是外国人的，按照当事人护照上的姓名填写；

（二）“出生日期”：使用阿拉伯数字，按照身份证件上的出生日期填写为“××××年××月××日”；

（三）“身份证件号”：当事人是内地居民的，填写公民身份号码；当事人是香港、澳门、台湾居民中的中国公民的，填写香港、澳门、台湾居民身份证号，并在号码后加注“（香港）”、“（澳门）”或者“（台湾）”；当事人是华侨的，填写护照号；当事人是外国人的，填写护照号。

证件号码前面有字符的，应当一并填写；

（四）“国籍”：当事人是内地居民、华侨以及居住在香港、澳门、台湾地区的中国公民的，填写“中国”；当事人是外国人的，按照护照上的国籍填写；

（五）“民族”、“职业”和“文化程度”，按照《中华人民共和国国家标准》填写；

（七）“健康状况”填写“健康”、“良好”、“残疾”或者其他疾病；

（八）“婚姻状况”填写“未婚”、“已婚”、“离婚”、“丧偶”；

（九）“家庭收入”填写家庭年收入总和；

（十）“住址”填写户口簿上的家庭住址；

（十一）送养人是社会福利机构的，填写“送养人情况（1）”，经办人应当是社会福利机构工作人员。送养人是非社会福利机构的，填写“送养人情况（2）”，“送养人和被收养人关系”是亲属关系的，应当写明具体亲属关系；不是亲属关系的，应当写明“非亲属”。

收养非社会福利机构抚养的查找不到生父母的儿童的，送养人有关内容不填；

（十二）“被收养后改名为”填写被收养人被收养后更改的姓名。未更改姓名的，此栏不填；

（十三）被收养人“身份类别”分别填写“孤儿”、“社会福利机构抚养的查找不到生父母的儿童”、“非社会福利机构抚养的查找不到生父母的儿童”、“生父母有特殊困难无力抚养的子女”、“继子女”。收养三代以内同辈旁系血亲的子女，应当写明具体亲属关系；

（十四）继父母收养继子女的，要同时填写收养人和送养人有关内容。单身收养后，收养人结婚，其配偶要求收养继子女的；送养人死亡或者被人民法院宣告死亡的，送养人有关内容不填；

（十五）《收养登记申请书》中收养人、被收养人和送养人（送养人是社会福利机构的经办人）的签名必须由当事人在收养登记员当面完成；

当事人没有书写能力的，由当事人口述，收养登记员代为填写。收养登记员代当事人填写完毕后，应当宣读，当事人认为填写内容无误，在当事人签名处按指纹。当事人签名一栏不得空白，也不得由他人代为填写、代按指纹。

第十六条 收养登记员要分别询问或者调查收养人、送养人、年满10周岁以上的被收养人和其他应当询问或者调查的人。

询问或者调查的重点是被询问人或者被调查人的姓名、年龄、健康状况、经济和教育能力、收养人、送养人和被收养人之间的关系、收养的意愿和目的。特别是对年满10周岁以上的被收养人应当询问是否同意被收养和有关协议内容。

询问或者调查结束后，要将笔录给被询问人或者被调查人阅读。被询问人或者被调查人要写明“已阅读询问（或者调查）笔录，与本人所表示的意思一致（或者调查情况属实）”，并签名。被询问人或者被调查人没有书写能力的，可由收养登记员向被询问或者被调查人宣读所记录的内容，并注明“由收养登记员记录，并向当事人宣读，被询问人（被调查人）在确认所记录内容正确无误后按指纹。”然后请被询问人或者被调查人在注明处按指纹。

第十七条 收养查找不到生父母的弃婴、弃儿的，收养登记机关应当根据《中国公民收养子女登记办法》第七条的规定，在登记前公告查找其生父母（附件2）。

公告应当刊登在收养登记机关所在地设区的市（地区）级以上地方报纸上。公告要有查找不到生父母的弃婴、弃儿的照片。办理公告时收养登记员要保存捡拾证明和捡拾地派出所出具的报案证明。派出所出具的报案证明应当有出具该证明的警员签名和警号。

第十八条 办理内地居民收养登记和华侨收养登记，以及香港、澳门、台湾居民中的中国公民的收养登记，收养登记员收到当事人提交的申请书及有关材料后，应当自次日起30日内进行审查。对符合收养条件的，为当事人办理收养登记，填写《收养登记审查处理表》（附件3），报民政局主要领导或者分管领导批准，并填发收养登记证。

办理涉外收养登记，收养登记员收到当事人提交的申请书及有关材料后，应当自次日起7日内进行审查。对符合收养条件的，为当事人办理收养登记，填写《收养登记审查处理表》，报民政厅（局）主要领导或者分管领导批准，并填发收养登记证。

第十九条 《收养登记审查处理表》和收养登记证由计算机打印，未使用计算机进行收养登记的，应当使用蓝黑、黑色墨水的钢笔或者签字笔填写。

第二十条 《收养登记审查处理表》的填写：

（一）"提供证件情况"：应当对当事人提供的证件、证明材料核实后填写"齐全"。

（二）"审查意见"：填写"符合收养条件，准予登记"。

（三）"主要领导或者分管领导签名"：由批准该收养登记的民政厅（局）主要领导或者分管领导亲笔签名，不得使用个人印章或者计算机打印。

（四）"收养登记员签名"：由办理该收养登记的收养登记员亲笔签名，不得使用个人印章或者计算机打印。

（五）"收养登记日期"：使用阿拉伯数字，填写为："××××年××月××日"。填写的日期应当与收养登记证上的登记日期一致。

（六）"承办机关名称"：填写承办单位名称。

（七）"收养登记证字号"填写式样为"（XXXX）AB 收字 YYYYY"（AB 为收养登记机关所在省级和县级或者市级和区级的行政区域简称，XXXX 为年号，YYYYY 为当年办理收养登记的序号）。

（八）"收养登记证印制号"填写颁发给当事人的收养登记证上印制的号码。

第二十一条 收养登记证的填写按照《民政部办公厅关于启用新式〈收养登记证〉的通知》（民办函〔2006〕203 号）的要求填写。

收养登记证上收养登记字号、姓名、性别、国籍、出生日期、身份证件号、住址、被收养人身份、更改的姓名，以及登记日期应当与《收养登记申请书》和《收养登记审查处理表》中相应项目一致。

无送养人的，"送养人姓名（名称）"一栏不填。

第二十二条 颁发收养登记证，应当在当事人在场时按照下列步骤进行：

（一）核实当事人姓名和收养意愿；

（二）告知当事人领取收养登记证后的法律关系以及父母和子女的权利、义务；

（三）见证当事人本人亲自在附件 3 上的"当事人领证签名或者按指纹"一栏中签名；当事人没有书写能力的，应当按指纹。

“当事人领证签名或者按指纹”一栏不得空白，不得由他人代为填写、代按指纹。

（四）将收养登记证颁发给收养人，并向当事人宣布：取得收养登记证，确立收养关系。

第二十三条 收养登记机关对不符合收养登记条件的，不予受理，但应当向当事人出具《不予办理收养登记通知书》（附件4），并将当事人提交的证件和证明材料全部退还当事人。对于虚假证明材料，收养登记机关予以没收。

第三章 解除收养登记

第二十四条 受理解除收养关系登记申请的条件是：

（一）收养登记机关具有管辖权；

（二）收养人、送养人和被收养人共同到被收养人常住户口所在地的收养登记机关提出申请；

（三）收养人、送养人自愿解除收养关系并达成协议。被收养人年满10周岁的，已经征得其同意；

（四）持有收养登记机关颁发的收养登记证。经公证机构公证确立收养关系的，应当持有公证书；

（五）收养人、送养人和被收养人各提交2张2寸单人近期半身免冠照片，社会福利机构送养的除外；

（六）收养人、送养人和被收养人持有身份证件、户口簿。

送养人是社会福利机构的，要提交社会福利机构法定代表人居民身份证复印件。

养父母与成年养子女协议解除收养关系的，无需送养人参与。

第二十五条 收养登记员受理解除收养关系登记申请，应当按照下列程序进行：

（一）查验当事人提交的照片、证件和证明材料。

当事人提供的收养登记证上的姓名、出生日期、公民身份号码与身份证、户口簿不一致的，当事人应当书面说明不一致的原因；

（二）向当事人讲明收养法关于解除收养关系的条件；

（三）询问当事人的解除收养关系意愿以及对解除收养关系协议内容的意愿；

（四）收养人、送养人和被收养人参照本规范第十五条的相关内容填写

《解除收养登记申请书》（附件5）；

（五）将当事人的信息输入计算机应当用程序，并进行核查；

（六）复印当事人的身份证件、户口簿。

第二十六条 收养登记员要分别询问收养人、送养人、年满10周岁以上的被收养人和其他应当询问的人。

询问的重点是被询问人的姓名、年龄、健康状况、民事行为能力、收养人、送养人和被收养人之间的关系、解除收养登记的意愿。对年满10周岁以上的被收养人应当询问是否同意解除收养登记和有关协议内容。

对未成年的被收养人，要询问送养人同意解除收养登记后接纳被收养人和有关协议内容。

询问结束后，要将笔录给被询问人阅读。被询问人要写明"已阅读询问笔录，与本人所表示的意思一致"，并签名。被询问人没有书写能力的，可由收养登记员向被询问人宣读所记录的内容，并注明"由收养登记员记录，并向当事人宣读，被询问人在确认所记录内容正确无误后按指纹。"然后请被询问人在注明处按指纹。

第二十七条 收养登记员收到当事人提交的证件、申请解除收养关系登记申请书、解除收养关系协议书后，应当自次日起30日内进行审查。对符合解除收养条件的，为当事人办理解除收养关系登记，填写《解除收养登记审查处理表》（附件6），报民政厅（局）主要领导或者分管领导批准，并填发《解除收养关系证明》。

"解除收养关系证明字号"填写式样为"（XXXX）AB解字YYYYY"（AB为收养登记机关所在省级和县级或者市级和区级的行政区域简称，XXXX为年号，YYYYY为当年办理解除收养登记的序号）。

第二十八条 颁发解除收养关系证明，应当在当事人均在场时按照下列步骤进行：

（一）核实当事人姓名和解除收养关系意愿；

（二）告知当事人领取解除收养关系证明后的法律关系；

（三）见证当事人本人亲自在《解除收养登记审查处理表》"领证人签名或者按指纹"一栏中签名；当事人没有书写能力的，应当按指纹。

"领证人签名或者按指纹"一栏不得空白，不得由他人代为填写、代按指纹；

（四）收回收养登记证，收养登记证遗失应当提交查档证明；

（五）将解除收养关系证明一式两份分别颁发给解除收养关系的收养人和被收养人，并宣布：取得解除收养关系证明，收养关系解除。

第二十九条 收养登记机关对不符合解除收养关系登记条件的，不予受理，但应当向当事人出具《不予办理解除收养登记通知书》（附件7），将当事人提交的证件和证明材料全部退还当事人。对于虚假证明材料，收养登记机关予以没收。

第四章 撤销收养登记

第三十条 收养关系当事人弄虚作假骗取收养登记的，按照《中国公民收养子女登记办法》第十二条的规定，由利害关系人、有关单位或者组织向原收养登记机关提出，由收养登记机关撤销登记，收缴收养登记证。

第三十一条 收养登记员受理撤销收养登记申请，应当按照下列程序进行：

（一）查验申请人提交的证件和证明材料。

（二）申请人在收养登记员面前亲自填写《撤销收养登记申请书》（附件8），并签名。

申请人没有书写能力的，可由当事人口述，第三人代为填写，当事人在“申请人”一栏按指纹。

第三人应当在申请书上注明代写人的姓名、公民身份号码、住址、与申请人的关系。

收养登记机关工作人员不得作为第三人代申请人填写。

（三）申请人宣读本人的申请书，收养登记员作见证人并在见证人一栏签名。

（四）调查涉案当事人的收养登记情况。

第三十二条 符合撤销条件的，收养登记机关拟写《关于撤销×××与×××收养登记决定书》（附件9），报民政厅（局）主要领导或者分管领导批准，并印发撤销决定。

第三十三条 收养登记机关应当将《关于撤销×××与×××收养登记决定书》送达每位当事人，收缴收养登记证，并在收养登记机关的公告栏公告30日。

第三十四条 收养登记机关对不符合撤销收养条件的，应当告知当事人不予撤销的原因，并告知当事人可以向人民法院起诉。

第五章　补领收养登记证、解除收养关系证明

第三十五条　当事人遗失、损毁收养证件，可以向原收养登记机关申请补领。

第三十六条　受理补领收养登记证、解除收养关系证明申请的条件是：

（一）收养登记机关具有管辖权；

（二）依法登记收养或者解除收养关系，目前仍然维持该状况；

（三）收养人或者被收养人亲自到收养登记机关提出申请。

收养人或者被收养人因故不能到原收养登记机关申请补领收养登记证的，可以委托他人办理。委托办理应当提交经公证机关公证的当事人的身份证件复印件和委托书。委托书应当写明当事人办理收养登记的时间及承办机关、目前的收养状况、委托事由、受委托人的姓名和身份证件号码。受委托人应当同时提交本人的身份证件。

夫妻双方共同收养子女的，应当共同到收养登记机关提出申请，一方不能亲自到场的，应当书面委托另一方，委托书应当经过村（居）民委员会证明或者经过公证。外国人的委托书应当经所在国公证和认证。夫妻双方一方死亡的，另一方应当出具配偶死亡的证明；离婚的出具离婚证件，可以一方提出申请。

被收养人未成年的，可由监护人提出申请。监护人要提交监护证明；

（四）申请人持有身份证件、户口簿；

（五）申请人持有查档证明。

收养登记档案遗失的，申请人应当提交能够证明其收养状况的证明。户口本上父母子女关系的记载，单位、村（居）民委员会或者近亲属出具的写明当事人收养状况的证明可以作为当事人收养状况证明使用；

（六）收养人和被收养人的2张2寸合影或者单人近期半身免冠照片。

监护人提出申请的，要提交监护人1张2寸合影或者单人近期半身免冠照片。监护人为单位的，要提交单位法定代表人身份证件复印件和经办人1张2寸单人近期半身免冠照片。

第三十七条　收养登记员受理补领收养登记证、解除收养关系证明，应当按照下列程序进行：

（一）查验申请人提交的照片、证件和证明材料。

申请人出具的身份证、户口簿上的姓名、年龄、公民身份号码与原登记档

案不一致的，申请人应当书面说明不一致的原因，收养登记机关可根据申请人出具的身份证件补发收养登记证；

（二）向申请人讲明补领收养登记证、解除收养关系证明的条件；

（三）询问申请人当时办理登记的情况和现在的收养状况。

对于没有档案可查的，收养登记员要对申请人进行询问。询问结束后，要将笔录给被询问人阅读。被询问人要写明"已阅读询问笔录，与本人所表示的意思一致"，并签名。被询问人没有书写能力的，可由收养登记员向被询问人宣读所记录的内容，并注明"由收养登记员记录，并向被询问人宣读，被询问人在确认所记录内容正确无误后按指纹。"然后请被询问人在注明处按指纹；

（四）申请人参照本规范第十五条相关规定填写《补领收养登记证申请书》（附件10）；

（五）将申请人的信息输入计算机应当用程序，并进行核查；

（六）向出具查档证明的机关进行核查；

（七）复印当事人的身份证件、户口簿。

第三十八条 收养登记员收到申请人提交的证件、证明后，应当自次日起30日内进行审查，符合补发条件的，填写《补发收养登记证审查处理表》（附件11），报民政厅（局）主要领导或者分管领导批准，并填发收养登记证、解除收养关系证明。

《补发收养登记证审查处理表》和收养登记证按照《民政部办公厅关于启用新式〈收养登记证〉的通知》（民办函〔2006〕203号）和本规范相关规定填写。

第三十九条 补发收养登记证、解除收养关系证明，应当在申请人或者委托人在场时按照下列步骤进行：

（一）向申请人或者委托人核实姓名和原登记日期；

（二）见证申请人或者委托人在《补发收养登记证审查处理表》"领证人签名或者按指纹"一栏中签名；申请人或者委托人没有书写能力的，应当按指纹。

"领证人签名或者按指纹"一栏不得空白，不得由他人代为填写、代按指纹；

（三）将补发的收养登记证、解除收养登记证发给申请人或者委托人，并告知妥善保管。

第四十条 收养登记机关对不具备补发收养登记证、解除收养关系证明受理条件的，不予受理，并告知原因和依据。

第四十一条 当事人办理过收养或者解除收养关系登记，申请补领时的收养状况因解除收养关系或者收养关系当事人死亡发生改变的，不予补发收养登记证，可由收养登记机关出具收养登记证明。

收养登记证明不作为收养人和被收养人现在收养状况的证明。

第四十二条 出具收养登记证明的申请人范围和程序与补领收养登记证相同。申请人向原办理该收养登记的机关提出申请，并填写《出具收养登记证明申请书》(附件12)。收养登记员收到当事人提交的证件、证明后，应当自次日起30日内进行审查，符合出证条件的，填写《出具收养登记证明审查处理表》(附件13)，报民政厅（局）主要领导或者分管领导批准，并填写《收养登记证明书》(附件14)，发给申请人。

第四十三条 "收养登记证明字号"填写式样为"（XXXX）AB证字YYYYY"(AB为收养登记机关所在省级和县级或者市级和区级的行政区域简称，XXXX为年号，YYYYY为当年出具收养登记证明的序号)。

第六章 收养档案和证件管理

第四十四条 收养登记机关应当按照《收养登记档案管理暂行办法》（民发〔2003〕181号）的规定，制定立卷、归档、保管、移交和使用制度，建立和管理收养登记档案，不得出现原始材料丢失、损毁情况。

第四十五条 收养登记机关不得购买非上级民政部门提供的收养证件。各级民政部门发现本行政区域内有购买、使用非上级民政部门提供的收养证件的，应当予以没收，并追究相关责任人的法律责任和行政责任。

收养登记机关已将非法购制的收养证件颁发给收养当事人的，应当追回，并免费为当事人换发符合规定的收养登记证、解除收养关系证明。

报废的收养证件由收养登记机关登记造册，统一销毁。

收养登记机关发现收养证件有质量问题时，应当及时书面报告省（自治区、直辖市）人民政府民政部门。

第七章 监督与管理

第四十六条 各级民政部门应当建立监督检查制度，定期对本级民政部门设立的收养登记处（科）和下级收养登记机关进行监督检查，发现问题，及时纠正。

第四十七条 收养登记机关应当按规定到指定的物价部门办理收费许可证，按照国家规定的标准收取收养登记费，并使用财政部门统一制定的收费票据。

第四十八条 收养登记机关及其收养登记员有下列行为之一的，对直接负责的主管人员和其他直接责任人员依法给予行政处分：

（一）为不符合收养登记条件的当事人办理收养登记的；

（二）依法应当予以登记而不予登记的；

（三）违反程序规定办理收养登记、解除收养关系登记、撤销收养登记及其他证明的；

（四）要求当事人提交《中华人民共和国收养法》、《中国公民收养子女登记办法》、《华侨以及居住在香港、澳门、台湾地区的中国公民办理收养登记的管辖以及所需要出具的证件和证明材料的规定》、《外国人在中华人民共和国收养子女登记办法》和本规范规定以外的证件和证明材料的；

（五）擅自提高收费标准、增加收费项目或者不使用规定收费票据的；

（六）玩忽职守造成收养登记档案损毁的；

（七）泄露当事人收养秘密并造成严重后果的；

（八）购买使用伪造收养证书的。

第四十九条 收养登记员违反规定办理收养登记，给当事人造成严重后果的，应当由收养登记机关承担对当事人的赔偿责任，并对承办人员进行追偿。

第八章 附 则

第五十条 收养查找不到生父母的弃婴、儿童的公告费，由收养人缴纳。

第五十一条 收养登记当事人提交的居民身份证与常住户口簿上的姓名、性别、出生日期应当一致；不一致的，当事人应当先到公安部门更正。

居民身份证或者常住户口簿丢失，当事人应当先到公安户籍管理部门补办证件。当事人无法提交居民身份证的，可提交有效临时身份证办理收养登记。当事人无法提交居民户口簿的，可提交公安部门或者有关户籍管理机构出具的加盖印章的户籍证明办理收养登记。

第五十二条 收养登记当事人提交的所在单位或者村民委员会、居民委员会、县级以上医疗机构、人口计生部门出具的证明，以及本人的申请，有效期6个月。

第五十三条 人民法院依法判决或者调解结案的收养案件，确认收养关系效力或者解除收养关系的，不再办理收养登记或者解除收养登记。

第五十四条 《中华人民共和国收养法》公布施行以前所形成的收养关系，收养关系当事人申请办理收养登记的，不予受理。

▶《司法部关于贯彻执行〈中华人民共和国收养法〉若干问题的意见》

各省、自治区、直辖市司法厅（局），新疆生产建设兵团司法局：

新修改的《中华人民共和国收养法》（以下简称新收养法，修改前的收养法简称原收养法）已于1999年4月1日起施行。该法对收养的条件和收养关系的成立等作出了新的规定。为正确贯彻执行新收养法和有关法规、规章，现就办理收养公证及其他相关公证的有关问题通知如下：

1. 公证机构应当按新收养法及有关法规、规章的规定，认真办好收养公证、解除收养关系公证，以及其他相关公证，如收养协议、亲属关系、解除收养关系协议、声明书、委托书等公证。原收养法实施期间建立的收养关系，符合原收养法规定的，公证机构可以给予公证；不符合原收养法规定的，公证机构不得办理收养或解除收养关系公证，但可对当事人之间抚养的事实进行公证。

2. 新收养法施行后，收养关系的成立和协议解除收养关系以登记为准。公证机构办理收养协议或解除收养关系协议公证时，应告知当事人有关办理登记的法律规定并记录在卷，但已经登记的除外。

3. 公证机构办理收养或解除收养关系公证，应按《公证暂行条例》和《公证程序规则（试行）》的规定办理，要重点审查当事人的身份、行为能力和意思表示是否真实，收养登记证或解除收养关系证明是否系有权机关签发。公证机构发现登记证内容违反收养法的，应当拒绝公证。

夫妻共同收养，一方因故不能亲自到场，另一方到场并提交经过公证的配偶的委托书的，视为亲自到场。

4. 新收养法施行后，对外国人收养公证，司法部不再下发《指定管辖通知》。

公证机构不再办理以下事务：（1）不再审查外国收养人向中国收养组织提交的申请文件。（2）不再审查外国收养人所在国法律规定与中国法律规定是否一致。（3）不再举行颁发公证书的仪式。（4）不再上报《外国人收养公证登记表》。

对外国人收养公证，公证机构可以应当事人请求在收养公证书证词最后加入更改被收养人姓名内容。但荷兰人收养除外。

5. 对收养查找不到父母的弃婴和儿童的，如当事人申请办理弃婴或弃儿来源情况公证，应提交办理登记的收养登记机关出具的公告查找情况证明，公证机构审查后予以公证。

6. 对原收养法施行前发生的事实收养，公证机构仍按《司法部关于办理收养法实施前建立的事实收养关系公证的通知》（司发通〔1993〕125号）规定办理事实收养公证。

法国人收养公证仍按我部原公证司《关于为法国公民办理收养公证的通知》［〔97〕司公字014号］的规定办理。但其收养公证书按本通知所附专用格式出具。

7. 根据民政部的有关规定，收养登记机关自1999年8月1日起启用新式收养证书。1999年12月31日前，中国公民收养登记可使用老式或新式收养证书，自2000年1月1日起，一律使用新式收养证书。

新式《收养登记证》和《解除收养关系证明》内芯使用飞燕图案水印纸，内页套印中华人民共和国民政部收养证件管理专用章。新式《收养登记证》中收养人与被收养人的合影照片骑缝处加盖收养登记专用章（钢印）。上述两证落款处须加盖收养登记机关的公章方能生效。公证机构应注意审查。

8. 公证机构应严格执行公证收费标准，不得超标准收费或乱收费。

9. 本通知自下发之日起执行，《司法部关于外国人收养公证若干问题的通知》（司发通〔1997〕072号）同时废止。我部过去下发的文件有与本通知规定不一致的，以本通知为准。

第一千一百零六条　【收养后的户口登记】收养关系成立后，公安机关应当按照国家有关规定为被收养人办理户口登记。

条文对比

《民法典婚姻家庭编》	《收养法》
第一千一百零六条　收养关系成立后，公安<u>机关</u>应当<u>按照</u>国家有关规定为被收养人办理户口登记。	**第十六条**　收养关系成立后，公安<u>部门</u>应当<u>依照</u>国家有关规定为被收养人办理户口登记。

关联法规

▶《中国公民收养子女登记办法》

第八条 收养关系成立后，需要为被收养人办理户口登记或者迁移手续的，由收养人持收养登记证到户口登记机关按照国家有关规定办理。

第一千一百零七条 【亲属、朋友的抚养】 孤儿或者生父母无力抚养的子女，可以由生父母的亲属、朋友抚养；抚养人与被抚养人的关系不适用本章规定。

条文对比

《民法典婚姻家庭编》	《收养法》
第一千一百零七条 孤儿或者生父母无力抚养的子女，可以由生父母的亲属、朋友抚养；抚养人与被抚养人的关系不适用本章规定。	**第十七条** 孤儿或者生父母无力抚养的子女，可以由生父母的亲属、朋友抚养。 抚养人与被抚养人的关系不适用收养关系。

关联法规

▶《民法典婚姻家庭编》

第一千零九十九条 收养三代以内旁系同辈血亲的子女，可以不受本法第一千零九十三条第三项、第一千零九十四条第三项和第一千一百零二条规定的限制。

华侨收养三代以内旁系同辈血亲的子女，还可以不受本法第一千零九十八条第一项规定的限制。

第一千一百零八条 【祖父母、外祖父母优先抚养权】 配偶一方死亡，另一方送养未成年子女的，死亡一方的父母有优先抚养的权利。

条文对比

《民法典婚姻家庭编》	《收养法》
第一千一百零八条 配偶一方死亡，另一方送养未成年子女的，死亡一方的父母有优先抚养的权利。	**第十八条** 配偶一方死亡，另一方送养未成年子女的，死亡一方的父母有优先抚养的权利。

关联法规

▶《民政部关于规范生父母有特殊困难无力抚养的子女和社会散居孤儿收养工作的意见》

各省、自治区、直辖市民政厅（局）：

为规范生父母有特殊困难无力抚养的子女和社会散居孤儿（以下简称两类儿童）的收养工作，切实维护被收养儿童的合法权益，根据《中华人民共和国收养法》及《中国公民收养子女登记办法》、《外国人在中华人民共和国收养子女登记办法》及相关规定，现就两类儿童收养提出如下意见：

一、坚持两类儿童收养工作原则

收养应当有利于被收养未成年人的抚养、成长。要落实儿童利益最佳的原则，把“一切为了孩子”的要求贯穿于收养工作始终，让儿童回归家庭，得到父母的关爱和良好的教育。要坚持国内收养优先的原则，鼓励、支持符合条件的国内家庭收养，研究创制亲属收养的政策措施，积极引导国内家庭转变收养观念，帮助大龄和残疾儿童实现国内收养。同时，积极稳妥地开展涉外收养工作。要遵循平等自愿的原则，充分尊重被收养人和送养人的意愿，切实维护其合法权益。对送养年满十周岁以上未成年人的，要征得其本人同意。告知送养人送养的权利义务，让其知晓送养后的法律后果，方便其行使选择权利。他人不得诱使或强迫监护人送养。要坚持依法登记的原则，强化对收养登记工作人员的管理约束，不断增强法律意识，提高依法办事能力，严格依法依规办理收养登记。

二、明确送养人和送养意愿

生父母有特殊困难无力抚养的子女由生父母作为送养人。生父母均不具备完全民事行为能力且对被收养人有严重危害可能的，由被收养人的监护人作为送养人。社会散居孤儿由其监护人作为送养人。社会散居孤儿的监护人依法变更为社会福利机构的，可以由社会福利机构送养。送养人可以向民政部门提出送养意愿。民政部门可以委托社会福利机构代为接收送养意愿。

三、严格规范送养材料

提交送养材料时，送养人可以直接向县级以上人民政府民政部门提交，也可以由受委托的社会福利机构转交。受委托的社会福利机构应当协助送养人按照要求提交送养证明材料。

送养人应当提交下列证件和证明材料：本人及被收养人的居民身份证和居民户口簿或公安机关出具的户籍证明，《生父母或监护人同意送养的书面意见》(见附件1)，并根据下列情况提交相关证明材料。

（一）生父母作为送养人的，应当提交下列证明材料：

1. 生父母有特殊困难无力抚养子女的证明；

2. 生父母与当地卫生和计划生育部门签订的计划生育协议。

生父母有特殊困难无力抚养的证明是指生父母所在单位或者村（居）委会根据下列证件、证明材料之一出具的能够确定生父母有特殊困难无力抚养的相关证明：

（1）县级以上医疗机构出具的重特大疾病证明；

（2）县级残疾人联合会出具的重度残疾证明；

（3）人民法院判处有期徒刑或无期徒刑、死刑的判决书。

生父母确因其他客观原因无力抚养子女的，乡镇人民政府、街道办事处出具的有关证明可以作为生父母有特殊困难无力抚养的证明使用。

（二）如生父母一方死亡或者下落不明的，送养人还应当提交下列证明：

1. 死亡证明、公安机关或者其他有关机关出具的下落不明的证明；

2. 经公证的死亡或者下落不明一方的父母不行使优先抚养权的书面声明(见附件2)。

（三）生父母以外的监护人作为送养人的，应当提交下列证明材料：

1. 生父母的死亡证明或者人民法院出具的能够证明生父母双方均不具备完全民事行为能力的文书；

2. 监护人所在单位或村（居）委会出具的监护人实际承担监护责任的证明；

3. 其他有抚养义务的人（祖父母、外祖父母、成年兄姐）出具的经公证的同意送养的书面意见（见附件3）。

生父母均不具备完全民事行为能力的，还应当提交生父母所在单位、村（居）委会、医疗机构、司法鉴定机构或者其他有权机关出具的生父母对被收养人有严重危害可能的证明。

（四）涉外送养的，送养人还应当提交下列材料：

1. 被收养人照片；

2. 县级以上医疗机构出具的被收养人体检报告；

3. 被收养人成长报告。

体检报告参照《关于社会福利机构涉外送养若干规定》（民发〔2003〕112号）办理。被收养人成长报告应全面、准确地反映儿童的情况，包括儿童生父母简要情况、儿童成长发育情况、生活习惯、性格爱好等。7岁以上儿童的成长报告应着重反映儿童心理发育、学习、与人交往、道德品行等方面的情况。

四、依法办理收养登记

（一）中国公民收养两类儿童登记。

中国公民收养两类儿童登记的办理，按照《中国公民收养子女登记办法》及相关规定执行。

（二）外国人收养两类儿童登记。

外国人收养两类儿童登记的办理，由省级人民政府民政部门对送养人提交的涉外送养材料进行审查，认为符合法律规定的，填写《生父母有特殊困难无力抚养的子女和社会散居孤儿涉外送养审查意见表》（见附件4），并向中国儿童福利和收养中心报送，同时附两套上述涉外送养材料的复制件以及被收养人照片。

中国儿童福利和收养中心为被收养人选择到外国收养人后，向省级人民政府民政部门发出《涉外送养通知》，由省级人民政府民政部门书面通知送养人，或者由受委托的社会福利机构代为转交送养人。

送养人接到书面通知后，省级人民政府民政部门和受委托的社会福利机构，应当积极协助送养人做好交接工作，并指导送养人将收养人的情况如实告诉7周岁以上被收养人，帮助送养人做好被收养人的心理辅导。

受委托的社会福利机构可在自身条件允许时，应当事人一方要求，指定人员陪同送养人和被收养人办理收养登记。

外国人收养两类儿童的其他事宜参照《关于社会福利机构涉外送养若干规

定》（民发〔2003〕112 号）执行。

五、做好两类儿童收养工作的相关要求

各级人民政府民政部门要加强对受托社会福利机构指导督促，做好宣传引导工作，依法保障两类儿童收养工作的健康开展。要切实加强对被收养人的身份审核。受委托的社会福利机构要对被收养人和送养人的情况进行实地调查走访，重点了解是否符合两类儿童的送养条件，注意做好调查笔录、材料保存等工作，严防弄虚作假。有条件的地方可通过政府购买服务、引入社会工作者等方式开展收养评估工作，对被收养人和送养人的情况进行了解把握。各级人民政府民政部门要加强对送养证明材料的审查，依法办理收养登记。

第一千一百零九条　【涉外收养】外国人依法可以在中华人民共和国收养子女。

外国人在中华人民共和国收养子女，应当经其所在国主管机关依照该国法律审查同意。收养人应当提供由其所在国有权机构出具的有关其年龄、婚姻、职业、财产、健康、有无受过刑事处罚等状况的证明材料，并与送养人签订书面协议，亲自向省、自治区、直辖市人民政府民政部门登记。

前款规定的证明材料应当经收养人所在国外交机关或者外交机关授权的机构认证，并经中华人民共和国驻该国使领馆认证，但是国家另有规定的除外。

条文对比

《民法典婚姻家庭编》	《收养法》
第一千一百零九条　外国人依法可以在中华人民共和国收养子女。 外国人在中华人民共和国收养子女，应当经其所在国主管机关依照该国法律审查同意。收养人应当提供由其所在国有权机构出具的有关其年龄、婚姻、职业、财产、健康、	**第二十一条**　外国人依~~照本~~法可以在中华人民共和国收养子女。 外国人在中华人民共和国收养子女，应当经其所在国主管机关依照该国法律审查同意。收养人应当提供由其所在国有权机构出具的有关收养人的年龄、婚姻、职业、财产、

《民法典婚姻家庭编》	《收养法》
有无受过刑事处罚等状况的证明材料，**并**与送养人签订书面协议，亲自向省、自治区、直辖市人民政府民政部门登记。 **前款规定的**证明材料应当经收养人所在国外交机关或者外交机关授权的机构认证，并经中华人民共和国驻该国使领馆认证，**但是国家另有规定的除外**。	健康、有无受过刑事处罚等状况的证明材料，该证明材料应当经其所在国外交机关或者外交机关授权的机构认证，并经中华人民共和国驻该国使领馆认证。该收养人应当与送养人订立书面协议，亲自向省级人民政府民政部门登记。 ~~收养关系当事人各方或者一方要求办理收养公证的，应当到国务院司法行政部门认定的具有办理涉外公证资格的公证机构办理收养公证。~~

关联法规

《外国人在中华人民共和国收养子女登记办法》

第一条 为了规范涉外收养登记行为，根据《中华人民共和国收养法》，制定本办法。

第二条 外国人在中华人民共和国境内收养子女（以下简称外国人在华收养子女），应当依照本办法办理登记。

收养人夫妻一方为外国人，在华收养子女，也应当依照本办法办理登记。

第三条 外国人在华收养子女，应当符合中国有关收养法律的规定，并应当符合收养人所在国有关收养法的规定；因收养人所在国法律的规定与中国法律的规定不一致而产生的问题，由两国政府有关部门协商处理。

第四条 外国人在华收养子女，应当通过所在国政府或者政府委托的收养组织（以下简称外国收养组织）向中国政府委托的收养组织（以下简称中国收养组织）转交收养申请并提交收养人的家庭情况报告和证明。

前款规定的收养人的收养申请、家庭情况报告和证明，是指由其所在国有权机构出具，经其所在国外交机关或者外交机关授权的机构认证，并经中华人民共和国驻该国使馆或者领馆认证的下列文件：

（一）跨国收养申请书；

（二）出生证明；

（三）婚姻状况证明；

（四）职业、经济收入和财产状况证明；

（五）身体健康检查证明；

（六）有无受过刑事处罚的证明；

（七）收养人所在国主管机关同意其跨国收养子女的证明；

（八）家庭情况报告，包括收养人的身份、收养的合格性和适当性、家庭状况和病史、收养动机以及适合于照顾儿童的特点等。

在华工作或者学习连续居住一年以上的外国人，在华收养子女，应当提交前款规定的除身体健康检查证明以外的文件，并应当提交在华所在单位或者有关部门出具的婚姻状况证明、职业、经济收入或者财产状况证明，有无受过刑事处罚证明以及县级以上医疗机构出具的身体健康检查证明。

第五条 送养人应当向省、自治区、直辖市人民政府民政部门提交本人的居民户口簿和居民身份证（社会福利机构作送养人的，应当提交其负责人的身份证件）、被收养人的户籍证明等情况证明，并根据不同情况提交下列有关证明材料：

（一）被收养人的生父母（包括已经离婚的）为送养人的，应当提交生父母有特殊困难无力抚养的证明和生父母双方同意送养的书面意见；其中，被收养人的生父或者生母因丧偶或者一方下落不明，由单方送养的，并应当提交配偶死亡或者下落不明的证明以及死亡的或者下落不明的配偶的父母不行使优先抚养权的书面声明；

（二）被收养人的父母均不具备完全民事行为能力，由被收养人的其他监护人作送养人的，应当提交被收养人的父母不具备完全民事行为能力且对被收养人有严重危害的证明以及监护人有监护权的证明；

（三）被收养人的父母均已死亡，由被收养人的监护人作送养人的，应当提交其生父母的死亡证明、监护人实际承担责任的证明，以及其他有抚养义务的人同意送养的书面意见；

（四）由社会福利机构作送养人的，应当提交弃婴、儿童被遗弃和发现的情况证明以及查找其父母或者其他监护人的情况证明；被收养人是孤儿的，应当提交孤儿父母的死亡或者宣告死亡证明，以及有抚养孤儿义务的其他人同意送养的书面意见。

送养残疾儿童的，还应当提交县级以上医疗机构出具的该儿童的残疾证明。

第六条 省、自治区、直辖市人民政府民政部门应当对送养人提交的证件和证明材料进行审查，对查找不到生父母的弃婴和儿童公告查找其生父母；认为被收养人、送养人符合收养法规定条件的，将符合收养法规定的被收养人、送养人名单通知中国收养组织，同时转交下列证件和证明材料：

（一）送养人的居民户口簿和居民身份证（社会福利机构作送养人的，为其负责人的身份证件）复制件；

（二）被收养人是弃婴或者孤儿的证明、户籍证明、成长情况报告和身体健康检查证明的复制件及照片。

省、自治区、直辖市人民政府民政部门查找弃婴或者儿童生父母的公告应当在省级地方报纸上刊登。自公告刊登之日起满60日，弃婴和儿童的生父母或者其他监护人未认领的，视为查找不到生父母的弃婴和儿童。

第七条 中国收养组织对外国收养人的收养申请和有关证明进行审查后，应当在省、自治区、直辖市人民政府民政部门报送的符合收养法规定条件的被收养人中，参照外国收养人的意愿，选择适当的被收养人，并将该被收养人及其送养人的有关情况通过外国政府或者外国收养组织送交外国收养人。外国收养人同意收养的，中国收养组织向其发出来华收养子女通知书，同时通知有关的省、自治区、直辖市人民政府民政部门向送养人发出被收养人已被同意收养的通知。

第八条 外国人来华收养子女，应当亲自来华办理登记手续。夫妻共同收养的，应当共同来华办理收养手续；一方因故不能来华的，应当书面委托另一方。委托书应当经所在国公证和认证。

第九条 外国人来华收养子女，应当与送养人订立书面收养协议。协议一式三份，收养人、送养人各执一份，办理收养登记手续时收养登记机关收存一份。

书面协议订立后，收养关系当事人应当共同到被收养人常住户口所在地的省、自治区、直辖市人民政府民政部门办理收养登记。

第十条 收养关系当事人办理收养登记时，应当填写外国人来华收养子女登记申请书并提交收养协议，同时分别提供有关材料。

收养人应当提供下列材料：

（一）中国收养组织发出的来华收养子女通知书；

（二）收养人的身份证件和照片。

送养人应当提供下列材料：

（一）省、自治区、直辖市人民政府民政部门发出的被收养人已被同意收养的通知；

（二）送养人的居民户口簿和居民身份证（社会福利机构作送养人的，为其负责人的身份证件）、被收养人的照片。

第十一条 收养登记机关收到外国人来华收养子女登记申请书和收养人、被收养人及其送养人的有关材料后，应当自次日起7日内进行审查，对符合本办法第十条规定的，为当事人办理收养登记，发给收养登记证书。收养关系自登记之日起成立。

收养登记机关应当将登记结果通知中国收养组织。

第十二条 收养关系当事人办理收养登记后，各方或者一方要求办理收养公证的，应当到收养登记地的具有办理涉外公证资格的公证机构办理收养公证。

第十三条 被收养人出境前，收养人应当凭收养登记证书到收养登记的公安机关为被收养人办理出境手续。

第十四条 外国人在华收养子女，应当向登记机关交纳登记费。登记费的收取标准按照国家有关规定执行。

中国收养组织是非营利性公益事业单位，为外国收养人提供收养服务，可以收取服务费。服务费的收取标准按照国家有关规定执行。

为抚养在社会福利机构生活的弃婴和儿童，国家鼓励外国收养人、外国收养组织向社会福利机构捐赠。受赠的社会福利机构必须将捐赠财物全部用于改善所抚养的弃婴和儿童的养育条件，不得挪作它用，并应当将捐赠财物的使用情况告知捐赠人。受赠的社会福利机构还应当接受有关部门的监督，并应当将捐赠的使用情况向社会公布。

第十五条 中国收养组织的活动受国务院民政部门监督。

第十六条 本办法自发布之日起施行。1993年11月3日国务院批准，1993年11月10日司法部、民政部发布的《外国人在中华人民共和国收养子女实施办法》同时废止。

▶《华侨以及居住在香港、澳门、台湾地区的中国公民办理手痒登记管辖以及所需要出具的证件和证明材料的规定》

第二条 华侨以及居住在香港、澳门、台湾地区的中国公民在内地收养子女的，应当到被收养人常住户口所在地的直辖市、设区的市、自治州人民政府民政部门或者地区（盟）行政公署民政部门申请办理收养登记。

第三条 居住在已与中国建立外交关系国家的华侨申请办理成立收养关系的登记时，应当提交收养申请书和下列证件、证明材料：

（一）护照；

（二）收养人居住国有权机构出具的收养人的年龄、婚姻、有无子女、职业、财产、健康、有无受过刑事处罚等状况的证明材料，该证明材料应当经其居住国外交机关或者外交机关授权的机构认证，并经中国驻该国使领馆认证。

第四条 居住在未与中国建立外交关系国家的华侨申请办理成立收养关系的登记时，应当提交收养申请书和下列证件、证明材料：

（一）护照；

（二）收养人居住国有权机构出具的收养人的年龄、婚姻、有无子女、职业、财产、健康、有无受过刑事处罚等状况的证明材料，该证明材料应当经其居住国外交机关或者外交机关授权的机构认证，并经已与中国建立外交关系的国家驻该国使领馆认证。

第五条 香港居民中的中国公民申请办理成立收养关系的登记时，应当提交收养申请书和下列证件、证明材料：

（一）香港居民身份证、香港居民来往内地通行证或者香港同胞回乡证；

（二）经国家主管机关委托的香港委托公证人证明的收养人的年龄、婚姻、有无子女、职业、财产、健康、有无受过刑事处罚等状况的证明材料。

第六条 澳门居民中的中国公民申请办理成立收养关系的登记时，应当提交收养申请书和下列证件、证明材料：

（一）澳门居民身份证、澳门居民来往内地通行证或者澳门同胞回乡证；

（二）澳门地区有权机构出具的收养人的年龄、婚姻、有无子女、职业、财产、健康、有无受过刑事处罚等状况的证明材料。

第七条 台湾居民申请办理成立收养关系的登记时，应当提交收养申请书和下列证件、证明材料：

（一）在台湾地区居住的有效证明；

（二）中华人民共和国主管机关签发或签注的在有效期内的旅行证件；

（三）经台湾地区公证机构公证的收养人的年龄、婚姻、有无子女、职业、财产、健康、有无受过刑事处罚等状况的证明材料。

第八条 本规定自发布之日起施行。

▶《民政部办公厅关于外国人在中华人民共和国收养继子女当事人需要出具的证件和证明材料的通知》

各省、自治区、直辖市民政厅（局），中国收养中心：

为规范外国人在中华人民共和国收养继子女行为，保障被收养人和收养人的合法权益，依据《中华人民共和国收养法》（以下简称《收养法》）和《外国人在中华人民共和国收养子女登记办法》（以下简称《登记办法》）的有关规定，对当事人需要出具的证件和证明材料通知如下：

一、收养人需要出具的证件和证明材料

依据《收养法》第十四条、《登记办法》第四条的规定，外国人在华收养继子女需要出具的证件和证明材料包括：

1. 跨国收养申请书；

2. 出生证明；

3. 收养人与被收养人生父或者生母结婚的证明；

4. 收养人所在国主管机关同意其跨国收养子女的证明或者主管机关同意被收养人入境入籍的证明；

5. 收养人 2 寸免冠照片两张。

以上文件除第五项外，均需办理公证、认证手续，并按照《登记办法》第四条、第七条的规定由中国收养中心进行审核、办理。

二、送养人需要出具的证件和证明材料

依据《收养法》第十四条、《登记办法》第五条的规定，送养人需要向省、自治区、直辖市人民政府民政部门出具的证件和证明材料包括：

1. 被收养人生父或者生母同意送养的书面意见；

2. 送养人居民户口簿和居民身份证；

3. 被收养人居民身份证或者户籍证明；

4. 送养人与被收养人之间的亲子关系证明；

5. 被收养人 2 寸免冠照片两张。

如果送养人死亡或者被人民法院宣告死亡的，可以不提供第一、二、四项证明材料，但再婚一方应当提交送养人的死亡证明（正常死亡证明由医疗卫生单位出具，非正常死亡证明由县以上公安部门出具）或者人民法院宣告死亡的判决书，本人的居民户口簿和居民身份证以及与被收养人之间的亲子关系证明，死亡或者被宣告死亡一方的父母不行使优先抚养权的书面声明。收养登记员对当事人提交的送养人死亡证明应当严格审查和进行必要的调查，并将调查笔录归卷存档。在办理收养登记时，《收养登记证》上有关送养人的信息不填。

被收养人年满十周岁的，应当提交被收养人同意被收养的证明。

省、自治区、直辖市人民政府民政部门对上述证件和证明材料进行审查后，认为被收养人、送养人符合收养法规定条件的，应当依据《登记办法》第六条的规定，通知中国收养中心，同时转交上述证件和证明材料的复制件及照片。

请各地严格遵照执行，并做好建档归档工作。

▶《民政部办公厅关于在办理涉外收养登记时为收养人出具〈跨国收养合格证明〉的通知》

各省、自治区、直辖市民政厅（局），中国收养中心：

为与《跨国收养方面保护儿童及合作公约》相衔接，保证我国被收养儿童能够顺利取得收养国国籍，自2008年3月1日起，对来自澳大利亚、新西兰、比利时、荷兰、加拿大、挪威、丹麦、芬兰、西班牙、法国、瑞典、冰岛、英国的收养申请人，省级人民政府民政部门在为当事人办理收养登记和签发收养登记证书的同时，作为收养登记证书附件，为收养人出具一份《跨国收养合格证明》。证明加盖收养登记机关公章。

《跨国收养合格证明》按统一格式由计算机打印，打印软件由中国收养中心提供。

▶《司法部关于贯彻执行〈中华人民共和国收养法〉若干问题的意见》

1. 公证机构应当按新收养法及有关法规、规章的规定，认真办好收养公证、解除收养关系公证，以及其他相关公证，如收养协议、亲属关系、解除收养关系协议、声明书、委托书等公证。原收养法实施期间建立的收养关系，符合原收养法规定的，公证机构可以给予公证；不符合原收养法规定的，公证机构不得办理收养或解除收养关系公证，但可对当事人之间抚养的事实进行公证。

2. 新收养法施行后，收养关系的成立和协议解除收养关系以登记为准。公证机构办理收养协议或解除收养关系协议公证时，应告知当事人有关办理登记的法律规定并记录在卷，但已经登记的除外。

3. 公证机构办理收养或解除收养关系公证，应按《公证暂行条例》和《公证程序规则（试行）》的规定办理，要重点审查当事人的身份、行为能力和意思表示是否真实，收养登记证或解除收养关系证明是否系有权机关签发。公证机构发现登记证内容违反收养法的，应当拒绝公证。

夫妻共同收养，一方因故不能亲自到场，另一方到场并提交经过公证的配偶的委托书的，视为亲自到场。

4. 新收养法施行后，对外国人收养公证，司法部不再下发《指定管辖通知》。

公证机构不再办理以下事务：(1) 不再审查外国收养人向中国收养组织提交的申请文件。(2) 不再审查外国收养人所在国法律规定与中国法律规定是否一致。(3) 不再举行颁发公证书的仪式。(4) 不再上报《外国人收养公证登记表》。

对外国人收养公证，公证机构可以应当事人请求在收养公证书证词最后加入更改被收养人姓名内容。但荷兰人收养除外。

5. 对收养查找不到父母的弃婴和儿童的，如当事人申请办理弃婴或弃儿来源情况公证，应提交办理登记的收养登记机关出具的公告查找情况证明，公证机构审查后予以公证。

6. 对原收养法施行前发生的事实收养，公证机构仍按《司法部关于办理收养法实施前建立的事实收养关系公证的通知》(司发通〔1993〕125 号) 规定办理事实收养公证。

法国人收养公证仍按我部原公证司《关于为法国公民办理收养公证的通知》(〔97〕司公字 014 号) 的规定办理。但其收养公证书按本通知所附专用格式出具。

7. 根据民政部的有关规定，收养登记机关自 1999 年 8 月 1 日起启用新式收养证书。1999 年 12 月 31 日前，中国公民收养登记可使用老式或新式收养证书，自 2000 年 1 月 1 日起，一律使用新式收养证书。

新式《收养登记证》和《解除收养关系证明》内芯使用飞燕图案水印纸，内页套印中华人民共和国民政部收养证件管理专用章。新式《收养登记证》中收养人与被收养人的合影照片骑缝处加盖收养登记专用章 (钢印)。上述两证落款处须加盖收养登记机关的公章方能生效。公证机构应注意审查。

8. 公证机构应严格执行公证收费标准，不得超标准收费或乱收费。

9. 本通知自下发之日起执行，《司法部关于外国人收养公证若干问题的通知》(司发通〔1997〕072 号) 同时废止。我部过去下发的文件有与本通知规定不一致的，以本通知为准。

第一千一百一十条 【保守收养秘密】收养人、送养人要求保守收养秘密的，其他人应当尊重其意愿，不得泄露。

条文对比

《民法典婚姻家庭编》	《收养法》
第一千一百一十条 收养人、送养人要求保守收养秘密的，其他人应当尊重其意愿，不得泄露。	**第二十二条** 收养人、送养人要求保守收养秘密的，其他人应当尊重其意愿，不得泄露。

关联法规

▶《收养登记工作规范》

第十条 收养登记员应当熟练掌握相关法律法规和计算机操作，依法行政，热情服务，讲求效率。

收养登记员应当尊重当事人的意愿，保守收养秘密。

第四十八条 收养登记机关及其收养登记员有下列行为之一的，对直接负责的主管人员和其他直接责任人员依法给予行政处分：

（一）为不符合收养登记条件的当事人办理收养登记的；

（二）依法应当予以登记而不予登记的；

（三）违反程序规定办理收养登记、解除收养关系登记、撤销收养登记及其他证明的；

（四）要求当事人提交《中华人民共和国收养法》、《中国公民收养子女登记办法》、《华侨以及居住在香港、澳门、台湾地区的中国公民办理收养登记的管辖以及所需要出具的证件和证明材料的规定》、《外国人在中华人民共和国收养子女登记办法》和本规范规定以外的证件和证明材料的；

（五）擅自提高收费标准、增加收费项目或者不使用规定收费票据的；

（六）玩忽职守造成收养登记档案损毁的；

（七）泄露当事人收养秘密并造成严重后果的；

（八）购买使用伪造收养证书的。

第二节　收养的效力

第一千一百一十一条　【收养的效力】自收养关系成立之日起，养父母与养子女间的权利义务关系，适用本法关于父母子女关系的规定；养子女与养父母的近亲属间的权利义务关系，适用本法关于子女与父母的近亲属关系的规定。

养子女与生父母以及其他近亲属间的权利义务关系，因收养关系的成立而消除。

条文对比

《民法典婚姻家庭编》	《婚姻法》《收养法》
第一千一百一十一条　自收养关系成立之日起，养父母与养子女间的权利义务关系，适用**本法**关于父母子女关系的规定；养子女与养父母的近亲属间的权利义务关系，适用**本法**关于子女与父母的近亲属关系的规定。 养子女与生父母以及其他近亲属间的权利义务关系，因收养关系的成立而消除。	**《婚姻法》** **第二十六条**　国家保护合法的收养关系。养父母和养子女间的权利和义务，适用本法对父母子女关系的有关规定。 养子女和生父母间的权利和义务，因收养关系的成立而消除。 **《收养法》** **第二十三条**　自收养关系成立之日起，养父母与养子女间的权利义务关系，适用~~法律~~关于父母子女关系的规定；养子女与养父母的近亲属间的权利义务关系，适用~~法律~~关于子女与父母的近亲属关系的规定。 养子女与生父母及其他近亲属间的权利义务关系，因收养关系的成立而消除。

关联法规

▶ **《民法典婚姻家庭编》**

第一千零五十八条　夫妻双方平等享有对未成年子女抚养、教育和保护的权利，共同承担对未成年子女抚养、教育和保护的义务。

第一千零六十七条 父母不履行抚养义务的，未成年子女或者不能独立生活的成年子女，有要求父母给付抚养费的权利。

成年子女不履行赡养义务的，缺乏劳动能力或者生活困难的父母，有要求成年子女给付赡养费的权利。

第一千零六十八条 父母有教育、保护未成年子女的权利和义务。未成年子女造成他人损害的，父母应当依法承担民事责任。

第一千零六十九条 子女应当尊重父母的婚姻权利，不得干涉父母离婚、再婚以及婚后的生活。子女对父母的赡养义务，不因父母的婚姻关系变化而终止。

第一千零七十条 父母和子女有相互继承遗产的权利。

第一千零七十一条 非婚生子女享有与婚生子女同等的权利，任何组织或者个人不得加以危害和歧视。

不直接抚养非婚生子女的生父或者生母，应当负担未成年子女或者不能独立生活的成年子女的抚养费。

第一千零七十二条 继父母与继子女间，不得虐待或者歧视。

继父或者继母和受其抚养教育的继子女间的权利义务关系，适用本法关于父母子女关系的规定。

第一千零七十三条 对亲子关系有异议且有正当理由的，父或者母可以向人民法院提起诉讼，请求确认或者否认亲子关系。

对亲子关系有异议且有正当理由的，成年子女可以向人民法院提起诉讼，请求确认亲子关系。

第一千零七十四条 有负担能力的祖父母、外祖父母，对于父母已经死亡或者父母无力抚养的未成年孙子女、外孙子女，有抚养的义务。

有负担能力的孙子女、外孙子女，对于子女已经死亡或者子女无力赡养的祖父母、外祖父母，有赡养的义务。

第一千零七十五条 有负担能力的兄、姐，对于父母已经死亡或者父母无力抚养的未成年弟、妹，有扶养的义务。

由兄、姐扶养长大的有负担能力的弟、妹，对于缺乏劳动能力又缺乏生活来源的兄、姐，有扶养的义务。

▶《民通意见》

38. 被宣告死亡的人在被宣告死亡期间，其子女被他人依法收养，被宣告死亡的人在死亡宣告被撤销后，仅以未经本人同意而主张收养关系无效的，一般不应准许，但收养人和被收养人同意的除外。

▶《民政部办公厅关于收养人因生活困难不能继续抚养被收养人有关问题的复函》

江苏省民政厅：

你厅《关于收养人因生活困难不能继续抚养被收养人应如何处置的请示》(苏民福〔2009〕19号) 收悉。经研究，函复如下：

《中华人民共和国收养法》第二十三条规定："自收养关系成立之日起，养父母与养子女间的权利义务关系，适用法律关于父母子女关系的规定"，因此，已经建立了收养关系的养父母具有和被收养人原生父母同等的权利义务。《中华人民共和国收养法》第五条规定，有特殊困难无力抚养子女的生父母可以作为送养人，故有特殊困难无力抚养子女的养父母也可以作为送养人送养其子女。养父母送养子女应当严格按照生父母送养的登记程序办理。

第一千一百一十二条　【养子女的姓氏】养子女可以随养父或者养母的姓氏，经当事人协商一致，也可以保留原姓氏。

条文对比

《民法典婚姻家庭编》	《收养法》
第一千一百一十二条　养子女可以随养父或者养母的姓氏，经当事人协商一致，也可以保留原姓氏。	**第二十四条**　养子女可以随养父或者养母的姓，经当事人协商一致，也可以保留原姓。

关联法规

▶《民法典总则编》

第一百一十条　自然人享有生命权、身体权、健康权、姓名权、肖像权、名誉权、荣誉权、隐私权、婚姻自主权等权利。

法人、非法人组织享有名称权、名誉权和荣誉权。

▶《民法典人格权编》

第九百九十条 人格权是民事主体享有的生命权、身体权、健康权、姓名权、名称权、肖像权、名誉权、荣誉权、隐私权等权利。

除前款规定的人格权外，自然人享有基于人身自由、人格尊严产生的其他人格权益。

第一千零一十二条 自然人享有姓名权，有权依法决定、使用、变更或者许可他人使用自己的姓名，但是不得违背公序良俗。

第一千零一十五条 自然人应当随父姓或者母姓，但是有下列情形之一的，可以在父姓和母姓之外选取姓氏：

（一）选取其他直系长辈血亲的姓氏；

（二）因由法定扶养人以外的人扶养而选取扶养人姓氏；

（三）有不违背公序良俗的其他正当理由。

少数民族自然人的姓氏可以遵从本民族的文化传统和风俗习惯。

▶《民法典婚姻家庭编》

第一千零五十六条 夫妻双方都有各自使用自己姓名的权利。

第一千一百一十三条 【收养行为的无效】有本法第一编关于民事法律行为无效规定情形或者违反本编规定的收养行为无效。

无效的收养行为自始没有法律约束力。

条文对比

《民法典婚姻家庭编》	《收养法》
第一千一百一十三条　有本法第一编关于民事法律行为无效规定情形或者违反本编规定的收养行为无效。 无效的收养行为自始没有法律约束力。	第二十五条　~~违反《中华人民共和国民法通则》第五十五条和本法~~规定的收养行为无法律效力。 收养行为被人民法院确认无效的，从行为开始时起就没有法律效力。

关联法规

▶《民法典总则编》

第一百四十三条 具备下列条件的民事法律行为有效：

（一）行为人具有相应的民事行为能力；

（二）意思表示真实；

（三）不违反法律、行政法规的强制性规定，不违背公序良俗。

第一百四十四条 无民事行为能力人实施的民事法律行为无效。

第一百四十六条 行为人与相对人以虚假的意思表示实施的民事法律行为无效。

以虚假的意思表示隐藏的民事法律行为的效力，依照有关法律规定处理。

第一百五十三条 违反法律、行政法规的强制性规定的民事法律行为无效。但是，该强制性规定不导致该民事法律行为无效的除外。

违背公序良俗的民事法律行为无效。

第一百五十四条 行为人与相对人恶意串通，损害他人合法权益的民事法律行为无效。

▶《民通意见》

38. 被宣告死亡的人在被宣告死亡期间，其子女被他人依法收养，被宣告死亡的人在死亡宣告被撤销后，仅以未经本人同意而主张收养关系无效的，一般不应准许，但收养人和被收养人同意的除外。

▶《收养登记工作规范》

为了规范收养登记工作，根据《中华人民共和国收养法》、《外国人在中华人民共和国收养子女登记办法》、《中国公民收养子女登记办法》和《华侨以及居住在香港、澳门、台湾地区的中国公民办理收养登记的管辖以及所需要出具的证件和证明材料的规定》，制定本规范。

第一章 收养登记机关和登记员

第一条 收养登记机关是依法履行收养登记行政职能的各级人民政府民政部门。

收养登记机关应当依照法律、法规及本规范，认真履行职责，做好收养登记工作。

第二条 收养登记机关的职责：

（一）办理收养登记；

（二）办理解除收养登记；

（三）撤销收养登记；

（四）补发收养登记证和解除收养关系证明；

（五）出具收养关系证明；

（六）办理寻找弃婴（弃儿）生父母公告；

（七）建立和保管收养登记档案；

（八）宣传收养法律法规。

第三条 收养登记的管辖按照《外国人在中华人民共和国收养子女登记办法》、《中国公民收养子女登记办法》和《华侨以及居住在香港、澳门、台湾地区的中国公民办理收养登记的管辖以及所需要出具的证件和证明材料的规定》的有关规定确定。

第四条 收养登记机关办理收养登记应当使用民政厅或者民政局公章。

收养登记机关应当按照有关规定刻制收养登记专用章。

第五条 收养登记机关应当设置有专门的办公场所，并在醒目位置悬挂收养登记处（科）标识牌。

收养登记场所应当庄严、整洁，设有收养登记公告栏。

第六条 收养登记实行政务公开，应当在收养登记场所公开展示下列内容：

（一）本收养登记机关的管辖权及依据；

（二）收养法的基本原则以及父母和子女的权利、义务；

（三）办理收养登记、解除收养登记的条件与程序；

（四）补领收养登记证的条件与程序；

（五）无效收养及可撤销收养的规定；

（六）收费项目与收费标准、依据；

（七）收养登记员职责及其照片、编号；

（八）办公时间和服务电话（电话号码在当地114查询台登记）；

（九）监督电话。

收养登记场所应当备有《中华人民共和国收养法》、《外国人在中华人民共和国收养子女登记办法》、《中国公民收养子女登记办法》和《华侨以及居住在香港、澳门、台湾地区的中国公民办理收养登记的管辖以及所需要出具的证件和证明材料的规定》，及其他有关文件供收养当事人免费查阅。

收养登记机关对外办公时间应当为国家法定办公时间。

第七条 收养登记机关应当实行计算机管理。各级民政部门应当为本行政区域内收养登记管理信息化建设创造条件。

第八条 收养登记机关应当配备收养登记员。收养登记员由本级民政部门考核、任免。

第九条 收养登记员的主要职责：

（一）解答咨询；

（二）审查当事人是否具备收养登记、解除收养登记、补发收养登记证、撤销收养登记的条件；

（三）颁发收养登记证；

（四）出具收养登记证明；

（五）及时将办理完毕的收养登记材料收集、整理、归档。

第十条 收养登记员应当熟练掌握相关法律法规和计算机操作，依法行政，热情服务，讲求效率。

收养登记员应当尊重当事人的意愿，保守收养秘密。

第十一条 收养登记员办理收养登记及相关业务应当按照申请－受理－审查－报批－登记－颁证的程序办理。

第十二条 收养登记员在完成表格和证书、证明填写后，应当进行认真核对、检查，并复印存档。对打印或者书写错误、证件被污染或者损坏的，应当作废处理，重新填写。

第二章 收养登记

第十三条 受理收养登记申请的条件是：

（一）收养登记机关具有管辖权；

（二）收养登记当事人提出申请；

（三）当事人持有的证件、证明材料符合规定。

收养人和被收养人应当提交 2 张 2 寸近期半身免冠合影照片。送养人应当提交 2 张 2 寸近期半身免冠合影或者单人照片，社会福利机构送养的除外。

第十四条 收养登记员受理收养登记申请，应当按照下列程序进行：

（一）区分收养登记类型，查验当事人提交的证件和证明材料、照片是否符合此类型的要求；

（二）询问或者调查当事人的收养意愿、目的和条件，告知收养登记的条件和弄虚作假的后果；

（三）见证当事人在《收养登记申请书》（附件1）上签名；

（四）将当事人的信息输入计算机应当用程序，并进行核查；

（五）复印当事人的身份证件、户口簿。单身收养的应当复印无婚姻登记记录证明、离婚证或者配偶死亡证明；夫妻双方共同收养的应当复印结婚证。

第十五条 《收养登记申请书》的填写：

（一）当事人"姓名"：当事人是中国公民的，使用中文填写；当事人是外国人的，按照当事人护照上的姓名填写；

（二）"出生日期"：使用阿拉伯数字，按照身份证件上的出生日期填写为"××××年××月××日"；

（三）"身份证件号"：当事人是内地居民的，填写公民身份号码；当事人是香港、澳门、台湾居民中的中国公民的，填写香港、澳门、台湾居民身份证号，并在号码后加注"（香港）"、"（澳门）"或者"（台湾）"；当事人是华侨的，填写护照号；当事人是外国人的，填写护照号。

证件号码前面有字符的，应当一并填写；

（四）"国籍"：当事人是内地居民、华侨以及居住在香港、澳门、台湾地区的中国公民的，填写"中国"；当事人是外国人的，按照护照上的国籍填写；

（五）"民族"、"职业"和"文化程度"，按照《中华人民共和国国家标准》填写；

（六）"健康状况"填写"健康"、"良好"、"残疾"或者其他疾病；

（七）"婚姻状况"填写"未婚"、"已婚"、"离婚"、"丧偶"；

（八）"家庭收入"填写家庭年收入总和；

（九）"住址"填写户口簿上的家庭住址；

（十）送养人是社会福利机构的，填写"送养人情况（1）"，经办人应当是社会福利机构工作人员。送养人是非社会福利机构的，填写"送养人情况（2）"，"送养人和被收养人关系"是亲属关系的，应当写明具体亲属关系；不是亲属关系的，应当写明"非亲属"。

收养非社会福利机构抚养的查找不到生父母的儿童的，送养人有关内容不填；

（十一）"被收养后改名为"填写被收养人被收养后更改的姓名。未更改姓名的，此栏不填；

（十二）被收养人“身份类别”分别填写“孤儿”、“社会福利机构抚养的查找不到生父母的儿童”、“非社会福利机构抚养的查找不到生父母的儿童”、“生父母有特殊困难无力抚养的子女”、“继子女”。收养三代以内同辈旁系血亲的子女，应当写明具体亲属关系；

（十三）继父母收养继子女的，要同时填写收养人和送养人有关内容。单身收养后，收养人结婚，其配偶要求收养继子女的；送养人死亡或者被人民法院宣告死亡的，送养人有关内容不填；

（十四）《收养登记申请书》中收养人、被收养人和送养人（送养人是社会福利机构的经办人）的签名必须由当事人在收养登记员当面完成；

当事人没有书写能力的，由当事人口述，收养登记员代为填写。收养登记员代当事人填写完毕后，应当宣读，当事人认为填写内容无误，在当事人签名处按指纹。当事人签名一栏不得空白，也不得由他人代为填写、代按指纹。

第十六条 收养登记员要分别询问或者调查收养人、送养人、年满10周岁以上的被收养人和其他应当询问或者调查的人。

询问或者调查的重点是被询问人或者被调查人的姓名、年龄、健康状况、经济和教育能力、收养人、送养人和被收养人之间的关系、收养的意愿和目的。特别是对年满10周岁以上的被收养人应当询问是否同意被收养和有关协议内容。

询问或者调查结束后，要将笔录给被询问人或者被调查人阅读。被询问人或者被调查人要写明“已阅读询问（或者调查）笔录，与本人所表示的意思一致（或者调查情况属实）”，并签名。被询问人或者被调查人没有书写能力的，可由收养登记员向被询问或者被调查人宣读所记录的内容，并注明“由收养登记员记录，并向当事人宣读，被询问人（被调查人）在确认所记录内容正确无误后按指纹。”然后请被询问人或者被调查人在注明处按指纹。

第十七条 收养查找不到生父母的弃婴、弃儿的，收养登记机关应当根据《中国公民收养子女登记办法》第七条的规定，在登记前公告查找其生父母（附件2）。

公告应当刊登在收养登记机关所在地设区的市（地区）级以上地方报纸上。公告要有查找不到生父母的弃婴、弃儿的照片。办理公告时收养登记员要保存捡拾证明和捡拾地派出所出具的报案证明。派出所出具的报案证明应当有出具该证明的警员签名和警号。

第十八条 办理内地居民收养登记和华侨收养登记，以及香港、澳门、台湾居民中的中国公民的收养登记，收养登记员收到当事人提交的申请书及有关材料后，应当自次日起30日内进行审查。对符合收养条件的，为当事人办理收养登记，填写《收养登记审查处理表》（附件3），报民政局主要领导或者分管领导批准，并填发收养登记证。

办理涉外收养登记，收养登记员收到当事人提交的申请书及有关材料后，应当自次日起7日内进行审查。对符合收养条件的，为当事人办理收养登记，填写《收养登记审查处理表》，报民政厅（局）主要领导或者分管领导批准，并填发收养登记证。

第十九条 《收养登记审查处理表》和收养登记证由计算机打印，未使用计算机进行收养登记的，应当使用蓝黑、黑色墨水的钢笔或者签字笔填写。

第二十条 《收养登记审查处理表》的填写：

（一）“提供证件情况”：应当对当事人提供的证件、证明材料核实后填写“齐全”；

（二）“审查意见”：填写“符合收养条件，准予登记”；

（三）“主要领导或者分管领导签名”：由批准该收养登记的民政厅（局）主要领导或者分管领导亲笔签名，不得使用个人印章或者计算机打印；

（四）“收养登记员签名”：由办理该收养登记的收养登记员亲笔签名，不得使用个人印章或者计算机打印；

（五）“收养登记日期”：使用阿拉伯数字，填写为：“××××年××月××日”。填写的日期应当与收养登记证上的登记日期一致；

（六）“承办机关名称”：填写承办单位名称；

（七）“收养登记证字号”填写式样为“（XXXX）AB收字YYYYY”（AB为收养登记机关所在省级和县级或者市级和区级的行政区域简称，XXXX为年号，YYYYY为当年办理收养登记的序号）；

（八）“收养登记证印制号”填写颁发给当事人的收养登记证上印制的号码。

第二十一条 收养登记证的填写按照《民政部办公厅关于启用新式〈收养登记证〉的通知》（民办函〔2006〕203号）的要求填写。

收养登记证上收养登记字号、姓名、性别、国籍、出生日期、身份证件号、住址、被收养人身份、更改的姓名，以及登记日期应当与《收养登记申请书》和《收养登记审查处理表》中相应项目一致。

无送养人的，“送养人姓名（名称）”一栏不填。

第二十二条 颁发收养登记证，应当在当事人在场时按照下列步骤进行：

（一）核实当事人姓名和收养意愿；

（二）告知当事人领取收养登记证后的法律关系以及父母和子女的权利、义务；

（三）见证当事人本人亲自在附件3上的“当事人领证签名或者按指纹”一栏中签名；当事人没有书写能力的，应当按指纹。

“当事人领证签名或者按指纹”一栏不得空白，不得由他人代为填写、代按指纹；

（四）将收养登记证颁发给收养人，并向当事人宣布：取得收养登记证，确立收养关系。

第二十三条 收养登记机关对不符合收养登记条件的，不予受理，但应当向当事人出具《不予办理收养登记通知书》（附件4），并将当事人提交的证件和证明材料全部退还当事人。对于虚假证明材料，收养登记机关予以没收。

第三章 解除收养登记

第二十四条 受理解除收养关系登记申请的条件是：

（一）收养登记机关具有管辖权；

（二）收养人、送养人和被收养人共同到被收养人常住户口所在地的收养登记机关提出申请；

（三）收养人、送养人自愿解除收养关系并达成协议。被收养人年满10周岁的，已经征得其同意；

（四）持有收养登记机关颁发的收养登记证。经公证机构公证确立收养关系的，应当持有公证书；

（五）收养人、送养人和被收养人各提交2张2寸单人近期半身免冠照片，社会福利机构送养的除外；

（六）收养人、送养人和被收养人持有身份证件、户口簿。

送养人是社会福利机构的，要提交社会福利机构法定代表人居民身份证复印件。

养父母与成年养子女协议解除收养关系的，无需送养人参与。

第二十五条 收养登记员受理解除收养关系登记申请，应当按照下列程序进行：

（一）查验当事人提交的照片、证件和证明材料。

当事人提供的收养登记证上的姓名、出生日期、公民身份号码与身份证、户口簿不一致的，当事人应当书面说明不一致的原因；

（二）向当事人讲明收养法关于解除收养关系的条件；

（三）询问当事人的解除收养关系意愿以及对解除收养关系协议内容的意愿；

（四）收养人、送养人和被收养人参照本规范第十五条的相关内容填写《解除收养登记申请书》（附件5）；

（五）将当事人的信息输入计算机应当用程序，并进行核查；

（六）复印当事人的身份证件、户口簿。

第二十六条 收养登记员要分别询问收养人、送养人、年满10周岁以上的被收养人和其他应当询问的人。

询问的重点是被询问人的姓名、年龄、健康状况、民事行为能力、收养人、送养人和被收养人之间的关系、解除收养登记的意愿。对年满10周岁以上的被收养人应当询问是否同意解除收养登记和有关协议内容。

对未成年的被收养人，要询问送养人同意解除收养登记后接纳被收养人和有关协议内容。

询问结束后，要将笔录给被询问人阅读。被询问人要写明“已阅读询问笔录，与本人所表示的意思一致”，并签名。被询问人没有书写能力的，可由收养登记员向被询问人宣读所记录的内容，并注明“由收养登记员记录，并向当事人宣读，被询问人在确认所记录内容正确无误后按指纹。”然后请被询问人在注明处按指纹。

第二十七条 收养登记员收到当事人提交的证件、申请解除收养关系登记申请书、解除收养关系协议书后，应当自次日起30日内进行审查。对符合解除收养条件的，为当事人办理解除收养关系登记，填写《解除收养登记审查处理表》（附件6），报民政厅（局）主要领导或者分管领导批准，并填发《解除收养关系证明》。

“解除收养关系证明字号”填写式样为“（XXXX）AB解字YYYYY”（AB为收养登记机关所在省级和县级或者市级和区级的行政区域简称，XXXX为年号，YYYYY为当年办理解除收养登记的序号）。

第二十八条 颁发解除收养关系证明，应当在当事人均在场时按照下列步骤进行：

（一）核实当事人姓名和解除收养关系意愿；

（二）告知当事人领取解除收养关系证明后的法律关系；

（三）见证当事人本人亲自在《解除收养登记审查处理表》“领证人签名或者按指纹”一栏中签名；当事人没有书写能力的，应当按指纹。

“领证人签名或者按指纹”一栏不得空白，不得由他人代为填写、代按指纹；

（四）收回收养登记证，收养登记证遗失应当提交查档证明；

（五）将解除收养关系证明一式两份分别颁发给解除收养关系的收养人和被收养人，并宣布：取得解除收养关系证明，收养关系解除。

第二十九条 收养登记机关对不符合解除收养关系登记条件的，不予受理，但应当向当事人出具《不予办理解除收养登记通知书》（附件7），将当事人提交的证件和证明材料全部退还当事人。对于虚假证明材料，收养登记机关予以没收。

第四章 撤销收养登记

第三十条 收养关系当事人弄虚作假骗取收养登记的，按照《中国公民收养子女登记办法》第十二条的规定，由利害关系人、有关单位或者组织向原收养登记机关提出，由收养登记机关撤销登记，收缴收养登记证。

第三十一条 收养登记员受理撤销收养登记申请，应当按照下列程序进行：

（一）查验申请人提交的证件和证明材料；

（二）申请人在收养登记员面前亲自填写《撤销收养登记申请书》（附件8），并签名。

申请人没有书写能力的，可由当事人口述，第三人代为填写，当事人在“申请人”一栏按指纹。

第三人应当在申请书上注明代写人的姓名、公民身份号码、住址、与申请人的关系。

收养登记机关工作人员不得作为第三人代申请人填写；

（三）申请人宣读本人的申请书，收养登记员作见证人并在见证人一栏签名；

（四）调查涉案当事人的收养登记情况。

第三十二条 符合撤销条件的，收养登记机关拟写《关于撤销×××与×

××收养登记决定书》（附件9），报民政厅（局）主要领导或者分管领导批准，并印发撤销决定。

第三十三条 收养登记机关应当将《关于撤销×××与×××收养登记决定书》送达每位当事人，收缴收养登记证，并在收养登记机关的公告栏公告30日。

第三十四条 收养登记机关对不符合撤销收养条件的，应当告知当事人不予撤销的原因，并告知当事人可以向人民法院起诉。

第五章 补领收养登记证、解除收养关系证明

第三十五条 当事人遗失、损毁收养证件，可以向原收养登记机关申请补领。

第三十六条 受理补领收养登记证、解除收养关系证明申请的条件是：

（一）收养登记机关具有管辖权；

（二）依法登记收养或者解除收养关系，目前仍然维持该状况；

（三）收养人或者被收养人亲自到收养登记机关提出申请。

收养人或者被收养人因故不能到原收养登记机关申请补领收养登记证的，可以委托他人办理。委托办理应当提交经公证机关公证的当事人的身份证件复印件和委托书。委托书应当写明当事人办理收养登记的时间及承办机关、目前的收养状况、委托事由、受委托人的姓名和身份证件号码。受委托人应当同时提交本人的身份证件。

夫妻双方共同收养子女的，应当共同到收养登记机关提出申请，一方不能亲自到场的，应当书面委托另一方，委托书应当经过村（居）民委员会证明或者经过公证。外国人的委托书应当经所在国公证和认证。夫妻双方一方死亡的，另一方应当出具配偶死亡的证明；离婚的出具离婚证件，可以一方提出申请。

被收养人未成年的，可由监护人提出申请。监护人要提交监护证明；

（四）申请人持有身份证件、户口簿；

（五）申请人持有查档证明。

收养登记档案遗失的，申请人应当提交能够证明其收养状况的证明。户口本上父母子女关系的记载，单位、村（居）民委员会或者近亲属出具的写明当事人收养状况的证明可以作为当事人收养状况证明使用；

（六）收养人和被收养人的2张2寸合影或者单人近期半身免冠照片。

监护人提出申请的，要提交监护人1张2寸合影或者单人近期半身免冠照片。监护人为单位的，要提交单位法定代表人身份证件复印件和经办人 1 张 2 寸单人近期半身免冠照片。

第三十七条 收养登记员受理补领收养登记证、解除收养关系证明，应当按照下列程序进行：

（一）查验申请人提交的照片、证件和证明材料。

申请人出具的身份证、户口簿上的姓名、年龄、公民身份号码与原登记档案不一致的，申请人应当书面说明不一致的原因，收养登记机关可根据申请人出具的身份证件补发收养登记证；

（二）向申请人讲明补领收养登记证、解除收养关系证明的条件；

（三）询问申请人当时办理登记的情况和现在的收养状况。

对于没有档案可查的，收养登记员要对申请人进行询问。询问结束后，要将笔录给被询问人阅读。被询问人要写明“已阅读询问笔录，与本人所表示的意思一致”，并签名。被询问人没有书写能力的，可由收养登记员向被询问人宣读所记录的内容，并注明“由收养登记员记录，并向被询问人宣读，被询问人在确认所记录内容正确无误后按指纹。”然后请被询问人在注明处按指纹；

（四）申请人参照本规范第十五条相关规定填写《补领收养登记证申请书》（附件 10）；

（五）将申请人的信息输入计算机应当用程序，并进行核查；

（六）向出具查档证明的机关进行核查；

（七）复印当事人的身份证件、户口簿。

第三十八条 收养登记员收到申请人提交的证件、证明后，应当自次日起 30 日内进行审查，符合补发条件的，填写《补发收养登记证审查处理表》（附件 11），报民政厅（局）主要领导或者分管领导批准，并填发收养登记证、解除收养关系证明。

《补发收养登记证审查处理表》和收养登记证按照《民政部办公厅关于启用新式〈收养登记证〉的通知》（民办函〔2006〕203 号）和本规范相关规定填写。

第三十九条 补发收养登记证、解除收养关系证明，应当在申请人或者委托人在场时按照下列步骤进行：

（一）向申请人或者委托人核实姓名和原登记日期；

（二）见证申请人或者委托人在《补发收养登记证审查处理表》“领证人签

名或者按指纹”一栏中签名；申请人或者委托人没有书写能力的，应当按指纹。

“领证人签名或者按指纹”一栏不得空白，不得由他人代为填写、代按指纹；

（三）将补发的收养登记证、解除收养登记证发给申请人或者委托人，并告知妥善保管。

第四十条 收养登记机关对不具备补发收养登记证、解除收养关系证明受理条件的，不予受理，并告知原因和依据。

第四十一条 当事人办理过收养或者解除收养关系登记，申请补领时的收养状况因解除收养关系或者收养关系当事人死亡发生改变的，不予补发收养登记证，可由收养登记机关出具收养登记证明。

收养登记证明不作为收养人和被收养人现在收养状况的证明。

第四十二条 出具收养登记证明的申请人范围和程序与补领收养登记证相同。申请人向原办理该收养登记的机关提出申请，并填写《出具收养登记证明申请书》（附件12）。收养登记员收到当事人提交的证件、证明后，应当自次日起30日内进行审查，符合出证条件的，填写《出具收养登记证明审查处理表》（附件13），报民政厅（局）主要领导或者分管领导批准，并填写《收养登记证明书》（附件14），发给申请人。

第四十三条 “收养登记证明字号”填写式样为“（XXXX）AB证字YYYYY”（AB为收养登记机关所在省级和县级或者市级和区级的行政区域简称，XXXX为年号，YYYYY为当年出具收养登记证明的序号）。

第六章 收养档案和证件管理

第四十四条 收养登记机关应当按照《收养登记档案管理暂行办法》（民发〔2003〕181号）的规定，制定立卷、归档、保管、移交和使用制度，建立和管理收养登记档案，不得出现原始材料丢失、损毁情况。

第四十五条 收养登记机关不得购买非上级民政部门提供的收养证件。各级民政部门发现本行政区域内有购买、使用非上级民政部门提供的收养证件的，应当予以没收，并追究相关责任人的法律责任和行政责任。

收养登记机关已将非法购制的收养证件颁发给收养当事人的，应当追回，并免费为当事人换发符合规定的收养登记证、解除收养关系证明。

报废的收养证件由收养登记机关登记造册，统一销毁。

收养登记机关发现收养证件有质量问题时，应当及时书面报告省（自治区、直辖市）人民政府民政部门。

第七章　监督与管理

第四十六条　各级民政部门应当建立监督检查制度，定期对本级民政部门设立的收养登记处（科）和下级收养登记机关进行监督检查，发现问题，及时纠正。

第四十七条　收养登记机关应当按规定到指定的物价部门办理收费许可证，按照国家规定的标准收取收养登记费，并使用财政部门统一制定的收费票据。

第四十八条　收养登记机关及其收养登记员有下列行为之一的，对直接负责的主管人员和其他直接责任人员依法给予行政处分：

（一）为不符合收养登记条件的当事人办理收养登记的；

（二）依法应当予以登记而不予登记的；

（三）违反程序规定办理收养登记、解除收养关系登记、撤销收养登记及其他证明的；

（四）要求当事人提交《中华人民共和国收养法》、《中国公民收养子女登记办法》、《华侨以及居住在香港、澳门、台湾地区的中国公民办理收养登记的管辖以及所需要出具的证件和证明材料的规定》、《外国人在中华人民共和国收养子女登记办法》和本规范规定以外的证件和证明材料的；

（五）擅自提高收费标准、增加收费项目或者不使用规定收费票据的；

（六）玩忽职守造成收养登记档案损毁的；

（七）泄露当事人收养秘密并造成严重后果的；

（八）购买使用伪造收养证书的。

第四十九条　收养登记员违反规定办理收养登记，给当事人造成严重后果的，应当由收养登记机关承担对当事人的赔偿责任，并对承办人员进行追偿。

第八章　附　　则

第五十条　收养查找不到生父母的弃婴、儿童的公告费，由收养人缴纳。

第五十一条　收养登记当事人提交的居民身份证与常住户口簿上的姓名、性别、出生日期应当一致；不一致的，当事人应当先到公安部门更正。

居民身份证或者常住户口簿丢失，当事人应当先到公安户籍管理部门补办证件。当事人无法提交居民身份证的，可提交有效临时身份证办理收养登记。当事人无法提交居民户口簿的，可提交公安部门或者有关户籍管理机构出具的加盖印章的户籍证明办理收养登记。

第五十二条 收养登记当事人提交的所在单位或者村民委员会、居民委员会、县级以上医疗机构、人口计生部门出具的证明，以及本人的申请，有效期6个月。

第五十三条 人民法院依法判决或者调解结案的收养案件，确认收养关系效力或者解除收养关系的，不再办理收养登记或者解除收养登记。

第五十四条 《中华人民共和国收养法》公布施行以前所形成的收养关系，收养关系当事人申请办理收养登记的，不予受理。

第三节 收养关系的解除

第一千一百一十四条 **【解除收养关系】**收养人在被收养人成年以前，不得解除收养关系，但是收养人、送养人双方协议解除的除外。养子女八周岁以上的，应当征得本人同意。

收养人不履行抚养义务，有虐待、遗弃等侵害未成年养子女合法权益行为的，送养人有权要求解除养父母与养子女间的收养关系。送养人、收养人不能达成解除收养关系协议的，可以向人民法院提起诉讼。

条文对比

《民法典婚姻家庭编》	《收养法》
第一千一百一十四条 收养人在被收养人成年以前，不得解除收养关系，但是收养人、送养人双方协议解除的除外。养子女八周岁以上的，应当征得本人同意。 收养人不履行抚养义务，有虐待、遗弃等侵害未成年养子女合法权益行为的，送养人有权要求解除养父母与养子女间的收养关系。送养人、收养人不能达成解除收养关系协议的，可以向人民法院提起诉讼。	**第二十六条** 收养人在被收养人成年以前，不得解除收养关系，但收养人、送养人双方协议解除的除外，养子女~~年满~~十周岁以上的，应当征得本人同意。 收养人不履行抚养义务，有虐待、遗弃等侵害未成年养子女合法权益行为的，送养人有权要求解除养父母与养子女间的收养关系。送养人、收养人不能达成解除收养关系协议的，可以向人民法院起诉。

关联法规

▶ **《民法典总则编》**

第十九条 八周岁以上的未成年人为限制民事行为能力人，实施民事法律行为由其法定代理人代理或者经其法定代理人同意、追认；但是，可以独立实施纯获利益的民事法律行为或者与其年龄、智力相适应的民事法律行为。

第二十条 不满八周岁的未成年人为无民事行为能力人，由其法定代理人代理实施民事法律行为。

▶ **《最高人民法院民事审判庭关于对周德兴诉周阿金、杭根娣解除收养关系一案的电话答复》**

江苏省高级人民法院民庭：

你庭请示的周德兴诉周阿金、杭根娣解除收养关系一案，经研究认为，周阿金、杭根娣夫妇与子女订立的《产权分配证据》不符合赠与的法律特征，其赠予关系不能成立。周阿金夫妇与子女订立《产权分配证据》系周阿金夫妇为保证晚年有所赡养的情况下订立的。因此，“赠与”房屋很难说完全反映了周阿金夫妇的真实意愿。本案《产权分配证据》以受赠人按月交付赡养费为条件，将赠与的无偿性变为有偿性，改变了赠予的性质。而且《产权分配证据》只有赠与人签名，没有受赠人签名，即未办理过户手续，产权人又未将产权证明与受赠人，也不符合赠予的形式要件。周阿金、杭根娣夫妇与周德兴是养父母和养子女关系。养父母将周德兴从小养大成人，周德兴对养父母具有法定的赡养义务。以取得财产为前提方对父母进行赡养，不仅违反了社会公德，而且违反了我国婚姻法第十五条“子女对父母有赡养扶助义务”的规定。

第一千一百一十五条 **【解除收养关系的方式】**养父母与成年养子女关系恶化、无法共同生活的，可以协议解除收养关系。不能达成协议的，可以向人民法院提起诉讼。

条文对比

《民法典婚姻家庭编》	《收养法》
第一千一百一十五条 养父母与成年养子女关系恶化、无法共同生活的，可以协议解除收养关系。不能达成协议的，可以向人民法院提起诉讼。	**第二十七条** 养父母与成年养子女关系恶化、无法共同生活的，可以协议解除收养关系。不能达成协议的，可以向人民法院起诉。

关联法规

《中国公民收养子女登记办法》

第二条 中国公民在中国境内收养子女或者协议解除收养关系的，应当依照本办法的规定办理登记。

办理收养登记的机关是县级人民政府民政部门。

第九条 收养关系当事人协议解除收养关系的，应当持居民户口簿、居民身份证、收养登记证和解除收养关系的书面协议，共同到被收养人常住户口所在地的收养登记机关办理解除收养关系登记。

第十条 收养登记机关收到解除收养关系登记申请书及有关材料后，应当自次日起30日内进行审查；对符合收养法规定的，为当事人办理解除收养关系的登记，收回收养登记证，发给解除收养关系证明。

第十三条 本办法规定的收养登记证、解除收养关系证明的式样，由国务院民政部门制定。

第一千一百一十六条 【协议解除收养关系的程序】当事人协议解除收养关系的，应当到民政部门办理解除收养关系登记。

条文对比

《民法典婚姻家庭编》	《收养法》
第一千一百一十六条 当事人协议解除收养关系的，应当到民政部门办理解除收养关系登记。	**第二十八条** 当事人协议解除收养关系的，应当到民政部门办理解除收养关系的登记。

关联法规

《中国公民收养子女登记办法》

第九条 收养关系当事人协议解除收养关系的，应当持居民户口簿、居民身份证、收养登记证和解除收养关系的书面协议，共同到被收养人常住户口所在地的收养登记机关办理解除收养关系登记。

第十条 收养登记机关收到解除收养关系登记申请书及有关材料后，应当自次日起30日内进行审查；对符合收养法规定的，为当事人办理解除收养关系的登记，收回收养登记证，发给解除收养关系证明。

《收养登记工作规范》

第二十四条 受理解除收养关系登记申请的条件是：

（一）收养登记机关具有管辖权；

（二）收养人、送养人和被收养人共同到被收养人常住户口所在地的收养登记机关提出申请；

（三）收养人、送养人自愿解除收养关系并达成协议。被收养人年满10周岁的，已经征得其同意；

（四）持有收养登记机关颁发的收养登记证。经公证机构公证确立收养关系的，应当持有公证书；

（五）收养人、送养人和被收养人各提交2张2寸单人近期半身免冠照片，社会福利机构送养的除外；

（六）收养人、送养人和被收养人持有身份证件、户口簿。

送养人是社会福利机构的，要提交社会福利机构法定代表人居民身份证复印件。

养父母与成年养子女协议解除收养关系的，无需送养人参与。

第二十五条 收养登记员受理解除收养关系登记申请，应当按照下列程序进行：

（一）查验当事人提交的照片、证件和证明材料。

当事人提供的收养登记证上的姓名、出生日期、公民身份号码与身份证、户口簿不一致的，当事人应当书面说明不一致的原因；

（二）向当事人讲明收养法关于解除收养关系的条件；

（三）询问当事人的解除收养关系意愿以及对解除收养关系协议内容的意愿；

（四）收养人、送养人和被收养人参照本规范第十五条的相关内容填写《解除收养登记申请书》（附件5）；

（五）将当事人的信息输入计算机应当用程序，并进行核查；

（六）复印当事人的身份证件、户口簿。

第二十六条 收养登记员要分别询问收养人、送养人、年满10周岁以上的被收养人和其他应当询问的人。

询问的重点是被询问人的姓名、年龄、健康状况、民事行为能力、收养人、送养人和被收养人之间的关系、解除收养登记的意愿。对年满10周岁以上的被收养人应当询问是否同意解除收养登记和有关协议内容。

对未成年的被收养人，要询问送养人同意解除收养登记后接纳被收养人和有关协议内容。

询问结束后，要将笔录给被询问人阅读。被询问人要写明"已阅读询问笔录，与本人所表示的意思一致"，并签名。被询问人没有书写能力的，可由收养登记员向被询问人宣读所记录的内容，并注明"由收养登记员记录，并向当事人宣读，被询问人在确认所记录内容正确无误后按指纹。"然后请被询问人在注明处按指纹。

第二十七条 收养登记员收到当事人提交的证件、申请解除收养关系登记申请书、解除收养关系协议书后，应当自次日起30日内进行审查。对符合解除收养条件的，为当事人办理解除收养关系登记，填写《解除收养登记审查处理表》（附件6），报民政厅（局）主要领导或者分管领导批准，并填发《解除收养关系证明》。

"解除收养关系证明字号"填写式样为"（XXXX）AB解字YYYYY"（AB为收养登记机关所在省级和县级或者市级和区级的行政区域简称，XXXX为年号，YYYYY为当年办理解除收养登记的序号）。

第二十八条 颁发解除收养关系证明，应当在当事人均在场时按照下列步骤进行：

（一）核实当事人姓名和解除收养关系意愿；

（二）告知当事人领取解除收养关系证明后的法律关系；

（三）见证当事人本人亲自在《解除收养登记审查处理表》"领证人签名或者按指纹"一栏中签名；当事人没有书写能力的，应当按指纹。

"领证人签名或者按指纹"一栏不得空白，不得由他人代为填写、代按指纹；

（四）收回收养登记证，收养登记证遗失应当提交查档证明；

（五）将解除收养关系证明一式两份分别颁发给解除收养关系的收养人和被收养人，并宣布：取得解除收养关系证明，收养关系解除。

第二十九条 收养登记机关对不符合解除收养关系登记条件的，不予受理，但应当向当事人出具《不予办理解除收养登记通知书》（附件7），将当事人提交的证件和证明材料全部退还当事人。对于虚假证明材料，收养登记机关予以没收。

第一千一百一十七条 【解除收养关系后的身份效力】 收养关系解除后，养子女与养父母以及其他近亲属间的权利义务关系即行消除，与生父母以及其他近亲属间的权利义务关系自行恢复。但是，成年养子女与生父母以及其他近亲属间的权利义务关系是否恢复，可以协商确定。

条文对比

《民法典婚姻家庭编》	《收养法》
第一千一百一十七条 收养关系解除后，养子女与养父母<u>以及</u>其他近亲属间的权利义务关系即行消除，与生父母<u>以及</u>其他近亲属间的权利义务关系自行恢复<u>。但是，</u>成年养子女与生父母<u>以及</u>其他近亲属间的权利义务关系是否恢复，可以协商确定。	**第二十九条** 收养关系解除后，养子女与养父母<u>及</u>其他近亲属间的权利义务关系即行消除，与生父母<u>及</u>其他近亲属间的权利义务关系自行恢复<u>，但</u>成年养子女与生父母<u>及</u>其他近亲属间的权利义务关系是否恢复，可以协商确定。

第一千一百一十八条 【解除收养关系后的财产效力】 收养关系解除后，经养父母抚养的成年养子女，对缺乏劳动能力又缺乏生活来源的养父母，应当给付生活费。因养子女成年后虐待、遗弃养父母而解除收养关系的，养父母可以要求养子女补偿收养期间支出的抚养费。

生父母要求解除收养关系的，养父母可以要求生父母适当补偿收养期间支出的抚养费；但是，因养父母虐待、遗弃养子女而解除收养关系的除外。

条文对比

《民法典婚姻家庭编》	《收养法》
第一千一百一十八条 收养关系解除后，经养父母抚养的成年养子女，对缺乏劳动能力又缺乏生活来源的养父母，应当给付生活费。因养子女成年后虐待、遗弃养父母而解除收养关系的，养父母可以要求养子女补偿收养期间支出的**抚养费**。 生父母要求解除收养关系的，养父母可以要求生父母适当补偿收养期间支出的**抚养费**；但是，因养父母虐待、遗弃养子女而解除收养关系的除外。	**第三十条** 收养关系解除后，经养父母抚养的成年养子女，对缺乏劳动能力又缺乏生活来源的养父母，应当给付生活费。因养子女成年后虐待、遗弃养父母而解除收养关系的，养父母可以要求养子女补偿收养期间支出的~~生活费和教育费~~。 生父母要求解除收养关系的，养父母可以要求生父母适当补偿收养期间支出的~~生活费和教育费~~，但因养父母虐待、遗弃养子女而解除收养关系的除外。

关联法规

▶《民法典总则编》

第二十六条 父母对未成年子女负有抚养、教育和保护的义务。

成年子女对父母负有赡养、扶助和保护的义务。

▶《民法典婚姻家庭编》

第一千零六十七条 父母不履行抚养义务的，未成年子女或者不能独立生活的成年子女，有要求父母给付抚养费的权利。

成年子女不履行赡养义务的，缺乏劳动能力或者生活困难的父母，有要求成年子女给付赡养费的权利。

第一千一百一十一条 自收养关系成立之日起，养父母与养子女间的权利义务关系，适用本法关于父母子女关系的规定；养子女与养父母的近亲属间的权利义务关系，适用本法关于子女与父母的近亲属关系的规定。

养子女与生父母以及其他近亲属间的权利义务关系，因收养关系的成立而消除。

第一千一百一十四条 收养人在被收养人成年以前，不得解除收养关系，但是收养人、送养人双方协议解除的除外。养子女八周岁以上的，应当征得本人同意。

收养人不履行抚养义务，有虐待、遗弃等侵害未成年养子女合法权益行为的，送养人有权要求解除养父母与养子女间的收养关系。送养人、收养人不能达成解除收养关系协议的，可以向人民法院提起诉讼。

第一千一百一十五条 养父母与成年养子女关系恶化、无法共同生活的，可以协议解除收养关系。不能达成协议的，可以向人民法院提起诉讼。

▶《老年人权益保障法》

第十条 各级人民政府和有关部门对维护老年人合法权益和敬老、养老、助老成绩显著的组织、家庭或者个人，对参与社会发展做出突出贡献的老年人，按照国家有关规定给予表彰或者奖励。

第十一条 老年人应当遵纪守法，履行法律规定的义务。

第十二条 每年农历九月初九为老年节。

第十三条 老年人养老以居家为基础，家庭成员应当尊重、关心和照料老年人。

第十四条 赡养人应当履行对老年人经济上供养、生活上照料和精神上慰藉的义务，照顾老年人的特殊需要。

赡养人是指老年人的子女以及其他依法负有赡养义务的人。

赡养人的配偶应当协助赡养人履行赡养义务。

第十五条 赡养人应当使患病的老年人及时得到治疗和护理；对经济困难的老年人，应当提供医疗费用。

对生活不能自理的老年人，赡养人应当承担照料责任；不能亲自照料的，可以按照老年人的意愿委托他人或者养老机构等照料。

第十六条 赡养人应当妥善安排老年人的住房，不得强迫老年人居住或者迁居条件低劣的房屋。

老年人自有的或者承租的住房，子女或者其他亲属不得侵占，不得擅自改变产权关系或者租赁关系。

老年人自有的住房，赡养人有维修的义务。

第十七条 赡养人有义务耕种或者委托他人耕种老年人承包的田地，照管或者委托他人照管老年人的林木和牲畜等，收益归老年人所有。

第十八条 家庭成员应当关心老年人的精神需求，不得忽视、冷落老年人。

与老年人分开居住的家庭成员，应当经常看望或者问候老年人。

用人单位应当按照国家有关规定保障赡养人探亲休假的权利。

第十九条 赡养人不得以放弃继承权或者其他理由，拒绝履行赡养义务。

赡养人不履行赡养义务，老年人有要求赡养人付给赡养费等权利。

赡养人不得要求老年人承担力不能及的劳动。

第二十条 经老年人同意，赡养人之间可以就履行赡养义务签订协议。赡养协议的内容不得违反法律的规定和老年人的意愿。

基层群众性自治组织、老年人组织或者赡养人所在单位监督协议的履行。

第二十一条 老年人的婚姻自由受法律保护。子女或者其他亲属不得干涉老年人离婚、再婚及婚后的生活。

赡养人的赡养义务不因老年人的婚姻关系变化而消除。

第二十二条 老年人对个人的财产，依法享有占有、使用、收益和处分的权利，子女或者其他亲属不得干涉，不得以窃取、骗取、强行索取等方式侵犯老年人的财产权益。

老年人有依法继承父母、配偶、子女或者其他亲属遗产的权利，有接受赠与的权利。子女或者其他亲属不得侵占、抢夺、转移、隐匿或者损毁应当由老年人继承或者接受赠与的财产。

老年人以遗嘱处分财产，应当依法为老年配偶保留必要的份额。

▶《刑法》

第二百六十一条 对于年老、年幼、患病或者其他没有独立生活能力的人，负有扶养义务而拒绝扶养，情节恶劣的，处五年以下有期徒刑、拘役或者管制。

继 承 编

第一章 一般规定

第一千一百一十九条 【继承编的调整范围】 本编调整因继承产生的民事关系。

条文对比

《民法典继承编》	《继承法》①
第一千一百一十九条 本编调整因继承产生的民事关系。	**第一条** 根据《中华人民共和国宪法》规定，为保护公民的私有财产的继承权，制定本法。

关联法规

▶ **《宪法》**

第十三条 公民的合法的私有财产不受侵犯。

国家依照法律规定保护公民的私有财产权和继承权。

国家为了公共利益的需要，可以依照法律规定对公民的私有财产实行征收或者征用并给予补偿。

▶ **《民法典总则编》**

第一百二十四条 自然人依法享有继承权。

自然人合法的私有财产，可以依法继承。

▶ **《民法典继承编》**

第一千一百二十一条 继承从被继承人死亡时开始。

---

① “第六编 继承”对照表左侧列中，没有特别标注法名的，内容为《中华人民共和国继承法》条文。

相互有继承关系的数人在同一事件中死亡，难以确定死亡时间的，推定没有其他继承人的人先死亡。都有其他继承人，辈份不同的，推定长辈先死亡；辈份相同的，推定同时死亡，相互不发生继承。

第一千一百二十二条 遗产是自然人死亡时遗留的个人合法财产。

依照法律规定或者根据其性质不得继承的遗产，不得继承。

第一千一百二十三条 继承开始后，按照法定继承办理；有遗嘱的，按照遗嘱继承或者遗赠办理；有遗赠扶养协议的，按照协议办理。

第一千一百二十五条 继承人有下列行为之一的，丧失继承权：

（一）故意杀害被继承人；

（二）为争夺遗产而杀害其他继承人；

（三）遗弃被继承人，或者虐待被继承人情节严重；

（四）伪造、篡改、隐匿或者销毁遗嘱，情节严重；

（五）以欺诈、胁迫手段迫使或者妨碍被继承人设立、变更或者撤回遗嘱，情节严重。

继承人有前款第三项至第五项行为，确有悔改表现，被继承人表示宽恕或者事后在遗嘱中将其列为继承人的，该继承人不丧失继承权。

受遗赠人有本条第一款规定行为的，丧失受遗赠权。

第一千一百二十七条 遗产按照下列顺序继承：

（一）第一顺序：配偶、子女、父母；

（二）第二顺序：兄弟姐妹、祖父母、外祖父母。

继承开始后，由第一顺序继承人继承，第二顺序继承人不继承；没有第一顺序继承人继承的，由第二顺序继承人继承。

本编所称子女，包括婚生子女、非婚生子女、养子女和有扶养关系的继子女。

本编所称父母，包括生父母、养父母和有扶养关系的继父母。

本编所称兄弟姐妹，包括同父母的兄弟姐妹、同父异母或者同母异父的兄弟姐妹、养兄弟姐妹、有扶养关系的继兄弟姐妹。

第一千一百三十三条 自然人可以依照本法规定立遗嘱处分个人财产，并可以指定遗嘱执行人。

自然人可以立遗嘱将个人财产指定由法定继承人中的一人或者数人继承。

自然人可以立遗嘱将个人财产赠与国家、集体或者法定继承人以外的组织、个人。

自然人可以依法设立遗嘱信托。

第一千一百五十八条　自然人可以与继承人以外的组织或者个人签订遗赠扶养协议。按照协议，该组织或者个人承担该自然人生养死葬的义务，享有受遗赠的权利。

第一千一百六十条　无人继承又无人受遗赠的遗产，归国家所有，用于公益事业；死者生前是集体所有制组织成员的，归所在集体所有制组织所有。

第一千一百六十一条　继承人以所得遗产实际价值为限清偿被继承人依法应当缴纳的税款和债务。超过遗产实际价值部分，继承人自愿偿还的不在此限。

继承人放弃继承的，对被继承人依法应当缴纳的税款和债务可以不负清偿责任。

第一千一百六十二条　执行遗赠不得妨碍清偿遗赠人依法应当缴纳的税款和债务。

▶ **《妇女权益保障法》**

第三十四条　妇女享有的与男子平等的财产继承权受法律保护。在同一顺序法定继承人中，不得歧视妇女。

丧偶妇女有权处分继承的财产，任何人不得干涉。

第一千一百二十条　【继承权的保护】国家保护自然人的继承权。

条文对比

《民法典继承编》	《继承法》
第一千一百二十条　**国家**保护自然人的继承权。	**第一条**　~~根据《中华人民共和国宪法》规定，为~~保护公民~~的私有财产~~的继承权，~~制定本法~~。

关联法规

▶ **《宪法》**

第十三条　公民的合法的私有财产不受侵犯。

国家依照法律规定保护公民的私有财产权和继承权。

国家为了公共利益的需要，可以依照法律规定对公民的私有财产实行征收或者征用并给予补偿。

▶《民法典总则编》

第一百二十四条 自然人依法享有继承权。

自然人合法的私有财产，可以依法继承。

▶《民通意见》

191. 在我国境内死亡的外国人，遗留在我国境内的财产如果无人继承又无人受遗赠的，依照我国法律处理，两国缔结或者参加的国际条约另有规定的除外。

▶《最高人民法院对国务院宗教事务局一司关于僧人遗产处理意见的复函》

国务院宗教事务局一司：

你司《关于对僧人遗产的处理意见》的函收悉。经研究，我们认为：我国现行法律对僧人个人遗产的继承问题并无例外规定，因而，对作为公民的僧人，在其死后，其有继承权的亲属继承其遗产的权利尚不能否定。僧人个人遗产如何继承的问题，是继承法和民法通则公布施行后遇到的新问题，亦是立法尚未解决的问题。因此，我院不宜作出司法解释。建议你们向立法机关反映，通过立法予以解决。

▶《人民法院处理涉台民事案件的几个法律问题》

四、关于继承问题

按照《中华人民共和国继承法》的规定，去台人员和台胞与大陆同胞一样，享有同等的继承权，不能因为继承人去台湾而影响他们对在大陆遗产的继承。去台人员或者台胞对大陆的遗产主张继承权的，人民法院依法给予保护。人民法院过去处理的继承案件中已经给去台人员或者台胞保留了遗产份额的，他们可以向人民法院申请取得。过去未经人民法院处理过的继承问题，去台人员或者台胞回大陆后均可以向人民法院起诉。今后人民法院处理继承案件时，对在台湾的合法继承人，要设法通知其参加诉讼；无法通知的，应为其保留应继承的份额，并指定财产代管人。

▶《最高人民法院民事审判庭关于钱伯春能否继承和尚钱定安遗产的电话答复》

上海市高级法院：

你院〔86〕沪高民他字第 4 号函请示的钱伯春能否继承和尚钱定安遗产的问题，经研究认为：

1. 我国现行法律对和尚个人遗产的继承问题并无例外的规定，因而，对作为公民的和尚，在其死后，其有继承权的亲属继承其遗产的权利尚不能否定；

2. 鉴于本案的具体情况，同意对和尚钱定安个人遗款的继承纠纷，由受理本案的法院在原、被告双方之间作调解处理。

请你院按照我院审判委员会的上述意见办理。对你院的请示报告不再作文字批复。

《最高人民法院复外交部领事司关于外侨的不动产继承问题的函》

你司 1982 年 5 月 11 日〔82〕领 4 字第 170 号来函收到。

"关于外侨的不动产继承问题"，经研究，基本同意你司的意见。在我国民法公布实行前，有关继承问题，应依据我国婚姻法以及有关规定精神处理：

(1) 1959 年中苏领事条约第 20 条规定："缔约任何一方公民死亡后遗留在缔约另一方领土的财产，包括动产和不动产，均按财产所在地国家法律处理"。

(2) 1954 年 9 月 28 日外交部、最高人民法院颁布"外人在华遗产继承问题的处理原则"的指示："外人在华遗产继承人范围与我法院处理中国人遗产之继承人范围同"。

(3) 1979 年 2 月最高人民法院关于贯彻执行民事政策法律的意见："被继承的遗产，首先应由其配偶、子女和父母继承。子女已去世，由其孙子女、外孙子女代位继承。如果没有配偶、子女和父母的，祖父母、外祖父母和兄弟姐妹可继承其遗产"。

(4) 1955 年 3 月 1 日外交部"关于在处理外人在华遗产问题中所提出的一些具体问题的答复"："合法继承人与死者不同国籍可准继承其在华遗产"。

据此，苏侨月特里次·安娜斯塔西亚·尼阔拉耶夫娜的在华遗产继承问题应按我国法律处理，其继承人范围与中国人遗产的继承范围相同。故沙里吉夫人依法可继承其姐的在华遗产。

此外，案例不具有法律的约束力，不宜作为处理案件的主要法律依据。

第一千一百二十一条 【继承开始的时间及死亡先后的推定】 继承从被继承人死亡时开始。

相互有继承关系的数人在同一事件中死亡，难以确定死亡时间的，推定没有其他继承人的人先死亡。都有其他继承人，辈份不同的，推定长辈先死亡；辈份相同的，推定同时死亡，相互不发生继承。

条文对比

《民法典继承编》	《继承法》《继承法意见》
第一千一百二十一条 继承从被继承人死亡时开始。 相互有继承关系的数人在同一事件中死亡，难以确定死亡时间的，推定没有**其他**继承人的人先死亡。都有**其他**继承人，辈份不同**的**，推定长辈先死亡；辈份相同**的**，推定同时死亡，相互不发生继承。	**《继承法》** **第二条** 继承从被继承人死亡时开始。 **《继承法意见》** 2. 相互有继承关系的几个人在同一事件中死亡，如不能确定死亡先后时间的，推定没有继承人的人先死亡。~~死亡人各自~~都有继承人~~的~~，~~如几个死亡人~~辈分不同，推定长辈先死亡；~~几个死亡人~~辈分相同，推定同时死亡，彼此不发生继承~~，由他们各自的继承人分别继承~~。

关联法规

▶ **《民法典总则编》**

第十三条 自然人从出生时起到死亡时止，具有民事权利能力，依法享有民事权利，承担民事义务。

第四十一条 自然人下落不明的时间自其失去音讯之日起计算。战争期间下落不明的，下落不明的时间自战争结束之日或者有关机关确定的下落不明之日起计算。

第四十六条 自然人有下列情形之一的，利害关系人可以向人民法院申请宣告该自然人死亡：

（一）下落不明满四年；

（二）因意外事件，下落不明满二年。

因意外事件下落不明，经有关机关证明该自然人不可能生存的，申请宣告死亡不受二年时间的限制。

第四十七条 对同一自然人，有的利害关系人申请宣告死亡，有的利害关系人申请宣告失踪，符合本法规定的宣告死亡条件的，人民法院应当宣告死亡。

第四十八条 被宣告死亡的人，人民法院宣告死亡的判决作出之日视为其死亡的日期；因意外事件下落不明宣告死亡的，意外事件发生之日视为其死亡的日期。

第四十九条 自然人被宣告死亡但是并未死亡的，不影响该自然人在被宣告死亡期间实施的民事法律行为的效力。

第五十条 被宣告死亡的人重新出现，经本人或者利害关系人申请，人民法院应当撤销死亡宣告。

第五十一条 被宣告死亡的人的婚姻关系，自死亡宣告之日起消除。死亡宣告被撤销的，婚姻关系自撤销死亡宣告之日起自行恢复。但是，其配偶再婚或者向婚姻登记机关书面声明不愿意恢复的除外。

第五十二条 被宣告死亡的人在被宣告死亡期间，其子女被他人依法收养的，在死亡宣告被撤销后，不得以未经本人同意为由主张收养行为无效。

第五十三条 被撤销死亡宣告的人有权请求依照本法第六编取得其财产的民事主体返还财产；无法返还的，应当给予适当补偿。

利害关系人隐瞒真实情况，致使他人被宣告死亡而取得其财产的，除应当返还财产外，还应当对由此造成的损失承担赔偿责任。

▶《民事诉讼法》

第三十三条 下列案件，由本条规定的人民法院专属管辖：

（一）因不动产纠纷提起的诉讼，由不动产所在地人民法院管辖；

（二）因港口作业中发生纠纷提起的诉讼，由港口所在地人民法院管辖；

（三）因继承遗产纠纷提起的诉讼，由被继承人死亡时住所地或者主要遗产所在地人民法院管辖。

▶《民通意见》

36. 被宣告死亡的人，判决宣告之日为其死亡的日期。判决书除发给申请人外，还应当在被宣告死亡的人住所地和人民法院所在地公告。

被宣告死亡和自然死亡的时间不一致的，被宣告死亡所引起的法律后果仍然有效，但自然死亡前实施的民事法律行为与被宣告死亡引起的法律后果相抵触的，则以其实施的民事法律行为为准。

40. 被撤销死亡宣告的人请求返还财产，其原物已被第三人合法取得的，第三人可不予返还。但依继承法取得原物的公民或者组织，应当返还原物或者给予适当补偿。

▶《继承法意见》

1. 继承从被继承人生理死亡或被宣告死亡时开始。

失踪人被宣告死亡的，以法院判决中确定的失踪人的死亡日期，为继承开始的时间。

2. 相互有继承关系的几个人在同一事件中死亡，如不能确定死亡先后时间的，推定没有继承人的人先死亡。死亡人各自都有继承人的，如几个死亡人辈份不同，推定长辈先死亡；几个死亡人辈份相同，推定同时死亡，彼此不发生继承，由他们各自的继承人分别继承。

▶《司法部关于在部分公证处开展要素式公证书格式试点工作的通知》

北京、天津、上海、吉林、广东、四川省（市）司法厅（局）：

根据国务院批准的《司法部关于深化公证工作改革的方案》关于“积极推行要素式公证书”的要求，本着先试点、后推广的原则，经研究决定：从2004年1月起，在北京市公证处、天津市公证处、上海市公证处、吉林省公证处、广东省公证处、广州市公证处、深圳市公证处、四川省公证处开展继承类、强制执行类要素式公证书和法律意见书试点工作。请各有关司法厅（局）组织相关公证处认真开展试点工作，加强同有关文书使用部门之间的沟通，并于2004年5月上旬上报试点情况，提出对要素式公证书的修改或完善意见。现将上述三类要素式公证书的试行格式和参考样式印发给你们。

附件一：

继承权要素式公证书通用格式（试行）

公 证 书

（ ）××字第××号

申请人：（继承人）基本情况〔注1〕

委托/法定代理人（基本情况）

被继承人：基本情况〔注2〕

公证事项：继承权

证词内容

一、必备要素

（一）申请人姓名、申请日期、申请事项。

（二）公证处查明（审查核实）的事实。包括：

1. 被继承人的死亡时间、原因〔注3〕、地点。

2. 被继承人死亡时遗留的个人合法财产〔注4〕。

3. 被继承人生前有无遗嘱、遗赠扶养协议〔注5〕。

4. 被继承人的全体继承人，有无死亡的继承人；继承人与被继承人的亲属关系〔注6〕；代位继承情况及其他继承人〔注7〕。

5. 继承人中有无丧失继承权的情况〔注8〕。

6. 有无放弃继承权的情况〔注9〕。

（三）公证结论

1. 法律事实、理由〔注10〕。

2. 被继承人遗留的个人财产为合法财产。

3. 被继承人合法的继承人〔注11〕。

4. 被继承人的遗产由何人继承、如何继承〔注12〕。

二、选择要素

（一）申请人所提供主要证据材料的真实、合法性。

（二）遗嘱继承的，当事人是否了解遗嘱的内容。公证处征求其他继承人对遗嘱有无疑义的情况。

（三）遗嘱见证人、执行人、遗产的使用人、保管人事项的说明。

（四）被继承人生前未缴纳的税款和债务情况，继承人对此所作的意思表示。

（五）公证员认为需要告知的有关继承方面的法律规定。

（六）公证员认为需要说明的其他事实或情节。

中华人民共和国××省××（县）公证处

公证员（签名章或签名）

××××年××月××日

注：1. 申请人为继承人，未到公证处申请也没有委托/法定代理人的不列入申请人。基本情况包括：姓名、性别、出生日期、现住址，外国人应写明国籍。

申请人有数人时，应一并列明。

身份证件号码可酌情写。

委托代理人需提交经公证的授权委托书；法定代理人需提交有代理权资格的证明。

2. 基本情况包括：姓名、性别、出生日期、生前住址。

3. 死亡原因包括：因病、意外事件、被害、自杀、被法院宣告死亡等。如被害死亡，尤应审查是否继承人所为，是否导致继承人丧失继承权。

4. 个人合法财产及财产权利的种类、数量，是否与他人共有或者是夫妻共同财产，是否有典当、抵押、出质等情况，现存放何处，由何人保管，应详细列明，财产种类、数量较多可制成财产清单作为公证书附件。

5. 必须写明经公证处审查。有遗嘱的，按照遗嘱继承或者遗赠办理；有遗赠扶养协议的，按照协议办理。有遗嘱、遗赠扶养协议的必须审查其合法性、两者都有的应看是否抵触，并应注意遗嘱、遗赠扶养协议是否包括被继承人全部的遗产。

6. 先核实被继承人第一顺序继承人，注明其身份，没有第一顺序继承人的应予以说明，再核实第二顺序继承人的身份。特别应注意《继承法》第十条、第十二条有关子女、父母、兄弟姐妹、丧偶儿媳、女婿的规定。符合规定条件的予以列入。

7. 主要查明继承人与被继承人死亡的先后时间，核实代位继承的代位继承人、其他继承人是否符合条件。

8. 继承人丧失继承权的情况为《继承法》第七条规定的行为，未发生第七条规定的行为不写。

9. 继承人放弃继承权要亲自到公证处接受询问并制作谈话笔录，或者提供经公证的放弃继承权声明书，但应注意其放弃继承权的行为是否致其不履行法定义务。

10. 要特别注意正确引用《中华人民共和国继承法》、《最高人民法院关于贯彻执行〈中华人民共和国继承法〉若干问题的意见》的具体条款。

11. 所有合法继承人全部列上。

12. 情况复杂的，可以表述具体继承份额、有无代为保管遗产的人等等。

参考样式一：

法定继承
公　证　书

（　　）××字第××号

申请人：甲，男（或女），××××年×月×日出生，身份证号码：×××××，现住××省××市××街××号。

乙，男（或女），××××年×月×日出生，身份证号码：×××××，现住××省××市××街××号。

丙，男（或女），××××年×月×日出生，身份证号码：×××××，现住××省××市××街××号。

丁，男（或女），××××年×月×日出生，身份证号码：×××××，现住××省××市××街××号。

被继承人：戊，女（或男），××××年×月×日出生，生前住××省××市××街××号。

公证事项：继承权

申请人甲、乙、丙、丁因继承被继承人戊的遗产，于××××年×月×日向我处申请办理继承权公证。

根据《中华人民共和国公证暂行条例》的规定，我处对申请人提交的权利证明及相关证据材料进行了审查核实，并对申请人及有关人员进行了询问，现查明如下事实：

一、被继承人戊于××××年×月×日因病在×××死亡。

二、被继承人戊死亡时遗留的个人合法财产（被继承人戊生前与其妻子甲的夫妻共同财产为：），包括：

（一）坐落在×××××××号的房屋，《房屋产权证》编号：×××××。

（二）存款：人民币（或美元等）××××元，现存×××银行，存单号码：××××。

（三）其他财产/财产权利。

三、被继承人戊生前无遗嘱，亦未与他人签订遗赠抚养协议。

四、被继承人戊的配偶甲；戊的儿子乙；戊的父亲丙；戊的母亲丁。（死亡的也要列入并写明死亡时间）

五、现甲、乙均表示要求继承被继承人戊的遗产，丙、丁表示放弃对被继承人戊的遗产继承权。

根据上述事实并依据《中华人民共和国继承法》第二条的规定，被继承人戊死亡时遗留的上述个人合法财产为戊的遗产（或依据《中华人民共和国继承法》第二条、第二十六条的规定，上述夫妻财产的一半为死者戊的遗产）。根据《中华人民共和国继承法》第五条、第十条、第二十五条的规定，被继承人的遗产应由其配偶甲、儿子乙、父亲丙、母亲丁共同继承，因丙、丁表示放弃对被继承人戊的遗产继承权（或×××先于被继承人戊死亡），因此被继承人戊的遗产由甲、乙共同继承（或×××一人继承）。

中华人民共和国××省××（县）公证处

公证员（签名章或签名）

××××年××月××日

参考样式二：

代位继承1

公　证　书

（　）××字第××号

申请人：甲，男（或女），××××年×月×日出生，身份证号码：×××××，现住××省××市××街××号。

乙，男（或女），××××年×月×日出生，身份证号码：×××××，现住××省××市××街××号。

被继承人：A，女（或男），××××年×月×日出生，生前住××省××市××街××号。

公证事项：继承权

申请人甲、乙因继承被继承人A的遗产，于××××年×月×日向我处申请办理继承权公证。

根据《中华人民共和国公证暂行条例》的规定，我处对申请人提交的权利证明及相关的证据材料进行了审查核实，并对申请人及有关人员进行了询问，现查明如下事实：

一、被继承人A于××××年×月×日因病在×××死亡。

二、被继承人A死亡时遗留的个人合法财产（被继承人A生前与其妻子甲的夫妻共同财产为:），包括：

（一）坐落在×××××××号的房屋，《房屋产权证》编号：×××××。

（二）存款：人民币（或美元等）××××元，现存×××银行，存单号码：×××××××。

（三）其他财产/财产权利。

三、被继承人A生前无遗嘱，亦未与他人签订遗赠抚养协议。

四、被继承人A的配偶甲；A的子女共两人：长子乙、次子丙；A的父亲丁；A的母亲戊。

其中A的父亲丁；A的母亲戊已分别于××××年×月×日和××××年×月×日先于A死亡。次子丙于××××年×月×日先于被继承人A死亡。

次子丙现有一子一女：儿子B、女儿C。

五、现甲、乙均表示要求继承被继承人A的遗产。（或×××表示放弃对被继承人A的遗产继承权）

根据上述事实并依据《中华人民共和国继承法》第二条的规定，被继承人A死亡时遗留的上述个人合法财产为A的遗产（或依据《中华人民共和国继承法》第二条、第二十六条的规定，上述夫妻财产的一半为死者戊的遗产）。根据《中华人民共和国继承法》第五条、第十条的规定，被继承人的遗产应由其配偶、子女、父母共同继承。因A的父亲丁、母亲戊均先于A死亡，故被继承人A的遗产应由其配偶甲、长子乙、次子丙共同继承。又因被继承人A的次子丙已先于其死亡，并遗有子女各一人，根据《中华人民共和国继承法》第十一条的规定，次子丙应继承的份额由其儿子B、女儿C代位继承。

综上所述，被继承人A的遗产应由甲、乙、B、C共同继承。

中华人民共和国××省××（县）公证处

公证员（签名章或签名）

××××年××月××日

参考样式三：

代位继承2

公 证 书

（ ）××字第××号

申请人：甲，男（或女），××××年×月×日出生，身份证号码：××

×××，现住××省××市××街××号。

乙，男（或女），××××年×月×日出生，身份证号码：×××××，现住××省××市××街××号。

被继承人：A，女（或男），××××年×月×日出生，生前住××省××市××街××号。

公证事项：继承权

申请人甲、乙因继承被继承人A的遗产，于××××年×月×日向我处申请办理继承权公证。

根据《中华人民共和国公证暂行条例》的规定，我处对申请人提交的权利证明及相关的证据材料进行了审查核实，并对申请人及有关人员进行了询问，现查明如下事实：

一、被继承人A于××××年×月×日因病在×××死亡。

二、被继承人A死亡时遗留的个人合法财产（被继承人A生前与其妻子甲的夫妻共同财产为：），包括：

（一）坐落在×××××××号的房屋，《房屋产权证》编号：×××××。

（二）存款：人民币（或美元等）××××元，现存×××银行，存单号码：×××××××。

（三）其他财产/财产权利。

三、被继承人A生前无遗嘱，亦未与他人签订遗赠扶养协议。

四、被继承人A的配偶甲；A的子女共两人：长子乙、次子丙；A的父亲丁；A的母亲戊。

其中A的父亲丁；A的母亲戊已分别于××××年×月×日和××××年×月×日先于A死亡。次子丙于××××年×月×日先于被继承人A死亡。

次子丙现有一子一女：儿子B、女儿C。

丙死后，丙的妻子D与其公婆A、甲共同生活，并且D对其公婆尽了主要赡养义务。

五、现甲表示要求继承被继承人A的遗产，乙表示放弃对被继承人A的遗产继承权。

根据上述事实并依据《中华人民共和国继承法》第二条的规定，被继承人

A死亡时遗留的上述个人合法财产为A的遗产（或依据《中华人民共和国继承法》第二条、第二十六条的规定，上述夫妻财产的一半为死者戊的遗产）。根据《中华人民共和国继承法》第五条、第十条、第二十五条的规定，被继承人的遗产应由其配偶、子女、父母共同继承。因A的父亲丁、母亲戊均先于A死亡，乙表示放弃对被继承人A的遗产继承权，故被继承人A的遗产应由其配偶甲、次子丙共同继承。又因被继承人A的次子丙已先于其死亡，并遗有子女各一人，根据《中华人民共和国继承法》第十一条的规定，次子丙应继承的份额由其儿子B、女儿C代位继承。但，丙死亡，丙的妻子D与其公婆A、甲共同生活，并且D对其公婆尽了主要赡养义务，根据《中华人民共和国继承法》第十二条的规定，D应作为A的第一顺序继承人继承A的遗产。

综上所述，被继承人A的遗产应由甲、D、B、C共同继承。

中华人民共和国××省××（县）公证处

公证员（签名章或签名）

××××年××月××日

参考样式四：

法定继承（转继承）

公 证 书

（ ）××字第××号

申请人：甲，男（或女），××××年×月×日出生，身份证号码：×××××，现住××省××市××街××号。

乙，男（或女），××××年×月×日出生，身份证号码：×××××，现住××省××市××街××号。

丙，男（或女），××××年×月×日出生，身份证号码：×××××，现住××省××市××街××号。

丁，男（或女），××××年×月×日出生，身份证号码：×××××，现住××省××市××街××号。

被继承人：戊，女（或男），××××年×月×日出生，生前住××省××市××街××号。

公证事项：继承权

申请人甲、乙、丙、丁因继承被继承人戊的遗产，于××××年×月×日向我处申请办理继承权公证。

根据《中华人民共和国公证暂行条例》的规定，我处对申请人提交的权利证明及相关证据材料进行了审查核实，并对申请人及有关人员进行了询问，现查明如下事实：

一、被继承人戊于××××年×月×日因病在×××死亡。

二、被继承人戊死亡时遗留的个人合法财产（被继承人戊生前与其妻子甲的夫妻共同财产为:），包括：

（一）坐落在××××××××号的房屋，《房屋产权证》编号：×××××。

（二）存款：人民币（或美元等）××××元，现存×××银行，存单号码：×××××××。

（三）其他财产/财产权利。

三、被继承人戊生前无遗嘱，亦未与他人签订遗赠抚养协议。

四、被继承人戊的配偶甲；戊的儿子乙；戊的父亲丙；戊的母亲丁。（死亡的也要列入并写明死亡时间）

其中戊的儿子乙于××××年×月×日死亡。

五、现甲表示要求继承被继承人戊的遗产，丙、丁表示放弃对被继承人戊的遗产继承权。

根据上述事实并依据《中华人民共和国继承法》第二条的规定，被继承人戊死亡时遗留的上述个人合法财产为戊的遗产（或依据《中华人民共和国继承法》第二条、第二十六条的规定，上述夫妻财产的一半为死者戊的遗产）。根据《中华人民共和国继承法》第五条、第十条、第二十五条的规定，被继承人的遗产应由其配偶甲、儿子乙、父亲丙、母亲丁共同继承，因丙、丁表示放弃对被继承人戊的遗产继承权（或×××先于被继承人戊死亡。），故被继承人戊的遗产由甲、乙共同继承（或×××一人继承）。因乙在尚未实际取得遗产时死亡，其应得到的遗产份额转由乙的合法继承人继承。

中华人民共和国××省××（县）公证处

公证员（签名章或签名）

××××年××月××日

参考样式五：

遗嘱继承

公 证 书

（ ）××字第××号

申请人：甲，男（或女），××××年×月×日出生，身份证号码：×××××，现住××省××市××街××号。

被继承人：A，女（或男），××××年×月×日出生，生前住××省××市××街××号。

公证事项：遗嘱继承权

申请人甲因继承被继承人A的遗产，于××××年×月×日向我处申请办理遗嘱继承权公证。

根据《中华人民共和国公证暂行条例》的规定，我处对申请人提交的权利证明及相关证据材料进行了审查核实，并对申请人及有关人员进行了询问，现查明如下事实：

一、被继承人A于××××年×月×日因病在×××死亡。

二、被继承人A生前未与他人签订遗嘱抚养协议。但，A生前在我处（或×××公证处）立有公证遗嘱（公证书编号：（××××）××字第××号）。A的其他继承人对该公证遗嘱均无疑义。

三、被继承人A遗嘱中处分的个人合法财产（或与其妻子甲的夫妻共同财产为）：

（一）坐落在×××××××号的房屋，《房屋产权证》编号：×××××。

（二）存款：人民币（或美元等）××××元，现存×××银行，存单号码：×××××××。

（三）其他财产/财产权利。

兹证明A生前所立遗嘱真实、有效。根据A的遗嘱，A死亡时遗留的上述个人合法财产由甲继承。

中华人民共和国××省××（县）公证处

公证员（签名章或签名）

××××年××月××日

参考样式六：

遗赠公证书

公　证　书

（　）××字第××号

申请人：甲，男（或女），××××年×月×日出生，身份证号码：×××××，现住××省××市××街××号。

关系人：乙，女（或男），××××年×月×日出生，生前住××省××市××街××号。

公证事项：接受遗赠

申请人甲因继承关系人乙的遗产，于××××年×月×日向我处申请办理接受遗赠公证。

根据《中华人民共和国公证暂行条例》的规定，我处对申请人提交的权利证明及相关证据材料进行了审查核实，并对申请人及有关人员进行了询问，现查明如下事实：

一、关系人乙于××××年×月×日因病在×××死亡。其生前在我处（或在×××公证处）立有遗赠（公证书编号：〔××××〕××字第××号）。表示将其下列遗产遗赠给申请人甲：

（一）坐落在×××××××号的房屋，《房屋产权证》编号：×××××。

（二）存款：人民币（或美元等）××××元，现存×××银行，存单号码：×××××××。

（三）其他财产/财产权利。

二、申请人甲具有民事权利能力和民事行为能力，并表示愿意接受遗赠人遗赠的财产。

综上，遗赠人乙遗赠的上述财产，为受遗赠人甲所有。

中华人民共和国××省××（县）公证处

公证员（签名章或签名）

××××年××月××日

第一千一百二十二条 【遗产的范围】遗产是自然人死亡时遗留的个人合法财产。

依照法律规定或者根据其性质不得继承的遗产，不得继承。

条文对比

《民法典继承编》	《继承法》
第一千一百二十二条 遗产是自然人死亡时遗留的个人合法财产。 **依照法律规定或者根据其性质不得继承的遗产，不得继承。**	**第三条** 遗产是公民死亡时遗留的个人合法财产~~，包括：~~ ~~（一）公民的收入；~~ ~~（二）公民的房屋、储蓄和生活用品；~~ ~~（三）公民的林木、牲畜和家禽；~~ ~~（四）公民的文物、图书资料；~~ ~~（五）法律允许公民所有的生产资料；~~ ~~（六）公民的著作权、专利权中的财产权利；~~ ~~（七）公民的其他合法财产~~。

关联法规

▶ **《民法典总则编》**

第一百二十四条 自然人依法享有继承权。

自然人合法的私有财产，可以依法继承。

▶ **《民法典婚姻家庭编》**

第一千零六十三条 下列财产为夫妻一方的个人财产：

（一）一方的婚前财产；

（二）一方因受到人身损害获得的赔偿或者补偿；

（三）遗嘱或者赠与合同中确定只归一方的财产；

（四）一方专用的生活用品；

（五）其他应当归一方的财产。

第一千零六十五条 男女双方可以约定婚姻关系存续期间所得的财产以及婚前财产归各自所有、共同所有或者部分各自所有、部分共同所有。约定应当采用书面形式。没有约定或者约定不明确的，适用本法第一千零六十二条、第一千零六十三条的规定。

夫妻对婚姻关系存续期间所得的财产以及婚前财产的约定，对双方具有法律约束力。

夫妻对婚姻关系存续期间所得的财产约定归各自所有，夫或者妻一方对外所负的债务，相对人知道该约定的，以夫或者妻一方的个人财产清偿。

▶《民法典继承编》

第一千一百五十三条 夫妻共同所有的财产，除有约定的外，遗产分割时，应当先将共同所有的财产的一半分出为配偶所有，其余的为被继承人的遗产。

遗产在家庭共有财产之中的，遗产分割时，应当先分出他人的财产。

▶《农村土地承包法》

第五十四条 依照本章规定通过招标、拍卖、公开协商等方式取得土地经营权的，该承包人死亡，其应得的承包收益，依照继承法的规定继承；在承包期内，其继承人可以继续承包。

▶《公司法》

第七十五条 自然人股东死亡后，其合法继承人可以继承股东资格；但是，公司章程另有规定的除外。

▶《保险法》

第四十二条 被保险人死亡后，有下列情形之一的，保险金作为被保险人的遗产，由保险人依照《中华人民共和国继承法》的规定履行给付保险金的义务：

（一）没有指定受益人，或者受益人指定不明无法确定的；

（二）受益人先于被保险人死亡，没有其他受益人的；

（三）受益人依法丧失受益权或者放弃受益权，没有其他受益人的。

受益人与被保险人在同一事件中死亡，且不能确定死亡先后顺序的，推定受益人死亡在先。

▶《合伙企业法》

第五十条 合伙人死亡或者被依法宣告死亡的，对该合伙人在合伙企业中的财产份额享有合法继承权的继承人，按照合伙协议的约定或者经全体合伙人一致同意，从继承开始之日起，取得该合伙企业的合伙人资格。

有下列情形之一的，合伙企业应当向合伙人的继承人退还被继承合伙人的财产份额：

（一）继承人不愿意成为合伙人；

（二）法律规定或者合伙协议约定合伙人必须具有相关资格，而该继承人未取得该资格；

（三）合伙协议约定不能成为合伙人的其他情形。

合伙人的继承人为无民事行为能力人或者限制民事行为能力人的，经全体合伙人一致同意，可以依法成为有限合伙人，普通合伙企业依法转为有限合伙企业。全体合伙人未能一致同意的，合伙企业应当将被继承合伙人的财产份额退还该继承人。

第八十条 作为有限合伙人的自然人死亡、被依法宣告死亡或者作为有限合伙人的法人及其他组织终止时，其继承人或者权利承受人可以依法取得该有限合伙人在有限合伙企业中的资格。

▶《个人独资企业法》

第十七条 个人独资企业投资人对本企业的财产依法享有所有权，其有关权利可以依法进行转让或继承。

▶《计算机软件保护条例》

第十五条 软件著作权属于自然人的，该自然人死亡后，在软件著作权的保护期内，软件著作权的继承人可以依照《中华人民共和国继承法》的有关规定，继承本条例第八条规定的除署名权以外的其他权利。

软件著作权属于法人或者其他组织的，法人或者其他组织变更、终止后，其著作权在本条例规定的保护期内由承受其权利义务的法人或者其他组织享有；没有承受其权利义务的法人或者其他组织的，由国家享有。

▶《中华人民共和国著作权法》

第十条 著作权包括下列人身权和财产权：

（一）发表权，即决定作品是否公之于众的权利；

（二）署名权，即表明作者身份，在作品上署名的权利；

（三）修改权，即修改或者授权他人修改作品的权利；

（四）保护作品完整权，即保护作品不受歪曲、篡改的权利；

（五）复制权，即以印刷、复印、拓印、录音、录像、翻录、翻拍等方式将作品制作一份或者多份的权利；

（六）发行权，即以出售或者赠与方式向公众提供作品的原件或者复制件的权利；

（七）出租权，即有偿许可他人临时使用电影作品和以类似摄制电影的方法创作的作品、计算机软件的权利，计算机软件不是出租的主要标的的除外；

（八）展览权，即公开陈列美术作品、摄影作品的原件或者复制件的权利；

（九）表演权，即公开表演作品，以及用各种手段公开播送作品的表演的权利；

（十）放映权，即通过放映机、幻灯机等技术设备公开再现美术、摄影、电影和以类似摄制电影的方法创作的作品等的权利；

（十一）广播权，即以无线方式公开广播或者传播作品，以有线传播或者转播的方式向公众传播广播的作品，以及通过扩音器或者其他传送符号、声音、图像的类似工具向公众传播广播的作品的权利；

（十二）信息网络传播权，即以有线或者无线方式向公众提供作品，使公众可以在其个人选定的时间和地点获得作品的权利；

（十三）摄制权，即以摄制电影或者以类似摄制电影的方法将作品固定在载体上的权利；

（十四）改编权，即改变作品，创作出具有独创性的新作品的权利；

（十五）翻译权，即将作品从一种语言文字转换成另一种语言文字的权利；

（十六）汇编权，即将作品或者作品的片段通过选择或者编排，汇集成新作品的权利；

（十七）应当由著作权人享有的其他权利。

著作权人可以许可他人行使前款第（五）项至第（十七）项规定的权利，并依照约定或者本法有关规定获得报酬。

著作权人可以全部或者部分转让本条第一款第（五）项至第（十七）项规定的权利，并依照约定或者本法有关规定获得报酬。

第十九条 著作权属于公民的，公民死亡后，其本法第十条第一款第（五）项至第（十七）项规定的权利在本法规定的保护期内，依照继承法的规定转移。

著作权属于法人或者其他组织的，法人或者其他组织变更、终止后，其本法第十条第一款第（五）项至第（十七）项规定的权利在本法规定的保护期内，由承受其权利义务的法人或者其他组织享有；没有承受其权利义务的法人或者其他组织的，由国家享有。

▶《集成电路布图设计保护条例》

第十三条 布图设计专有权属于自然人的，该自然人死亡后，其专有权在本条例规定的保护期内依照继承法的规定转移。

布图设计专有权属于法人或者其他组织的，法人或者其他组织变更、终止后，其专有权在本条例规定的保护期内由承继其权利、义务的法人或者其他组织享有；没有承继其权利、义务的法人或者其他组织的，该布图设计进入公有领域。

▶《民事诉讼法司法解释》

第七十条 在继承遗产的诉讼中，部分继承人起诉的，人民法院应通知其他继承人作为共同原告参加诉讼；被通知的继承人不愿意参加诉讼又未明确表示放弃实体权利的，人民法院仍应将其列为共同原告。

第四百七十五条 作为被执行人的公民死亡，其遗产继承人没有放弃继承的，人民法院可以裁定变更被执行人，由该继承人在遗产的范围内偿还债务。继承人放弃继承的，人民法院可以直接执行被执行人的遗产。

▶《继承法意见》

3. 公民可继承的其他合法财产包括有价证券和履行标的为财物的债权等。

4. 承包人死亡时尚未取得承包收益的，可把死者生前对承包所投入的资金和所付出的劳动及其增值和孳息，由发包单位或者接续承包合同的人合理折价、补偿，其价额作为遗产。

▶《最高人民法院关于空难死亡赔偿金能否作为遗产处理的复函》

广东省高级人民法院：

你院粤高法民一请字〔2004〕1号《关于死亡赔偿金能否作为遗产处理的请示》收悉。经研究，答复如下：

空难死亡赔偿金是基于死者死亡对死者近亲属所支付的赔偿。获得空难死亡赔偿金的权利人是死者近亲属，而非死者。故空难死亡赔偿金不宜认定为遗产。

以上意见，供参考。

《最高人民法院关于如何处理农村五保对象遗产问题的批复》

各省、自治区、直辖市高级人民法院，解放军军事法院，新疆维吾尔自治区高级人民法院生产建设兵团分院：

国务院1994年1月23日《农村五保供养工作条例》发布后，一些高级人民法院反映，我院1985年9月11日发布的法（民）发〔1985〕22号《关于贯彻执行〈中华人民共和国继承法〉若干问题的意见》第55条的规定与该条例的有关规定不一致。经研究，答复如下：

农村五保对象死亡后，其遗产按照国务院《农村五保供养工作条例》第十八条、第十九条的有关规定处理。

《最高人民法院关于保险金能否作为被保险人遗产的批复》

河北省高级人民法院：

你院冀法民〔1987〕1号请示报告收悉。据报告称：栾城县南焦村个体三轮摩托车司机孙文兴于1986年5月26日运送货主张新国及其货物（锡锭）时，在京广铁路窦妪道口与火车相撞，致孙文兴、张新国双亡，三轮摩托车毁损。这次事故应由孙文兴负责。孙文兴生前在本县保险公司除投保了车损险（保险金为3500元）外，还投保了人身意外伤害险（保险金为5000元），并指定了受益人。现托运人张新国之妻梁聚芬向栾城县人民法院起诉，要求承运人孙文兴之妻郭香荣给予赔偿。

经征求有关部门的意见，现将你院请示关于人身保险金能否作为被保险人的遗产进行赔偿的问题，答复如下：

（一）根据我国保险法规有关条文规定的精神，人身保险金能否列入被保险人的遗产，取决于被保险人是否指定了受益人。指定了受益人的，被保险人死亡后，其人身保险金应付给受益人；未指定受益人的，被保险人死亡后，其人身保险金应作为遗产处理，可以用来清偿债务或者赔偿。

（二）财产保险与人身保险不同。财产保险不存在指定受益人的问题。因而，财产保险金属于被保险人的遗产。孙文兴投保的车损险是财产保险，属于他的遗产，可以用来清偿债务或者赔偿。

在处理本案时，应本着上述原则，适当注意保护债权人的利益，合情合理解决。

《最高人民法院关于产权人生前已处分的房屋死后不宜认定为遗产的批复》

贵州省高级人民法院：

你院《关于陶冶与邓秀芳财产继承一案的请示报告》收悉。据报告称，陶庭柱、陶齐氏夫妇生育一子（陶国祥）二女（陶冶，另一女早亡），陶庭柱于1924年死亡，遗有祖遗房屋三间。陶齐氏于1941年将三间房屋过户在儿子陶国祥名下并交了该房产权状。解放后该房产权仍由陶国祥登记，并管理使用达四十余年，直至1968年陶齐氏死亡时，双方均未提出异议。1983年陶国祥死亡后，陶冶以房屋系父母遗产为由要求继承。一、二审判决认定陶冶无权继承此房，你院裁定将此案发回安顺地区中级法院再审，并向我院请示。

我们研究认为，此案讼争房屋虽系祖遗产，但陶齐氏已将产权状交与陶国祥，并在两次产权登记和私房改造中，均确定由陶国祥长期管理使用，陶冶在陶齐氏生前从未提出异议。据此应当认为该房产权早已转归陶国祥夫妻共有。陶国祥死后的遗产，依法应由邓秀芳及其子女继承。陶冶无权要求继承。

《最高人民法院民事审判庭关于盲人刘春和生前从事“算命”所积累的财产死后可否视为非法所得加以没收的电话答复》

江苏省高级人民法院：

关于盲人刘春和生前从事“算命”所积累的财产，死后可否视为非法所得加以没收的请示，我们研究认为：

《中华人民共和国治安管理处罚条例》第二十四条四款“利用封建迷信手段，扰乱社会秩序或骗取财物”和第三十二条第一款“赌博或者为赌博提供条件的”，对这两种行为人予以拘留或罚款。据公安部法规局、政策研究室的同志解释，是指正在进行非法活动之当时，对其所得予以没收，对其其他财产则不予追缴。本案中刘春和死后遗留的财产，没有没收的法律依据。第二，事实上也无充分的事实根据和确凿的证据证明刘春和死后遗留这笔财产都是“算命”所得。据此，我们同意你院审委会的意见，即：刘春和遗留的存款和其他财产，应视为遗产，由其法定继承人继承。

《最高人民法院关于父母的房屋遗产由兄弟姐妹中一人领取了房屋产权证并视为己有发生纠纷应如何处理的批复》

广东省高级人民法院：

你院粤法民字〔1987〕31号关于惠阳地区中级人民法院请示的上诉人钟秋香、钟玉妹诉钟寿祥房屋纠纷一案的报告及卷宗收悉。

据你院报告称：钟和记（1941年故）与妻子苏衬（1926年故）、继妻王细（1984年故）先后生有四个儿女，即：钟妙（1976年故）、钟秋香、钟玉妹、钟秋胜（1981年故）。1940年钟和记与王细夫妇收养了钟寿祥（当时12岁）。

1939 年、1940 年钟和记和王细购置房屋六间，钟和记死后，由王细、钟玉妹、钟秋香、钟寿祥等长期居住。1973 年钟秋香将自己居住的那部分房屋进行了改建。钟寿祥曾以自己的名字，于 1947 年、1953 年、1960 年先后领取了六间房屋所有权证。王细于 1984 年死后，钟寿祥便在 1985 年将部分房屋拆除改建，并将其中部分房屋宅基地给其子使用，为此，双方发生纠纷。

经研究，同意你院审判委员会的意见。即根据该房产的来源及使用等情况，以认定该屋为钟和源、王细的遗产，属钟秋香、钟玉妹、钟寿祥、钟妙、钟秋胜 5 人共有为宜。钟寿祥以个人名义领取的产权证，可视为代表共有人登记取得的产权证明。钟妙、钟秋胜已故，其应得部分由其合法继承人继承。以上意见供你院批复时参考。

▶《最高人民法院关于冯钢百遗留的油画等应如何处理的批复》

广东省高级人民法院：

你院〔1986〕粤法民上字第 38 号关于冯贵真与冯学平等四人继承纠纷一案的请示报告收悉。

据报告称，画家冯钢百于 1984 年 10 月病逝后，其子女为其父所绘油画 32 幅和绘画工具等的处理发生争执：冯贵真要求继承部分油画；冯学平等四人则认为，其父是我国著名的油画家，所遗油画有一定的艺术价值，不同意分割，主张按其父的遗愿将油画全部献给国家。为此，冯贵真向人民法院提起诉讼。

经与有关部门研究后认为，冯钢百生前所绘油画虽有一定艺术价值，但仍属可分割的遗产，他生前表示将其油画献给国家的意愿不是遗嘱。因此，冯钢百遗留的油画等遗产应根据我国继承法的有关规定，由其子女冯贵真、冯约素、冯振玉、冯磊、冯学平等人继承。

▶《最高人民法院民事审判庭关于招远县陆许氏遗产应由谁继承的电话答复》

山东省高级人民法院民事审判庭：

你院〔85〕鲁法民字第 25 号《关于招远县陆许氏遗产应由谁继承一案的请示报告》及补充意见均收悉。根据报告查明的情况，经我们研究认为，原则上以承认陆许氏为“五保户”比较合适，其遗产应按最高人民法院《关于贯彻执行民事政策法律若干问题的意见》第 47 条有关规定处理。入社前，被继承人依靠女儿陆玉芳生活，入社后一个月病故尽管遗产分割多年，陆玉芳要求继承是有道理的。我们的意见：一、承认陆玉芳有继承权；二、原房已卖掉，现只能将陆家村所售房屋价款作为遗产归陆玉芳继承；三、陆家村为陆许氏所花丧葬费和医药费，从卖房款中扣除。并请作好双方当事人的调解工作。此意见系根据本案的特殊情况提出来的变通处理办法，请参照此意见，妥善处理。

▶《最高人民法院关于高原生活补助费能否作为夫妻共同财产继承的批复》

青海省高级人民法院：

你院6月16日〔83〕青法研字第36号《关于退休费能否作为家庭共同财产来继承的请示报告》收阅。经研究，原则上同意你院意见。即肖桂兰的住房补助费应为夫妻双方共有，属于其夫赵泰部分，可由其合法继承人继承，高原生活补助费不属共同财产，应归肖个人所有。

▶《最高人民法院关于对遗产中文物如何处理问题的批复》

北京市高级人民法院：

你院1981年8月31日〔81〕京高法字第96号“关于钟仁正遗产如何处理的请示”报告收悉。经研究：关于继承权问题，我们同意你院第二种意见，即按照现行有关政策法律规定，钟仁正五弟钟敬宽应有继承权。钟仁正遗产中的文物处理问题，应依靠当地党委和群众，动员钟敬宽将重要的历史文物和资料捐献给国家，国家给予钟敬宽一定的物质报酬和精神鼓励。如钟敬宽不愿捐献，可参照中共中央〔1971〕12号文件精神和1978年8月24日中共中央批转上海市委《关于落实党对民族资产阶级若干政策问题的请示报告》中的有关规定，判决由国家收购，价款列入遗产，由钟敬宽继承。

权威案例

《李维祥诉李格梅继承权纠纷案》，《最高人民法院公报》2009年第12期

裁判要点：根据《中华人民共和国农村土地承包法》第十五条的规定，农村土地家庭承包的，承包方是本集体经济组织的农户，其本质特征是以本集体经济组织内部的农户家庭为单位实行农村土地承包经营。家庭承包方式的农村土地承包经营权属于农户家庭，而不属于某一个家庭成员。根据《中华人民共和国继承法》第三条的规定，遗产是公民死亡时遗留的个人合法财产。农村土地承包经营权不属于个人财产，故不发生继承问题。除林地外的家庭承包，当承包农地的农户家庭中的一人或几人死亡，承包经营仍然是以户为单位，承包地仍由该农户的其他家庭成员继续承包经营；当承包经营农户家庭的成员全部死亡，由于承包经营权的取得是以集体成员权为基础，该土地承包经营权归于

消灭，不能由该农户家庭成员的继承人继续承包经营，更不能作为该农户家庭成员的遗产处理。

第一千一百二十三条　【继承的方式：法定继承、遗嘱遗赠、遗赠扶养协议】继承开始后，按照法定继承办理；有遗嘱的，按照遗嘱继承或者遗赠办理；有遗赠扶养协议的，按照协议办理。

条文对比

《民法典继承编》	《继承法》
第一千一百二十三条　继承开始后，按照法定继承办理；有遗嘱的，按照遗嘱继承或者遗赠办理；有遗赠扶养协议的，按照协议办理。	**第五条**　继承开始后，按照法定继承办理；有遗嘱的，按照遗嘱继承或者遗赠办理；有遗赠扶养协议的，按照协议办理。

关联法规

▶《民法典婚姻家庭编》

第一千零四十二条　禁止包办、买卖婚姻和其他干涉婚姻自由的行为。禁止借婚姻索取财物。

禁止重婚。禁止有配偶者与他人同居。

禁止家庭暴力。禁止家庭成员间的虐待和遗弃。

▶《民法典继承编》

第一千一百五十四条　有下列情形之一的，遗产中的有关部分按照法定继承办理：

（一）遗嘱继承人放弃继承或者受遗赠人放弃受遗赠；

（二）遗嘱继承人丧失继承权或者受遗赠人丧失受遗赠权；

（三）遗嘱继承人、受遗赠人先于遗嘱人死亡或者终止；

（四）遗嘱无效部分所涉及的遗产；

（五）遗嘱未处分的遗产。

第一千一百五十八条 自然人可以与继承人以外的组织或者个人签订遗赠扶养协议。按照协议，该组织或者个人承担该自然人生养死葬的义务，享有受遗赠的权利。

▶《继承法意见》

5. 被继承人生前与他人订有遗赠扶养协议，同时又立有遗嘱的，继承开始后，如果遗赠扶养协议与遗嘱没有抵触，遗产分别按协议和遗嘱处理；如果有抵触，按协议处理，与协议抵触的遗嘱全部或部分无效。

6. 遗嘱继承人依遗嘱取得遗产后，仍有权依继承法第十三条的规定取得遗嘱未处分的遗产。

▶《司法部关于在部分公证处开展要素式公证书格式试点工作的通知》

北京、天津、上海、吉林、广东、四川省（市）司法厅（局）：

根据国务院批准的《司法部关于深化公证工作改革的方案》关于“积极推行要素式公证书”的要求，本着先试点、后推广的原则，经研究决定：从2004年1月起，在北京市公证处、天津市公证处、上海市公证处、吉林省公证处、广东省公证处、广州市公证处、深圳市公证处、四川省公证处开展继承类、强制执行类要素式公证书和法律意见书试点工作。请各有关司法厅（局）组织相关公证处认真开展试点工作，加强同有关文书使用部门之间的沟通，并于2004年5月上旬上报试点情况，提出对要素式公证书的修改或完善意见。现将上述三类要素式公证书的试行格式和参考样式印发给你们。

附件一：

继承权要素式公证书通用格式（试行）

公 证 书

（ ）××字第××号

申请人：（继承人）基本情况〔注1〕

委托/法定代理人（基本情况）

被继承人：基本情况〔注2〕

公证事项：继承权

证词内容

一、必备要素

（一）申请人姓名、申请日期、申请事项。

（二）公证处查明（审查核实）的事实。包括：

1. 被继承人的死亡时间、原因〔注3〕、地点。

2. 被继承人死亡时遗留的个人合法财产〔注4〕。

3. 被继承人生前有无遗嘱、遗赠扶养协议〔注5〕。

4. 被继承人的全体继承人，有无死亡的继承人；继承人与被继承人的亲属关系〔注6〕；代位继承情况及其他继承人〔注7〕。

5. 继承人中有无丧失继承权的情况〔注8〕。

6. 有无放弃继承权的情况〔注9〕。

（三）公证结论

1. 法律事实、理由〔注10〕。

2. 被继承人遗留的个人财产为合法财产。

3. 被继承人合法的继承人〔注11〕。

4. 被继承人的遗产由何人继承、如何继承〔注12〕。

二、选择要素

（一）申请人所提供主要证据材料的真实、合法性。

（二）遗嘱继承的，当事人是否了解遗嘱的内容。公证处征求其他继承人对遗嘱有无疑义的情况。

（三）遗嘱见证人、执行人、遗产的使用人、保管人事项的说明。

（四）被继承人生前未缴纳的税款和债务情况，继承人对此所作的意思表示。

（五）公证员认为需要告知的有关继承方面的法律规定。

（六）公证员认为需要说明的其他事实或情节。

中华人民共和国××省××（县）公证处

公证员（签名章或签名）

××××年××月××日

注：1. 申请人为继承人，未到公证处申请也没有委托/法定代理人的不列入申请人。基本情况包括：姓名、性别、出生日期、现住址，外国人应写明国籍。

申请人有数人时，应一并列明。

身份证件号码可酌情写。

委托代理人需提交经公证的授权委托书；法定代理人需提交有代理权资格的证明。

2. 基本情况包括：姓名、性别、出生日期、生前住址。

3. 死亡原因包括：因病、意外事件、被害、自杀、被法院宣告死亡等。如被害死亡，尤应审查是否继承人所为，是否导致继承人丧失继承权。

4. 个人合法财产及财产权利的种类、数量，是否与他人共有或者是夫妻共同财产，是否有典当、抵押、出质等情况，现存放何处，由何人保管，应详细列明，财产种类、数量较多可制成财产清单作为公证书附件。

5. 必须写明经公证处审查。有遗嘱的，按照遗嘱继承或者遗赠办理；有遗赠扶养协议的，按照协议办理。有遗嘱、遗赠扶养协议的必须审查其合法性、两者都有的应看是否抵触，并应注意遗嘱、遗赠扶养协议是否包括被继承人全部的遗产。

6. 先核实被继承人第一顺序继承人，注明其身份，没有第一顺序继承人的应予以说明，再核实第二顺序继承人的身份。特别应注意《继承法》第十条、第十二条有关子女、父母、兄弟姐妹、丧偶儿媳、女婿的规定。符合规定条件的予以列入。

7. 主要查明继承人与被继承人死亡的先后时间，核实代位继承的代位继承人、其他继承人是否符合条件。

8. 继承人丧失继承权的情况为《继承法》第七条规定的行为，未发生第七条规定的行为不写。

9. 继承人放弃继承权要亲自到公证处接受询问并制作谈话笔录，或者提供经公证的放弃继承权声明书，但应注意其放弃继承权的行为是否致其不履行法定义务。

10. 要特别注意正确引用《中华人民共和国继承法》、《最高人民法院关于贯彻执行〈中华人民共和国继承法〉若干问题的意见》的具体条款。

11. 所有合法继承人全部列上。

12. 情况复杂的，可以表述具体继承份额、有无代为保管遗产的人等等。

参考样式一：

法定继承

公　证　书

（　）××字第××号

申请人：甲，男（或女），××××年×月×日出生，身份证号码：×××××，现住××省××市××街××号。

乙，男（或女），××××年×月×日出生，身份证号码：×××××，现住××省××市××街××号。

丙，男（或女），××××年×月×日出生，身份证号码：×××××，现住××省××市××街××号。

丁，男（或女），××××年×月×日出生，身份证号码：×××××，现住××省××市××街××号。

被继承人：戊，女（或男），××××年×月×日出生，生前住××省××市××街××号。

公证事项：继承权

申请人甲、乙、丙、丁因继承被继承人戊的遗产，于××××年×月×日向我处申请办理继承权公证。

根据《中华人民共和国公证暂行条例》的规定，我处对申请人提交的权利证明及相关证据材料进行了审查核实，并对申请人及有关人员进行了询问，现查明如下事实：

一、被继承人戊于××××年×月×日因病在×××死亡。

二、被继承人戊死亡时遗留的个人合法财产（被继承人戊生前与其妻子甲的夫妻共同财产为:），包括：

（一）坐落在×××××××号的房屋，《房屋产权证》编号：×××××。

（二）存款：人民币（或美元等）××××元，现存×××银行，存单号码：××××。

（三）其他财产/财产权利。

三、被继承人戊生前无遗嘱，亦未与他人签订遗赠抚养协议。

四、被继承人戊的配偶甲；戊的儿子乙；戊的父亲丙；戊的母亲丁。（死亡的也要列入并写明死亡时间）

五、现甲、乙均表示要求继承被继承人戊的遗产，丙、丁表示放弃对被继承人戊的遗产继承权。

根据上述事实并依据《中华人民共和国继承法》第二条的规定，被继承人戊死亡时遗留的上述个人合法财产为戊的遗产（或依据《中华人民共和国继承法》第二条、第二十六条的规定，上述夫妻财产的一半为死者戊的遗产）。根据《中华人民共和国继承法》第五条、第十条、第二十五条的规定，被继承人的遗产应由其配偶甲、儿子乙、父亲丙、母亲丁共同继承，因丙、丁表示放弃对被继承人戊的遗产继承权（或×××先于被继承人戊死亡），因此被继承人戊的遗产由甲、乙共同继承（或×××一人继承）。

中华人民共和国××省××（县）公证处

公证员（签名章或签名）

××××年××月××日

参考样式二：

代位继承1

公 证 书

（ ）××字第××号

申请人：甲，男（或女），××××年×月×日出生，身份证号码：×××××，现住××省××市××街××号。

乙，男（或女），××××年×月×日出生，身份证号码：×××××，现住××省××市××街××号。

被继承人：A，女（或男），××××年×月×日出生，生前住××省××市××街××号。

公证事项：继承权

申请人甲、乙因继承被继承人A的遗产，于××××年×月×日向我处申请办理继承权公证。

根据《中华人民共和国公证暂行条例》的规定，我处对申请人提交的权利证明及相关的证据材料进行了审查核实，并对申请人及有关人员进行了询问，现查明如下事实：

一、被继承人A于××××年×月×日因病在×××死亡。

二、被继承人A死亡时遗留的个人合法财产（被继承人A生前与其妻子甲的夫妻共同财产为:），包括：

（一）坐落在×××××××号的房屋，《房屋产权证》编号：×××××。

（二）存款：人民币（或美元等）××××元，现存×××银行，存单号码：×××××××。

（三）其他财产/财产权利。

三、被继承人A生前无遗嘱，亦未与他人签订遗赠抚养协议。

四、被继承人A的配偶甲；A的子女共两人：长子乙、次子丙；A的父亲丁；A的母亲戊。

其中A的父亲丁；A的母亲戊已分别于××××年×月×日和××××年×月×日先于A死亡。次子丙于××××年×月×日先于被继承人A死亡。

次子丙现有一子一女：儿子B、女儿C。

五、现甲、乙均表示要求继承被继承人A的遗产。（或×××表示放弃对被继承人A的遗产继承权）

根据上述事实并依据《中华人民共和国继承法》第二条的规定，被继承人A死亡时遗留的上述个人合法财产为A的遗产（或依据《中华人民共和国继承法》第二条、第二十六条的规定，上述夫妻财产的一半为死者戊的遗产）。根据《中华人民共和国继承法》第五条、第十条的规定，被继承人的遗产应由其配偶、子女、父母共同继承。因A的父亲丁、母亲戊均先于A死亡，故被继承人A的遗产应由其配偶甲、长子乙、次子丙共同继承。又因被继承人A的次子丙已先于其死亡，并遗有子女各一人，根据《中华人民共和国继承法》第十一条的规定，次子丙应继承的份额由其儿子B、女儿C代位继承。

综上所述，被继承人A的遗产应由甲、乙、B、C共同继承。

中华人民共和国××省××（县）公证处

公证员（签名章或签名）

××××年××月××日

参考样式三：

代位继承2

公　证　书

（　）××字第××号

申请人：甲，男（或女），××××年×月×日出生，身份证号码：×××××，现住××省××市××街××号。

乙，男（或女），××××年×月×日出生，身份证号码：×××××，现住××省××市××街××号。

被继承人：A，女（或男），××××年×月×日出生，生前住××省××市××街××号。

公证事项：继承权

申请人甲、乙因继承被继承人A的遗产，于××××年×月×日向我处申请办理继承权公证。

根据《中华人民共和国公证暂行条例》的规定，我处对申请人提交的权利证明及相关的证据材料进行了审查核实，并对申请人及有关人员进行了询问，现查明如下事实：

一、被继承人A于××××年×月×日因病在×××死亡。

二、被继承人A死亡时遗留的个人合法财产（被继承人A生前与其妻子甲的夫妻共同财产为:)，包括：

（一）坐落在×××××××号的房屋，《房屋产权证》编号：×××××。

（二）存款：人民币（或美元等）××××元，现存×××银行，存单号码：×××××××。

（三）其他财产/财产权利。

三、被继承人A生前无遗嘱，亦未与他人签订遗赠扶养协议。

四、被继承人A的配偶甲；A的子女共两人：长子乙、次子丙；A的父亲丁；A的母亲戊。

其中A的父亲丁；A的母亲戊已分别于××××年×月×日和××××年×月×日先于A死亡。次子丙于××××年×月×日先于被继承人A死亡。

次子丙现有一子一女：儿子B、女儿C。

丙死后，丙的妻子D与其公婆A、甲共同生活，并且D对其公婆尽了主要赡养义务。

五、现甲表示要求继承被继承人A的遗产，乙表示放弃对被继承人A的遗产继承权。

根据上述事实并依据《中华人民共和国继承法》第二条的规定，被继承人A死亡时遗留的上述个人合法财产为A的遗产（或依据《中华人民共和国继承法》第二条、第二十六条的规定，上述夫妻财产的一半为死者戊的遗产）。根据《中华人民共和国继承法》第五条、第十条、第二十五条的规定，被继承人的遗产应由其配偶、子女、父母共同继承。因A的父亲丁、母亲戊均先于A死亡，乙表示放弃对被继承人A的遗产继承权，故被继承人A的遗产应由其配偶甲、次子丙共同继承。又因被继承人A的次子丙已先于其死亡，并遗有子女各一人，根据《中华人民共和国继承法》第十一条的规定，次子丙应继承的份额由其儿子B、女儿C代位继承。但，丙死亡，丙的妻子D与其公婆A、甲共同生活，并且D对其公婆尽了主要赡养义务，根据《中华人民共和国继承法》第十二条的规定，D应作为A的第一顺序继承人继承A的遗产。

综上所述，被继承人A的遗产应由甲、D、B、C共同继承。

中华人民共和国××省××（县）公证处

公证员（签名章或签名）

××××年××月××日

参考样式四：

法定继承（转继承）

公 证 书

（ ）××字第××号

申请人：甲，男（或女），××××年×月×日出生，身份证号码：×××××，现住××省××市××街××号。

乙，男（或女），××××年×月×日出生，身份证号码：×××××，现住××省××市××街××号。

丙，男（或女），××××年×月×日出生，身份证号码：×××××，现住××省××市××街××号。

丁，男（或女），××××年×月×日出生，身份证号码：×××××，现住××省××市××街××号。

被继承人：戊，女（或男），××××年×月×日出生，生前住××省××市××街××号。

公证事项：继承权

申请人甲、乙、丙、丁因继承被继承人戊的遗产，于××××年×月×日向我处申请办理继承权公证。

根据《中华人民共和国公证暂行条例》的规定，我处对申请人提交的权利证明及相关证据材料进行了审查核实，并对申请人及有关人员进行了询问，现查明如下事实：

一、被继承人戊于××××年×月×日因病在×××死亡。

二、被继承人戊死亡时遗留的个人合法财产（被继承人戊生前与其妻子甲的夫妻共同财产为:），包括：

（一）坐落在×××××××号的房屋，《房屋产权证》编号：×××××。

（二）存款：人民币（或美元等）××××元，现存×××银行，存单号码：×××××××。

（三）其他财产/财产权利。

三、被继承人戊生前无遗嘱，亦未与他人签订遗赠抚养协议。

四、被继承人戊的配偶甲；戊的儿子乙；戊的父亲丙；戊的母亲丁。（死亡的也要列入并写明死亡时间）

其中戊的儿子乙于××××年×月×日死亡。

五、现甲表示要求继承被继承人戊的遗产，丙、丁表示放弃对被继承人戊的遗产继承权。

根据上述事实并依据《中华人民共和国继承法》第二条的规定，被继承人戊死亡时遗留的上述个人合法财产为戊的遗产（或依据《中华人民共和国继承法》第二条、第二十六条的规定，上述夫妻财产的一半为死者戊的遗产）。根据《中华人民共和国继承法》第五条、第十条、第二十五条的规定，被继承人的遗产应由其配偶甲、儿子乙、父亲丙、母亲丁共同继承，因丙、丁表示放弃对被继承人戊的遗产继承权（或×××先于被继承人戊死亡。），故被继承人戊的遗产由甲、乙共同继承（或×××一人继承）。因乙在尚未实际取得遗产时死亡，其应得到的遗产份额转由乙的合法继承人继承。

中华人民共和国××省××（县）公证处

公证员（签名章或签名）

××××年××月××日

参考样式五：

遗嘱继承

公 证 书

（ ）××字第××号

申请人：甲，男（或女），××××年×月×日出生，身份证号码：×××××，现住××省××市××街××号。

被继承人：A，女（或男），××××年×月×日出生，生前住××省××市××街××号。

公证事项：遗嘱继承权

申请人甲因继承被继承人A的遗产，于××××年×月×日向我处申请办理遗嘱继承权公证。

根据《中华人民共和国公证暂行条例》的规定，我处对申请人提交的权利

证明及相关证据材料进行了审查核实，并对申请人及有关人员进行了询问，现查明如下事实：

一、被继承人A于××××年×月×日因病在×××死亡。

二、被继承人A生前未与他人签订遗嘱抚养协议。但，A生前在我处（或×××公证处）立有公证遗嘱（公证书编号：（××××）××字第××号）。A的其他继承人对该公证遗嘱均无疑义。

三、被继承人A遗嘱中处分的个人合法财产（或与其妻子甲的夫妻共同财产为）：

（一）坐落在×××××××号的房屋，《房屋产权证》编号：×××××。

（二）存款：人民币（或美元等）××××元，现存×××银行，存单号码：×××××××。

（三）其他财产/财产权利。

兹证明A生前所立遗嘱真实、有效。根据A的遗嘱，A死亡时遗留的上述个人合法财产由甲继承。

中华人民共和国××省××（县）公证处

公证员（签名章或签名）

××××年××月××日

参考样式六：

遗赠公证书

公　证　书

（）××字第××号

申请人：甲，男（或女），××××年×月×日出生，身份证号码：×××××，现住××省××市××街××号。

关系人：乙，女（或男），××××年×月×日出生，生前住××省××市××街××号。

公证事项：接受遗赠

申请人甲因继承关系人乙的遗产，于××××年×月×日向我处申请办理接受遗赠公证。

根据《中华人民共和国公证暂行条例》的规定，我处对申请人提交的权利证明及相关证据材料进行了审查核实，并对申请人及有关人员进行了询问，现查明如下事实：

一、关系人乙于××××年×月×日因病在×××死亡。其生前在我处（或在×××公证处）立有遗赠（公证书编号：〔××××〕××字第××号）。表示将其下列遗产遗赠给申请人甲：

（一）坐落在×××××××号的房屋，《房屋产权证》编号：×××××。

（二）存款：人民币（或美元等）××××元，现存×××银行，存单号码：×××××××。

（三）其他财产/财产权利。

二、申请人甲具有民事权利能力和民事行为能力，并表示愿意接受遗赠人遗赠的财产。

综上，遗赠人乙遗赠的上述财产，为受遗赠人甲所有。

中华人民共和国××省××（县）公证处

公证员（签名章或签名）

××××年××月××日

第一千一百二十四条　【继承和遗赠的接受和放弃】继承开始后，继承人放弃继承的，应当在遗产处理前，以书面形式作出放弃继承的表示；没有表示的，视为接受继承。

受遗赠人应当在知道受遗赠后六十日内，作出接受或者放弃受遗赠的表示；到期没有表示的，视为放弃受遗赠。

条文对比

《民法典继承编》	《继承法》
第一千一百二十四条　继承开始后，继承人放弃继承的，应当在遗产处理前，**以书面形式**作出放弃继承的表示；没有表示的，视为接受继承。 受遗赠人应当在知道受遗赠后六十日内，作出接受或者放弃受遗赠的表示；到期没有表示的，视为放弃受遗赠。	**第二十五条**　继承开始后，继承人放弃继承的，应当在遗产处理前，作出放弃继承的表示。没有表示的，视为接受继承。 受遗赠人应当在知道受遗赠后两个月内，作出接受或者放弃受遗赠的表示。到期没有表示的，视为放弃受遗赠。

关联法规

▶《民法典物权编》

第二百三十条 因继承取得物权的，自继承开始时发生效力。

▶《继承法意见》

8. 法定代理人代理被代理人行使继承权、受遗赠权，不得损害被代理人的利益。法定代理人一般不能代理被代理人放弃继承权、受遗赠权。明显损害被代理人利益的，应认定其代理行为无效。

46. 继承人因放弃继承权，致其不能履行法定义务的，放弃继承权的行为无效。

47. 继承人放弃继承应当以书面形式向其他继承人表示。用口头方式表示放弃继承，本人承认，或有其它充分证据证明的，也应当认定其有效。

48. 在诉讼中，继承人向人民法院以口头方式表示放弃继承的，要制作笔录，由放弃继承的人签名。

49. 继承人放弃继承的意思表示，应当在继承开始后、遗产分割前作出。遗产分割后表示放弃的不再是继承权，而是所有权。

50. 遗产处理前或在诉讼进行中，继承人对放弃继承翻悔的，由人民法院根据其提出的具体理由，决定是否承认。遗产处理后，继承人对放弃继承翻悔的，不予承认。

51. 放弃继承的效力，追溯到继承开始的时间。

52. 继承开始后，继承人没有表示放弃继承，并于遗产分割前死亡的，其继承遗产的权利转移给他的合法继承人。

53. 继承开始后，受遗赠人表示接受遗赠，并于遗产分割前死亡的，其接受遗赠的权利转移给他的继承人。

59. 人民法院对故意隐匿、侵吞或争抢遗产的继承人，可以酌情减少其应继承的遗产。

▶《最高人民法院关于印发〈第八次全国法院民事商事审判工作会议（民事部分）纪要〉的通知》

25. 被继承人死亡后遗产未分割，各继承人均未表示放弃继承，依据继承法第二十五条规定应视为均已接受继承，遗产属各继承人共同共有；当事人诉请享有继承权、主张分割遗产的纠纷案件，应参照共有财产分割的原则，不适用有关诉讼时效的规定。

《最高人民法院关于向勋珍与叶学枝房屋纠纷案的复函》

贵州省高级人民法院：

你院〔90〕民请字第7号《关于向勋珍与叶学枝房屋纠纷一案的请示报告》收悉。经研究认为：宁国锋夫妇于1929年、1946年先后死亡，所遗房屋由三子宁让祥一家一直居住至今，其他子女宁福英、宁雪冰、宁让贤于1986年以前先后死亡，他们生前均未表示放弃继承。根据我国《继承法》第25条和我院《关于贯彻执行〈中华人民共和国民法通则〉若干问题的意见（试行)》第177条的规定和该案具体情况，宁氏姐弟对其父母所遗房产可视为接受继承，并对未分割的房产享有共有权。据此，我们基本同意你院的第二种意见，即宁雪冰之妻向勋珍现提出分割的房屋，可按分割共同财产的诉讼请示处理。但鉴于叶学枝一家居住使用房屋达40多年等情况，为稳定住房秩序，可由叶学枝给予向勋珍等转继承人适当补偿。

以上意见，供参考。

《最高人民法院关于继承开始时继承人未表示放弃继承遗产又未分割的可按析产案件处理的批复》

江苏省高级人民法院：

你院《关于费宝珍、费江诉周福祥析产一案的请示报告》收悉。

据你院报告称：费宝珍与费翼臣婚生三女一子，在无锡市有房产一处共241.2平方米。1942年长女费玉英与周福祥结婚后，夫妻住在费家，随费宝珍生活。次女费秀英、三女费惠英相继于1950年以前出嫁，住在丈夫家。1956年费翼臣、费宝珍及其子费江迁居安徽，无锡的房产由长女一家管理使用。1958年私房改造时，改造了78.9平方米，留自住房162.3平方米。1960年费翼臣病故，费宝珍、费江迁回无锡，与费玉英夫妇共同住在自留房内，分开生活。1962年费玉英病故。1985年12月，费宝珍、费江向法院起诉，称此房为费家财产，要求周福祥及其子女搬出。周福祥认为，其妻费玉英有继承父亲费翼臣的遗产的权利，并且已经占有、使用四十多年，不同意搬出。原审在调查过程中，费秀英、费惠英也表示应有她们的产权份额。

我们研究认为，双方当事人诉争的房屋，原为费宝珍与费翼臣的夫妻共有财产，1958年私房改造所留自住房，仍属于原产权人共有。费翼臣病故后，对属于费翼臣所有的那一份遗产，各继承人都没有表示过放弃继承，根据《继承法》第二十五条第一款的规定，应视为均已接受继承。诉争的房屋应属各继承人共同共有，他们之间为此发生之诉讼，可按析产案件处理，并参照财产来源、管理使用及实际需要等情况，进行具体分割。

《最高人民法院关于费宝珍诉周福祥房屋析产案的批复》

江苏省高级人民法院：

你院关于费宝珍、费江诉周福祥析产一案的请示报告收悉。

据你院报告称：费宝珍与费冀臣婚生三女一子，在无锡市有房产一处共241.2平方米，1942年长女费玉英与周福祥结婚后，夫妻住在费家，随费宝珍生活。次女费秀英、三女费惠英相继于1950年以前出嫁，住在丈夫家。1956年费冀臣、费宝珍及其子费江迁居安徽，无锡的房产由长女一家管理使用。1958年私房改造时，改造了78.9平方米，留自住房162.3平方米。1960年费冀臣病故，费宝珍、费江迁回无锡、与费玉英夫妇共同住在自留房内，分开生活。1962年费玉英病故。1985年12月，费宝珍、费江向法院起诉，称此房为费家财产，要求周福祥及其子女搬出。周福祥认为，其妻费玉英有继承父亲费冀臣的遗产的权利，并且已经占有、使用40多年，不同意搬出。原审在调查过程中，费秀英、费惠英也表示应有她们的产权份额。

我们研究认为，双方当事人诉争的房屋，原为费宝珍与费冀臣夫妻的共有财产，1958年私房改造所留自住房，仍属于原产权人共有。费冀臣病故后，对属于费冀臣所有的那一份遗产，各继承人都没有表示过放弃继承，根据《继承法》第二十五条第一款的规定，应视为均已接受继承。诉争的房屋应属各继承人共同共有，他们之间为此发生之诉讼，可按析产案件处理，并参照财产来源、管理使用及实际需要等情况，进行具体分割。

《最高人民法院关于未成年的养子女，其养父在国外死亡后回生母处生活，仍有权继承其养父的遗产的批复》

福建省高级人民法院：

你院一九八五年十二月十日《关于泉州市戴玉芳与戴文良析产继承上诉案中黄钦辉有无继承权的请示报告》收悉。

据报告称，戴文化、戴文良兄弟二人于一九二九年至一九三一年先后从菲律宾回国在泉州市新街四十一号建楼房一座，由其父母戴淑和、林英蕊等人居住。一九四二年戴母林英蕊收黄钦辉为戴文化的养子。黄钦辉与祖母林英蕊共同生活，由其养父戴文化从国外寄给生活费和教育费，直至一九五五年戴文化在国外去世。当时黄钦辉尚未成年，后因生活无来源于一九五七年回到生母处。一九八〇年黄钦辉向法院提起诉讼，要求继承其养父戴文化新街四十一号楼房遗产。

经我们研究认为：黄钦辉于一九四二年被戴文化之母林英蕊收养为戴文化的养子，直至一九五五年戴文化去世，在长达十三年的时间里，其生活费和教育费一直由戴文化供给。这一收养关系戴文化生前及其亲属、当地基层组织和群众都承认，应依法予以保护。

关于黄钦辉是否自动解除收养关系或放弃继承权的问题，黄钦辉因养父戴文化一九五五年在国外去世，当时本人尚未成年，在无人供给生活费，又无其他经济来源的情况下，不得不于一九五七年回到生母处生活，对此不能认为黄钦辉自动解除了收养关系。黄钦辉在继承开始和遗产处理前，没有明确表示放弃继承，应当依法准许其继承戴文化的遗产。

▶《司法部关于在部分公证处开展要素式公证书格式试点工作的通知》

北京、天津、上海、吉林、广东、四川省（市）司法厅（局）：

根据国务院批准的《司法部关于深化公证工作改革的方案》关于“积极推行要素式公证书”的要求，本着先试点、后推广的原则，经研究决定：从2004年1月起，在北京市公证处、天津市公证处、上海市公证处、吉林省公证处、广东省公证处、广州市公证处、深圳市公证处、四川省公证处开展继承类、强制执行类要素式公证书和法律意见书试点工作。请各有关司法厅（局）组织相关公证处认真开展试点工作，加强同有关文书使用部门之间的沟通，并于2004年5月上旬上报试点情况，提出对要素式公证书的修改或完善意见。现将上述三类要素式公证书的试行格式和参考样式印发给你们。

附件一：

继承权要素式公证书通用格式（试行）

公　证　书

（　）××字第××号

申请人：（继承人）基本情况〔注1〕

委托/法定代理人（基本情况）

被继承人：基本情况〔注2〕

公证事项：继承权

证词内容

一、必备要素

（一）申请人姓名、申请日期、申请事项。

（二）公证处查明（审查核实）的事实。包括：

1. 被继承人的死亡时间、原因〔注3〕、地点。

2. 被继承人死亡时遗留的个人合法财产〔注4〕。

3. 被继承人生前有无遗嘱、遗赠扶养协议〔注5〕。

4. 被继承人的全体继承人，有无死亡的继承人；继承人与被继承人的亲属关系〔注6〕；代位继承情况及其他继承人〔注7〕。

5. 继承人中有无丧失继承权的情况〔注8〕。

6. 有无放弃继承权的情况〔注9〕。

（三）公证结论

1. 法律事实、理由〔注10〕。

2. 被继承人遗留的个人财产为合法财产。

3. 被继承人合法的继承人〔注11〕。

4. 被继承人的遗产由何人继承、如何继承〔注12〕。

二、选择要素

（一）申请人所提供主要证据材料的真实、合法性。

（二）遗嘱继承的，当事人是否了解遗嘱的内容。公证处征求其他继承人对遗嘱有无疑义的情况。

（三）遗嘱见证人、执行人、遗产的使用人、保管人事项的说明。

（四）被继承人生前未缴纳的税款和债务情况，继承人对此所作的意思表示。

（五）公证员认为需要告知的有关继承方面的法律规定。

（六）公证员认为需要说明的其他事实或情节。

中华人民共和国××省××（县）公证处

公证员（签名章或签名）

××××年××月××日

注：1. 申请人为继承人，未到公证处申请也没有委托/法定代理人的不列入申请人。基本情况包括：姓名、性别、出生日期、现住址，外国人应写明国籍。

申请人有数人时，应一并列明。

身份证件号码可酌情写。

委托代理人需提交经公证的授权委托书；法定代理人需提交有代理权资格

的证明。

2. 基本情况包括：姓名、性别、出生日期、生前住址。

3. 死亡原因包括：因病、意外事件、被害、自杀、被法院宣告死亡等。如被害死亡，尤应审查是否继承人所为，是否导致继承人丧失继承权。

4. 个人合法财产及财产权利的种类、数量，是否与他人共有或者是夫妻共同财产，是否有典当、抵押、出质等情况，现存放何处，由何人保管，应详细列明，财产种类、数量较多可制成财产清单作为公证书附件。

5. 必须写明经公证处审查。有遗嘱的，按照遗嘱继承或者遗赠办理；有遗赠扶养协议的，按照协议办理。有遗嘱、遗赠扶养协议的必须审查其合法性、两者都有的应看是否抵触，并应注意遗嘱、遗赠扶养协议是否包括被继承人全部的遗产。

6. 先核实被继承人第一顺序继承人，注明其身份，没有第一顺序继承人的应予以说明，再核实第二顺序继承人的身份。特别应注意《继承法》第十条、第十二条有关子女、父母、兄弟姐妹、丧偶儿媳、女婿的规定。符合规定条件的予以列入。

7. 主要查明继承人与被继承人死亡的先后时间，核实代位继承的代位继承人、其他继承人是否符合条件。

8. 继承人丧失继承权的情况为《继承法》第七条规定的行为，未发生第七条规定的行为不写。

9. 继承人放弃继承权要亲自到公证处接受询问并制作谈话笔录，或者提供经公证的放弃继承权声明书，但应注意其放弃继承权的行为是否致其不履行法定义务。

10. 要特别注意正确引用《中华人民共和国继承法》、《最高人民法院关于贯彻执行〈中华人民共和国继承法〉若干问题的意见》的具体条款。

11. 所有合法继承人全部列上。

12. 情况复杂的，可以表述具体继承份额、有无代为保管遗产的人等等。

参考样式一：

法定继承

公 证 书

（ ）××字第××号

申请人：甲，男（或女），××××年×月×日出生，身份证号码：××

×××，现住××省××市××街××号。

乙，男（或女），××××年×月×日出生，身份证号码：×××××，现住××省××市××街××号。

丙，男（或女），××××年×月×日出生，身份证号码：×××××，现住××省××市××街××号。

丁，男（或女），××××年×月×日出生，身份证号码：×××××，现住××省××市××街××号。

被继承人：戊，女（或男），××××年×月×日出生，生前住××省××市××街××号。

公证事项：继承权

申请人甲、乙、丙、丁因继承被继承人戊的遗产，于××××年×月×日向我处申请办理继承权公证。

根据《中华人民共和国公证暂行条例》的规定，我处对申请人提交的权利证明及相关证据材料进行了审查核实，并对申请人及有关人员进行了询问，现查明如下事实：

一、被继承人戊于××××年×月×日因病在×××死亡。

二、被继承人戊死亡时遗留的个人合法财产（被继承人戊生前与其妻子甲的夫妻共同财产为:)，包括：

（一）坐落在×××××××号的房屋，《房屋产权证》编号：×××××。

（二）存款：人民币（或美元等）××××元，现存×××银行，存单号码：××××。

（三）其他财产/财产权利。

三、被继承人戊生前无遗嘱，亦未与他人签订遗赠抚养协议。

四、被继承人戊的配偶甲；戊的儿子乙；戊的父亲丙；戊的母亲丁。（死亡的也要列入并写明死亡时间）

五、现甲、乙均表示要求继承被继承人戊的遗产，丙、丁表示放弃对被继承人戊的遗产继承权。

根据上述事实并依据《中华人民共和国继承法》第二条的规定，被继承人戊死亡时遗留的上述个人合法财产为戊的遗产（或依据《中华人民共和国继承法》第二条、第二十六条的规定，上述夫妻财产的一半为死者戊的遗产）。根据《中华人民共和国继承法》第五条、第十条、第二十五条的规定，被继承人的遗产应由其配偶甲、儿子乙、父亲丙、母亲丁共同继承，因丙、丁表示放弃对被继承人戊的遗产继承权（或×××先于被继承人戊死亡），因此被继承人戊的遗产由甲、乙共同继承（或×××一人继承）。

中华人民共和国××省××（县）公证处

公证员（签名章或签名）

××××年××月××日

参考样式二：

代位继承1

公 证 书

（ ）××字第××号

申请人：甲，男（或女），××××年×月×日出生，身份证号码：×××××，现住××省××市××街××号。

乙，男（或女），××××年×月×日出生，身份证号码：×××××，现住××省××市××街××号。

被继承人：A，女（或男），××××年×月×日出生，生前住××省××市××街××号。

公证事项：继承权

申请人甲、乙因继承被继承人A的遗产，于××××年×月×日向我处申请办理继承权公证。

根据《中华人民共和国公证暂行条例》的规定，我处对申请人提交的权利证明及相关的证据材料进行了审查核实，并对申请人及有关人员进行了询问，现查明如下事实：

一、被继承人A于××××年×月×日因病在×××死亡。

二、被继承人A死亡时遗留的个人合法财产（被继承人A生前与其妻子甲的夫妻共同财产为:），包括：

（一）坐落在×××××××号的房屋，《房屋产权证》编号：×××××。

（二）存款：人民币（或美元等）××××元，现存×××银行，存单号码：×××××××。

（三）其他财产/财产权利。

三、被继承人A生前无遗嘱，亦未与他人签订遗赠抚养协议。

四、被继承人A的配偶甲；A的子女共两人：长子乙、次子丙；A的父亲丁；A的母亲戊。

其中A的父亲丁；A的母亲戊已分别于××××年×月×日和××××年×月×日先于A死亡。次子丙于××××年×月×日先于被继承人A死亡。

次子丙现有一子一女：儿子B、女儿C。

五、现甲、乙均表示要求继承被继承人A的遗产。(或×××表示放弃对被继承人A的遗产继承权)

根据上述事实并依据《中华人民共和国继承法》第二条的规定，被继承人A死亡时遗留的上述个人合法财产为A的遗产（或依据《中华人民共和国继承法》第二条、第二十六条的规定，上述夫妻财产的一半为死者戊的遗产)。根据《中华人民共和国继承法》第五条、第十条的规定，被继承人的遗产应由其配偶、子女、父母共同继承。因A的父亲丁、母亲戊均先于A死亡，故被继承人A的遗产应由其配偶甲、长子乙、次子丙共同继承。又因被继承人A的次子丙已先于其死亡，并遗有子女各一人，根据《中华人民共和国继承法》第十一条的规定，次子丙应继承的份额由其儿子B、女儿C代位继承。

综上所述，被继承人A的遗产应由甲、乙、B、C共同继承。

中华人民共和国××省××（县）公证处

公证员（签名章或签名）

××××年××月××日

参考样式三：

代位继承2

公　证　书

（　）××字第××号

申请人：甲，男（或女)，××××年×月×日出生，身份证号码：×××××，现住××省××市××街××号。

乙，男（或女)，××××年×月×日出生，身份证号码：×××××，现住××省××市××街××号。

被继承人：A，女（或男)，××××年×月×日出生，生前住××省××市××街××号。

公证事项：继承权

申请人甲、乙因继承被继承人A的遗产，于××××年×月×日向我处申请办理继承权公证。

根据《中华人民共和国公证暂行条例》的规定，我处对申请人提交的权利证明及相关的证据材料进行了审查核实，并对申请人及有关人员进行了询问，现查明如下事实：

一、被继承人A于××××年×月×日因病在×××死亡。

二、被继承人A死亡时遗留的个人合法财产（被继承人A生前与其妻子甲的夫妻共同财产为:），包括：

（一）坐落在×××××××号的房屋，《房屋产权证》编号：×××××。

（二）存款：人民币（或美元等）××××元，现存×××银行，存单号码：×××××××。

（三）其他财产/财产权利。

三、被继承人A生前无遗嘱，亦未与他人签订遗赠扶养协议。

四、被继承人A的配偶甲；A的子女共两人：长子乙、次子丙；A的父亲丁；A的母亲戊。

其中A的父亲丁；A的母亲戊已分别于××××年×月×日和××××年×月×日先于A死亡。次子丙于××××年×月×日先于被继承人A死亡。

次子丙现有一子一女：儿子B、女儿C。

丙死后，丙的妻子D与其公婆A、甲共同生活，并且D对其公婆尽了主要赡养义务。

五、现甲表示要求继承被继承人A的遗产，乙表示放弃对被继承人A的遗产继承权。

根据上述事实并依据《中华人民共和国继承法》第二条的规定，被继承人A死亡时遗留的上述个人合法财产为A的遗产（或依据《中华人民共和国继承法》第二条、第二十六条的规定，上述夫妻财产的一半为死者戊的遗产）。根据《中华人民共和国继承法》第五条、第十条、第二十五条的规定，被继承人的遗产应由其配偶、子女、父母共同继承。因A的父亲丁、母亲戊均先于A死亡，乙表示放弃对被继承人A的遗产继承权，故被继承人A的遗产应由其配偶甲、次子丙共同继承。又因被继承人A的次子丙已先于其死亡，并遗有子女各一人，根据《中华人民共和国继承法》第十一条的规定，次子丙应继承的份额由其儿子B、女儿C代位继承。但，丙死亡，丙的妻子D与其公婆A、甲共同生活，并且D对其公婆尽了主要赡养义务，根据《中华人民共和国继承法》第十二条的规定，D应作为A的第一顺序继承人继承A的遗产。

综上所述，被继承人A的遗产应由甲、D、B、C共同继承。

中华人民共和国××省××（县）公证处

公证员（签名章或签名）

××××年××月××日

参考样式四：

法定继承（转继承）

公　证　书

（　）××字第××号

申请人：甲，男（或女），××××年×月×日出生，身份证号码：×××××，现住××省××市××街××号。

乙，男（或女），××××年×月×日出生，身份证号码：×××××，现住××省××市××街××号。

丙，男（或女），××××年×月×日出生，身份证号码：×××××，现住××省××市××街××号。

丁，男（或女），××××年×月×日出生，身份证号码：×××××，现住××省××市××街××号。

被继承人：戊，女（或男），××××年×月×日出生，生前住××省××市××街××号。

公证事项：继承权

申请人甲、乙、丙、丁因继承被继承人戊的遗产，于××××年×月×日向我处申请办理继承权公证。

根据《中华人民共和国公证暂行条例》的规定，我处对申请人提交的权利证明及相关证据材料进行了审查核实，并对申请人及有关人员进行了询问，现查明如下事实：

一、被继承人戊于××××年×月×日因病在×××死亡。

二、被继承人戊死亡时遗留的个人合法财产（被继承人戊生前与其妻子甲的夫妻共同财产为：），包括：

（一）坐落在×××××××号的房屋，《房屋产权证》编号：×××××。

（二）存款：人民币（或美元等）××××元，现存×××银行，存单号码：×××××××。

（三）其他财产/财产权利。

三、被继承人戊生前无遗嘱，亦未与他人签订遗赠抚养协议。

四、被继承人戊的配偶甲；戊的儿子乙；戊的父亲丙；戊的母亲丁。（死亡的也要列入并写明死亡时间）

其中戊的儿子乙于××××年×月×日死亡。

五、现甲表示要求继承被继承人戊的遗产，丙、丁表示放弃对被继承人戊的遗产继承权。

根据上述事实并依据《中华人民共和国继承法》第二条的规定，被继承人戊死亡时遗留的上述个人合法财产为戊的遗产（或依据《中华人民共和国继承法》第二条、第二十六条的规定，上述夫妻财产的一半为死者戊的遗产）。根据《中华人民共和国继承法》第五条、第十条、第二十五条的规定，被继承人的遗产应由其配偶甲、儿子乙、父亲丙、母亲丁共同继承，因丙、丁表示放弃对被继承人戊的遗产继承权（或×××先于被继承人戊死亡。），故被继承人戊的遗产由甲、乙共同继承（或×××一人继承）。因乙在尚未实际取得遗产时死亡，其应得到的遗产份额转由乙的合法继承人继承。

中华人民共和国××省××（县）公证处

公证员（签名章或签名）

××××年××月××日

参考样式五：

遗嘱继承

公　证　书

（　）××字第××号

申请人：甲，男（或女），××××年×月×日出生，身份证号码：×××××，现住××省××市××街××号。

被继承人：A，女（或男），××××年×月×日出生，生前住××省××市××街××号。

公证事项：遗嘱继承权

申请人甲因继承被继承人A的遗产，于××××年×月×日向我处申请办理遗嘱继承权公证。

根据《中华人民共和国公证暂行条例》的规定，我处对申请人提交的权利证明及相关证据材料进行了审查核实，并对申请人及有关人员进行了询问，现查明如下事实：

一、被继承人A于××××年×月×日因病在×××死亡。

二、被继承人A生前未与他人签订遗嘱抚养协议。但，A生前在我处（或×××公证处）立有公证遗嘱（公证书编号：（××××）××字第××号）。A的其他继承人对该公证遗嘱均无疑义。

三、被继承人A遗嘱中处分的个人合法财产（或与其妻子甲的夫妻共同财产为）：

（一）坐落在×××××××号的房屋，《房屋产权证》编号：×××××。

（二）存款：人民币（或美元等）××××元，现存×××银行，存单号码：×××××××。

（三）其他财产/财产权利。

兹证明A生前所立遗嘱真实、有效。根据A的遗嘱，A死亡时遗留的上述个人合法财产由甲继承。

中华人民共和国××省××（县）公证处

公证员（签名章或签名）

××××年××月××日

参考样式六：

遗赠公证书

公　证　书

（　）××字第××号

申请人：甲，男（或女），××××年×月×日出生，身份证号码：×××××，现住××省××市××街××号。

关系人：乙，女（或男），××××年×月×日出生，生前住××省××市××街××号。

公证事项：接受遗赠

申请人甲因继承关系人乙的遗产，于××××年×月×日向我处申请办理接受遗赠公证。

根据《中华人民共和国公证暂行条例》的规定，我处对申请人提交的权利

证明及相关证据材料进行了审查核实，并对申请人及有关人员进行了询问，现查明如下事实：

一、关系人乙于××××年×月×日因病在×××死亡。其生前在我处（或在×××公证处）立有遗赠（公证书编号：〔××××〕××字第××号）。表示将其下列遗产遗赠给申请人甲：

（一）坐落在×××××××号的房屋，《房屋产权证》编号：×××××。

（二）存款：人民币（或美元等）××××元，现存×××银行，存单号码：×××××××。

（三）其他财产/财产权利。

二、申请人甲具有民事权利能力和民事行为能力，并表示愿意接受遗赠人遗赠的财产。

综上，遗赠人乙遗赠的上述财产，为受遗赠人甲所有。

中华人民共和国××省××（县）公证处

公证员（签名章或签名）

××××年××月××日

第一千一百二十五条　【继承权的丧失及例外】继承人有下列行为之一的，丧失继承权：

（一）故意杀害被继承人；

（二）为争夺遗产而杀害其他继承人；

（三）遗弃被继承人，或者虐待被继承人情节严重；

（四）伪造、篡改、隐匿或者销毁遗嘱，情节严重；

（五）以欺诈、胁迫手段迫使或者妨碍被继承人设立、变更或者撤回遗嘱，情节严重。

继承人有前款第三项至第五项行为，确有悔改表现，被继承人表示宽恕或者事后在遗嘱中将其列为继承人的，该继承人不丧失继承权。

受遗赠人有本条第一款规定行为的，丧失受遗赠权。

条文对比

《民法典继承编》	《继承法》
第一千一百二十五条 继承人有下列行为之一的，丧失继承权： （一）故意杀害被继承人； （二）为争夺遗产而杀害其他继承人； （三）遗弃被继承人，或者虐待被继承人情节严重； （四）伪造、篡改、**隐匿**或者销毁遗嘱，情节严重； **（五）以欺诈、胁迫手段迫使或者妨碍被继承人设立、变更或者撤回遗嘱，情节严重。** **继承人有前款第三项至第五项行为，确有悔改表现，被继承人表示宽恕或者事后在遗嘱中将其列为继承人的，该继承人不丧失继承权。** **受遗赠人有本条第一款规定行为的，丧失受遗赠权。**	**第七条** 继承人有下列行为之一的，丧失继承权： （一）故意杀害被继承人~~的~~； （二）为争夺遗产而杀害其他继承人~~的~~； （三）遗弃被继承人~~的~~，或者虐待被继承人情节严重~~的~~； （四）伪造、篡改或者销毁遗嘱，情节严重~~的~~。

关联法规

▶《继承法意见》

9. 在遗产继承中，继承人之间因是否丧失继承权发生纠纷，诉讼到人民法院的，由人民法院根据继承法第七条的规定，判决确认其是否丧失继承权。

10. 继承人虐待被继承人情节是否严重，可以从实施虐待行为的时间、手段、后果和社会影响等方面认定。

虐待被继承人情节严重的，不论是否追究刑事责任，均可确认其丧失继承权。

11. 继承人故意杀害被继承人的，不论是既遂还是未遂，均应确认其丧失继承权。

12. 继承人有继承法第七条第（一）项或第（二）项所列之行为，而被继承人以遗嘱将遗产指定由该继承人继承的，可确认遗嘱无效，并按继承法第七条的规定处理。

13. 继承人虐待被继承人情节严重的，或者遗弃被继承人的，如以后确有悔改表现，而且被虐待人、被遗弃人生前又表示宽恕，可不确认其丧失继承权。

14. 继承人伪造、篡改或者销毁遗嘱，侵害了缺乏劳动能力又无生活来源的继承人的利益，并造成其生活困难的，应认定其行为情节严重。

28. 继承人丧失继承权的，其晚辈直系血亲不得代位继承。如该代位继承人缺乏劳动能力又没有生活来源，或对被继承人尽赡养义务较多的，可适当分给遗产。

▶《司法部关于在部分公证处开展要素式公证书格式试点工作的通知》

北京、天津、上海、吉林、广东、四川省（市）司法厅（局）：

根据国务院批准的《司法部关于深化公证工作改革的方案》关于“积极推行要素式公证书”的要求，本着先试点、后推广的原则，经研究决定：从2004年1月起，在北京市公证处、天津市公证处、上海市公证处、吉林省公证处、广东省公证处、广州市公证处、深圳市公证处、四川省公证处开展继承类、强制执行类要素式公证书和法律意见书试点工作。请各有关司法厅（局）组织相关公证处认真开展试点工作，加强同有关文书使用部门之间的沟通，并于2004年5月上旬上报试点情况，提出对要素式公证书的修改或完善意见。现将上述三类要素式公证书的试行格式和参考样式印发给你们。

附件一：

继承权要素式公证书通用格式（试行）

公 证 书

（ ）××字第××号

申请人：（继承人）基本情况〔注1〕

委托/法定代理人（基本情况）

被继承人：基本情况〔注2〕

公证事项：继承权

证词内容

一、必备要素

（一）申请人姓名、申请日期、申请事项。

（二）公证处查明（审查核实）的事实。包括：

1. 被继承人的死亡时间、原因〔注3〕、地点。

2. 被继承人死亡时遗留的个人合法财产〔注4〕。

3. 被继承人生前有无遗嘱、遗赠扶养协议〔注5〕。

4. 被继承人的全体继承人，有无死亡的继承人；继承人与被继承人的亲属关系〔注6〕；代位继承情况及其他继承人〔注7〕。

5. 继承人中有无丧失继承权的情况〔注8〕。

6. 有无放弃继承权的情况〔注9〕。

（三）公证结论

1. 法律事实、理由〔注10〕。

2. 被继承人遗留的个人财产为合法财产。

3. 被继承人合法的继承人〔注11〕。

4. 被继承人的遗产由何人继承、如何继承〔注12〕。

二、选择要素

（一）申请人所提供主要证据材料的真实、合法性。

（二）遗嘱继承的，当事人是否了解遗嘱的内容。公证处征求其他继承人对遗嘱有无疑义的情况。

（三）遗嘱见证人、执行人、遗产的使用人、保管人事项的说明。

（四）被继承人生前未缴纳的税款和债务情况，继承人对此所作的意思表示。

（五）公证员认为需要告知的有关继承方面的法律规定。

（六）公证员认为需要说明的其他事实或情节。

中华人民共和国××省××（县）公证处

公证员（签名章或签名）

××××年××月××日

注：1. 申请人为继承人，未到公证处申请也没有委托/法定代理人的不列入申请人。基本情况包括：姓名、性别、出生日期、现住址，外国人应写明国籍。

申请人有数人时，应一并列明。

身份证件号码可酌情写。

委托代理人需提交经公证的授权委托书；法定代理人需提交有代理权资格的证明。

2. 基本情况包括：姓名、性别、出生日期、生前住址。

3. 死亡原因包括：因病、意外事件、被害、自杀、被法院宣告死亡等。如被害死亡，尤应审查是否继承人所为，是否导致继承人丧失继承权。

4. 个人合法财产及财产权利的种类、数量，是否与他人共有或者是夫妻共同财产，是否有典当、抵押、出质等情况，现存放何处，由何人保管，应详细列明，财产种类、数量较多可制成财产清单作为公证书附件。

5. 必须写明经公证处审查。有遗嘱的，按照遗嘱继承或者遗赠办理；有遗赠扶养协议的，按照协议办理。有遗嘱、遗赠扶养协议的必须审查其合法性、两者都有的应看是否抵触，并应注意遗嘱、遗赠扶养协议是否包括被继承人全部的遗产。

6. 先核实被继承人第一顺序继承人，注明其身份，没有第一顺序继承人的应予以说明，再核实第二顺序继承人的身份。特别应注意《继承法》第十条、第十二条有关子女、父母、兄弟姐妹、丧偶儿媳、女婿的规定。符合规定条件的予以列入。

7. 主要查明继承人与被继承人死亡的先后时间，核实代位继承的代位继承人、其他继承人是否符合条件。

8. 继承人丧失继承权的情况为《继承法》第七条规定的行为，未发生第七条规定的行为不写。

9. 继承人放弃继承权要亲自到公证处接受询问并制作谈话笔录，或者提供经公证的放弃继承权声明书，但应注意其放弃继承权的行为是否致其不履行法定义务。

10. 要特别注意正确引用《中华人民共和国继承法》、《最高人民法院关于贯彻执行〈中华人民共和国继承法〉若干问题的意见》的具体条款。

11. 所有合法继承人全部列上。

12. 情况复杂的，可以表述具体继承份额、有无代为保管遗产的人等等。

参考样式一：

法定继承

公　证　书

（　）××字第××号

申请人：甲，男（或女），××××年×月×日出生，身份证号码：×××××，现住××省××市××街××号。

乙，男（或女），××××年×月×日出生，身份证号码：×××××，现住××省××市××街××号。

丙，男（或女），××××年×月×日出生，身份证号码：×××××，现住××省××市××街××号。

丁，男（或女），××××年×月×日出生，身份证号码：×××××，现住××省××市××街××号。

被继承人：戊，女（或男），××××年×月×日出生，生前住××省××市××街××号。

公证事项：继承权

申请人甲、乙、丙、丁因继承被继承人戊的遗产，于××××年×月×日向我处申请办理继承权公证。

根据《中华人民共和国公证暂行条例》的规定，我处对申请人提交的权利证明及相关证据材料进行了审查核实，并对申请人及有关人员进行了询问，现查明如下事实：

一、被继承人戊于××××年×月×日因病在×××死亡。

二、被继承人戊死亡时遗留的个人合法财产（被继承人戊生前与其妻子甲的夫妻共同财产为：），包括：

（一）坐落在×××××××号的房屋，《房屋产权证》编号：×××××。

（二）存款：人民币（或美元等）××××元，现存×××银行，存单号码：××××。

（三）其他财产/财产权利。

三、被继承人戊生前无遗嘱，亦未与他人签订遗赠抚养协议。

四、被继承人戊的配偶甲；戊的儿子乙；戊的父亲丙；戊的母亲丁。（死亡的也要列入并写明死亡时间）

五、现甲、乙均表示要求继承被继承人戊的遗产，丙、丁表示放弃对被继承人戊的遗产继承权。

根据上述事实并依据《中华人民共和国继承法》第二条的规定，被继承人戊死亡时遗留的上述个人合法财产为戊的遗产（或依据《中华人民共和国继承法》第二条、第二十六条的规定，上述夫妻财产的一半为死者戊的遗产）。根据《中华人民共和国继承法》第五条、第十条、第二十五条的规定，被继承人的遗产应由其配偶甲、儿子乙、父亲丙、母亲丁共同继承，因丙、丁表示放弃对被继承人戊的遗产继承权（或×××先于被继承人戊死亡），因此被继承人戊的遗产由甲、乙共同继承（或×××一人继承）。

中华人民共和国××省××（县）公证处

公证员（签名章或签名）

××××年××月××日

参考样式二：

代位继承1

公 证 书

（ ）××字第××号

申请人：甲，男（或女），××××年×月×日出生，身份证号码：×××××，现住××省××市××街××号。

乙，男（或女），××××年×月×日出生，身份证号码：×××××，现住××省××市××街××号。

被继承人：A，女（或男），××××年×月×日出生，生前住××省××市××街××号。

公证事项：继承权

申请人甲、乙因继承被继承人A的遗产，于××××年×月×日向我处申请办理继承权公证。

根据《中华人民共和国公证暂行条例》的规定，我处对申请人提交的权利证明及相关的证据材料进行了审查核实，并对申请人及有关人员进行了询问，现查明如下事实：

一、被继承人A于××××年×月×日因病在×××死亡。

二、被继承人A死亡时遗留的个人合法财产（被继承人A生前与其妻子甲的夫妻共同财产为：），包括：

（一）坐落在×××××××号的房屋，《房屋产权证》编号：×××××。

（二）存款：人民币（或美元等）××××元，现存×××银行，存单号码：×××××××。

（三）其他财产/财产权利。

三、被继承人A生前无遗嘱，亦未与他人签订遗赠扶养协议。

四、被继承人A的配偶甲；A的子女共两人：长子乙、次子丙；A的父亲丁；A的母亲戊。

其中A的父亲丁；A的母亲戊已分别于××××年×月×日和××××年×月×日先于A死亡。次子丙于××××年×月×日先于被继承人A死亡。

次子丙现有一子一女：儿子B、女儿C。

五、现甲、乙均表示要求继承被继承人A的遗产。（或×××表示放弃对被继承人A的遗产继承权）

根据上述事实并依据《中华人民共和国继承法》第二条的规定，被继承人A死亡时遗留的上述个人合法财产为A的遗产（或依据《中华人民共和国继承法》第二条、第二十六条的规定，上述夫妻财产的一半为死者戊的遗产）。根据《中华人民共和国继承法》第五条、第十条的规定，被继承人的遗产应由其配偶、子女、父母共同继承。因A的父亲丁、母亲戊均先于A死亡，故被继承人A的遗产应由其配偶甲、长子乙、次子丙共同继承。又因被继承人A的次子丙已先于其死亡，并遗有子女各一人，根据《中华人民共和国继承法》第十一条的规定，次子丙应继承的份额由其儿子B、女儿C代位继承。

综上所述，被继承人A的遗产应由甲、乙、B、C共同继承。

中华人民共和国××省××（县）公证处

公证员（签名章或签名）

××××年××月××日

参考样式三：

代位继承2

公 证 书

（ ）××字第××号

申请人：甲，男（或女），××××年×月×日出生，身份证号码：×××××，现住××省××市××街××号。

乙，男（或女），××××年×月×日出生，身份证号码：×××××，现住××省××市××街××号。

被继承人：A，女（或男），××××年×月×日出生，生前住××省××市××街××号。

公证事项：继承权

申请人甲、乙因继承被继承人A的遗产，于××××年×月×日向我处申请办理继承权公证。

根据《中华人民共和国公证暂行条例》的规定，我处对申请人提交的权利

证明及相关的证据材料进行了审查核实，并对申请人及有关人员进行了询问，现查明如下事实：

一、被继承人A于××××年×月×日因病在×××死亡。

二、被继承人A死亡时遗留的个人合法财产（被继承人A生前与其妻子甲的夫妻共同财产为：），包括：

（一）坐落在×××××××号的房屋，《房屋产权证》编号：×××××。

（二）存款：人民币（或美元等）××××元，现存×××银行，存单号码：×××××××。

（三）其他财产/财产权利。

三、被继承人A生前无遗嘱，亦未与他人签订遗赠扶养协议。

四、被继承人A的配偶甲；A的子女共两人：长子乙、次子丙；A的父亲丁；A的母亲戊。

其中A的父亲丁；A的母亲戊已分别于××××年×月×日和××××年×月×日先于A死亡。次子丙于××××年×月×日先于被继承人A死亡。

次子丙现有一子一女：儿子B、女儿C。

丙死后，丙的妻子D与其公婆A、甲共同生活，并且D对其公婆尽了主要赡养义务。

五、现甲表示要求继承被继承人A的遗产，乙表示放弃对被继承人A的遗产继承权。

根据上述事实并依据《中华人民共和国继承法》第二条的规定，被继承人A死亡时遗留的上述个人合法财产为A的遗产（或依据《中华人民共和国继承法》第二条、第二十六条的规定，上述夫妻财产的一半为死者戊的遗产）。根据《中华人民共和国继承法》第五条、第十条、第二十五条的规定，被继承人的遗产应由其配偶、子女、父母共同继承。因A的父亲丁、母亲戊均先于A死亡，乙表示放弃对被继承人A的遗产继承权，故被继承人A的遗产应由其配偶甲、次子丙共同继承。又因被继承人A的次子丙已先于其死亡，并遗有子女各一人，根据《中华人民共和国继承法》第十一条的规定，次子丙应继承的份额由其儿子B、女儿C代位继承。但，丙死亡，丙的妻子D与其公婆A、甲共同生活，并且D对其公婆尽了主要赡养义务，根据《中华人民共和国继承法》第十二条的规定，D应作为A的第一顺序继承人继承A的遗产。

综上所述，被继承人A的遗产应由甲、D、B、C共同继承。

中华人民共和国××省××（县）公证处

公证员（签名章或签名）

××××年××月××日

参考样式四：

法定继承（转继承）

公 证 书

（ ）××字第××号

申请人：甲，男（或女），××××年×月×日出生，身份证号码：×××××，现住××省××市××街××号。

乙，男（或女），××××年×月×日出生，身份证号码：×××××，现住××省××市××街××号。

丙，男（或女），××××年×月×日出生，身份证号码：×××××，现住××省××市××街××号。

丁，男（或女），××××年×月×日出生，身份证号码：×××××，现住××省××市××街××号。

被继承人：戊，女（或男），××××年×月×日出生，生前住××省××市××街××号。

公证事项：继承权

申请人甲、乙、丙、丁因继承被继承人戊的遗产，于××××年×月×日向我处申请办理继承权公证。

根据《中华人民共和国公证暂行条例》的规定，我处对申请人提交的权利证明及相关证据材料进行了审查核实，并对申请人及有关人员进行了询问，现查明如下事实：

一、被继承人戊于××××年×月×日因病在×××死亡。

二、被继承人戊死亡时遗留的个人合法财产（被继承人戊生前与其妻子甲的夫妻共同财产为:），包括：

（一）坐落在×××××××号的房屋，《房屋产权证》编号：×××××。

（二）存款：人民币（或美元等）××××元，现存×××银行，存单号码：×××××××。

（三）其他财产/财产权利。

三、被继承人戊生前无遗嘱，亦未与他人签订遗赠抚养协议。

四、被继承人戊的配偶甲；戊的儿子乙；戊的父亲丙；戊的母亲丁。（死亡的也要列入并写明死亡时间）

其中戊的儿子乙于××××年×月×日死亡。

五、现甲表示要求继承被继承人戊的遗产，丙、丁表示放弃对被继承人戊的遗产继承权。

根据上述事实并依据《中华人民共和国继承法》第二条的规定，被继承人戊死亡时遗留的上述个人合法财产为戊的遗产（或依据《中华人民共和国继承法》第二条、第二十六条的规定，上述夫妻财产的一半为死者戊的遗产）。根据《中华人民共和国继承法》第五条、第十条、第二十五条的规定，被继承人的遗产应由其配偶甲、儿子乙、父亲丙、母亲丁共同继承，因丙、丁表示放弃对被继承人戊的遗产继承权（或×××先于被继承人戊死亡。），故被继承人戊的遗产由甲、乙共同继承（或×××一人继承）。因乙在尚未实际取得遗产时死亡，其应得到的遗产份额转由乙的合法继承人继承。

中华人民共和国××省××（县）公证处

公证员（签名章或签名）

××××年××月××日

参考样式五：

遗嘱继承

公　证　书

（　）××字第××号

申请人：甲，男（或女），××××年×月×日出生，身份证号码：×××××，现住××省××市××街××号。

被继承人：A，女（或男），××××年×月×日出生，生前住××省××市××街××号。

公证事项：遗嘱继承权

申请人甲因继承被继承人A的遗产，于××××年×月×日向我处申请办理遗嘱继承权公证。

根据《中华人民共和国公证暂行条例》的规定，我处对申请人提交的权利证明及相关证据材料进行了审查核实，并对申请人及有关人员进行了询问，现查明如下事实：

一、被继承人A于××××年×月×日因病在×××死亡。

二、被继承人A生前未与他人签订遗嘱抚养协议。但，A生前在我处（或×××公证处）立有公证遗嘱（公证书编号：（××××）××字第××号）。A的其他继承人对该公证遗嘱均无疑义。

三、被继承人A遗嘱中处分的个人合法财产（或与其妻子甲的夫妻共同财产为）：

（一）坐落在×××××××号的房屋，《房屋产权证》编号：×××××。

（二）存款：人民币（或美元等）××××元，现存×××银行，存单号码：×××××××。

（三）其他财产/财产权利。

兹证明A生前所立遗嘱真实、有效。根据A的遗嘱，A死亡时遗留的上述个人合法财产由甲继承。

中华人民共和国××省××（县）公证处

公证员（签名章或签名）

××××年××月××日

参考样式六：

遗赠公证书

公　证　书

（　）××字第××号

申请人：甲，男（或女），××××年×月×日出生，身份证号码：×××××，现住××省××市××街××号。

关系人：乙，女（或男），××××年×月×日出生，生前住××省××市××街××号。

公证事项：接受遗赠

申请人甲因继承关系人乙的遗产，于××××年×月×日向我处申请办理接受遗赠公证。

根据《中华人民共和国公证暂行条例》的规定，我处对申请人提交的权利证明及相关证据材料进行了审查核实，并对申请人及有关人员进行了询问，现查明如下事实：

一、关系人乙于××××年×月×日因病在×××死亡。其生前在我处（或在×××公证处）立有遗赠（公证书编号：〔××××〕××字第××号）。表示将其下列遗产遗赠给申请人甲：

（一）坐落在×××××××号的房屋，《房屋产权证》编号：×××××。

（二）存款：人民币（或美元等）××××元，现存×××银行，存单号码：×××××××。

（三）其他财产/财产权利。

二、申请人甲具有民事权利能力和民事行为能力，并表示愿意接受遗赠人遗赠的财产。

综上，遗赠人乙遗赠的上述财产，为受遗赠人甲所有。

中华人民共和国××省××（县）公证处

公证员（签名章或签名）

××××年××月××日

第二章 法定继承

第一千一百二十六条 【继承权男女平等原则】 继承权男女平等。

条文对比

《民法典继承编》	《继承法》
第一千一百二十六条 继承权男女平等。	**第九条** 继承权男女平等。

关联法规

▶《宪法》

第四十八条 中华人民共和国妇女在政治的、经济的、文化的、社会的和家庭的生活等各方面享有同男子平等的权利。

国家保护妇女的权利和利益，实行男女同工同酬，培养和选拔妇女干部。

▶《民法典总则编》

第四条 民事主体在民事活动中的法律地位一律平等。

▶《妇女权益保障法》

第二条 妇女在政治的、经济的、文化的、社会的和家庭的生活等各方面享有同男子平等的权利。

实行男女平等是国家的基本国策。国家采取必要措施，逐步完善保障妇女权益的各项制度，消除对妇女一切形式的歧视。

国家保护妇女依法享有的特殊权益。

禁止歧视、虐待、遗弃、残害妇女。

第三十四条 妇女享有的与男子平等的财产继承权受法律保护。在同一顺序法定继承人中，不得歧视妇女。

丧偶妇女有权处分继承的财产，任何人不得干涉。

第三十五条 丧偶妇女对公、婆尽了主要赡养义务的，作为公、婆的第一顺序法定继承人，其继承权不受子女代位继承的影响。

第一千一百二十七条 【继承人的范围及继承顺序；子女、父母、兄弟姐妹的范围】 遗产按照下列顺序继承：

（一）第一顺序：配偶、子女、父母；

（二）第二顺序：兄弟姐妹、祖父母、外祖父母。

继承开始后，由第一顺序继承人继承，第二顺序继承人不继承；没有第一顺序继承人继承的，由第二顺序继承人继承。

本编所称子女，包括婚生子女、非婚生子女、养子女和有扶养关系的继子女。

本编所称父母，包括生父母、养父母和有扶养关系的继父母。

本编所称兄弟姐妹，包括同父母的兄弟姐妹、同父异母或者同母异父的兄弟姐妹、养兄弟姐妹、有扶养关系的继兄弟姐妹。

条文对比

《民法典继承编》	《继承法》
第一千一百二十七条 遗产按照下列顺序继承： （一）第一顺序：配偶、子女、父母； （二）第二顺序：兄弟姐妹、祖父母、外祖父母。 继承开始后，由第一顺序继承人继承，第二顺序继承人不继承；没有第一顺序继承人继承的，由第二顺序继承人继承。 本编所称子女，包括婚生子女、非婚生子女、养子女和有扶养关系的继子女。	**第十条** 遗产按照下列顺序继承： 第一顺序：配偶、子女、父母。 第二顺序：兄弟姐妹、祖父母、外祖父母。 继承开始后，由第一顺序继承人继承，第二顺序继承人不继承。没有第一顺序继承人继承的，由第二顺序继承人继承。 本法所说的子女，包括婚生子女、非婚生子女、养子女和有扶养关系的继子女。 本法所说的父母，包括生父母、养父母

《民法典继承编》	《继承法》
本编所称父母，包括生父母、养父母和有扶养关系的继父母。 本编所称兄弟姐妹，包括同父母的兄弟姐妹、同父异母或者同母异父的兄弟姐妹、养兄弟姐妹、有扶养关系的继兄弟姐妹。	和有扶养关系的继父母。 本法所说的兄弟姐妹，包括同父母的兄弟姐妹、同父异母或者同母异父的兄弟姐妹、养兄弟姐妹、有扶养关系的继兄弟姐妹。

关联法规

《民法典婚姻家庭编》

第一千零七十条 父母和子女有相互继承遗产的权利。

第一千零七十一条 非婚生子女享有与婚生子女同等的权利，任何组织或者个人不得加以危害和歧视。

不直接抚养非婚生子女的生父或者生母，应当负担未成年子女或者不能独立生活的成年子女的抚养费。

第一千一百一十一条 自收养关系成立之日起，养父母与养子女间的权利义务关系，适用本法关于父母子女关系的规定；养子女与养父母的近亲属间的权利义务关系，适用本法关于子女与父母的近亲属关系的规定。

养子女与生父母以及其他近亲属间的权利义务关系，因收养关系的成立而消除。

《民法典继承编》

第一千一百三十三条 自然人可以依照本法规定立遗嘱处分个人财产，并可以指定遗嘱执行人。

自然人可以立遗嘱将个人财产指定由法定继承人中的一人或者数人继承。

自然人可以立遗嘱将个人财产赠与国家、集体或者法定继承人以外的组织、个人。

自然人可以依法设立遗嘱信托。

《老年人权益保障法》

第二十二条 老年人对个人的财产，依法享有占有、使用、收益和处分的权利，子女或者其他亲属不得干涉，不得以窃取、骗取、强行索取等方式侵犯老年人的财产权益。

老年人有依法继承父母、配偶、子女或者其他亲属遗产的权利，有接受赠与的权利。子女或者其他亲属不得侵占、抢夺、转移、隐匿或者损毁应当由老年人继承或者接受赠与的财产。

老年人以遗嘱处分财产，应当依法为老年配偶保留必要的份额。

▶《婚姻法司法解释（一）》

第五条 未按婚姻法第八条规定办理结婚登记而以夫妻名义共同生活的男女，起诉到人民法院要求离婚的，应当区别对待：

（一）1994年2月1日民政部《婚姻登记管理条例》公布实施以前，男女双方已经符合结婚实质要件的，按事实婚姻处理；

（二）1994年2月1日民政部《婚姻登记管理条例》公布实施以后，男女双方符合结婚实质要件的，人民法院应当告知其在案件受理前补办结婚登记；未补办结婚登记的，按解除同居关系处理。

第六条 未按婚姻法第八条规定办理结婚登记而以夫妻名义共同生活的男女，一方死亡，另一方以配偶身份主张享有继承权的，按照本解释第五条的原则处理。

▶《继承法意见》

19. 被收养人对养父母尽了赡养义务，同时又对生父母扶养较多的，除可依继承法第十条的规定继承养父母的遗产外，还可依继承法第十四条的规定分得生父母的适当的遗产。

20. 在旧社会形成的一夫多妻家庭中，子女与生母以外的父亲的其他配偶之间形成扶养关系的，互有继承权。

21. 继子女继承了继父母遗产的，不影响其继承生父母的遗产。

继父母继承了继子女遗产的，不影响其继承生子女的遗产。

22. 收养他人为养孙子女，视为养父母与养子女关系的，可互为第一顺序继承人。

23. 养子女与生子女之间、养子女与养子女之间，系养兄弟姐妹，可互为第二顺序继承人。

被收养人与其亲兄弟姐妹之间的权利义务关系，因收养关系的成立而消除，不能互为第二顺序继承人。

24. 继兄弟姐妹之间的继承权，因继兄弟姐妹之间的扶养关系而发生。没有扶养关系的，不能互为第二顺序继承人。

继兄弟姐妹之间相互继承了遗产的，不影响其继承亲兄弟姐妹的遗产。

《审理未结婚而同居案件意见》

13. 同居生活期间一方死亡，另一方要求继承死者遗产，如认定为事实婚姻关系的，可以配偶身份按继承法的有关规定处理；如认定为非法同居关系，而又符合继承法第十四条规定的，可根据相互扶助的具体情况处理。

《人民法院处理涉台民事案件的几个法律问题》

三、关于抚养、赡养和收养问题

去台一方回大陆后，大陆一方向其索要已成年子女过去的抚养费用的，对这种请求人民法院原则上不予支持。因为支付子女的抚养费，是为了保证未成年子女的生活；现在子女已经成年了，就没有实际支付的必要了。抚养子女是夫妻双方的义务。夫妻双方都在，由夫妻双方共同承担这个义务；一方由于特殊原因未与子女共同生活或者无力尽抚养义务，则由另一方独自承担这个义务。因此，一方已经尽了全部抚养义务的，不能向对方主张追索抚养费。至于其他没有抚养、赡养义务的人，代替去台一方抚养了子女或者赡养了父母的，去台人员则应酌情补偿。

去台人员返回大陆定居后，要求自己的子女承担赡养义务的，人民法院应当根据法律规定和子女的家庭经济状况尽可能给予解决。但是，去台人员的子女已被他人合法收养的，在收养关系解除之前，不承担对生父或者生母的赡养义务。被收养的子女因生父或者生母回大陆而要求解除收养关系，或者去台人员要求解除收养关系的，要根据养父母、养子女、生父母三方面关系的实际情况，慎重地处理。

《最高人民法院关于随母改嫁的子女能否继承其生父遗产问题的复函》

天津市高级人民法院：

你院1976年4月14日〔1976〕津高法办13号请示一件收到。

关于李淑荣、李福义因父母离婚随母改嫁能否继承其生父遗产的问题。经研究，提出如下意见：

（一）根据婚姻法有关规定：父母离婚后，子女无论由父方或母方抚养，仍是父母双方的子女。父母子女有互相继承遗产的权利。李淑荣、李福义继承其生父遗产的权利是应该肯定的。被继承人李怀田死亡时，李淑荣、李福义尚在年幼生活还不能自立，要求他们对其生父履行生养死葬义务是不现实的，不能因此否定其继承生父遗产的权利。

（二）（略）

（三）（略）

（四）（略）

以上意见，供参考。

▶《司法部关于在部分公证处开展要素式公证书格式试点工作的通知》

北京、天津、上海、吉林、广东、四川省（市）司法厅（局）：

根据国务院批准的《司法部关于深化公证工作改革的方案》关于“积极推行要素式公证书”的要求，本着先试点、后推广的原则，经研究决定：从2004年1月起，在北京市公证处、天津市公证处、上海市公证处、吉林省公证处、广东省公证处、广州市公证处、深圳市公证处、四川省公证处开展继承类、强制执行类要素式公证书和法律意见书试点工作。请各有关司法厅（局）组织相关公证处认真开展试点工作，加强同有关文书使用部门之间的沟通，并于2004年5月上旬上报试点情况，提出对要素式公证书的修改或完善意见。现将上述三类要素式公证书的试行格式和参考样式印发给你们。

附件一：

继承权要素式公证书通用格式（试行）

公　证　书

（　）××字第××号

申请人：（继承人）基本情况〔注1〕

委托/法定代理人（基本情况）

被继承人：基本情况〔注2〕

公证事项：继承权

证词内容

一、必备要素

（一）申请人姓名、申请日期、申请事项。

（二）公证处查明（审查核实）的事实。包括：

1. 被继承人的死亡时间、原因〔注3〕、地点。

2. 被继承人死亡时遗留的个人合法财产〔注4〕。

3. 被继承人生前有无遗嘱、遗赠扶养协议〔注5〕。

4. 被继承人的全体继承人，有无死亡的继承人；继承人与被继承人的亲属关系〔注6〕；代位继承情况及其他继承人〔注7〕。

5. 继承人中有无丧失继承权的情况〔注8〕。

6. 有无放弃继承权的情况〔注9〕。

（三）公证结论

1. 法律事实、理由〔注10〕。

2. 被继承人遗留的个人财产为合法财产。

3. 被继承人合法的继承人〔注11〕。

4. 被继承人的遗产由何人继承、如何继承〔注12〕。

二、选择要素

（一）申请人所提供主要证据材料的真实、合法性。

（二）遗嘱继承的，当事人是否了解遗嘱的内容。公证处征求其他继承人对遗嘱有无疑义的情况。

（三）遗嘱见证人、执行人、遗产的使用人、保管人事项的说明。

（四）被继承人生前未缴纳的税款和债务情况，继承人对此所作的意思表示。

（五）公证员认为需要告知的有关继承方面的法律规定。

（六）公证员认为需要说明的其他事实或情节。

中华人民共和国××省××（县）公证处

公证员（签名章或签名）

××××年××月××日

注：1. 申请人为继承人，未到公证处申请也没有委托/法定代理人的不列入申请人。基本情况包括：姓名、性别、出生日期、现住址，外国人应写明国籍。

申请人有数人时，应一并列明。

身份证件号码可酌情写。

委托代理人需提交经公证的授权委托书；法定代理人需提交有代理权资格的证明。

2. 基本情况包括：姓名、性别、出生日期、生前住址。

3. 死亡原因包括：因病、意外事件、被害、自杀、被法院宣告死亡等。如被害死亡，尤应审查是否继承人所为，是否导致继承人丧失继承权。

4. 个人合法财产及财产权利的种类、数量，是否与他人共有或者是夫妻共同财产，是否有典当、抵押、出质等情况，现存放何处，由何人保管，应详细列明，财产种类、数量较多可制成财产清单作为公证书附件。

5. 必须写明经公证处审查。有遗嘱的，按照遗嘱继承或者遗赠办理；有遗赠扶养协议的，按照协议办理。有遗嘱、遗赠扶养协议的必须审查其合法性、两者都有的应看是否抵触，并应注意遗嘱、遗赠扶养协议是否包括被继承人全部的遗产。

6. 先核实被继承人第一顺序继承人，注明其身份，没有第一顺序继承人的应予以说明，再核实第二顺序继承人的身份。特别应注意《继承法》第十条、第十二条有关子女、父母、兄弟姐妹、丧偶儿媳、女婿的规定。符合规定条件的予以列入。

7. 主要查明继承人与被继承人死亡的先后时间，核实代位继承的代位继承人、其他继承人是否符合条件。

8. 继承人丧失继承权的情况为《继承法》第七条规定的行为，未发生第七条规定的行为不写。

9. 继承人放弃继承权要亲自到公证处接受询问并制作谈话笔录，或者提供经公证的放弃继承权声明书，但应注意其放弃继承权的行为是否致其不履行法定义务。

10. 要特别注意正确引用《中华人民共和国继承法》、《最高人民法院关于贯彻执行〈中华人民共和国继承法〉若干问题的意见》的具体条款。

11. 所有合法继承人全部列上。

12. 情况复杂的，可以表述具体继承份额、有无代为保管遗产的人等等。

▶《司法部公证司 1990 年 8 月 3 日（90）司公字第 99 号关于转发南洋商业银行信托有限公司〈关于遗嘱承办与公证业务简报〉的函》

附件：

7. 出具“亲属关系证明书”或“继承权证明书”的区别

……

（3）若死者为香港居民，于内地无遗嘱死亡，遗下的妻子、子女及父母均居内地，该死者的香港遗产仍应按照香港有关的遗产继承法例规定办理。死者既遗有妻子及子女，即使其父母仍健在，但根据香港《无遗嘱者遗产条例》第 4 条规定，他们是没有权利继承死者遗产（和我国内地《继承法》第 10 条的规定有所不同）。因此公证处出具“亲属关系证明书”时不必列出死者的父亲或母亲，只列死者的妻子和子女便可。但该名死者若为女性，则应按我国《继承法》规定办理。

▶《司法部公证律师司关于为赴澳自费留学生办理公证书的复函》

广东省司法厅公证管理处：

你处粤司公（87）96号《关于为赴澳自费留学生办理公证书事的请示》函悉。关于澳驻华使馆要求赴澳自费留学的中国学生提供出生证明、结婚证明或未婚证明、最高学历证明、直系及非直系亲属证明事，经研究认为，公证处可以为中国学生办理这四项公证其中直系及非直系亲属证明，即亲属关系证明中，亲属关系的范围，可依澳驻华使馆的要求出具，但一般不超出《继承法》第十条所列亲属关系的范围。

另，根据澳驻华使馆的要求，上述公证书应以1987年出具的为有效，对1987年以前出具的公证书，公证处可以应当事人申请重新编号出具新的公证书。

第一千一百二十八条　【代位继承】被继承人的子女先于被继承人死亡的，由被继承人的子女的直系晚辈血亲代位继承。

被继承人的兄弟姐妹先于被继承人死亡的，由被继承人的兄弟姐妹的子女代位继承。

代位继承人一般只能继承被代位继承人有权继承的遗产份额。

条文对比

《民法典继承编》	《继承法》
第一千一百二十八条　被继承人的子女先于被继承人死亡的，由被继承人的子女的直系晚辈血亲代位继承。 **被继承人的兄弟姐妹先于被继承人死亡的，由被继承人的兄弟姐妹的子女代位继承。** 代位继承人一般只能继承**被代位继承人**有权继承的遗产份额。	**第十一条**　被继承人的子女先于被继承人死亡的，由被继承人的子女的晚辈直系血亲代位继承。代位继承人一般只能继承~~他的父亲或者母亲~~有权继承的遗产份额。

关联法规

▶《民法典继承编》

第一千一百三十三条 自然人可以依照本法规定立遗嘱处分个人财产，并可以指定遗嘱执行人。

自然人可以立遗嘱将个人财产指定由法定继承人中的一人或者数人继承。

自然人可以立遗嘱将个人财产赠与国家、集体或者法定继承人以外的组织、个人。

自然人可以依法设立遗嘱信托。

▶《继承法意见》

25. 被继承人的孙子女、外孙子女、曾孙子女、外曾孙子女都可以代位继承，代位继承人不受辈数的限制。

26. 被继承人的养子女、已形成扶养关系的继子女的生子女可代位继承；被继承人亲生子女的养子女可代位继承；被继承人养子女的养子女可代位继承；与被继承人已形成扶养关系的继子女的养子女也可以代位继承。

27. 代位继承人缺乏劳动能力又没有生活来源，或者对被继承人尽过主要赡养义务的，分配遗产时，可以多分。

28. 继承人丧失继承权的，其晚辈直系血亲不得代位继承。如该代位继承人缺乏劳动能力又没有生活来源，或对被继承人尽赡养义务较多的，可适当分给遗产。

29. 丧偶儿媳对公婆、丧偶女婿对岳父、岳母，无论其是否再婚，依继承法第十二条规定作为第一顺序继承人时，不影响其子女代位继承。

第一千一百二十九条　【丧偶儿媳、女婿的继承权】丧偶儿媳对公婆，丧偶女婿对岳父母，尽了主要赡养义务的，作为第一顺序继承人。

条文对比

《民法典继承编》	《继承法》
第一千一百二十九条 丧偶儿媳对公婆，丧偶女婿对岳父母，尽了主要赡养义务的，作为第一顺序继承人。	**第十二条** 丧偶儿媳对公、婆，丧偶女婿对岳父、岳母，尽了主要赡养义务的，作为第一顺序继承人。

关联法规

▶《民法典继承编》

第一千一百二十七条 遗产按照下列顺序继承：

（一）第一顺序：配偶、子女、父母；

（二）第二顺序：兄弟姐妹、祖父母、外祖父母。

继承开始后，由第一顺序继承人继承，第二顺序继承人不继承；没有第一顺序继承人继承的，由第二顺序继承人继承。

本编所称子女，包括婚生子女、非婚生子女、养子女和有扶养关系的继子女。

本编所称父母，包括生父母、养父母和有扶养关系的继父母。

本编所称兄弟姐妹，包括同父母的兄弟姐妹、同父异母或者同母异父的兄弟姐妹、养兄弟姐妹、有扶养关系的继兄弟姐妹。

第一千一百三十三条 自然人可以依照本法规定立遗嘱处分个人财产，并可以指定遗嘱执行人。

自然人可以立遗嘱将个人财产指定由法定继承人中的一人或者数人继承。

自然人可以立遗嘱将个人财产赠与国家、集体或者法定继承人以外的组织、个人。

自然人可以依法设立遗嘱信托。

▶《妇女权益保障法》

第三十五条 丧偶妇女对公、婆尽了主要赡养义务的，作为公、婆的第一顺序法定继承人，其继承权不受子女代位继承的影响。

▶《继承法意见》

22. 收养他人为养孙子女，视为养父母与养子女关系的，可互为第一顺序继承人。

29. 丧偶儿媳对公婆、丧偶女婿对岳父、岳母，无论其是否再婚，依继承法第十二条规定作为第一顺序继承人时，不影响其子女代位继承。

30. 对被继承人生活提供了主要经济来源，或在劳务等方面给予了主要扶助的，应当认定其尽了主要赡养义务或主要扶养义务。

《办理继承公证的指导意见》

第十六条 除《公证法》和《公证程序规则》规定的不予办理公证的情形外，有下列情形之一的，公证机构不予办理法定继承公证：

（一）根据法律规定法定继承人丧失继承权的；

（二）被继承人生前所立遗嘱或者签订的遗赠扶养协议已经处分了法定继承人申请继承的遗产的；

（三）法定继承人中有人未提出公证申请且又未作出放弃继承表示的；

（四）法定继承人不能协助公证机构完成核实或者有关单位及个人拒绝协助公证机构进行核实的；

（五）法定继承人之间对法定继承人的范围、遗产的权属或者是否有适用《中华人民共和国继承法》第十二条、第十四条规定的人有争议的。

第一千一百三十条 【遗产分配原则】 同一顺序继承人继承遗产的份额，一般应当均等。

对生活有特殊困难又缺乏劳动能力的继承人，分配遗产时，应当予以照顾。

对被继承人尽了主要扶养义务或者与被继承人共同生活的继承人，分配遗产时，可以多分。

有扶养能力和有扶养条件的继承人，不尽扶养义务的，分配遗产时，应当不分或者少分。

继承人协商同意的，也可以不均等。

条文对比

《民法典继承编》	《继承法》
第一千一百三十条　同一顺序继承人继承遗产的份额，一般应当均等。 对生活有特殊困难又缺乏劳动能力的继承人，分配遗产时，应当予以照顾。 对被继承人尽了主要扶养义务或者与被继承人共同生活的继承人，分配遗产时，可以多分。 有扶养能力和有扶养条件的继承人，不尽扶养义务的，分配遗产时，应当不分或者少分。 继承人协商同意的，也可以不均等。	**第十三条**　同一顺序继承人继承遗产的份额，一般应当均等。 对生活有特殊困难的缺乏劳动能力的继承人，分配遗产时，应当予以照顾。 对被继承人尽了主要扶养义务或者与被继承人共同生活的继承人，分配遗产时，可以多分。 有扶养能力和有扶养条件的继承人，不尽扶养义务的，分配遗产时，应当不分或者少分。 继承人协商同意的，也可以不均等。

关联法规

▶《老年人权益保障法》

第十三条　老年人养老以居家为基础，家庭成员应当尊重、关心和照料老年人。

第十四条　赡养人应当履行对老年人经济上供养、生活上照料和精神上慰藉的义务，照顾老年人的特殊需要。

赡养人是指老年人的子女以及其他依法负有赡养义务的人。

赡养人的配偶应当协助赡养人履行赡养义务。

第十五条　赡养人应当使患病的老年人及时得到治疗和护理；对经济困难的老年人，应当提供医疗费用。

对生活不能自理的老年人，赡养人应当承担照料责任；不能亲自照料的，可以按照老年人的意愿委托他人或者养老机构等照料。

第十六条　赡养人应当妥善安排老年人的住房，不得强迫老年人居住或者迁居条件低劣的房屋。

老年人自有的或者承租的住房，子女或者其他亲属不得侵占，不得擅自改变产权关系或者租赁关系。

老年人自有的住房，赡养人有维修的义务。

第十七条 赡养人有义务耕种或者委托他人耕种老年人承包的田地，照管或者委托他人照管老年人的林木和牲畜等，收益归老年人所有。

第十八条 家庭成员应当关心老年人的精神需求，不得忽视、冷落老年人。

与老年人分开居住的家庭成员，应当经常看望或者问候老年人。

用人单位应当按照国家有关规定保障赡养人探亲休假的权利。

第十九条 赡养人不得以放弃继承权或者其他理由，拒绝履行赡养义务。

赡养人不履行赡养义务，老年人有要求赡养人付给赡养费等权利。

赡养人不得要求老年人承担力不能及的劳动。

第二十条 经老年人同意，赡养人之间可以就履行赡养义务签订协议。赡养协议的内容不得违反法律的规定和老年人的意愿。

基层群众性自治组织、老年人组织或者赡养人所在单位监督协议的履行。

第二十一条 老年人的婚姻自由受法律保护。子女或者其他亲属不得干涉老年人离婚、再婚及婚后的生活。

赡养人的赡养义务不因老年人的婚姻关系变化而消除。

第二十二条 老年人对个人的财产，依法享有占有、使用、收益和处分的权利，子女或者其他亲属不得干涉，不得以窃取、骗取、强行索取等方式侵犯老年人的财产权益。

老年人有依法继承父母、配偶、子女或者其他亲属遗产的权利，有接受赠与的权利。子女或者其他亲属不得侵占、抢夺、转移、隐匿或者损毁应当由老年人继承或者接受赠与的财产。

老年人以遗嘱处分财产，应当依法为老年配偶保留必要的份额。

第二十三条 老年人与配偶有相互扶养的义务。

由兄、姐扶养的弟、妹成年后，有负担能力的，对年老无赡养人的兄、姐有扶养的义务。

第二十四条 赡养人、扶养人不履行赡养、扶养义务的，基层群众性自治组织、老年人组织或者赡养人、扶养人所在单位应当督促其履行。

第二十五条 禁止对老年人实施家庭暴力。

▶《继承法意见》

30. 对被继承人生活提供了主要经济来源，或在劳务等方面给予了主要扶助的，应当认定其尽了主要赡养义务或主要扶养义务。

33. 继承人有扶养能力和扶养条件，愿意尽扶养义务，但被继承人因有固定收入和劳动能力，明确表示不要求其扶养的，分配遗产时，一般不应因此而影响其继承份额。

34. 有扶养能力和扶养条件的继承人虽然与被继承人共同生活，但对需要扶养的被继承人不尽扶养义务，分配遗产时，可以少分或者不分。

58. 人民法院在分割遗产中的房屋、生产资料和特定职业所需要的财产时，应依据有利于发挥其使用效益和继承人的实际需要，兼顾各继承人的利益进行处理。

59. 人民法院对故意隐匿、侵吞或争抢遗产的继承人，可以酌情减少其应继承的遗产。

61. 继承人中有缺乏劳动能力又没有生活来源的人，即使遗产不足清偿债务，也应为其保留适当遗产，然后再按继承法第三十三条和民事诉讼法第一百八十条的规定清偿债务。

第一千一百三十一条　【酌情分得遗产权】对继承人以外的依靠被继承人扶养的人，或者继承人以外的对被继承人扶养较多的人，可以分给适当的遗产。

条文对比

《民法典继承编》	《继承法》
第一千一百三十一条　对继承人以外的依靠被继承人扶养的人，或者继承人以外的对被继承人扶养较多的人，可以分给适当的遗产。	**第十四条**　对继承人以外的依靠被继承人扶养~~的缺乏劳动能力又没有生活来源~~的人，或者继承人以外的对被继承人扶养较多的人，可以分给~~他们~~适当的遗产。

关联法规

▶《继承法意见》

19. 被收养人对养父母尽了赡养义务，同时又对生父母扶养较多的，除可依继承法第十条的规定继承养父母的遗产外，还可依继承法第十四条的规定分得生父母的适当的遗产。

27. 代位继承人缺乏劳动能力又没有生活来源，或者对被继承人尽过主要赡养义务的，分配遗产时，可以多分。

28. 继承人丧失继承权的，其晚辈直系血亲不得代位继承。如该代位继承人缺乏劳动能力又没有生活来源，或对被继承人尽赡养义务较多的，可适当分给遗产。

31. 依继承法第十四条规定可以分给适当遗产的人，分给他们遗产时，按具体情况可多于或少于继承人。

32. ① 依继承法第十四条规定可以分给适当遗产的人，在其依法取得被继承人遗产的权利受到侵犯时，本人有权以独立的诉讼主体的资格向人民法院提起诉讼。但在遗产分割时，明知而未提出请求的，一般不予受理；不知而未提出请求，在二年以内起诉的，应予受理。

57. 遗产因无人继承收归国家或集体组织所有时，按继承法第十四条规定可以分给遗产的人提出取得遗产的要求，人民法院应视情况适当分给遗产。

▶《最高人民法院关于毛玉堂与毛新国的收养关系能否成立的复函》

河南省高级人民法院：

你院关于毛玉堂与毛新国的收养关系能否成立的请示报告收悉。经研究认为：毛新国是毛玉堂的外孙，双方是直系血亲，不能建立收养关系。据此，我们同意你院审判委员会倾向性意见，即毛玉堂与毛新国之间的收养关系不能成立，毛新国不应列为毛玉堂死亡后的第一顺序继承人。鉴于毛新国在其母死亡后，对毛玉堂尽了主要赡养义务的情况，根据最高人民法院《关于贯彻执行〈中华人民共和国继承法〉若干问题的意见》第27条规定精神，在分割毛玉堂的遗产时，毛新国可以多分。

以上意见，供参考。

▶《最高人民法院关于被继承人死亡后没有法定继承人，分享遗产人能否分得全部遗产的复函》

江苏省高级人民法院：

你院〔1991〕民请字第21号关于沈玉根诉马以荣房屋典当一案的请示报告和卷宗均以收悉。

经研究认为，沈玉根与叔祖母沈戴氏共同生活10多年，并尽了生养死葬的

---

① 建议废止《继承法意见》第32条，理由：与《民法典总则编》第188条冲突。

义务。依照我国继承法第十四条的规定，可分给沈玉根适当的遗产。根据沈戴氏死亡后没有法定继承人等情况，沈玉根可以分享沈戴氏的全部遗产，包括对已出典房屋的回赎权。至于是否允许回赎，应依照有关规定具体情况妥善处理。

以上意见，供参考。

▶《最高人民法院关于对从香港调回的被继承人的遗产如何处理的函》

福建省高级人民法院：

你院〔1989〕闽法民他字第 24 号“关于福建省福鼎县法院受理的林泽莘等诉林丛析产纠纷案的请示报告”收悉。经研究，答复如下：

一、被继承人林泽芸的遗产从香港调回后，被告林丛违反“通过协商解决”的一致协议，私自将遗嘱继承后剩余的遗产以自己的名义存入银行，原告要求分割遗产提起诉讼，应以继承纠纷立案审理。

二、被继承人林泽芸与被告林丛的养母子关系可予认定。但对遗产的处理，应根据被继承人生前真实意愿和权利义务相一致的原则，参照继承法第 14 条规定的精神，分给林泽莘、林传壁、林传绶等人适当的遗产。

▶《最高人民法院关于林泽莘等诉林丛析产纠纷案的复函》

福建省高级人民法院：

你院〔1989〕闽法民他字第 24 号《关于福建省福鼎县法院受理的林泽莘等诉林丛析产纠纷案的请示报告》收悉。经研究，答复如下：

一、被继承人林泽芸的遗产从香港调回后，被告林丛违反“通过协商解决”的一致协议，私自将遗嘱继承后剩余的遗产以自己的名义存入银行，原告要求分割遗产提起诉讼，应以继承纠纷立案审理。

二、被继承人林泽芸与被告林丛的养母子关系可予认定。但对遗产的处理，应根据被继承人生前真实意愿和权利义务相一致的原则，参照继承法第十四条规定的精神，分给林泽莘、林传璧、林传绶等人适当的遗产。

▶《最高人民法院印发〈关于人民法院审理离婚案件如何认定夫妻感情确已破裂的若干具体意见〉〈关于人民法院审理未办结婚登记而以夫妻名义同居生活案件的若干意见〉的通知》

全国地方各级人民法院、各级军事法院，各铁路运输中级法院和基层法院，各海事法院；

现将《关于人民法院审理离婚案件如何认定夫妻感情确已破裂的若干具体意见》、《关于人民法院审理未办结婚登记而以夫妻名义同居生活案件的若干意见》发给你们，请依照执行，并请在执行中注意总结经验，有何意见和问题，请及时报告我院。

附件：

关于人民法院审理离婚案件如何认定夫妻感情确已破裂的若干具体意见（1989年12月13日）

人民法院审理离婚案件，准予或不准离婚应以夫妻感情是否破裂作为区分的界限。判断夫妻感情是否确已破裂，应当从婚姻基础、婚后感情、离婚原因、夫妻关系的现状和有无和好的可能等方面综合分析。根据婚姻法的有关规定和审判实践经验，凡属下列情形之一的，视为夫妻感情确已破裂。一方坚决要求离婚，经调解无效，可依法判决准予离婚。

1. 一方患有法定禁止结婚疾病的，或一方有生理缺陷，或其他原因不能发生性行为，且难以治愈的。

2. 婚前缺乏了解，草率结婚，婚后未建立起夫妻感情，难以共同生活的。

3. 婚前隐瞒了精神病，婚后经治不愈，或者婚前知道对方患有精神病而与其结婚，或一方在夫妻共同生活期间患精神病，久治不愈的。

4. 一方欺骗对方，或者在结婚登记时弄虚作假，骗取《结婚证》的。

5. 双方办理结婚登记后，未同居生活，无和好可能的。

6. 包办、买卖婚姻、婚后一方随即提出离婚，或者虽共同生活多年，但确未建立起夫妻感情的。

7. 因感情不和分居已满3年，确无和好可能的，或者经人民法院判决不准离婚后又分居满1年，互不履行夫妻义务的。

8. 一方与他人通奸、非法同居，经教育仍无悔改表现，无过错一方起诉离婚，或者过错方起诉离婚，对方不同意离婚，经批评教育，处分，或在人民法院判决不准离婚后，过错方又起诉离婚，确无和好可能的。

9. 一方重婚，对方提出离婚的。

10. 一方好逸恶劳、有赌博等恶习，不履行家庭义务、屡教不改，夫妻难以共同生活的。

11. 一方被依法判处长期徒刑，或其违法、犯罪行为严重伤害夫妻感情的。

12. 一方下落不明满二年，对方起诉离婚，经公告查找确无下落的。

13. 受对方的虐待、遗弃，或者受对方亲属虐待，或虐待对方亲属，经教育不改，另一方不谅解的。

14. 因其他原因导致夫妻感情确已破裂的。

关于人民法院审理未办结婚登记而以夫妻名义同居生活案件的若干意见(1989年12月13日)

人民法院审理未办结婚登记而以夫妻名义同居生活的案件，应首先向双方当事人严肃指出其行为的违法性和危害性，并视其违法情节给予批评教育或民事制裁。但基于这类“婚姻”关系形成的原因和案件的具体情况复杂，为保护妇女和儿童的合法权益，有利于婚姻家庭关系的稳定，维护安定团结，在一定时期内，有条件的承认其事实婚姻关系，是符合实际的。为此，我们根据法律规定和审判实践经验，对此类案件的审理提出以下意见：

1. 1986年3月15日《婚姻登记办法》施行之前，未办结婚登记手续即以夫妻名义同居生活，群众也认为是夫妻关系的，一方向人民法院起诉“离婚”，如起诉时双方均符合结婚的法院条件，可认定为事实婚姻关系；如起诉时一方或双方不符合结婚的法定条件，应认定非法同居关系。

2. 1986年3月15日《婚姻登记办法》施行之后，未办结婚登记手续即以夫妻名义同居生活，群众也认为是夫妻关系的，一方向人民法院起诉“离婚”，如同居时双方均符合结婚的法定条件，可认定为事实婚姻关系；如同居时一方或双方不符合结婚的法定条件，应认定为非法同居关系。

3. 自民政部新的婚姻登记管理条例施行之日起，未办结婚登记即以夫妻名义同居生活，按非法同居关系对待。

4. 离婚后双方未再婚，未履行复婚登记手续，又以夫妻名义共同生活，一方起诉“离婚”的，一般应解除其非法同居关系。

5. 已登记结婚的一方又与第三人形成事实婚姻关系，或事实婚姻关系的一方又与第三人登记结婚，或事实婚姻关系的一方又与第三人形成新的事实婚姻关系，凡前一个婚姻关系的一方要求追究重婚罪的，无论其行为是否构成重婚罪，均应解除后一个婚姻关系。前一个婚姻关系的一方如要求处理离婚问题，应根据其婚姻关系的具体情况进行调解或者作出判决。

6. 审理事实婚姻关系的离婚案件，应当先进行调解，经调解和好或撤诉的，确认婚姻关系有效，发给调解书或裁定书，经调解不能和好的，应调解或判决准予离婚。

7. 未办结婚登记而以夫妻名义同居生活的男女，一方要求“离婚”或解除同居关系，经查确属非法同居关系的，应一律判决予以解除。

8. 人民法院审理非法同居关系的案件，如涉及非婚生子女抚养和财产分割问题，应一并予以解决。具体分割财产时，应照顾妇女、儿童的利益，考虑财产的实际情况和双方的过错程度，妥善分割。

9. 解除非法同居关系时，双方所生的非婚生子女，由哪一方抚养，双方协商，协商不成时，应根据子女的利益和双方的具体情况判决，哺乳期内的子女，原则上应由母方抚养，如父方条件好，母方同意，也可由父方抚养，子女为限制民事行为能力人的，应征求子女本人的意见，一方将未成年的子女送他人收养，须征得另一方的同意。

10. 解除非法同居关系时，同居生活期间双方共同所得的收入和购置的财产，按一般共有财产处理，同居生活前，一方自愿赠送给对方的财物可比照赠与关系处理；一方向另一方索取的财物，可参照最高人民法院〔84〕法办字第112号《关于贯彻执行民事政策法律若干问题的意见》第（18）条规定的精神处理。

11. 解除非示同居关系时，同居期间为共同生产、生活而形成的债权、债务，可按共同债权、债务处理。

12. 解除非法同居关系时，一方在共同生活期间患有严重疾病未治愈的，分割财产时，应予适当照顾，或者由另一方给予一次性的经济帮助。

13. 同居生活期间一方死亡，另一方要求继承死者遗产，如认定事实婚姻关系的，可以配偶身份按继承法的有关规定处理；如认定非法同居关系，而又符合继承法第十四条规定的，可根据相互扶助的具体情况处理。

14. 人民法院在审理未办结婚登记而以夫妻名义同居生活的案件时，对违法情节严重，应按照婚姻法、民法通则、《关于贯彻执行〈民法通则〉若干问题的意见》和其他法律、法规的有关规定，给予适当的民事制裁。

15. 本意见自颁布之日起施行。凡最高人民法院过去的规定与本意见相抵触的，均按本意见执行。

▶《办理继承公证的指导意见》

第十六条 除《公证法》和《公证程序规则》规定的不予办理公证的情形外，有下列情形之一的，公证机构不予办理法定继承公证：

（一）根据法律规定法定继承人丧失继承权的；

（二）被继承人生前所立遗嘱或者签订的遗赠扶养协议已经处分了法定继承人申请继承的遗产的；

（三）法定继承人中有人未提出公证申请且又未作出放弃继承表示的；

（四）法定继承人不能协助公证机构完成核实或者有关单位及个人拒绝协助公证机构进行核实的；

（五）法定继承人之间对法定继承人的范围、遗产的权属或者是否有适用《中华人民共和国继承法》第十二条、第十四条规定的人有争议的。

第一千一百三十二条　【继承的处理方式】继承人应当本着互谅互让、和睦团结的精神，协商处理继承问题。遗产分割的时间、办法和份额，由继承人协商确定；协商不成的，可以由人民调解委员会调解或者向人民法院提起诉讼。

条文对比

《民法典继承编》	《继承法》
第一千一百三十二条　继承人应当本着互谅互让、和睦团结的精神，协商处理继承问题。遗产分割的时间、办法和份额，由继承人协商确定；协商不成的，可以由人民调解委员会调解或者向人民法院提起诉讼。	**第十五条**　继承人应当本着互谅互让、和睦团结的精神，协商处理继承问题。遗产分割的时间、办法和份额，由继承人协商确定。协商不成的，可以由人民调解委员会调解或者向人民法院提起诉讼。

关联法规

《民事诉讼法》

第三十三条　下列案件，由本条规定的人民法院专属管辖：

（一）因不动产纠纷提起的诉讼，由不动产所在地人民法院管辖；

（二）因港口作业中发生纠纷提起的诉讼，由港口所在地人民法院管辖；

（三）因继承遗产纠纷提起的诉讼，由被继承人死亡时住所地或者主要遗产所在地人民法院管辖。

《人民调解法》

第一章　总则

第一条　为了完善人民调解制度，规范人民调解活动，及时解决民间纠纷，维护社会和谐稳定，根据宪法，制定本法。

第二条 本法所称人民调解，是指人民调解委员会通过说服、疏导等方法，促使当事人在平等协商基础上自愿达成调解协议，解决民间纠纷的活动。

第三条 人民调解委员会调解民间纠纷，应当遵循下列原则：

（一）在当事人自愿、平等的基础上进行调解；

（二）不违背法律、法规和国家政策；

（三）尊重当事人的权利，不得因调解而阻止当事人依法通过仲裁、行政、司法等途径维护自己的权利。

第四条 人民调解委员会调解民间纠纷，不收取任何费用。

第五条 国务院司法行政部门负责指导全国的人民调解工作，县级以上地方人民政府司法行政部门负责指导本行政区域的人民调解工作。

基层人民法院对人民调解委员会调解民间纠纷进行业务指导。

第六条 国家鼓励和支持人民调解工作。县级以上地方人民政府对人民调解工作所需经费应当给予必要的支持和保障，对有突出贡献的人民调解委员会和人民调解员按照国家规定给予表彰奖励。

第二章 人民调解委员会

第七条 人民调解委员会是依法设立的调解民间纠纷的群众性组织。

第八条 村民委员会、居民委员会设立人民调解委员会。企业事业单位根据需要设立人民调解委员会。

人民调解委员会由委员三至九人组成，设主任一人，必要时，可以设副主任若干人。

人民调解委员会应当有妇女成员，多民族居住的地区应当有人数较少民族的成员。

第九条 村民委员会、居民委员会的人民调解委员会委员由村民会议或者村民代表会议、居民会议推选产生；企业事业单位设立的人民调解委员会委员由职工大会、职工代表大会或者工会组织推选产生。

人民调解委员会委员每届任期三年，可以连选连任。

第十条 县级人民政府司法行政部门应当对本行政区域内人民调解委员会的设立情况进行统计，并且将人民调解委员会以及人员组成和调整情况及时通报所在地基层人民法院。

第十一条 人民调解委员会应当建立健全各项调解工作制度，听取群众意见，接受群众监督。

第十二条 村民委员会、居民委员会和企业事业单位应当为人民调解委员会开展工作提供办公条件和必要的工作经费。

第三章 人民调解员

第十三条 人民调解员由人民调解委员会委员和人民调解委员会聘任的人员担任。

第十四条 人民调解员应当由公道正派、热心人民调解工作，并具有一定文化水平、政策水平和法律知识的成年公民担任。

县级人民政府司法行政部门应当定期对人民调解员进行业务培训。

第十五条 人民调解员在调解工作中有下列行为之一的，由其所在的人民调解委员会给予批评教育、责令改正，情节严重的，由推选或者聘任单位予以罢免或者解聘：

（一）偏袒一方当事人的；

（二）侮辱当事人的；

（三）索取、收受财物或者牟取其他不正当利益的；

（四）泄露当事人的个人隐私、商业秘密的。

第十六条 人民调解员从事调解工作，应当给予适当的误工补贴；因从事调解工作致伤致残，生活发生困难的，当地人民政府应当提供必要的医疗、生活救助；在人民调解工作岗位上牺牲的人民调解员，其配偶、子女按照国家规定享受抚恤和优待。

第四章 调解程序

第十七条 当事人可以向人民调解委员会申请调解；人民调解委员会也可以主动调解。当事人一方明确拒绝调解的，不得调解。

第十八条 基层人民法院、公安机关对适宜通过人民调解方式解决的纠纷，可以在受理前告知当事人向人民调解委员会申请调解。

第十九条 人民调解委员会根据调解纠纷的需要，可以指定一名或者数名人民调解员进行调解，也可以由当事人选择一名或者数名人民调解员进行调解。

第二十条 人民调解员根据调解纠纷的需要，在征得当事人的同意后，可以邀请当事人的亲属、邻里、同事等参与调解，也可以邀请具有专门知识、特定经验的人员或者有关社会组织的人员参与调解。

人民调解委员会支持当地公道正派、热心调解、群众认可的社会人士参与调解。

第二十一条 人民调解员调解民间纠纷，应当坚持原则，明法析理，主持公道。

调解民间纠纷，应当及时、就地进行，防止矛盾激化。

第二十二条 人民调解员根据纠纷的不同情况，可以采取多种方式调解民间纠纷，充分听取当事人的陈述，讲解有关法律、法规和国家政策，耐心疏导，在当事人平等协商、互谅互让的基础上提出纠纷解决方案，帮助当事人自愿达成调解协议。

第二十三条 当事人在人民调解活动中享有下列权利：

（一）选择或者接受人民调解员；

（二）接受调解、拒绝调解或者要求终止调解；

（三）要求调解公开进行或者不公开进行；

（四）自主表达意愿、自愿达成调解协议。

第二十四条 当事人在人民调解活动中履行下列义务：

（一）如实陈述纠纷事实；

（二）遵守调解现场秩序，尊重人民调解员；

（三）尊重对方当事人行使权利。

第二十五条 人民调解员在调解纠纷过程中，发现纠纷有可能激化的，应当采取有针对性的预防措施；对有可能引起治安案件、刑事案件的纠纷，应当及时向当地公安机关或者其他有关部门报告。

第二十六条 人民调解员调解纠纷，调解不成的，应当终止调解，并依据有关法律、法规的规定，告知当事人可以依法通过仲裁、行政、司法等途径维护自己的权利。

第二十七条 人民调解员应当记录调解情况。人民调解委员会应当建立调解工作档案，将调解登记、调解工作记录、调解协议书等材料立卷归档。

第五章 调解协议

第二十八条 经人民调解委员会调解达成调解协议的，可以制作调解协议书。当事人认为无需制作调解协议书的，可以采取口头协议方式，人民调解员应当记录协议内容。

第二十九条 调解协议书可以载明下列事项：

（一）当事人的基本情况；

（二）纠纷的主要事实、争议事项以及各方当事人的责任；

（三）当事人达成调解协议的内容，履行的方式、期限。

调解协议书自各方当事人签名、盖章或者按指印，人民调解员签名并加盖人民调解委员会印章之日起生效。调解协议书由当事人各执一份，人民调解委员会留存一份。

第三十条 口头调解协议自各方当事人达成协议之日起生效。

第三十一条 经人民调解委员会调解达成的调解协议，具有法律约束力，当事人应当按照约定履行。

人民调解委员会应当对调解协议的履行情况进行监督，督促当事人履行约定的义务。

第三十二条 经人民调解委员会调解达成调解协议后，当事人之间就调解协议的履行或者调解协议的内容发生争议的，一方当事人可以向人民法院提起诉讼。

第三十三条 经人民调解委员会调解达成调解协议后，双方当事人认为有必要的，可以自调解协议生效之日起三十日内共同向人民法院申请司法确认，人民法院应当及时对调解协议进行审查，依法确认调解协议的效力。

人民法院依法确认调解协议有效，一方当事人拒绝履行或者未全部履行的，对方当事人可以向人民法院申请强制执行。

人民法院依法确认调解协议无效的，当事人可以通过人民调解方式变更原调解协议或者达成新的调解协议，也可以向人民法院提起诉讼。

第六章　附　　则

第三十四条 乡镇、街道以及社会团体或者其他组织根据需要可以参照本法有关规定设立人民调解委员会，调解民间纠纷。

第三十五条 本法自2011年1月1日起施行。

▶《民事诉讼法司法解释》

第七十条 在继承遗产的诉讼中，部分继承人起诉的，人民法院应通知其他继承人作为共同原告参加诉讼；被通知的继承人不愿意参加诉讼又未明确表示放弃实体权利的，人民法院仍应将其列为共同原告。

▶《最高人民法院关于产权人生前已处分的房屋死后不宜认定为遗产的批复》

贵州省高级人民法院：

你院《关于陶冶与邓秀芳财产继承一案的请示报告》收悉。据报告称，陶庭柱、陶齐氏夫妇生育一子（陶国祥）二女（陶冶，另一女早亡），陶庭柱于1924年死亡，遗有祖遗房屋三间。陶齐氏于1941年将三间房屋过户在儿子陶国祥名下并交了该房产权状。解放后该房产权仍由陶国祥登记，并管理使用达四十余年，直至1968年陶齐氏死亡时，双方均未提出异议。1983年陶国祥死亡后，陶冶以房屋系父母遗产为由要求继承。一、二审判决认定陶冶无权继承此房，你院裁定将此案发回安顺地区中级法院再审，并向我院请示。

我们研究认为，此案讼争房屋虽系祖遗产，但陶齐氏已将产权状交与陶国祥，并在两次产权登记和私房改造中，均确定由陶国祥长期管理使用，陶冶在陶齐氏生前从未提出异议。据此应当认为该房产权早已转归陶国祥夫妻共有。陶国祥死后的遗产，依法应由邓秀芳及其子女继承。陶冶无权要求继承。

第三章 遗嘱继承和遗赠

第一千一百三十三条 【遗嘱处分个人财产】 自然人可以依照本法规定立遗嘱处分个人财产，并可以指定遗嘱执行人。

自然人可以立遗嘱将个人财产指定由法定继承人中的一人或者数人继承。

自然人可以立遗嘱将个人财产赠与国家、集体或者法定继承人以外的组织、个人。

自然人可以依法设立遗嘱信托。

条文对比

《民法典继承编》	《继承法》
第一千一百三十三条 自然人可以依照本法规定立遗嘱处分个人财产，并可以指定遗嘱执行人。 自然人可以立遗嘱将个人财产指定由法定继承人**中**的一人或者数人继承。 自然人可以立遗嘱将个人财产赠与国家、集体或者法定继承人以外的**组织**、个人。 **自然人可以依法设立遗嘱信托。**	**第十六条** 公民可以依照本法规定立遗嘱处分个人财产，并可以指定遗嘱执行人。 公民可以立遗嘱将个人财产指定由法定继承人的一人或者数人继承。 公民可以立遗嘱将个人财产赠给国家、集体或者法定继承人以外的人。

关联法规

▶《民法典继承编》

第一千一百二十三条 继承开始后，按照法定继承办理；有遗嘱的，按照遗嘱继承或者遗赠办理；有遗赠扶养协议的，按照协议办理。

第一千一百二十七条 遗产按照下列顺序继承：

（一）第一顺序：配偶、子女、父母；

（二）第二顺序：兄弟姐妹、祖父母、外祖父母。

继承开始后，由第一顺序继承人继承，第二顺序继承人不继承；没有第一顺序继承人继承的，由第二顺序继承人继承。

本编所称子女，包括婚生子女、非婚生子女、养子女和有扶养关系的继子女。

本编所称父母，包括生父母、养父母和有扶养关系的继父母。

本编所称兄弟姐妹，包括同父母的兄弟姐妹、同父异母或者同母异父的兄弟姐妹、养兄弟姐妹、有扶养关系的继兄弟姐妹。

第一千一百二十八条 被继承人的子女先于被继承人死亡的，由被继承人的子女的直系晚辈血亲代位继承。

被继承人的兄弟姐妹先于被继承人死亡的，由被继承人的兄弟姐妹的子女代位继承。

代位继承人一般只能继承被代位继承人有权继承的遗产份额。

第一千一百二十九条 丧偶儿媳对公婆，丧偶女婿对岳父母，尽了主要赡养义务的，作为第一顺序继承人。

▶《信托法》

第十三条 设立遗嘱信托，应当遵守继承法关于遗嘱的规定。

遗嘱指定的人拒绝或者无能力担任受托人的，由受益人另行选任受托人；受益人为无民事行为能力人或者限制民事行为能力人的，依法由其监护人代行选任。遗嘱对选任受托人另有规定的，从其规定。

▶《继承法意见》

35. 继承法实施前订立的，形式上稍有欠缺的遗嘱，如内容合法，又有充分证据证明确为遗嘱人真实意思表示的，可以认定遗嘱有效。

▶《最高人民法院关于向美琼、熊伟浩、熊萍与张凤霞、张旭、张林录、冯树义执行遗嘱代理合同纠纷一案的请示的复函》

陕西省高级人民法院：

你院《关于向美琼、熊伟浩、熊萍与张凤霞、张旭、张林录、冯树义执行遗嘱代理合同纠纷一案的请示报告》收悉。经研究认为，目前，《中华人民共和国民法通则》、《中华人民共和国继承法》对遗嘱执行人的法律地位、遗嘱执行人的权利义务均未作出相应的规定。只要法律无禁止性规定，民事主体处分自己私权利的行为就不应当受到限制。张凤霞作为熊毅武指定的遗嘱执行人，在遗嘱人没有明确其执行遗嘱所得报酬的情况下，与继承人熊伟浩、熊萍等人就执行遗嘱相关的事项签订协议，并按照该协议的约定收取遗嘱执行费，不属于《中华人民共和国律师法》第三十四条禁止的律师在同一案件中为双方当事人代理的情况，该协议是否有效，应当依据《中华人民共和国合同法》的规定进行审查。只要协议的签订出于双方当事人的自愿，协议内容是双方当事人真实的意思表示，不违反法律和行政法规的禁止性规定，就应认定为有效。如果熊伟浩、熊萍等人以张凤霞乘人之危，使其在违背真实意思表示的情况下签订协议为由，请求人民法院撤销或者变更该协议，应有明确的诉讼请求并提供相应的证据，否则，人民法院不宜主动对该协议加以变更或者撤销。

▶《最高人民法院关于中国公民接受外侨遗赠法律程序问题的批复》

黑龙江省高级人民法院：

你院〔1988〕民复字第13号函关于中国公民宁俊华申请接受苏侨比斯阔·维克托尔·帕夫洛维赤遗赠案件的请示，经我院审判委员会第四百零四次会议讨论认为，可由哈尔滨市中级人民法院告知比斯阔的遗产代管部门，比斯阔将自己的个人财产遗赠给宁俊华、李成海，符合我国继承法的有关规定，对宁、李二人领受遗赠财产的请求应予允许。如经告知，遗产代管部门仍阻碍公民合法权利的实现，宁俊华、李成海则可以遗产代管部门为被告向法院起诉，人民法院应按照普通程序进行审理，并适用继承法的有关规定。

▶《最高人民法院关于强毓芬等诉强锡麟继承一案的函》

上海市高级人民法院：

你院〔87〕沪高民他字第18号关于强毓芬等诉强锡麟继承一案的请示报告收悉。经我们研究认为：强锡麟把全部财产捐赠国家是一种爱国的行为，也是他与妻子高志竞的共同意思表示，代表了他们夫妻俩的共同意愿，应依法保护。据此，我们同意你院审判委员会的倾向性意见。

▶《最高人民法院关于继承开始时继承人未表示放弃继承遗产又未分割的可按析产案件处理的批复》

江苏省高级人民法院：

你院《关于费宝珍、费江诉周福祥析产一案的请示报告》收悉。

据你院报告称：费宝珍与费翼臣婚生三女一子，在无锡市有房产一处共241.2平方米。1942年长女费玉英与周福祥结婚后，夫妻住在费家，随费宝珍生活。次女费秀英、三女费惠英相继于1950年以前出嫁，住在丈夫家。1956年费翼臣、费宝珍及其子费江迁居安徽，无锡的房产由长女一家管理使用。1958年私房改造时，改造了78.9平方米，留自住房162.3平方米。1960年费翼臣病故，费宝珍、费江迁回无锡，与费玉英夫妇共同住在自留房内，分开生活。1962年费玉英病故。1985年12月，费宝珍、费江向法院起诉，称此房为费家财产，要求周福祥及其子女搬出。周福祥认为，其妻费玉英有继承父亲费翼臣的遗产的权利，并且已经占有、使用四十多年，不同意搬出。原审在调查过程中，费秀英、费惠英也表示应有她们的产权份额。

我们研究认为，双方当事人诉争的房屋，原为费宝珍与费翼臣的夫妻共有财产，1958年私房改造所留自住房，仍属于原产权人共有。费翼臣病故后，对属于费翼臣所有的那一份遗产，各继承人都没有表示过放弃继承，根据《继承法》第二十五条第一款的规定，应视为均已接受继承。诉争的房屋应属各继承人共同共有，他们之间为此发生之诉讼，可按析产案件处理，并参照财产来源、管理使用及实际需要等情况，进行具体分割。

▶《最高人民法院关于冯钢百遗留的油画等应如何处理的批复》

广东省高级人民法院：

你院〔1986〕粤法民上字第38号关于冯贵真与冯学平等四人继承纠纷一案的请示报告收悉。

据报告称，画家冯钢百于1984年10月病逝后，其子女为其父所绘油画32幅和绘画工具等的处理发生争执：冯贵真要求继承部分油画；冯学平等四人则认为，其父是我国著名的油画家，所遗油画有一定的艺术价值，不同意分割，主张按其父的遗愿将油画全部献给国家。为此，冯贵真向人民法院提起诉讼。

经与有关部门研究后认为，冯钢百生前所绘油画虽有一定艺术价值，但仍属可分割的遗产，他生前表示将其油画献给国家的意愿不是遗嘱。因此，冯钢百遗留的油画等遗产应根据我国继承法的有关规定，由其子女冯贵真、冯约素、冯振玉、冯磊、冯学平等人继承。

▶《最高人民法院关于财产共有人立遗嘱处分自己的财产部分有效处分他人的财产部分无效的批复》

广东省高级人民法院：

你院〔86〕粤法民字第16号请示报告收悉。关于刘坚诉冯仲勤房屋继承一案，经研究，我们基本同意你院审判委员会讨论的第一种意见。双方讼争的房屋，原系冯奇生及女儿冯湛清、女婿刘卓三人所共有。冯奇生于一九四九年病故前，经女儿冯湛清同意，用遗嘱处分属于自己和冯湛清的财产是有效的。但是，在未取得产权共有人刘卓的同意下，遗嘱也处分了刘卓的那一份财产，因此，该遗嘱所涉及刘卓财产部分则是无效的。在刘卓的权利受到侵害期间，讼争房屋进行了社会主义改造，致使刘卓无法主张权利。现讼争房屋发还，属于刘卓的那份房产应归其法定继承人刘坚等依法继承。

▶《最高人民法院关于对分家析产的房屋再立遗嘱变更产权，其遗嘱是否有效的批复》

四川省高级人民法院：

你院〔85〕川法民字第3号《关于处理张家定、张家铭、张家慧诉张士国房屋产权纠纷一案的请示》收悉。关于建国前已经析产确权，能否再予重新分割或立遗嘱继承等问题，经研究答复如下：张家定之祖父张文卿（张士国之父）于一九四八年将其家中自有房宅，除自己居住的一处外，其余四处均分给四个儿子。建国后由人民政府颁发了产权证。一九五三年张文卿召开有镇政府干部参加的家庭会议，经协商，重新调整各自分得的房产，以清偿分家前的债务，立了经镇政府认可的“房屋分管字据”，均无异议。一九五五年张文卿夫妇将调整给二儿媳的房产，又立遗嘱由四子张士国“继承”。一九六六年巫溪县人民法院按“遗嘱”作了调解。二儿媳的女儿张家定等人不服，提起申诉。据上，我们认为，对张家在一九四八年析产后，经财产所有人共同协商，于一九五三年分家时达成的各自管业且已执行多年的房产协议，应予以维护。张文卿夫妇于一九五五年所立“遗嘱”无效。

▶《最高人民法院关于张阿凤遗嘱公证部分有效问题的批复》

上海市高级人民法院：

你院〔81〕沪高法民字第102号函收悉。

关于张阿凤遗嘱公证效力的问题，经我院与司法部研究，现答复如下：

根据一九五〇年婚姻法第十二条、第十四条关于夫妻、子女和父母为同一顺序继承人的规定，张阿凤之父张福海去世后，张阿凤、张阿金、张阿富均有继承张福海遗产的权利。张阿凤所立遗嘱只能处理她应继承的份额，不能处理别人应得的份额。经查张阿金从未放弃对张福海遗产的继承权。因此，同意你院审判委员会讨论的第二种意见：张阿凤的遗嘱公证，其中有关处分张阿金应继承张福海遗产的部分，是无效的。你院应根据法律和此案的实际情况妥善处理。

▶《遗嘱公证细则》

第二条 遗嘱是遗嘱人生前在法律允许的范围内，按照法律规定的方式处分其个人财产或者处理其他事务，并在其死亡时发生效力的单方法律行为。

▶《司法部律师公证工作指导司关于监护人与被监护人订立或变更共同遗嘱不应予以公证的复函》

山东省司法厅公证管理处：

你处今年四月二十三日《关于监护人与被监护人订立或变更共同遗嘱能否予以公证的请示》函悉。经研究认为，符合法律规定条件的遗嘱方为有效。根据有关法律、法规和司法解释，设立或变更遗嘱的行为应由遗嘱人亲自实施，遗嘱人应有遗嘱能力（即完全民事行为能力），遗嘱必须表示遗嘱人的真实意思，不能由他人代理，且遗嘱只能处分其个人财产。因此，公证处不应办理监护人与无民事行为能力或者限制民事行为能力的被监护人的共同遗嘱公证，也不应办理其变更共同遗嘱公证。已经办理的应予撤销。

▶《司法部公证律师司关于如何确认香港高等法院遗嘱检定书事的复函》

广东省司法厅公证处：

你处一九八七年十二月四日粤司公〔87〕109号《关于朱箕能等五宗遗嘱继承公证的请示》、一九八八年二月二十二日粤司公〔1988〕21号《关于陈冰怡等三人遗产案的请示》和一九八八年三月二十五日粤司公〔1988〕39号《关于被继承人霍伯谦遗产事的请示》均收悉。

关于香港居民谢淡秋、吕贤藻、黄少楚、陈冰怡、黄兆镇和霍伯谦等六件遗嘱继承案，遗嘱人均在香港设立的遗嘱，处分其在内地的房产，因此遗嘱内容应符合我国法律。在当事人申办遗嘱继承公证时，我公证机关应对遗嘱进行检验。主要包括：确认遗嘱是否是遗嘱人本人所立，遗嘱人在立遗嘱时是否符合行为地法律；遗嘱人在遗嘱中所处分的财产是否属于本人所有；遗嘱受益人有无变化，遗嘱有无取消缺乏劳动能力又没有生活来源的继承人的继承权等等。对于遗嘱是否是遗嘱人本人所立，遗嘱人在立遗嘱时是否符合行为地法律，应由香港高等法院进行检定。根据香港惯例，遗嘱经高等法院检定后，法院即发给当事人一份遗嘱检定书及遗嘱影印件，遗嘱原件则由高等法院保存。为确认遗嘱检定书和遗嘱影印件的真实性，公证机关可要求当事人请我部委托的香港律师办理公证证明。经香港高等法院检定并由我委托的香港律师公证的遗嘱（副本），如其内容与我国法律无抵触，应视为有效遗嘱，公证机关据此为遗嘱受益人办理遗嘱继承权公证；如其内容与我国法律有抵触，应视为无效遗嘱，公证机关不能办理遗嘱继承公证；如其内容部分与我国法律相抵触，则遗嘱视为部分无效，公证机关只能对有效部分出具遗嘱继承公证书。

第一千一百三十四条　【自书遗嘱】自书遗嘱由遗嘱人亲笔书写，签名，注明年、月、日。

条文对比

《民法典继承编》	《继承法》
第一千一百三十四条　自书遗嘱由遗嘱人亲笔书写，签名，注明年、月、日。	**第十七条第二款**　自书遗嘱由遗嘱人亲笔书写，签名，注明年、月、日。

关联法规

▶ **《继承法意见》**

35. 继承法实施前订立的，形式上稍有欠缺的遗嘱，如内容合法，又有充分证据证明确为遗嘱人真实意思表示的，可以认定遗嘱有效。

40. 公民在遗书中涉及死后个人财产处分的内容，确为死者真实意思的表示，有本人签名并注明了年、月、日，又无相反证据的，可按自书遗嘱对待。

41. 遗嘱人立遗嘱时必须有行为能力。无行为能力人所立的遗嘱，即使其本人后来有了行为能力，仍属无效遗嘱。遗嘱人立遗嘱时有行为能力，后来丧失了行为能力，不影响遗嘱的效力。

42. 遗嘱人以不同形式立有数份内容相抵触的遗嘱，其中有公证遗嘱的，以最后所立公证遗嘱为准；没有公证遗嘱的，以最后所立的遗嘱为准。

第一千一百三十五条 【代书遗嘱】代书遗嘱应当有两个以上见证人在场见证，由其中一人代书，并由遗嘱人、代书人和其他见证人签名，注明年、月、日。

条文对比

《民法典继承编》	《继承法》
第一千一百三十五条 代书遗嘱应当有两个以上见证人在场见证，由其中一人代书，并由遗嘱人、代书人和其他见证人签名，注明年、月、日。	**第十七条第三款** 代书遗嘱应当有两个以上见证人在场见证，由其中一人代书，注明年、月、日，并由代书人、其他见证人和遗嘱人签名。

关联法规

《继承法意见》

35. 继承法实施前订立的，形式上稍有欠缺的遗嘱，如内容合法，又有充分证据证明确为遗嘱人真实意思表示的，可以认定遗嘱有效。

36. 继承人、受遗赠人的债权人、债务人，共同经营的合伙人，也应当视为与继承人、受遗赠人有利害关系，不能作为遗嘱的见证人。

40. 公民在遗书中涉及死后个人财产处分的内容，确为死者真实意思的表示，有本人签名并注明了年、月、日，又无相反证据的，可按自书遗嘱对待。

41. 遗嘱人立遗嘱时必须有行为能力。无行为能力人所立的遗嘱，即使其本人后来有了行为能力，仍属无效遗嘱。遗嘱人立遗嘱时有行为能力，后来丧失了行为能力，不影响遗嘱的效力。

42. 遗嘱人以不同形式立有数份内容相抵触的遗嘱，其中有公证遗嘱的，以最后所立公证遗嘱为准；没有公证遗嘱的，以最后所立的遗嘱为准。

第一千一百三十六条 【打印遗嘱】打印遗嘱应当有两个以上见证人在场见证。遗嘱人和见证人应当在遗嘱每一页签名，注明年、月、日。

条文对比

《民法典继承编》	新增条文
第一千一百三十六条 打印遗嘱应当有两个以上见证人在场见证。遗嘱人和见证人应当在遗嘱每一页签名，注明年、月、日。	

关联法规

▶《公证法》

第十一条 根据自然人、法人或者其他组织的申请，公证机构办理下列公证事项：

（一）合同；

（二）继承；

（三）委托、声明、赠与、遗嘱；

（四）财产分割；

（五）招标投标、拍卖；

（六）婚姻状况、亲属关系、收养关系；

（七）出生、生存、死亡、身份、经历、学历、学位、职务、职称、有无违法犯罪记录；

（八）公司章程；

（九）保全证据；

（十）文书上的签名、印鉴、日期，文书的副本、影印本与原本相符；

（十一）自然人、法人或者其他组织自愿申请办理的其他公证事项。

法律、行政法规规定应当公证的事项，有关自然人、法人或者其他组织应当向公证机构申请办理公证。

第二十五条 自然人、法人或者其他组织申请办理公证，可以向住所地、经常居住地、行为地或者事实发生地的公证机构提出。

申请办理涉及不动产的公证，应当向不动产所在地的公证机构提出；申请办理涉及不动产的委托、声明、赠与、遗嘱的公证，可以适用前款规定。

第二十六条 自然人、法人或者其他组织可以委托他人办理公证，但遗嘱、生存、收养关系等应当由本人办理公证的除外。

▶《继承法意见》

35. 继承法实施前订立的，形式上稍有欠缺的遗嘱，如内容合法，又有充分证据证明确为遗嘱人真实意思表示的，可以认定遗嘱有效。

40. 公民在遗书中涉及死后个人财产处分的内容，确为死者真实意思的表示，有本人签名并注明了年、月、日，又无相反证据的，可按自书遗嘱对待。

41. 遗嘱人立遗嘱时必须有行为能力。无行为能力人所立的遗嘱，即使其本人后来有了行为能力，仍属无效遗嘱。遗嘱人立遗嘱时有行为能力，后来丧失了行为能力，不影响遗嘱的效力。

42. 遗嘱人以不同形式立有数份内容相抵触的遗嘱，其中有公证遗嘱的，以最后所立公证遗嘱为准；没有公证遗嘱的，以最后所立的遗嘱为准。

▶《公证程序规则》

第一章 总　　则

第一条 为了规范公证程序，保证公证质量，根据《中华人民共和国公证法》（以下简称《公证法》）和有关法律、行政法规的规定，制定本规则。

第二条 公证机构办理公证，应当遵守法律，坚持客观、公正的原则，遵守公证执业规范和执业纪律。

第三条 公证机构依法独立行使公证职能，独立承担民事责任，任何单位、个人不得非法干预，其合法权益不受侵犯。

第四条 公证机构应当根据《公证法》的规定，受理公证申请，办理公证业务，以本公证机构的名义出具公证书。

第五条 公证员受公证机构指派，依照《公证法》和本规则规定的程序办理公证业务，并在出具的公证书上署名。

依照《公证法》和本规则的规定，在办理公证过程中须公证员亲自办理的事务，不得指派公证机构的其他工作人员办理。

第六条 公证机构和公证员办理公证，不得有《公证法》第十三条、第二十三条禁止的行为。

公证机构的其他工作人员以及依据本规则接触到公证业务的相关人员，不得泄露在参与公证业务活动中知悉的国家秘密、商业秘密或者个人隐私。

第七条 公证机构应当建立、健全公证业务管理制度和公证质量管理制度，对公证员的执业行为进行监督。

第八条 司法行政机关依照《公证法》和本规则规定，对公证机构和公证员的执业活动和遵守程序规则的情况进行监督、指导。

公证协会依据章程和行业规范，对公证机构和公证员的执业活动和遵守程序规则的情况进行监督。

第二章 公证当事人

第九条 公证当事人是指与公证事项有利害关系并以自己的名义向公证机构提出公证申请，在公证活动中享有权利和承担义务的自然人、法人或者其他组织。

第十条 无民事行为能力人或者限制民事行为能力人申办公证，应当由其监护人代理。

法人申办公证，应当由其法定代表人代表。

其他组织申办公证，应当由其负责人代表。

第十一条 当事人可以委托他人代理申办公证，但申办遗嘱、遗赠扶养协议、赠与、认领亲子、收养关系、解除收养关系、生存状况、委托、声明、保证及其他与自然人人身有密切关系的公证事项，应当由其本人亲自申办。

公证员、公证机构的其他工作人员不得代理当事人在本公证机构申办公证。

第十二条 居住在香港、澳门、台湾地区的当事人，委托他人代理申办涉及继承、财产权益处分、人身关系变更等重要公证事项的，其授权委托书应当经其居住地的公证人（机构）公证，或者经司法部指定的机构、人员证明。

居住在国外的当事人，委托他人代理申办前款规定的重要公证事项的，其授权委托书应当经其居住地的公证人（机构）、我驻外使（领）馆公证。

第三章 公证执业区域

第十三条 公证执业区域是指由省、自治区、直辖市司法行政机关，根据《公证法》第二十五条和《公证机构执业管理办法》第十条的规定以及当地公证机构设置方案，划定的公证机构受理公证业务的地域范围。

公证机构的执业区域，由省、自治区、直辖市司法行政机关在办理该公证机构设立或者变更审批时予以核定。

公证机构应当在核定的执业区域内受理公证业务。

第十四条 公证事项由当事人住所地、经常居住地、行为地或者事实发生地的公证机构受理。

涉及不动产的公证事项，由不动产所在地的公证机构受理；涉及不动产的委托、声明、赠与、遗嘱的公证事项，可以适用前款规定。

第十五条 二个以上当事人共同申办同一公证事项的，可以共同到行为地、事实发生地或者其中一名当事人住所地、经常居住地的公证机构申办。

第十六条 当事人向二个以上可以受理该公证事项的公证机构提出申请的，由最先受理申请的公证机构办理。

第四章 申请与受理

第十七条 自然人、法人或者其他组织向公证机构申请办理公证，应当填写公证申请表。公证申请表应当载明下列内容：

（一）申请人及其代理人的基本情况；

（二）申请公证的事项及公证书的用途；

（三）申请公证的文书的名称；

（四）提交证明材料的名称、份数及有关证人的姓名、住址、联系方式；

（五）申请的日期；

（六）其他需要说明的情况。

申请人应当在申请表上签名或者盖章，不能签名、盖章的由本人捺指印。

第十八条 自然人、法人或者其他组织申请办理公证，应当提交下列材料：

（一）自然人的身份证明，法人的资格证明及其法定代表人的身份证明，其他组织的资格证明及其负责人的身份证明；

（二）委托他人代为申请的，代理人须提交当事人的授权委托书，法定代理人或者其他代理人须提交有代理权的证明；

（三）申请公证的文书；

（四）申请公证的事项的证明材料，涉及财产关系的须提交有关财产权利证明；

（五）与申请公证的事项有关的其他材料。

第十九条 符合下列条件的申请，公证机构可以受理：

（一）申请人与申请公证的事项有利害关系；

（二）申请人之间对申请公证的事项无争议；

（三）申请公证的事项符合《公证法》第十一条规定的范围；

（四）申请公证的事项符合《公证法》第二十五条的规定和该公证机构在其执业区域内可以受理公证业务的范围。

法律、行政法规规定应当公证的事项，符合前款第一项、第二项、第四项规定条件的，公证机构应当受理。

对不符合本条第一款、第二款规定条件的申请，公证机构不予受理，并通知申请人。对因不符合本条第一款第四项规定不予受理的，应当告知申请人向可以受理该公证事项的公证机构申请。

第二十条 公证机构受理公证申请后，应当向申请人发送受理通知单。申请人或其代理人应当在回执上签收。

第二十一条 公证机构受理公证申请后，应当告知当事人申请公证事项的法律意义和可能产生的法律后果，告知其在办理公证过程中享有的权利、承担的义务。告知内容、告知方式和时间，应当记录归档。

第二十二条 公证机构受理公证申请后，应当按照规定向当事人收取公证费。公证办结后，经核定的公证费与预收数额不一致的，应当办理退还或者补收手续。

对符合法律援助条件的当事人，公证机构应当按照规定减收或者免收公证费。

第二十三条 公证机构受理公证申请后，应当指派承办公证员，并通知当事人。当事人要求该公证员回避，经查属于《公证法》第二十三条第三项规定应当回避情形的，公证机构应当改派其他公证员承办。

第五章 审 查

第二十四条 公证机构受理公证申请后，应当根据不同公证事项的办证规则，分别审查下列事项：

（一）当事人的人数、身份、申请办理该项公证的资格及相应的权利；

（二）当事人的意思表示是否真实；

（三）申请公证的文书的内容是否完备，含义是否清晰，签名、印鉴是否齐全；

（四）提供的证明材料是否真实、合法、充分；

（五）申请公证的事项是否真实、合法。

第二十五条 当事人应当向公证机构如实说明申请公证的事项的有关情况，提交的证明材料应当真实、合法、充分。

公证机构在审查中，对申请公证的事项的真实性、合法性有疑义的，认为当事人的情况说明或者提供的证明材料不充分、不完备或者有疑义的，可以要求当事人作出说明或者补充证明材料。

当事人拒绝说明有关情况或者补充证明材料的，依照本规则第四十八条的规定处理。

第二十六条 公证机构在审查中，对申请公证的事项以及当事人提供的证明材料，按照有关办证规则需要核实或者对其有疑义的，应当进行核实，或者委托异地公证机构代为核实。有关单位或者个人应当依法予以协助。

第二十七条 公证机构可以采用下列方式，核实公证事项的有关情况以及证明材料：

（一）通过询问当事人、公证事项的利害关系人核实；

（二）通过询问证人核实；

（三）向有关单位或者个人了解相关情况或者核实、收集相关书证、物证、视听资料等证明材料；

（四）通过现场勘验核实；

（五）委托专业机构或者专业人员鉴定、检验检测、翻译。

第二十八条 公证机构进行核实，应当遵守有关法律、法规和有关办证规则的规定。

公证机构派员外出核实的，应当由二人进行，但核实、收集书证的除外。特殊情况下只有一人外出核实的，应当有一名见证人在场。

第二十九条 采用询问方式向当事人、公证事项的利害关系人或者有关证人了解、核实公证事项的有关情况以及证明材料的，应当告知被询问人享有的权利、承担的义务及其法律责任。询问的内容应当制作笔录。

询问笔录应当载明：询问日期、地点、询问人、记录人，询问事由，被询问人的基本情况，告知内容、询问谈话内容等。

询问笔录应当交由被询问人核对后签名或者盖章、捺指印。笔录中修改处应当由被询问人盖章或者捺指印认可。

第三十条 在向当事人、公证事项的利害关系人、证人或者有关单位、个人核实或者收集有关公证事项的证明材料时，需要摘抄、复印（复制）有关资料、证明原件、档案材料或者对实物证据照相并作文字描述记载的，摘抄、复印（复制）的材料或者物证照片及文字描述记载应当与原件或者物证相符，并由资料、原件、物证所有人或者档案保管人对摘抄、复印（复制）的材料或者物证照片及文字描述记载核对后签名或者盖章。

第三十一条 采用现场勘验方式核实公证事项及其有关证明材料的，应当制作勘验笔录，由核实人员及见证人签名或者盖章。根据需要，可以采用绘图、照相、录像或者录音等方式对勘验情况或者实物证据予以记载。

第三十二条 需要委托专业机构或者专业人员对申请公证的文书或者公证事项的证明材料进行鉴定、检验检测、翻译的，应当告知当事人由其委托办理，或者征得当事人的同意代为办理。鉴定意见、检验检测结论、翻译材料，应当由相关专业机构及承办鉴定、检验检测、翻译的人员盖章和签名。

委托鉴定、检验检测、翻译所需的费用，由当事人支付。

第三十三条 公证机构委托异地公证机构核实公证事项及其有关证明材料的，应当出具委托核实函，对需要核实的事项及内容提出明确的要求。受委托的公证机构收到委托函后，应当在一个月内完成核实。因故不能完成或者无法核实的，应当在上述期限内函告委托核实的公证机构。

第三十四条 公证机构在审查中，认为申请公证的文书内容不完备、表达不准确的，应当指导当事人补正或者修改。当事人拒绝补正、修改的，应当在工作记录中注明。

应当事人的请求，公证机构可以代为起草、修改申请公证的文书。

第六章　出具公证书

第三十五条 公证机构经审查，认为申请公证的事项符合《公证法》、本规则及有关办证规则规定的，应当自受理之日起十五个工作日内向当事人出具公证书。

因不可抗力、补充证明材料或者需要核实有关情况的，所需时间不计算在前款规定的期限内，并应当及时告知当事人。

第三十六条 民事法律行为的公证，应当符合下列条件：

（一）当事人具有从事该行为的资格和相应的民事行为能力；

（二）当事人的意思表示真实；

（三）该行为的内容和形式合法，不违背社会公德；

（四）《公证法》规定的其他条件。

不同的民事法律行为公证的办证规则有特殊要求的，从其规定。

第三十七条 有法律意义的事实或者文书的公证，应当符合下列条件：

（一）该事实或者文书与当事人有利害关系；

（二）事实或者文书真实无误；

（三）事实或者文书的内容和形式合法，不违背社会公德；

（四）《公证法》规定的其他条件。

不同的有法律意义的事实或者文书公证的办证规则有特殊要求的，从其规定。

第三十八条 文书上的签名、印鉴、日期的公证，其签名、印鉴、日期应当准确、属实；文书的副本、影印本等文本的公证，其文本内容应当与原本相符。

第三十九条 具有强制执行效力的债权文书的公证，应当符合下列条件：

（一）债权文书以给付货币、物品或者有价证券为内容；

（二）债权债务关系明确，债权人和债务人对债权文书有关给付内容无疑义；

（三）债权文书中载明当债务人不履行或者不适当履行义务时，债务人愿意接受强制执行的承诺；

（四）《公证法》规定的其他条件。

第四十条 符合《公证法》、本规则及有关办证规则规定条件的公证事项，由承办公证员拟制公证书，连同被证明的文书、当事人提供的证明材料及核实情况的材料、公证审查意见，报公证机构的负责人或其指定的公证员审批。但按规定不需要审批的公证事项除外。

公证机构的负责人或者被指定负责审批的公证员不得审批自己承办的公证事项。

第四十一条 审批公证事项及拟出具的公证书，应当审核以下内容：

（一）申请公证的事项及其文书是否真实、合法；

（二）公证事项的证明材料是否真实、合法、充分；

（三）办证程序是否符合《公证法》、本规则及有关办证规则的规定；

（四）拟出具的公证书的内容、表述和格式是否符合相关规定。

审批重大、复杂的公证事项，应当在审批前提交公证机构集体讨论。讨论的情况和形成的意见，应当记录归档。

第四十二条 公证书应当按照司法部规定的格式制作。公证书包括以下主要内容：

（一）公证书编号；

（二）当事人及其代理人的基本情况；

（三）公证证词；

（四）承办公证员的签名（签名章）、公证机构印章；

（五）出具日期。

公证证词证明的文书是公证书的组成部分。

有关办证规则对公证书的格式有特殊要求的，从其规定。

第四十三条 制作公证书应当使用全国通用的文字。在民族自治地方，根据当事人的要求，可以同时制作当地通用的民族文字文本。两种文字的文本，具有同等效力。

发往香港、澳门、台湾地区使用的公证书应当使用全国通用的文字。

发往国外使用的公证书应当使用全国通用的文字。根据需要和当事人的要求，公证书可以附外文译文。

第四十四条 公证书自出具之日起生效。

需要审批的公证事项，审批人的批准日期为公证书的出具日期；不需要审批的公证事项，承办公证员的签发日期为公证书的出具日期；现场监督类公证需要现场宣读公证证词的，宣读日期为公证书的出具日期。

第四十五条 公证机构制作的公证书正本，由当事人各方各收执一份，并可以根据当事人的需要制作若干份副本。公证机构留存公证书原本（审批稿、签发稿）和一份正本归档。

第四十六条 公证书出具后，可以由当事人或其代理人到公证机构领取，也可以应当事人的要求由公证机构发送。当事人或其代理人收到公证书应当在回执上签收。

第四十七条 公证书需要办理领事认证的，根据有关规定或者当事人的委托，公证机构可以代为办理公证书认证，所需费用由当事人支付。

第七章 不予办理公证和终止公证

第四十八条 公证事项有下列情形之一的，公证机构应当不予办理公证：

（一）无民事行为能力人或者限制民事行为能力人没有监护人代理申请办理公证的；

（二）当事人与申请公证的事项没有利害关系的；

（三）申请公证的事项属专业技术鉴定、评估事项的；

（四）当事人之间对申请公证的事项有争议的；

（五）当事人虚构、隐瞒事实，或者提供虚假证明材料的；

（六）当事人提供的证明材料不充分又无法补充，或者拒绝补充证明材料的；

（七）申请公证的事项不真实、不合法的；

（八）申请公证的事项违背社会公德的；

（九）当事人拒绝按照规定支付公证费的。

第四十九条 不予办理公证的，由承办公证员写出书面报告，报公证机构负责人审批。不予办理公证的决定应当书面通知当事人或其代理人。

不予办理公证的，公证机构应当根据不予办理的原因及责任，酌情退还部分或者全部收取的公证费。

第五十条 公证事项有下列情形之一的，公证机构应当终止公证：

（一）因当事人的原因致使该公证事项在六个月内不能办结的；

（二）公证书出具前当事人撤回公证申请的；

（三）因申请公证的自然人死亡、法人或者其他组织终止，不能继续办理公证或者继续办理公证已无意义的；

（四）当事人阻挠、妨碍公证机构及承办公证员按规定的程序、期限办理公证的；

（五）其他应当终止的情形。

第五十一条 终止公证的，由承办公证员写出书面报告，报公证机构负责人审批。终止公证的决定应当书面通知当事人或其代理人。

终止公证的，公证机构应当根据终止的原因及责任，酌情退还部分收取的公证费。

第八章 特别规定

第五十二条 公证机构办理招标投标、拍卖、开奖等现场监督类公证，应当由二人共同办理。承办公证员应当依照有关规定，通过事前审查、现场监督，对其真实性、合法性予以证明，现场宣读公证证词，并在宣读后七日内将公证书发送当事人。该公证书自宣读公证证词之日起生效。

办理现场监督类公证，承办公证员发现当事人有弄虚作假、徇私舞弊、违反活动规则、违反国家法律和有关规定行为的，应当即时要求当事人改正；当事人拒不改正的，应当不予办理公证。

第五十三条 公证机构办理遗嘱公证，应当由二人共同办理。承办公证员应当全程亲自办理。

特殊情况下只能由一名公证员办理时，应当请一名见证人在场，见证人应当在询问笔录上签名或者盖章。

第五十四条 公证机构派员外出办理保全证据公证的，由二人共同办理，承办公证员应当亲自外出办理。

办理保全证据公证，承办公证员发现当事人是采用法律、法规禁止的方式取得证据的，应当不予办理公证。

第五十五条 债务人不履行或者不适当履行经公证的具有强制执行效力的债权文书的，公证机构可以根据债权人的申请，依照有关规定出具执行证书。执行证书应当在法律规定的执行期限内出具。

执行证书应当载明申请人、被申请执行人、申请执行标的和申请执行的期限。债务人已经履行的部分，应当在申请执行标的中予以扣除。因债务人不履行或者不适当履行而发生的违约金、滞纳金、利息等，可以应债权人的要求列入申请执行标的。

第五十六条 经公证的事项在履行过程中发生争议的，出具公证书的公证机构可以应当事人的请求进行调解。经调解后当事人达成新的协议并申请公证的，公证机构可以办理公证；调解不成的，公证机构应当告知当事人就该争议依法向人民法院提起民事诉讼或者向仲裁机构申请仲裁。

第九章 公证登记和立卷归档

第五十七条 公证机构办理公证，应当填写公证登记簿，建立分类登记制度。

登记事项包括：公证事项类别、当事人姓名（名称）、代理人（代表人）姓名、受理日期、承办人、审批人（签发人）、结案方式、办结日期、公证书编号等。

公证登记簿按年度建档，应当永久保存。

第五十八条 公证机构在出具公证书后或者作出不予办理公证、终止公证的决定后，应当依照司法部、国家档案局制定的有关公证文书立卷归档和公证档案管理的规定，由承办公证员将公证文书和相关材料，在三个月内完成汇总整理、分类立卷、移交归档。

第五十九条 公证机构受理公证申请后，承办公证员即应当着手立卷的准备工作，开始收集有关的证明材料，整理询问笔录和核实情况的有关材料等。

对不能附卷的证明原件或者实物证据，应当按照规定将其原件复印件（复制件）、物证照片及文字描述记载留存附卷。

第六十条 公证案卷应当根据公证事项的类别、内容，划分为普通卷、密卷，分类归档保存。

公证案卷应当根据公证事项的类别、用途及其证据价值确定保管期限。保管期限分短期、长期、永久三种。

涉及国家秘密、遗嘱的公证事项，列为密卷。立遗嘱人死亡后，遗嘱公证案卷转为普通卷保存。

公证机构内部对公证事项的讨论意见和有关请示、批复等材料，应当装订成副卷，与正卷一起保存。

第十章 公证争议处理

第六十一条 当事人认为公证书有错误的，可以在收到公证书之日起一年内，向出具该公证书的公证机构提出复查。

公证事项的利害关系人认为公证书有错误的，可以自知道或者应当知道该项公证之日起一年内向出具该公证书的公证机构提出复查，但能证明自己不知道的除外。提出复查的期限自公证书出具之日起最长不得超过二十年。

复查申请应当以书面形式提出，载明申请人认为公证书存在的错误及其理由，提出撤销或者更正公证书的具体要求，并提供相关证明材料。

第六十二条 公证机构收到复查申请后，应当指派原承办公证员之外的公证员进行复查。复查结论及处理意见，应当报公证机构的负责人审批。

第六十三条 公证机构进行复查，应当对申请人提出的公证书的错误及其理由进行审查、核实，区别不同情况，按照以下规定予以处理：

（一）公证书的内容合法、正确、办理程序无误的，作出维持公证书的处理决定；

（二）公证书的内容合法、正确，仅证词表述或者格式不当的，应当收回公证书，更正后重新发给当事人；不能收回的，另行出具补正公证书；

（三）公证书的基本内容违法或者与事实不符的，应当作出撤销公证书的处理决定；

（四）公证书的部分内容违法或者与事实不符的，可以出具补正公证书，撤销对违法或者与事实不符部分的证明内容；也可以收回公证书，对违法或者与事实不符的部分进行删除、更正后，重新发给当事人；

（五）公证书的内容合法、正确，但在办理过程中有违反程序规定、缺乏必要手续的情形，应当补办缺漏的程序和手续；无法补办或者严重违反公证程序的，应当撤销公证书。

被撤销的公证书应当收回，并予以公告，该公证书自始无效。

公证机构撤销公证书的，应当报地方公证协会备案。

第六十四条 公证机构应当自收到复查申请之日起三十日内完成复查，作出复查处理决定，发给申请人。需要对公证书作撤销或者更正、补正处理的，应当在作出复查处理决定后十日内完成。复查处理决定及处理后的公证书，应当存入原公证案卷。

公证机构办理复查，因不可抗力、补充证明材料或者需要核实有关情况的，所需时间不计算在前款规定的期限内，但补充证明材料或者需要核实有关情况的，最长不得超过六个月。

第六十五条 公证机构发现出具的公证书的内容及办理程序有本规则第六十三条第二项至第五项规定情形的，应当通知当事人，按照本规则第六十三条的规定予以处理。

第六十六条 公证书被撤销的，所收的公证费按以下规定处理：

（一）因公证机构的过错撤销公证书的，收取的公证费应当全部退还当事人；

（二）因当事人的过错撤销公证书的，收取的公证费不予退还；

（三）因公证机构和当事人双方的过错撤销公证书的，收取的公证费酌情退还。

第六十七条 当事人、公证事项的利害关系人对公证机构作出的撤销或者不予撤销公证书的决定有异议的，可以向地方公证协会投诉。

投诉的处理办法，由中国公证协会制定。

第六十八条 当事人、公证事项的利害关系人对公证书涉及当事人之间或者当事人与公证事项的利害关系人之间实体权利义务的内容有争议的，公证机构应当告知其可以就该争议向人民法院提起民事诉讼。

第六十九条 公证机构及其公证员因过错给当事人、公证事项的利害关系人造成损失的，由公证机构承担相应的赔偿责任；公证机构赔偿后，可以向有故意或者重大过失的公证员追偿。

当事人、公证事项的利害关系人与公证机构因过错责任和赔偿数额发生争议，协商不成的，可以向人民法院提起民事诉讼，也可以申请地方公证协会调解。

第十一章　附　　则

第七十条　有关办证规则对不同的公证事项的办证程序有特殊规定的，从其规定。

第七十一条　公证机构根据《公证法》第十二条规定受理的提存、登记、保管等事务，依照有关专门规定办理；没有专门规定的，参照本规则办理。

第七十二条　公证机构及其公证员在办理公证过程中，有违反《公证法》第四十一条、第四十二条以及本规则规定行为的，由司法行政机关依据《公证法》、《公证机构执业管理办法》、《公证员执业管理办法》给予相应的处罚；有违反公证行业规范行为的，由公证协会给予相应的行业处分。

第七十三条　本规则由司法部解释。

第七十四条　本规则自2006年7月1日起施行。司法部2002年6月18日发布的《公证程序规则》（司法部令第72号）同时废止。

▶《司法部公证律师司关于以遗嘱方式将遗产指定给已婚子女个人所有的遗嘱能否办理公证事的复函》

江苏省司法厅公证管理处：

你处司公〔1988〕第35号《关于公民能否以遗嘱方式将财产指定为子女婚后个人财产的请示》收悉。经与有关部门研究认为：申请人以遗嘱的方式将遗产指定归子女个人所有，而不得作为婚后夫妻共同所有财产的遗嘱，属附条件的遗嘱。我国婚姻法第十三条虽然规定“夫妻在婚姻关系存续期间所得的财产，归夫妻共同所有”，但是还规定“双方另有约定的除外”。因此该遗嘱在生效时，如遗嘱受益人能够按遗嘱中所附的条件，与其配偶达成协议，即可按遗嘱继承遗产，如达不成协议，就不能按遗嘱继承遗产。故公证处可为此附条件的遗嘱办理公证。

▶《司法部公证律师司对〈关于香港居民为处理在港财产所立代书遗嘱应如何处理的请示〉的批复》

广东省司法厅公证管理处：

你处一九八八年四月七日粤司公〔1988〕44号函悉。关于香港居民因探亲、旅游、治病等在内地所立的代书遗嘱，在遗嘱人死亡后为拿到香港使用而申办公证事，据香港南洋商业银行信托有限公司介绍，香港居民不论在香港或内地以中文订立的遗嘱，即使没有见证人在遗嘱上签字，香港法院在得到某些必要的详情和文件佐证后也会予以确认和接受。香港法院最基本的要求，是要得到熟知遗嘱人立遗嘱详情的亲友的声明书公证书，声明他们确知遗嘱人生前曾立有遗嘱，而且确信该遗嘱是遗嘱人亲笔签署，且有唯一有效的遗嘱。香港法院也可能会根据情况要求进一步提供其他材料。因此，我司认为公证处不宜对汤启德所立代书遗嘱予以确认并给予公证。可由遗嘱见证人发表声明，公证处证明见证人签字盖章属实。在出证时，将遗嘱与声明书装订在一起，如果与声明书装订在一起的遗嘱是影印件，还必须证明影印件与原件相符。

《司法部公证律师司关于办理黄兆源遗嘱继承公证的复函》

广东省司法厅公证管理处：

你处一九八八年二月二十二日粤司公〔1988〕21号《关于陈冰怡等三人遗产案的请示》收悉。经与有关部门研究认为，在涉外遗嘱继承中，如果遗嘱人为外籍人，他在国外立遗嘱处分其在我国内的不动产时，该遗嘱内容应符合我国的法律。在当事人申办遗嘱继承公证时，我公证机关应对该遗嘱进行检验。主要包括：确认该遗嘱是否是遗嘱人本人所立，遗嘱人在立遗嘱时是否符合行为地法律；遗嘱人在遗嘱中所处分的财产是否属于本人所有；遗嘱受益人有无变化，遗嘱有无取消缺乏劳动能力又没有生活来源的继承人的继承权等等。关于黄兆源的遗嘱继承公证，由于遗嘱人生前居住在新加坡，且在新加坡设立的遗嘱，对其遗嘱的认定问题，虽经新加坡高级法庭的检定，但由于我国与新加坡未建交，无法直接采证。故可由遗嘱受益人将新加坡高级法庭的遗嘱检定书及遗嘱原件（如果是复印件，必须证明与原件相符）办理新加坡公证和新加坡外交部认证，以及与我国和新加坡有外交关系的任何第三国驻新使馆认证，再拿到我国使用。公证处根据上述遗嘱检验的要求进行审查和必要的调查核实。对于符合设立遗嘱时的行为地法律的遗嘱，且遗嘱的内容也符合我国的法律，公证处可为当事人出具遗嘱继承权公证书。

因黄兆源遗嘱继承公证为涉外公证，故应由广州市公证处办理。请将办理情况及效果函告我司。对于陈冰怡和黄兆镇遗产继承公证，待我司与香港新华分社研究后再作答复。

第一千一百三十七条 【录音录像遗嘱】以录音录像形式立的遗嘱，应当有两个以上见证人在场见证。遗嘱人和见证人应当在录音录像中记录其姓名或者肖像，以及年、月、日。

条文对比

《民法典继承编》	《继承法》
第一千一百三十七条 以录音**录像**形式立的遗嘱，应当有两个以上见证人在场见证。**遗嘱人和见证人应当在录音录像中记录其姓名或者肖像，以及年、月、日。**	**第十七条第四款** 以录音形式立的遗嘱，应当有两个以上见证人在场见证。

关联法规

▶《继承法意见》

35. 继承法实施前订立的，形式上稍有欠缺的遗嘱，如内容合法，又有充分证据证明确为遗嘱人真实意思表示的，可以认定遗嘱有效。

36. 继承人、受遗赠人的债权人、债务人，共同经营的合伙人，也应当视为与继承人、受遗赠人有利害关系，不能作为遗嘱的见证人。

40. 公民在遗书中涉及死后个人财产处分的内容，确为死者真实意思的表示，有本人签名并注明了年、月、日，又无相反证据的，可按自书遗嘱对待。

41. 遗嘱人立遗嘱时必须有行为能力。无行为能力人所立的遗嘱，即使其本人后来有了行为能力，仍属无效遗嘱。遗嘱人立遗嘱时有行为能力，后来丧失了行为能力，不影响遗嘱的效力。

42. 遗嘱人以不同形式立有数份内容相抵触的遗嘱，其中有公证遗嘱的，以最后所立公证遗嘱为准；没有公证遗嘱的，以最后所立的遗嘱为准。

▶《司法部律师公证工作指导司对〈关于遗嘱公证能否因未录音或录像而被撤销的请示〉的复函》

天津市司法局公证工作管理处：

你处《关于遗嘱公证能否因未录音或录像而被撤销的请示》（津司公管

〔2001〕22号）收悉。经研究，现答复如下：

一、《遗嘱公证细则》第十六条是为保障遗嘱人的合法权益，正确认定遗嘱人于立遗嘱时的行为能力，增强遗嘱公证的证明力而作的特别规定，它不是遗嘱公证生效的必备要件。从保护遗嘱人合法权益的角度出发，一般不宜以欠缺录音或录像形式而认定遗嘱公证无效。

二、考虑到《遗嘱公证细则》第十六条规定的基本宗旨和我国现阶段人民的生活水平、身体状况、精神状态等因素，该条第（一）项中的“年老体弱”通常是指：年满七十岁以上且因身体虚弱影响其思维意识能力或语言表达能力的老人；该条第（二）项“危重伤病人”通常是指：因患严重疾病或受到严重身体伤害影响其思维意识能力或语言表达能力的伤病人。

三、遗嘱公证不是行政行为，遗嘱公证书也不是行政文书，不宜适用《行政诉讼法》的规定解决对公证文书的异议问题。

第一千一百三十八条　【口头遗嘱】遗嘱人在危急情况下，可以立口头遗嘱。口头遗嘱应当有两个以上见证人在场见证。危急情况消除后，遗嘱人能够以书面或者录音录像形式立遗嘱的，所立的口头遗嘱无效。

条文对比

《民法典继承编》	《继承法》
第一千一百三十八条　遗嘱人在危急情况下，可以立口头遗嘱。口头遗嘱应当有两个以上见证人在场见证。危急情况消除后，遗嘱人能够以书面或者录音**录像**形式立遗嘱的，所立的口头遗嘱无效。	**第十七条第五款**　遗嘱人在危急情况下，可以立口头遗嘱。口头遗嘱应当有两个以上见证人在场见证。危急情况解除后，遗嘱人能够用书面或者录音形式立遗嘱的，所立的口头遗嘱无效。

关联法规

▶《继承法意见》

35. 继承法实施前订立的，形式上稍有欠缺的遗嘱，如内容合法，又有充分证据证明确为遗嘱人真实意思表示的，可以认定遗嘱有效。

36. 继承人、受遗赠人的债权人、债务人，共同经营的合伙人，也应当视为与继承人、受遗赠人有利害关系，不能作为遗嘱的见证人。

40. 公民在遗书中涉及死后个人财产处分的内容，确为死者真实意思的表示，有本人签名并注明了年、月、日，又无相反证据的，可按自书遗嘱对待。

41. 遗嘱人立遗嘱时必须有行为能力。无行为能力人所立的遗嘱，即使其本人后来有了行为能力，仍属无效遗嘱。遗嘱人立遗嘱时有行为能力，后来丧失了行为能力，不影响遗嘱的效力。

42. 遗嘱人以不同形式立有数份内容相抵触的遗嘱，其中有公证遗嘱的，以最后所立公证遗嘱为准；没有公证遗嘱的，以最后所立的遗嘱为准。

第一千一百三十九条 【公证遗嘱】公证遗嘱由遗嘱人经公证机构办理。

条文对比

《民法典继承编》	《继承法》
第一千一百三十九条 公证遗嘱由遗嘱人经公证机构办理。	**第十七条第一款** 公证遗嘱由遗嘱人经公证机关办理。

关联法规

▶ **《公证法》**

第十一条 根据自然人、法人或者其他组织的申请，公证机构办理下列公证事项：

（一）合同；

（二）继承；

（三）委托、声明、赠与、遗嘱；

（四）财产分割；

（五）招标投标、拍卖；

（六）婚姻状况、亲属关系、收养关系；

（七）出生、生存、死亡、身份、经历、学历、学位、职务、职称、有无违法犯罪记录；

（八）公司章程；

（九）保全证据；

（十）文书上的签名、印鉴、日期，文书的副本、影印本与原本相符；

（十一）自然人、法人或者其他组织自愿申请办理的其他公证事项。

法律、行政法规规定应当公证的事项，有关自然人、法人或者其他组织应当向公证机构申请办理公证。

第二十五条 自然人、法人或者其他组织申请办理公证，可以向住所地、经常居住地、行为地或者事实发生地的公证机构提出。

申请办理涉及不动产的公证，应当向不动产所在地的公证机构提出；申请办理涉及不动产的委托、声明、赠与、遗嘱的公证，可以适用前款规定。

第二十六条 自然人、法人或者其他组织可以委托他人办理公证，但遗嘱、生存、收养关系等应当由本人办理公证的除外。

▶《继承法意见》

35. 继承法实施前订立的，形式上稍有欠缺的遗嘱，如内容合法，又有充分证据证明确为遗嘱人真实意思表示的，可以认定遗嘱有效。

40. 公民在遗书中涉及死后个人财产处分的内容，确为死者真实意思的表示，有本人签名并注明了年、月、日，又无相反证据的，可按自书遗嘱对待。

41. 遗嘱人立遗嘱时必须有行为能力。无行为能力人所立的遗嘱，即使其本人后来有了行为能力，仍属无效遗嘱。遗嘱人立遗嘱时有行为能力，后来丧失了行为能力，不影响遗嘱的效力。

42. 遗嘱人以不同形式立有数份内容相抵触的遗嘱，其中有公证遗嘱的，以最后所立公证遗嘱为准；没有公证遗嘱的，以最后所立的遗嘱为准。

▶《公证程序规则》

第一章 总 则

第一条 为了规范公证程序，保证公证质量，根据《中华人民共和国公证法》（以下简称《公证法》）和有关法律、行政法规的规定，制定本规则。

第二条 公证机构办理公证，应当遵守法律，坚持客观、公正的原则，遵守公证执业规范和执业纪律。

第三条 公证机构依法独立行使公证职能，独立承担民事责任，任何单位、个人不得非法干预，其合法权益不受侵犯。

第四条 公证机构应当根据《公证法》的规定，受理公证申请，办理公证业务，以本公证机构的名义出具公证书。

第五条 公证员受公证机构指派，依照《公证法》和本规则规定的程序办理公证业务，并在出具的公证书上署名。

依照《公证法》和本规则的规定，在办理公证过程中须公证员亲自办理的事务，不得指派公证机构的其他工作人员办理。

第六条 公证机构和公证员办理公证，不得有《公证法》第十三条、第二十三条 禁止的行为。

公证机构的其他工作人员以及依据本规则接触到公证业务的相关人员，不得泄露在参与公证业务活动中知悉的国家秘密、商业秘密或者个人隐私。

第七条 公证机构应当建立、健全公证业务管理制度和公证质量管理制度，对公证员的执业行为进行监督。

第八条 司法行政机关依照《公证法》和本规则规定，对公证机构和公证员的执业活动和遵守程序规则的情况进行监督、指导。

公证协会依据章程和行业规范，对公证机构和公证员的执业活动和遵守程序规则的情况进行监督。

第二章 公证当事人

第九条 公证当事人是指与公证事项有利害关系并以自己的名义向公证机构提出公证申请，在公证活动中享有权利和承担义务的自然人、法人或者其他组织。

第十条 无民事行为能力人或者限制民事行为能力人申办公证，应当由其监护人代理。

法人申办公证，应当由其法定代表人代表。

其他组织申办公证，应当由其负责人代表。

第十一条 当事人可以委托他人代理申办公证，但申办遗嘱、遗赠扶养协议、赠与、认领亲子、收养关系、解除收养关系、生存状况、委托、声明、保证及其他与自然人人身有密切关系的公证事项，应当由其本人亲自申办。

公证员、公证机构的其他工作人员不得代理当事人在本公证机构申办公证。

第十二条 居住在香港、澳门、台湾地区的当事人，委托他人代理申办涉及继承、财产权益处分、人身关系变更等重要公证事项的，其授权委托书应当经其居住地的公证人（机构）公证，或者经司法部指定的机构、人员证明。

居住在国外的当事人，委托他人代理申办前款规定的重要公证事项的，其授权委托书应当经其居住地的公证人（机构）、我驻外使（领）馆公证。

第三章　公证执业区域

第十三条　公证执业区域是指由省、自治区、直辖市司法行政机关，根据《公证法》第二十五条和《公证机构执业管理办法》第十条的规定以及当地公证机构设置方案，划定的公证机构受理公证业务的地域范围。

公证机构的执业区域，由省、自治区、直辖市司法行政机关在办理该公证机构设立或者变更审批时予以核定。

公证机构应当在核定的执业区域内受理公证业务。

第十四条　公证事项由当事人住所地、经常居住地、行为地或者事实发生地的公证机构受理。

涉及不动产的公证事项，由不动产所在地的公证机构受理；涉及不动产的委托、声明、赠与、遗嘱的公证事项，可以适用前款规定。

第十五条　二个以上当事人共同申办同一公证事项的，可以共同到行为地、事实发生地或者其中一名当事人住所地、经常居住地的公证机构申办。

第十六条　当事人向二个以上可以受理该公证事项的公证机构提出申请的，由最先受理申请的公证机构办理。

第四章　申请与受理

第十七条　自然人、法人或者其他组织向公证机构申请办理公证，应当填写公证申请表。公证申请表应当载明下列内容：

（一）申请人及其代理人的基本情况；

（二）申请公证的事项及公证书的用途；

（三）申请公证的文书的名称；

（四）提交证明材料的名称、份数及有关证人的姓名、住址、联系方式；

（五）申请的日期；

（六）其他需要说明的情况。

申请人应当在申请表上签名或者盖章，不能签名、盖章的由本人捺指印。

第十八条　自然人、法人或者其他组织申请办理公证，应当提交下列材料：

（一）自然人的身份证明，法人的资格证明及其法定代表人的身份证明，其他组织的资格证明及其负责人的身份证明；

（二）委托他人代为申请的，代理人须提交当事人的授权委托书，法定代理人或者其他代理人须提交有代理权的证明；

（三）申请公证的文书；

（四）申请公证的事项的证明材料，涉及财产关系的须提交有关财产权利证明；

（五）与申请公证的事项有关的其他材料。

第十九条 符合下列条件的申请，公证机构可以受理：

（一）申请人与申请公证的事项有利害关系；

（二）申请人之间对申请公证的事项无争议；

（三）申请公证的事项符合《公证法》第十一条规定的范围；

（四）申请公证的事项符合《公证法》第二十五条的规定和该公证机构在其执业区域内可以受理公证业务的范围。

法律、行政法规规定应当公证的事项，符合前款第一项、第二项、第四项规定条件的，公证机构应当受理。

对不符合本条第一款、第二款规定条件的申请，公证机构不予受理，并通知申请人。对因不符合本条第一款第四项规定不予受理的，应当告知申请人向可以受理该公证事项的公证机构申请。

第二十条 公证机构受理公证申请后，应当向申请人发送受理通知单。申请人或其代理人应当在回执上签收。

第二十一条 公证机构受理公证申请后，应当告知当事人申请公证事项的法律意义和可能产生的法律后果，告知其在办理公证过程中享有的权利、承担的义务。告知内容、告知方式和时间，应当记录归档。

第二十二条 公证机构受理公证申请后，应当按照规定向当事人收取公证费。公证办结后，经核定的公证费与预收数额不一致的，应当办理退还或者补收手续。

对符合法律援助条件的当事人，公证机构应当按照规定减收或者免收公证费。

第二十三条 公证机构受理公证申请后，应当指派承办公证员，并通知当事人。当事人要求该公证员回避，经查属于《公证法》第二十三条第三项规定应当回避情形的，公证机构应当改派其他公证员承办。

第五章 审 查

第二十四条 公证机构受理公证申请后，应当根据不同公证事项的办证规则，分别审查下列事项：

（一）当事人的人数、身份、申请办理该项公证的资格及相应的权利；

（二）当事人的意思表示是否真实；

（三）申请公证的文书的内容是否完备，含义是否清晰，签名、印鉴是否齐全；

（四）提供的证明材料是否真实、合法、充分；

（五）申请公证的事项是否真实、合法。

第二十五条 当事人应当向公证机构如实说明申请公证的事项的有关情况，提交的证明材料应当真实、合法、充分。

公证机构在审查中，对申请公证的事项的真实性、合法性有疑义的，认为当事人的情况说明或者提供的证明材料不充分、不完备或者有疑义的，可以要求当事人作出说明或者补充证明材料。

当事人拒绝说明有关情况或者补充证明材料的，依照本规则第四十八条的规定处理。

第二十六条 公证机构在审查中，对申请公证的事项以及当事人提供的证明材料，按照有关办证规则需要核实或者对其有疑义的，应当进行核实，或者委托异地公证机构代为核实。有关单位或者个人应当依法予以协助。

第二十七条 公证机构可以采用下列方式，核实公证事项的有关情况以及证明材料：

（一）通过询问当事人、公证事项的利害关系人核实；

（二）通过询问证人核实；

（三）向有关单位或者个人了解相关情况或者核实、收集相关书证、物证、视听资料等证明材料；

（四）通过现场勘验核实；

（五）委托专业机构或者专业人员鉴定、检验检测、翻译。

第二十八条 公证机构进行核实，应当遵守有关法律、法规和有关办证规则的规定。

公证机构派员外出核实的，应当由二人进行，但核实、收集书证的除外。

特殊情况下只有一人外出核实的，应当有一名见证人在场。

第二十九条 采用询问方式向当事人、公证事项的利害关系人或者有关证人了解、核实公证事项的有关情况以及证明材料的，应当告知被询问人享有的权利、承担的义务及其法律责任。询问的内容应当制作笔录。

询问笔录应当载明：询问日期、地点、询问人、记录人，询问事由，被询问人的基本情况，告知内容、询问谈话内容等。

询问笔录应当交由被询问人核对后签名或者盖章、捺指印。笔录中修改处应当由被询问人盖章或者捺指印认可。

第三十条 在向当事人、公证事项的利害关系人、证人或者有关单位、个人核实或者收集有关公证事项的证明材料时，需要摘抄、复印（复制）有关资料、证明原件、档案材料或者对实物证据照相并作文字描述记载的，摘抄、复印（复制）的材料或者物证照片及文字描述记载应当与原件或者物证相符，并由资料、原件、物证所有人或者档案保管人对摘抄、复印（复制）的材料或者物证照片及文字描述记载核对后签名或者盖章。

第三十一条 采用现场勘验方式核实公证事项及其有关证明材料的，应当制作勘验笔录，由核实人员及见证人签名或者盖章。根据需要，可以采用绘图、照相、录像或者录音等方式对勘验情况或者实物证据予以记载。

第三十二条 需要委托专业机构或者专业人员对申请公证的文书或者公证事项的证明材料进行鉴定、检验检测、翻译的，应当告知当事人由其委托办理，或者征得当事人的同意代为办理。鉴定意见、检验检测结论、翻译材料，应当由相关专业机构及承办鉴定、检验检测、翻译的人员盖章和签名。

委托鉴定、检验检测、翻译所需的费用，由当事人支付。

第三十三条 公证机构委托异地公证机构核实公证事项及其有关证明材料的，应当出具委托核实函，对需要核实的事项及内容提出明确的要求。受委托的公证机构收到委托函后，应当在一个月内完成核实。因故不能完成或者无法核实的，应当在上述期限内函告委托核实的公证机构。

第三十四条 公证机构在审查中，认为申请公证的文书内容不完备、表达不准确的，应当指导当事人补正或者修改。当事人拒绝补正、修改的，应当在工作记录中注明。

应当事人的请求，公证机构可以代为起草、修改申请公证的文书。

第六章　出具公证书

第三十五条　公证机构经审查，认为申请公证的事项符合《公证法》、本规则及有关办证规则规定的，应当自受理之日起十五个工作日内向当事人出具公证书。

因不可抗力、补充证明材料或者需要核实有关情况的，所需时间不计算在前款规定的期限内，并应当及时告知当事人。

第三十六条　民事法律行为的公证，应当符合下列条件：

（一）当事人具有从事该行为的资格和相应的民事行为能力；

（二）当事人的意思表示真实；

（三）该行为的内容和形式合法，不违背社会公德；

（四）《公证法》规定的其他条件。

不同的民事法律行为公证的办证规则有特殊要求的，从其规定。

第三十七条　有法律意义的事实或者文书的公证，应当符合下列条件：

（一）该事实或者文书与当事人有利害关系；

（二）事实或者文书真实无误；

（三）事实或者文书的内容和形式合法，不违背社会公德；

（四）《公证法》规定的其他条件。

不同的有法律意义的事实或者文书公证的办证规则有特殊要求的，从其规定。

第三十八条　文书上的签名、印鉴、日期的公证，其签名、印鉴、日期应当准确、属实；文书的副本、影印本等文本的公证，其文本内容应当与原本相符。

第三十九条　具有强制执行效力的债权文书的公证，应当符合下列条件：

（一）债权文书以给付货币、物品或者有价证券为内容；

（二）债权债务关系明确，债权人和债务人对债权文书有关给付内容无疑义；

（三）债权文书中载明当债务人不履行或者不适当履行义务时，债务人愿意接受强制执行的承诺；

（四）《公证法》规定的其他条件。

第四十条　符合《公证法》、本规则及有关办证规则规定条件的公证事项，由承办公证员拟制公证书，连同被证明的文书、当事人提供的证明材料及核实情况的材料、公证审查意见，报公证机构的负责人或其指定的公证员审批。但按规定不需要审批的公证事项除外。

公证机构的负责人或者被指定负责审批的公证员不得审批自己承办的公证事项。

第四十一条 审批公证事项及拟出具的公证书，应当审核以下内容：

（一）申请公证的事项及其文书是否真实、合法；

（二）公证事项的证明材料是否真实、合法、充分；

（三）办证程序是否符合《公证法》、本规则及有关办证规则的规定；

（四）拟出具的公证书的内容、表述和格式是否符合相关规定。

审批重大、复杂的公证事项，应当在审批前提交公证机构集体讨论。讨论的情况和形成的意见，应当记录归档。

第四十二条 公证书应当按照司法部规定的格式制作。公证书包括以下主要内容：

（一）公证书编号；

（二）当事人及其代理人的基本情况；

（三）公证证词；

（四）承办公证员的签名（签名章）、公证机构印章；

（五）出具日期。

公证证词证明的文书是公证书的组成部分。

有关办证规则对公证书的格式有特殊要求的，从其规定。

第四十三条 制作公证书应当使用全国通用的文字。在民族自治地方，根据当事人的要求，可以同时制作当地通用的民族文字文本。两种文字的文本，具有同等效力。

发往香港、澳门、台湾地区使用的公证书应当使用全国通用的文字。

发往国外使用的公证书应当使用全国通用的文字。根据需要和当事人的要求，公证书可以附外文译文。

第四十四条 公证书自出具之日起生效。

需要审批的公证事项，审批人的批准日期为公证书的出具日期；不需要审批的公证事项，承办公证员的签发日期为公证书的出具日期；现场监督类公证需要现场宣读公证证词的，宣读日期为公证书的出具日期。

第四十五条 公证机构制作的公证书正本，由当事人各方各收执一份，并可以根据当事人的需要制作若干份副本。公证机构留存公证书原本（审批稿、签发稿）和一份正本归档。

第四十六条 公证书出具后，可以由当事人或其代理人到公证机构领取，也可以应当事人的要求由公证机构发送。当事人或其代理人收到公证书应当在回执上签收。

第四十七条 公证书需要办理领事认证的，根据有关规定或者当事人的委托，公证机构可以代为办理公证书认证，所需费用由当事人支付。

第七章 不予办理公证和终止公证

第四十八条 公证事项有下列情形之一的，公证机构应当不予办理公证：

（一）无民事行为能力人或者限制民事行为能力人没有监护人代理申请办理公证的；

（二）当事人与申请公证的事项没有利害关系的；

（三）申请公证的事项属专业技术鉴定、评估事项的；

（四）当事人之间对申请公证的事项有争议的；

（五）当事人虚构、隐瞒事实，或者提供虚假证明材料的；

（六）当事人提供的证明材料不充分又无法补充，或者拒绝补充证明材料的；

（七）申请公证的事项不真实、不合法的；

（八）申请公证的事项违背社会公德的；

（九）当事人拒绝按照规定支付公证费的。

第四十九条 不予办理公证的，由承办公证员写出书面报告，报公证机构负责人审批。不予办理公证的决定应当书面通知当事人或其代理人。

不予办理公证的，公证机构应当根据不予办理的原因及责任，酌情退还部分或者全部收取的公证费。

第五十条 公证事项有下列情形之一的，公证机构应当终止公证：

（一）因当事人的原因致使该公证事项在六个月内不能办结的；

（二）公证书出具前当事人撤回公证申请的；

（三）因申请公证的自然人死亡、法人或者其他组织终止，不能继续办理公证或者继续办理公证已无意义的；

（四）当事人阻挠、妨碍公证机构及承办公证员按规定的程序、期限办理公证的；

（五）其他应当终止的情形。

第五十一条 终止公证的，由承办公证员写出书面报告，报公证机构负责人审批。终止公证的决定应当书面通知当事人或其代理人。

终止公证的，公证机构应当根据终止的原因及责任，酌情退还部分收取的公证费。

第八章 特别规定

第五十二条 公证机构办理招标投标、拍卖、开奖等现场监督类公证，应当由二人共同办理。承办公证员应当依照有关规定，通过事前审查、现场监督，对其真实性、合法性予以证明，现场宣读公证证词，并在宣读后七日内将公证书发送当事人。该公证书自宣读公证证词之日起生效。

办理现场监督类公证，承办公证员发现当事人有弄虚作假、徇私舞弊、违反活动规则、违反国家法律和有关规定行为的，应当即时要求当事人改正；当事人拒不改正的，应当不予办理公证。

第五十三条 公证机构办理遗嘱公证，应当由二人共同办理。承办公证员应当全程亲自办理。

特殊情况下只能由一名公证员办理时，应当请一名见证人在场，见证人应当在询问笔录上签名或者盖章。

第五十四条 公证机构派员外出办理保全证据公证的，由二人共同办理，承办公证员应当亲自外出办理。

办理保全证据公证，承办公证员发现当事人是采用法律、法规禁止的方式取得证据的，应当不予办理公证。

第五十五条 债务人不履行或者不适当履行经公证的具有强制执行效力的债权文书的，公证机构可以根据债权人的申请，依照有关规定出具执行证书。执行证书应当在法律规定的执行期限内出具。

执行证书应当载明申请人、被申请执行人、申请执行标的和申请执行的期限。债务人已经履行的部分，应当在申请执行标的中予以扣除。因债务人不履行或者不适当履行而发生的违约金、滞纳金、利息等，可以应债权人的要求列入申请执行标的。

第五十六条 经公证的事项在履行过程中发生争议的，出具公证书的公证机构可以应当事人的请求进行调解。经调解后当事人达成新的协议并申请公证的，公证机构可以办理公证；调解不成的，公证机构应当告知当事人就该争议依法向人民法院提起民事诉讼或者向仲裁机构申请仲裁。

第九章　公证登记和立卷归档

第五十七条　公证机构办理公证，应当填写公证登记簿，建立分类登记制度。

登记事项包括：公证事项类别、当事人姓名（名称）、代理人（代表人）姓名、受理日期、承办人、审批人（签发人）、结案方式、办结日期、公证书编号等。

公证登记簿按年度建档，应当永久保存。

第五十八条　公证机构在出具公证书后或者作出不予办理公证、终止公证的决定后，应当依照司法部、国家档案局制定的有关公证文书立卷归档和公证档案管理的规定，由承办公证员将公证文书和相关材料，在三个月内完成汇总整理、分类立卷、移交归档。

第五十九条　公证机构受理公证申请后，承办公证员即应当着手立卷的准备工作，开始收集有关的证明材料，整理询问笔录和核实情况的有关材料等。

对不能附卷的证明原件或者实物证据，应当按照规定将其原件复印件（复制件）、物证照片及文字描述记载留存附卷。

第六十条　公证案卷应当根据公证事项的类别、内容，划分为普通卷、密卷，分类归档保存。

公证案卷应当根据公证事项的类别、用途及其证据价值确定保管期限。保管期限分短期、长期、永久三种。

涉及国家秘密、遗嘱的公证事项，列为密卷。立遗嘱人死亡后，遗嘱公证案卷转为普通卷保存。

公证机构内部对公证事项的讨论意见和有关请示、批复等材料，应当装订成副卷，与正卷一起保存。

第十章　公证争议处理

第六十一条　当事人认为公证书有错误的，可以在收到公证书之日起一年内，向出具该公证书的公证机构提出复查。

公证事项的利害关系人认为公证书有错误的，可以自知道或者应当知道该项公证之日起一年内向出具该公证书的公证机构提出复查，但能证明自己不知道的除外。提出复查的期限自公证书出具之日起最长不得超过二十年。

复查申请应当以书面形式提出，载明申请人认为公证书存在的错误及其理由，提出撤销或者更正公证书的具体要求，并提供相关证明材料。

第六十二条 公证机构收到复查申请后，应当指派原承办公证员之外的公证员进行复查。复查结论及处理意见，应当报公证机构的负责人审批。

第六十三条 公证机构进行复查，应当对申请人提出的公证书的错误及其理由进行审查、核实，区别不同情况，按照以下规定予以处理：

（一）公证书的内容合法、正确、办理程序无误的，作出维持公证书的处理决定；

（二）公证书的内容合法、正确，仅证词表述或者格式不当的，应当收回公证书，更正后重新发给当事人；不能收回的，另行出具补正公证书；

（三）公证书的基本内容违法或者与事实不符的，应当作出撤销公证书的处理决定；

（四）公证书的部分内容违法或者与事实不符的，可以出具补正公证书，撤销对违法或者与事实不符部分的证明内容；也可以收回公证书，对违法或者与事实不符的部分进行删除、更正后，重新发给当事人；

（五）公证书的内容合法、正确，但在办理过程中有违反程序规定、缺乏必要手续的情形，应当补办缺漏的程序和手续；无法补办或者严重违反公证程序的，应当撤销公证书。

被撤销的公证书应当收回，并予以公告，该公证书自始无效。

公证机构撤销公证书的，应当报地方公证协会备案。

第六十四条 公证机构应当自收到复查申请之日起三十日内完成复查，作出复查处理决定，发给申请人。需要对公证书作撤销或者更正、补正处理的，应当在作出复查处理决定后十日内完成。复查处理决定及处理后的公证书，应当存入原公证案卷。

公证机构办理复查，因不可抗力、补充证明材料或者需要核实有关情况的，所需时间不计算在前款规定的期限内，但补充证明材料或者需要核实有关情况的，最长不得超过六个月。

第六十五条 公证机构发现出具的公证书的内容及办理程序有本规则第六十三条第二项至第五项规定情形的，应当通知当事人，按照本规则第六十三条的规定予以处理。

第六十六条 公证书被撤销的，所收的公证费按以下规定处理：

（一）因公证机构的过错撤销公证书的，收取的公证费应当全部退还当事人；

（二）因当事人的过错撤销公证书的，收取的公证费不予退还；

（三）因公证机构和当事人双方的过错撤销公证书的，收取的公证费酌情退还。

第六十七条 当事人、公证事项的利害关系人对公证机构作出的撤销或者不予撤销公证书的决定有异议的，可以向地方公证协会投诉。

投诉的处理办法，由中国公证协会制定。

第六十八条 当事人、公证事项的利害关系人对公证书涉及当事人之间或者当事人与公证事项的利害关系人之间实体权利义务的内容有争议的，公证机构应当告知其可以就该争议向人民法院提起民事诉讼。

第六十九条 公证机构及其公证员因过错给当事人、公证事项的利害关系人造成损失的，由公证机构承担相应的赔偿责任；公证机构赔偿后，可以向有故意或者重大过失的公证员追偿。

当事人、公证事项的利害关系人与公证机构因过错责任和赔偿数额发生争议，协商不成的，可以向人民法院提起民事诉讼，也可以申请地方公证协会调解。

第十一章 附 则

第七十条 有关办证规则对不同的公证事项的办证程序有特殊规定的，从其规定。

第七十一条 公证机构根据《公证法》第十二条规定受理的提存、登记、保管等事务，依照有关专门规定办理；没有专门规定的，参照本规则办理。

第七十二条 公证机构及其公证员在办理公证过程中，有违反《公证法》第四十一条、第四十二条以及本规则规定行为的，由司法行政机关依据《公证法》、《公证机构执业管理办法》、《公证员执业管理办法》给予相应的处罚；有违反公证行业规范行为的，由公证协会给予相应的行业处分。

第七十三条 本规则由司法部解释。

第七十四条 本规则自2006年7月1日起施行。司法部2002年6月18日发布的《公证程序规则》（司法部令第72号）同时废止。

▶《遗嘱公证细则》

第一条 为规范遗嘱公证程序，根据《中华人民共和国继承法》、《中华人民共和国公证暂行条例》等有关规定，制定本细则。

第二条 遗嘱是遗嘱人生前在法律允许的范围内，按照法律规定的方式处分其个人财产或者处理其他事务，并在其死亡时发生效力的单方法律行为。

第三条 遗嘱公证是公证处按法定程序证明遗嘱人设立遗嘱行为真实、合法的活动。经公证证明的遗嘱为公证遗嘱。

第四条 遗嘱公证由遗嘱人住所地或者遗嘱行为发生地公证处管辖。

第五条 遗嘱人申办遗嘱公证应当亲自到公证处提出申请。

遗嘱人亲自到公证处有困难的，可以书面或者口头形式请求有管辖权的公证处指派公证人员到其住所或者临时处所办理。

第六条 遗嘱公证应当由两名公证人员共同办理，由其中一名公证员在公证书上署名。因特殊情况由一名公证员办理时，应当有一名见证人在场，见证人应当在遗嘱和笔录上签名。

见证人、遗嘱代书人适用《中华人民共和国继承法》第十八条的规定。

第七条 申办遗嘱公证，遗嘱人应当填写公证申请表，并提交下列证件和材料：

（一）居民身份证或者其他身份证件；

（二）遗嘱涉及的不动产、交通工具或者其他有产权凭证的财产的产权证明；

（三）公证人员认为应当提交的其他材料。

遗嘱人填写申请表确有困难的，可由公证人员代为填写，遗嘱人应当在申请表上签名。

第八条 对于属于本公证处管辖，并符合前条规定的申请，公证处应当受理。

对于不符合前款规定的申请，公证处应当在三日内作出不予受理的决定，并通知申请人。

第九条 公证人员具有《公证程序规则（试行）》第十条规定情形的，应当自行回避，遗嘱人有权申请公证人员回避。

第十条 公证人员应当向遗嘱人讲解我国《民法通则》、《继承法》中有关遗嘱和公民财产处分权利的规定，以及公证遗嘱的意义和法律后果。

第十一条 公证处应当按照《公证程序规则（试行）》第二十三条的规定进行审查，并着重审查遗嘱人的身份及意思表示是否真实、有无受胁迫或者受欺骗等情况。

第十二条 公证人员询问遗嘱人，除见证人、翻译人员外，其他人员一般不得在场。公证人员应当按照《公证程序规则（试行）》第二十四条的规定制作谈话笔录。谈话笔录应当着重记录下列内容：

（一）遗嘱人的身体状况、精神状况；遗嘱人系老年人、间歇性精神病人、危重伤病人的，还应当记录其对事物的识别、反应能力；

（二）遗嘱人家庭成员情况，包括其配偶、子女、父母及与其共同生活人员的基本情况；

（三）遗嘱所处分财产的情况，是否属于遗嘱人个人所有，以前是否曾以遗嘱或者遗赠扶养协议等方式进行过处分，有无已设立担保、已被查封、扣押等限制所有权的情况；

（四）遗嘱人所提供的遗嘱或者遗嘱草稿的形成时间、地点和过程，是自书还是代书，是否本人的真实意愿，有无修改、补充，对遗产的处分是否附有条件；代书人的情况，遗嘱或者遗嘱草稿上的签名、盖章或者手印是否其本人所为；

（五）遗嘱人未提供遗嘱或者遗嘱草稿的，应当详细记录其处分遗产的意思表示；

（六）是否指定遗嘱执行人及遗嘱执行人的基本情况；

（七）公证人员认为应当询问的其他内容。

谈话笔录应当当场向遗嘱人宣读或者由遗嘱人阅读，遗嘱人无异议后，遗嘱人、公证人员、见证人应当在笔录上签名。

第十三条 遗嘱应当包括以下内容：

（一）遗嘱人的姓名、性别、出生日期、住址；

（二）遗嘱处分的财产状况（名称、数量、所在地点以及是否共有、抵押等）；

（三）对财产和其他事务的具体处理意见；

（四）有遗嘱执行人的，应当写明执行人姓名、性别、年龄、住址等；

（五）遗嘱制作的日期以及遗嘱人的签名。

遗嘱中一般不得包括与处分财产及处理死亡后事宜无关的其他内容。

第十四条 遗嘱人提供的遗嘱，无修改、补充的，遗嘱人应当在公证人员面前确认遗嘱内容、签名及签署日期属实。

遗嘱人提供的遗嘱或者遗嘱草稿，有修改、补充的，经整理、誊清后，应当交遗嘱人核对，并由其签名。

遗嘱人未提供遗嘱或者遗嘱草稿的，公证人员可以根据遗嘱人的意思表示代为起草遗嘱。公证人员代拟的遗嘱，应当交遗嘱人核对，并由其签名。

以上情况应当记入谈话笔录。

第十五条 两个以上的遗嘱人申请办理共同遗嘱公证的，公证处应当引导他们分别设立遗嘱。

遗嘱人坚持申请办理共同遗嘱公证的，共同遗嘱中应当明确遗嘱变更、撤销及生效的条件。

第十六条 公证人员发现有下列情形之一的，公证人员在与遗嘱人谈话时应当录音或者录像：

（一）遗嘱人年老体弱；

（二）遗嘱人为危重伤病人；

（三）遗嘱人为聋、哑、盲人；

（四）遗嘱人为间歇性精神病患者、弱智者。

第十七条 对于符合下列条件的，公证处应当出具公证书：

（一）遗嘱人身份属实，具有完全民事行为能力；

（二）遗嘱人意思表示真实；

（三）遗嘱人证明或者保证所处分的财产是其个人财产；

（四）遗嘱内容不违反法律规定和社会公共利益，内容完备，文字表述准确，签名、制作日期齐全；

（五）办证程序符合规定。

不符合前款规定条件的，应当拒绝公证。

第十八条 公证遗嘱采用打印形式。遗嘱人根据遗嘱原稿核对后，应当在打印的公证遗嘱上签名。

遗嘱人不会签名或者签名有困难的，可以盖章方式代替在申请表、笔录和遗嘱上的签名；遗嘱人既不能签字又无印章的，应当以按手印方式代替签名或者盖章。

有前款规定情形的，公证人员应当在笔录中注明。以按手印代替签名或者盖章的，公证人员应当提取遗嘱人全部的指纹存档。

第十九条 公证处审批人批准遗嘱公证书之前，遗嘱人死亡或者丧失行为能力的，公证处应当终止办理遗嘱公证。

遗嘱人提供或者公证人员代书、录制的遗嘱，符合代书遗嘱条件或者经承办公证人员见证符合自书、录音、口头遗嘱条件的，公证处可以将该遗嘱发给遗嘱受益人，并将其复印件存入终止公证的档案。

公证处审批人批准之后，遗嘱人死亡或者丧失行为能力的，公证处应当完成公证遗嘱的制作。遗嘱人无法在打印的公证遗嘱上签名的，可依符合第十七条规定的遗嘱原稿的复印件制作公证遗嘱，遗嘱原稿留公证处存档。

第二十条 公证处可根据《中华人民共和国公证暂行条例》规定保管公证遗嘱或者自书遗嘱、代书遗嘱、录音遗嘱；也可根据国际惯例保管密封遗嘱。

第二十一条 遗嘱公证卷应当列为密卷保存。遗嘱人死亡后，转为普通卷保存。

公证遗嘱生效前，遗嘱卷宗不得对外借阅，公证人员亦不得对外透露遗嘱内容。

第二十二条 公证遗嘱生效前，非经遗嘱人申请并履行公证程序，不得撤销或者变更公证遗嘱。

遗嘱人申请撤销或者变更公证遗嘱的程序适用本规定。

第二十三条 公证遗嘱生效后，与继承权益相关的人员有确凿证据证明公证遗嘱部分违法的，公证处应当予以调查核实；经调查核实，公证遗嘱部分内容确属违法的，公证处应当撤销对公证遗嘱中违法部分的公证证明。

第二十四条 因公证人员过错造成错证的，公证处应当承担赔偿责任。有关公证赔偿的规定，另行制定。

第二十五条 本细则由司法部解释。

第二十六条 本细则自2000年7月1日起施行。

▶《司法部公证司关于如何确认涉外遗嘱效力的复函》

广东省司法厅公证管理处：

你处一九八八年十月十七日粤司公〔1988〕203号《关于如何确认涉外遗嘱效力的请示》收悉。据我驻美使馆介绍，在美国，遗嘱一般包括：口授遗嘱、自书遗嘱、见证遗嘱、公证遗嘱、见证公证遗嘱等。每个州都承认一种或几种遗嘱为有效遗嘱。美国没有专门的遗嘱检验机关。自书遗嘱须有两个见证人并一式两份。遗嘱人死亡后，继承人应将遗嘱交遗嘱人生前所在郡法院，由该法院登广告三周，看是否有债权人申报。遗嘱人死亡六个月后，即可按遗嘱或本州法律分割遗产。自书遗嘱的见证人须以宣誓书方式证明该遗嘱是遗嘱人生前所立，如见证人也死亡，可由其家属证明自书遗嘱上的见证人签名属实。

李礽弼、朱箕能所立遗嘱属于自书遗嘱，继承人应按美国的有关法律规定将遗嘱交被继承人生前所在郡法院办理有关手续，以确认遗嘱是否有效。同时办理与被继承人的亲属关系公证。这些证明均需经我驻美使领馆认证。我国有关公证处再根据我司〔88〕司公字第67号《关于如何确认香港高等法院遗嘱检定书事的复函》的规定精神，审查该遗嘱内容是否符合我国法律规定并办理继承权公证。

▶《司法部公证律师司关于以遗嘱方式将遗产指定给已婚子女个人所有的遗嘱能否办理公证事的复函》

江苏省司法厅公证管理处：

你处司公〔1988〕第35号《关于公民能否以遗嘱方式将财产指定为子女婚后个人财产的请示》收悉。经与有关部门研究认为：申请人以遗嘱的方式将遗产指定归子女个人所有，而不得作为婚后夫妻共同所有财产的遗嘱，属附条件的遗嘱。我国婚姻法第十三条虽然规定“夫妻在婚姻关系存续期间所得的财产，归夫妻共同所有”，但是还规定“双方另有约定的除外”。因此该遗嘱在生效时，如遗嘱受益人能够按遗嘱中所附的条件，与其配偶达成协议，即可按遗嘱继承遗产，如达不成协议，就不能按遗嘱继承遗产。故公证处可为此附条件的遗嘱办理公证。

▶《司法部公证律师司对〈关于香港居民为处理在港财产所立代书遗嘱应如何处理的请示〉的批复》

广东省司法厅公证管理处：

你处一九八八年四月七日粤司公〔1988〕44号函悉。关于香港居民因探亲、旅游、治病等在内地所立的代书遗嘱，在遗嘱人死亡后为拿到香港使用而申办公证事，据香港南洋商业银行信托有限公司介绍，香港居民不论在香港或内地以中文订立的遗嘱，即使没有见证人在遗嘱上签字，香港法院在得到某些必要的详情和文件佐证后也会予以确认和接受。香港法院最基本的要求，是要得到熟知遗嘱人立遗嘱详情的亲友的声明书公证书，声明他们确知遗嘱人生前曾立有遗嘱，而且确信该遗嘱是遗嘱人亲笔签署，且有唯一有效的遗嘱。香港法院也可能会根据情况要求进一步提供其他材料。因此，我司认为公证处不宜对汤启德所立代书遗嘱予以确认并给予公证。可由遗嘱见证人发表声明，公证处证明见证人签字盖章属实。在出证时，将遗嘱与声明书装订在一起，如果与声明书装订在一起的遗嘱是影印件，还必须证明影印件与原件相符。

▶《司法部公证律师司关于办理黄兆源遗嘱继承公证的复函》

广东省司法厅公证管理处：

你处一九八八年二月二十二日粤司公〔1988〕21 号《关于陈冰怡等三人遗产案的请示》收悉。经与有关部门研究认为，在涉外遗嘱继承中，如果遗嘱人为外籍人，他在国外立遗嘱处分其在我国内的不动产时，该遗嘱内容应符合我国的法律。在当事人申办遗嘱继承公证时，我公证机关应对该遗嘱进行检验。主要包括：确认该遗嘱是否是遗嘱人本人所立，遗嘱人在立遗嘱时是否符合行为地法律；遗嘱人在遗嘱中所处分的财产是否属于本人所有；遗嘱受益人有无变化，遗嘱有无取消缺乏劳动能力又没有生活来源的继承人的继承权等等。关于黄兆源的遗嘱继承公证，由于遗嘱人生前居住在新加坡，且在新加坡设立的遗嘱，对其遗嘱的认定问题，虽经新加坡高级法庭的检定，但由于我国与新加坡未建交，无法直接采证。故可由遗嘱受益人将新加坡高级法庭的遗嘱检定书及遗嘱原件（如果是复印件，必须证明与原件相符）办理新加坡公证和新加坡外交部认证，以及与我国和新加坡有外交关系的任何第三国驻新使馆认证，再拿到我国使用。公证处根据上述遗嘱检验的要求进行审查和必要的调查核实。对于符合设立遗嘱时的行为地法律的遗嘱，且遗嘱的内容也符合我国的法律，公证处可为当事人出具遗嘱继承权公证书。

因黄兆源遗嘱继承公证为涉外公证，故应由广州市公证处办理。请将办理情况及效果函告我司。对于陈冰怡和黄兆镇遗产继承公证，待我司与香港新华分社研究后再作答复。

第一千一百四十条　【遗嘱见证人资格的限制性规定】 下列人员不能作为遗嘱见证人：

（一）无民事行为能力人、限制民事行为能力人以及其他不具有见证能力的人；

（二）继承人、受遗赠人；

（三）与继承人、受遗赠人有利害关系的人。

条文对比

《民法典继承编》	《继承法》
第一千一百四十条 下列人员不能作为遗嘱见证人： （一）无**民事**行为能力人、限制**民事**行为能力人**以及其他不具有见证能力的人**； （二）继承人、受遗赠人； （三）与继承人、受遗赠人有利害关系的人。	**第十八条** 下列人员不能作为遗嘱见证人： （一）无行为能力人、限制行为能力人； （二）继承人、受遗赠人； （三）与继承人、受遗赠人有利害关系的人。

关联法规

▶《继承法意见》

36. 继承人、受遗赠人的债权人、债务人，共同经营的合伙人，也应当视为与继承人、受遗赠人有利害关系，不能作为遗嘱的见证人。

▶《遗嘱公证细则》

第一条 为规范遗嘱公证程序，根据《中华人民共和国继承法》、《中华人民共和国公证暂行条例》等有关规定，制定本细则。

第二条 遗嘱是遗嘱人生前在法律允许的范围内，按照法律规定的方式处分其个人财产或者处理其他事务，并在其死亡时发生效力的单方法律行为。

第三条 遗嘱公证是公证处按法定程序证明遗嘱人设立遗嘱行为真实、合法的活动。经公证证明的遗嘱为公证遗嘱。

第四条 遗嘱公证由遗嘱人住所地或者遗嘱行为发生地公证处管辖。

第五条 遗嘱人申办遗嘱公证应当亲自到公证处提出申请。

遗嘱人亲自到公证处有困难的，可以书面或者口头形式请求有管辖权的公证处指派公证人员到其住所或者临时处所办理。

第六条 遗嘱公证应当由两名公证人员共同办理，由其中一名公证员在公证书上署名。因特殊情况由一名公证员办理时，应当有一名见证人在场，见证人应当在遗嘱和笔录上签名。

见证人、遗嘱代书人适用《中华人民共和国继承法》第十八条的规定。

第七条 申办遗嘱公证，遗嘱人应当填写公证申请表，并提交下列证件和材料：

（一）居民身份证或者其他身份证件；

（二）遗嘱涉及的不动产、交通工具或者其他有产权凭证的财产的产权证明；

（三）公证人员认为应当提交的其他材料。

遗嘱人填写申请表确有困难的，可由公证人员代为填写，遗嘱人应当在申请表上签名。

第八条 对于属于本公证处管辖，并符合前条规定的申请，公证处应当受理。

对于不符合前款规定的申请，公证处应当在三日内作出不予受理的决定，并通知申请人。

第九条 公证人员具有《公证程序规则（试行）》第十条规定情形的，应当自行回避，遗嘱人有权申请公证人员回避。

第十条 公证人员应当向遗嘱人讲解我国《民法通则》、《继承法》中有关遗嘱和公民财产处分权利的规定，以及公证遗嘱的意义和法律后果。

第十一条 公证处应当按照《公证程序规则（试行）》第二十三条的规定进行审查，并着重审查遗嘱人的身份及意思表示是否真实、有无受胁迫或者受欺骗等情况。

第十二条 公证人员询问遗嘱人，除见证人、翻译人员外，其他人员一般不得在场。公证人员应当按照《公证程序规则（试行）》第二十四条的规定制作谈话笔录。谈话笔录应当着重记录下列内容：

（一）遗嘱人的身体状况、精神状况；遗嘱人系老年人、间歇性精神病人、危重伤病人的，还应当记录其对事物的识别、反应能力；

（二）遗嘱人家庭成员情况，包括其配偶、子女、父母及与其共同生活人员的基本情况；

（三）遗嘱所处分财产的情况，是否属于遗嘱人个人所有，以前是否曾以遗嘱或者遗赠扶养协议等方式进行过处分，有无已设立担保、已被查封、扣押等限制所有权的情况；

（四）遗嘱人所提供的遗嘱或者遗嘱草稿的形成时间、地点和过程，是自书还是代书，是否本人的真实意愿，有无修改、补充，对遗产的处分是否附有条件；代书人的情况，遗嘱或者遗嘱草稿上的签名、盖章或者手印是否其本人所为；

（五）遗嘱人未提供遗嘱或者遗嘱草稿的，应当详细记录其处分遗产的意思表示；

（六）是否指定遗嘱执行人及遗嘱执行人的基本情况；

（七）公证人员认为应当询问的其他内容。

谈话笔录应当当场向遗嘱人宣读或者由遗嘱人阅读，遗嘱人无异议后，遗嘱人、公证人员、见证人应当在笔录上签名。

第十三条 遗嘱应当包括以下内容：

（一）遗嘱人的姓名、性别、出生日期、住址；

（二）遗嘱处分的财产状况（名称、数量、所在地点以及是否共有、抵押等）；

（三）对财产和其他事务的具体处理意见；

（四）有遗嘱执行人的，应当写明执行人姓名、性别、年龄、住址等；

（五）遗嘱制作的日期以及遗嘱人的签名。

遗嘱中一般不得包括与处分财产及处理死亡后事宜无关的其他内容。

第十四条 遗嘱人提供的遗嘱，无修改、补充的，遗嘱人应当在公证人员面前确认遗嘱内容、签名及签署日期属实。

遗嘱人提供的遗嘱或者遗嘱草稿，有修改、补充的，经整理、誊清后，应当交遗嘱人核对，并由其签名。

遗嘱人未提供遗嘱或者遗嘱草稿的，公证人员可以根据遗嘱人的意思表示代为起草遗嘱。公证人员代拟的遗嘱，应当交遗嘱人核对，并由其签名。

以上情况应当记入谈话笔录。

第十五条 两个以上的遗嘱人申请办理共同遗嘱公证的，公证处应当引导他们分别设立遗嘱。

遗嘱人坚持申请办理共同遗嘱公证的，共同遗嘱中应当明确遗嘱变更、撤销及生效的条件。

第十六条 公证人员发现有下列情形之一的，公证人员在与遗嘱人谈话时应当录音或者录像：

（一）遗嘱人年老体弱；

（二）遗嘱人为危重伤病人；

（三）遗嘱人为聋、哑、盲人；

（四）遗嘱人为间歇性精神病患者、弱智者。

第十七条 对于符合下列条件的，公证处应当出具公证书：

（一）遗嘱人身份属实，具有完全民事行为能力；

（二）遗嘱人意思表示真实；

（三）遗嘱人证明或者保证所处分的财产是其个人财产；

（四）遗嘱内容不违反法律规定和社会公共利益，内容完备，文字表述准确，签名、制作日期齐全；

（五）办证程序符合规定。

不符合前款规定条件的，应当拒绝公证。

第十八条 公证遗嘱采用打印形式。遗嘱人根据遗嘱原稿核对后，应当在打印的公证遗嘱上签名。

遗嘱人不会签名或者签名有困难的，可以盖章方式代替在申请表、笔录和遗嘱上的签名；遗嘱人既不能签字又无印章的，应当以按手印方式代替签名或者盖章。

有前款规定情形的，公证人员应当在笔录中注明。以按手印代替签名或者盖章的，公证人员应当提取遗嘱人全部的指纹存档。

第十九条 公证处审批人批准遗嘱公证书之前，遗嘱人死亡或者丧失行为能力的，公证处应当终止办理遗嘱公证。

遗嘱人提供或者公证人员代书、录制的遗嘱，符合代书遗嘱条件或者经承办公证人员见证符合自书、录音、口头遗嘱条件的，公证处可以将该遗嘱发给遗嘱受益人，并将其复印件存入终止公证的档案。

公证处审批人批准之后，遗嘱人死亡或者丧失行为能力的，公证处应当完成公证遗嘱的制作。遗嘱人无法在打印的公证遗嘱上签名的，可依符合第十七条规定的遗嘱原稿的复印件制作公证遗嘱，遗嘱原稿留公证处存档。

第二十条 公证处可根据《中华人民共和国公证暂行条例》规定保管公证遗嘱或者自书遗嘱、代书遗嘱、录音遗嘱；也可根据国际惯例保管密封遗嘱。

第二十一条 遗嘱公证卷应当列为密卷保存。遗嘱人死亡后，转为普通卷保存。

公证遗嘱生效前，遗嘱卷宗不得对外借阅，公证人员亦不得对外透露遗嘱内容。

第二十二条 公证遗嘱生效前，非经遗嘱人申请并履行公证程序，不得撤销或者变更公证遗嘱。

遗嘱人申请撤销或者变更公证遗嘱的程序适用本规定。

第二十三条 公证遗嘱生效后，与继承权益相关的人员有确凿证据证明公证遗嘱部分违法的，公证处应当予以调查核实；经调查核实，公证遗嘱部分内容确属违法的，公证处应当撤销对公证遗嘱中违法部分的公证证明。

第二十四条 因公证人员过错造成错证的，公证处应当承担赔偿责任。有关公证赔偿的规定，另行制定。

第二十五条 本细则由司法部解释。

第二十六条 本细则自2000年7月1日起施行。

第一千一百四十一条 【特留份规定】遗嘱应当为缺乏劳动能力又没有生活来源的继承人保留必要的遗产份额。

条文对比

《民法典继承编》	《继承法》
第一千一百四十一条 遗嘱应当<u>为</u>缺乏劳动能力又没有生活来源的继承人保留必要的遗产份额。	**第十九条** 遗嘱应当<u>对</u>缺乏劳动能力又没有生活来源的继承人保留必要的遗产份额。

关联法规

▶《公证法》

第三十六条 经公证的民事法律行为、有法律意义的事实和文书，应当作为认定事实的根据，但有相反证据足以推翻该项公证的除外。

第四十条 当事人、公证事项的利害关系人对公证书的内容有争议的，可以就该争议向人民法院提起民事诉讼。

▶《继承法意见》

37. 遗嘱人未保留缺乏劳动能力又没有生活来源的继承人的遗产份额，遗产处理时，应当为该继承人留下必要的遗产，所剩余的部分，才可参照遗嘱确定的分配原则处理。

继承人是否缺乏劳动能力又没有生活来源，应按遗嘱生效时该继承人的具体情况确定。

61. 继承人中有缺乏劳动能力又没有生活来源的人，即使遗产不足清偿债务，也应为其保留适当遗产，然后再按继承法第三十三条和民事诉讼法第一百八十条的规定清偿债务。

▶《办理继承公证的指导意见》

第十五条 除《公证法》和《公证程序规则》规定的不予办理公证的情形外，有下列情形之一的，公证机构不予办理遗嘱继承公证：

（一）根据法律规定遗嘱继承人丧失继承权的；

（二）遗嘱经审查无效或者效力无法确认的；

（三）遗嘱处分的财产不属于被继承人个人所有或者被继承人生前已经处分了遗嘱所涉及的财产的；

（四）继承同一遗产，遗嘱继承人中有人未提出公证申请且又未作出放弃继承表示的；

（五）利害关系人与遗嘱继承人就遗嘱内容是否符合《中华人民共和国继承法》第十九条的规定有争议的；

（六）利害关系人有充分证据证明遗嘱继承人没有履行遗嘱所附义务的。

▶《司法部公证司1990年8月3日〔90〕司公字第99号关于转发南洋商业银行信托有限公司〈关于遗嘱承办与公证业务简报〉的函》

附件：

六、死者遗嘱赡养

考虑到死者对某些遗嘱所应负的扶养责任，而死者预立遗嘱时没有注视此等责任，故香港法例第129章《遗嘱生活费条例》第4条规定了任何人死时遗下被供养者，如高院认为死者的遗产不论是按遗嘱或是法定继承或是二者相混的效果对该等被供养者的赡养没有合理提存，高院可因该等被供养者或其代表所请求为该等被供养者的赡养颁令从死者的遗产净额拨出合理提存。这立法精神大致上和我国《继承法》第19条相似。在内地死亡的香港同胞在中国大陆的遗嘱可向高院申请从其香港亲人的遗产内领受赡养。若死者只遗下配偶和子女，而配偶可得遗产净值的三分之二，则任何人均不得提出申请。

该条例明确介定了被供养者须为：

（1）死者的合法配偶；

（2）有效婚姻所生而尚未出嫁的女儿；

（3）尚未成年或虽已成年但因精神上或体能上的残疾而不能自力维生的儿子；

（4）死者生前主力供养的亲生父母。

不过该条例第4条第（2）款限定了有关颁令对下列人等在下列情况下停止生效：

（一）死者配偶——再婚；

（二）死者女儿——结婚；

（三）死者未成年儿子——成年；

（四）死者有残疾的儿子——康复；

（五）死者父母——再婚或死亡。

按该条例第6条规定，有需要的被供养者不得在高院最初受理申请颁发死者的遗嘱检定书或遗产管理证明书之日起计6个月期满后始提出申请，除非高院特别恩准。因此，如内地公证处因上述第二项所述情况卡住死亡证（导致不能向高院申办承办），实际上是自行人为地堵塞了内地申请人向高院申请救济的机会，效果适得其反。按该条例第7条规定，收到申请后，高院必须仔细考虑：

（一）申请人的过去、现在和将来的资产和入息；

（二）申请人和死者生前互相的行为表现；

（三）其他被供养者的利益；

（四）其他一切有关环境的情况。

根据该条例第8条，高院若认为申请人应获得救济，可颁令从死者遗产的收益中拨出任何部分按期交付申请人作为赡养费，并可下令调度死者的遗产任何部分使之赚取收益。

权威案例

《李雪花、范洋诉范祖业、滕颖继承纠纷案》，《最高人民法院公报》2006年第7期

裁判要点：夫妻关系存续期间，双方一致同意利用他人的精子进行人工授精并使女方受孕后，男方反悔，应当征得女方同意。在未能协商一致的情况下男方死亡，其后子女出生，尽管该子女与男方没有血缘关系，仍应视为夫妻双

方的婚生子女。男方在遗嘱中不给该子女保留必要的遗产份额，不符合继承法第十九条规定，该部分遗嘱内容无效。

第一千一百四十二条　【遗嘱的撤回、变更及效力冲突】 遗嘱人可以撤回、变更自己所立的遗嘱。

立遗嘱后，遗嘱人实施与遗嘱内容相反的民事法律行为的，视为对遗嘱相关内容的撤回。

立有数份遗嘱，内容相抵触的，以最后的遗嘱为准。

条文对比

《民法典继承编》	《继承法》
第一千一百四十二条　遗嘱人可以撤回、变更自己所立的遗嘱。 **立遗嘱后，遗嘱人实施与遗嘱内容相反的民事法律行为的，视为对遗嘱相关内容的撤回。** 立有数份遗嘱，内容相抵触的，以最后的遗嘱为准。	**第二十条**　遗嘱人可以撤销、变更自己所立的遗嘱。 立有数份遗嘱，内容相抵触的，以最后的遗嘱为准。 ~~自书、代书、录音、口头遗嘱，不得撤销、变更公证遗嘱。~~

关联法规

▶ 《民法典继承编》

第一千一百四十三条　无民事行为能力人或者限制民事行为能力人所立的遗嘱无效。

遗嘱必须表示遗嘱人的真实意思，受欺诈、胁迫所立的遗嘱无效。

伪造的遗嘱无效。

遗嘱被篡改的，篡改的内容无效。

▶ 《公证法》

第三十六条　经公证的民事法律行为、有法律意义的事实和文书，应当作为认定事实的根据，但有相反证据足以推翻该项公证的除外。

第四十条 当事人、公证事项的利害关系人对公证书的内容有争议的，可以就该争议向人民法院提起民事诉讼。

▶ **《继承法意见》**

39. 遗嘱人生前的行为与遗嘱的意思表示相反，而使遗嘱处分的财产在继承开始前灭失，部分灭失或所有权转移、部分转移的，遗嘱视为被撤销或部分被撤销。

42. 遗嘱人以不同形式立有数份内容相抵触的遗嘱，其中有公证遗嘱的，以最后所立公证遗嘱为准；没有公证遗嘱的，以最后所立的遗嘱为准。

第一千一百四十三条 **【遗嘱无效的情形】**无民事行为能力人或者限制民事行为能力人所立的遗嘱无效。

遗嘱必须表示遗嘱人的真实意思，受欺诈、胁迫所立的遗嘱无效。

伪造的遗嘱无效。

遗嘱被篡改的，篡改的内容无效。

条文对比

《民法典继承编》	《继承法》
第一千一百四十三条 无**民事**行为能力人或者限制**民事**行为能力人所立的遗嘱无效。 遗嘱必须表示遗嘱人的真实意思，受欺诈、胁迫所立的遗嘱无效。 伪造的遗嘱无效。 遗嘱被篡改的，篡改的内容无效。	**第二十二条** 无行为能力人或者限制行为能力人所立的遗嘱无效。 遗嘱必须表示遗嘱人的真实意思，受胁迫、欺骗所立的遗嘱无效。 伪造的遗嘱无效。 遗嘱被篡改的，篡改的内容无效。

关联法规

▶ **《民法典总则编》**

第十九条 八周岁以上的未成年人为限制民事行为能力人，实施民事法律行为由其法定代理人代理或者经其法定代理人同意、追认；但是，可以独立实施纯获利益的民事法律行为或者与其年龄、智力相适应的民事法律行为。

第二十条 不满八周岁的未成年人为无民事行为能力人，由其法定代理人代理实施民事法律行为。

第二十一条 不能辨认自己行为的成年人为无民事行为能力人，由其法定代理人代理实施民事法律行为。

八周岁以上的未成年人不能辨认自己行为的，适用前款规定。

第二十二条 不能完全辨认自己行为的成年人为限制民事行为能力人，实施民事法律行为由其法定代理人代理或者经其法定代理人同意、追认；但是，可以独立实施纯获利益的民事法律行为或者与其智力、精神健康状况相适应的民事法律行为。

第二十三条 无民事行为能力人、限制民事行为能力人的监护人是其法定代理人。

第一百四十四条 无民事行为能力人实施的民事法律行为无效。

▶《民通意见》

3. 十周岁以上的未成年人进行的民事活动是否与其年龄、智力状况相适应，可以从行为与本人生活相关联的程度、本人的智力能否理解其行为，并预见相应的行为后果，以及行为标的数额等方面认定。

4. 不能完全辨认自己行为的精神病人进行的民事活动，是否与其精神健康状态相适应，可以从行为与本人生活相关联的程度、本人的精神状态能否理解其行为，并预见相应的行为后果，以及行为标的数额等方面认定。

5. 精神病人（包括痴呆症人）如果没有判断能力和自我保护能力，不知其行为后果的，可以认定为不能辨认自己行为的人；对于比较复杂的事物或者比较重大的行为缺乏判断能力和自我保护能力，并且不能预见其行为后果的，可以认定为不能完全辨认自己行为的人。

▶《继承法意见》

37. 遗嘱人未保留缺乏劳动能力又没有生活来源的继承人的遗产份额，遗产处理时，应当为该继承人留下必要的遗产，所剩余的部分，才可参照遗嘱确定的分配原则处理。

继承人是否缺乏劳动能力又没有生活来源，应按遗嘱生效时该继承人的具体情况确定。

38. 遗嘱人以遗嘱处分了属于国家、集体或他人所有的财产，遗嘱的这部分，应认定无效。

39. 遗嘱人生前的行为与遗嘱的意思表示相反，而使遗嘱处分的财产在继承开始前灭失，部分灭失或所有权转移、部分转移的，遗嘱视为被撤销或部分被撤销。

41. 遗嘱人立遗嘱时必须有行为能力。无行为能力人所立的遗嘱，即使其本人后来有了行为能力，仍属无效遗嘱。遗嘱人立遗嘱时有行为能力，后来丧失了行为能力，不影响遗嘱的效力。

42. 遗嘱人以不同形式立有数份内容相抵触的遗嘱，其中有公证遗嘱的，以最后所立公证遗嘱为准；没有公证遗嘱的，以最后所立的遗嘱为准。

第一千一百四十四条　【附义务的遗嘱】遗嘱继承或者遗赠附有义务的，继承人或者受遗赠人应当履行义务。没有正当理由不履行义务的，经利害关系人或者有关组织请求，人民法院可以取消其接受附义务部分遗产的权利。

条文对比

《民法典继承编》	《继承法》
第一千一百四十四条　遗嘱继承或者遗赠附有义务的，继承人或者受遗赠人应当履行义务。没有正当理由不履行义务的，经利害关系人或者有关组织请求，人民法院可以取消其接受附义务部分遗产的权利。	**第二十一条**　遗嘱继承或者遗赠附有义务的，继承人或者受遗赠人应当履行义务。没有正当理由不履行义务的，经有关单位或者个人请求，人民法院可以取消他接受遗产的权利。

关联法规

▶ **《民法典合同编》**

第六百六十三条　受赠人有下列情形之一的，赠与人可以撤销赠与：

（一）严重侵害赠与人或者赠与人近亲属的合法权益；

（二）对赠与人有扶养义务而不履行；

（三）不履行赠与合同约定的义务。

赠与人的撤销权，自知道或者应当知道撤销事由之日起一年内行使。

▶《继承法意见》

43. 附义务的遗嘱继承或遗赠，如义务能够履行，而继承人、受遗赠人无正当理由不履行，经受益人或其他继承人请求，人民法院可以取消他接受附义务那部分遗产的权利，由提出请示的继承人或受益人负责按遗嘱人的意愿履行义务，接受遗产。

第四章　遗产的处理

第一千一百四十五条　【遗产管理人的选任】继承开始后，遗嘱执行人为遗产管理人；没有遗嘱执行人的，继承人应当及时推选遗产管理人；继承人未推选的，由继承人共同担任遗产管理人；没有继承人或者继承人均放弃继承的，由被继承人生前住所地的民政部门或者村民委员会担任遗产管理人。

条文对比

《民法典继承编》	新增条文
第一千一百四十五条　继承开始后，遗嘱执行人为遗产管理人；没有遗嘱执行人的，继承人应当及时推选遗产管理人；继承人未推选的，由继承人共同担任遗产管理人；没有继承人或者继承人均放弃继承的，由被继承人生前住所地的民政部门或者村民委员会担任遗产管理人。	

关联法规

《民法典总则编》

第一百九十四条　在诉讼时效期间的最后六个月内，因下列障碍，不能行使请求权的，诉讼时效中止：

（一）不可抗力；

（二）无民事行为能力人或者限制民事行为能力人没有法定代理人，或者法定代理人死亡、丧失民事行为能力、丧失代理权；

（三）继承开始后未确定继承人或者遗产管理人；

（四）权利人被义务人或者其他人控制；

（五）其他导致权利人不能行使请求权的障碍。

自中止时效的原因消除之日起满六个月，诉讼时效期间届满。

▶《民法典继承编》

第一千一百三十三条 自然人可以依照本法规定立遗嘱处分个人财产，并可以指定遗嘱执行人。

自然人可以立遗嘱将个人财产指定由法定继承人中的一人或者数人继承。

自然人可以立遗嘱将个人财产赠与国家、集体或者法定继承人以外的组织、个人。

自然人可以依法设立遗嘱信托。

第一千一百五十一条 存有遗产的人，应当妥善保管遗产，任何组织或者个人不得侵吞或者争抢。

▶《信托法》

第三十九条 受托人有下列情形之一的，其职责终止：

（一）死亡或者被依法宣告死亡；

（二）被依法宣告为无民事行为能力人或者限制民事行为能力人；

（三）被依法撤销或者被宣告破产；

（四）依法解散或者法定资格丧失；

（五）辞任或者被解任；

（六）法律、行政法规规定的其他情形。

受托人职责终止时，其继承人或者遗产管理人、监护人、清算人应当妥善保管信托财产，协助新受托人接管信托事务。

▶《人民法院办理执行案件规范》

23.【申请执行时效的中止】

在申请执行时效期间的最后六个月内，因不可抗力或者其他障碍不能行使请求权的，申请执行时效中止。从中止时效的原因消除之日起，申请执行时效期间继续计算。

具有下列情形之一的，可以认定为前款规定的“其他障碍”，申请执行时效中止：

（一）权利被侵害的无民事行为能力人、限制民事行为能力人没有法定代理人，或者法定代理人死亡、丧失代理权、丧失行为能力；

（二）继承开始后未确定继承人或者遗产管理人；

（三）权利人被义务人或者其他人控制无法行使请求权；

（四）其他导致权利人不能行使请求权的客观情形。

▶《民事案件诉讼时效规定》

第二十条 有下列情形之一的，应当认定为民法通则第一百三十九条规定的“其他障碍”，诉讼时效中止：

（一）权利被侵害的无民事行为能力人、限制民事行为能力人没有法定代理人，或者法定代理人死亡、丧失代理权、丧失行为能力；

（二）继承开始后未确定继承人或者遗产管理人；

（三）权利人被义务人或者其他人控制无法主张权利；

（四）其他导致权利人不能主张权利的客观情形。

▶《继承法意见》

44. 人民法院在审理继承案件时，如果知道有继承人而无法通知的，分割遗产时，要保留其应继承的遗产，并确定该遗产的保管人或保管单位。

第一千一百四十六条 【申请指定遗产管理人】对遗产管理人的确定有争议的，利害关系人可以向人民法院申请指定遗产管理人。

条文对比

《民法典继承编》	新增条文
第一千一百四十六条 对遗产管理人的确定有争议的，利害关系人可以向人民法院申请指定遗产管理人。	

关联法规

▶《民法典总则编》

第一百九十四条 在诉讼时效期间的最后六个月内，因下列障碍，不能行使请求权的，诉讼时效中止：

（一）不可抗力；

（二）无民事行为能力人或者限制民事行为能力人没有法定代理人，或者法定代理人死亡、丧失民事行为能力、丧失代理权；

（三）继承开始后未确定继承人或者遗产管理人；

（四）权利人被义务人或者其他人控制；

（五）其他导致权利人不能行使请求权的障碍。

自中止时效的原因消除之日起满六个月，诉讼时效期间届满。

▶《信托法》

第三十九条 受托人有下列情形之一的，其职责终止：

（一）死亡或者被依法宣告死亡；

（二）被依法宣告为无民事行为能力人或者限制民事行为能力人；

（三）被依法撤销或者被宣告破产；

（四）依法解散或者法定资格丧失；

（五）辞任或者被解任；

（六）法律、行政法规规定的其他情形。

受托人职责终止时，其继承人或者遗产管理人、监护人、清算人应当妥善保管信托财产，协助新受托人接管信托事务。

▶《人民法院办理执行案件规范》

23.【申请执行时效的中止】

在申请执行时效期间的最后六个月内，因不可抗力或者其他障碍不能行使请求权的，申请执行时效中止。从中止时效的原因消除之日起，申请执行时效期间继续计算。

具有下列情形之一的，可以认定为前款规定的“其他障碍”，申请执行时效中止：

（一）权利被侵害的无民事行为能力人、限制民事行为能力人没有法定代理人，或者法定代理人死亡、丧失代理权、丧失行为能力；

（二）继承开始后未确定继承人或者遗产管理人；

（三）权利人被义务人或者其他人控制无法行使请求权；

（四）其他导致权利人不能行使请求权的客观情形。

▶《民事案件诉讼时效规定》

第二十条 有下列情形之一的，应当认定为民法通则第一百三十九条规定的“其他障碍”，诉讼时效中止：

（一）权利被侵害的无民事行为能力人、限制民事行为能力人没有法定代理人，或者法定代理人死亡、丧失代理权、丧失行为能力；

（二）继承开始后未确定继承人或者遗产管理人；

（三）权利人被义务人或者其他人控制无法主张权利；

（四）其他导致权利人不能主张权利的客观情形。

第一千一百四十七条 【遗产管理人的职责】 遗产管理人应当履行下列职责：

（一）清理遗产并制作遗产清单；

（二）向继承人报告遗产情况；

（三）采取必要措施防止遗产毁损、灭失；

（四）处理被继承人的债权债务；

（五）按照遗嘱或者依照法律规定分割遗产；

（六）实施与管理遗产有关的其他必要行为。

条文对比

《民法典继承编》	新增条文
第一千一百四十七条　遗产管理人应当履行下列职责： （一）清理遗产并制作遗产清单； （二）向继承人报告遗产情况； （三）采取必要措施防止遗产毁损、灭失； （四）处理被继承人的债权债务； （五）按照遗嘱或者依照法律规定分割遗产； （六）实施与管理遗产有关的其他必要行为。	

关联法规

▶《民法典总则编》

第一百九十四条 在诉讼时效期间的最后六个月内，因下列障碍，不能行使请求权的，诉讼时效中止：

（一）不可抗力；

（二）无民事行为能力人或者限制民事行为能力人没有法定代理人，或者法定代理人死亡、丧失民事行为能力、丧失代理权；

（三）继承开始后未确定继承人或者遗产管理人；

（四）权利人被义务人或者其他人控制；

（五）其他导致权利人不能行使请求权的障碍。

自中止时效的原因消除之日起满六个月，诉讼时效期间届满。

▶《信托法》

第三十九条 受托人有下列情形之一的，其职责终止：

（一）死亡或者被依法宣告死亡；

（二）被依法宣告为无民事行为能力人或者限制民事行为能力人；

（三）被依法撤销或者被宣告破产；

（四）依法解散或者法定资格丧失；

（五）辞任或者被解任；

（六）法律、行政法规规定的其他情形。

受托人职责终止时，其继承人或者遗产管理人、监护人、清算人应当妥善保管信托财产，协助新受托人接管信托事务。

▶《人民法院办理执行案件规范》

23.【申请执行时效的中止】

在申请执行时效期间的最后六个月内，因不可抗力或者其他障碍不能行使请求权的，申请执行时效中止。从中止时效的原因消除之日起，申请执行时效期间继续计算。

具有下列情形之一的，可以认定为前款规定的“其他障碍”，申请执行时效中止：

（一）权利被侵害的无民事行为能力人、限制民事行为能力人没有法定代理人，或者法定代理人死亡、丧失代理权、丧失行为能力；

（二）继承开始后未确定继承人或者遗产管理人；

（三）权利人被义务人或者其他人控制无法行使请求权；

（四）其他导致权利人不能行使请求权的客观情形。

▶《民事案件诉讼时效规定》

第二十条 有下列情形之一的，应当认定为民法通则第一百三十九条规定的“其他障碍”，诉讼时效中止：

（一）权利被侵害的无民事行为能力人、限制民事行为能力人没有法定代理人，或者法定代理人死亡、丧失代理权、丧失行为能力；

（二）继承开始后未确定继承人或者遗产管理人；

（三）权利人被义务人或者其他人控制无法主张权利；

（四）其他导致权利人不能主张权利的客观情形。

第一千一百四十八条 【遗产管理人的责任】 遗产管理人应当依法履行职责，因故意或者重大过失造成继承人、受遗赠人、债权人损害的，应当承担民事责任。

条文对比

《民法典继承编》	新增条文
第一千一百四十八条　遗产管理人应当依法履行职责，因故意或者重大过失造成继承人、受遗赠人、债权人损害的，应当承担民事责任。	

关联法规

▶《民法典总则编》

第一百九十四条 在诉讼时效期间的最后六个月内，因下列障碍，不能行使请求权的，诉讼时效中止：

（一）不可抗力；

（二）无民事行为能力人或者限制民事行为能力人没有法定代理人，或者法定代理人死亡、丧失民事行为能力、丧失代理权；

（三）继承开始后未确定继承人或者遗产管理人；

（四）权利人被义务人或者其他人控制；

（五）其他导致权利人不能行使请求权的障碍。

自中止时效的原因消除之日起满六个月，诉讼时效期间届满。

▶《信托法》

第三十九条 受托人有下列情形之一的，其职责终止：

（一）死亡或者被依法宣告死亡；

（二）被依法宣告为无民事行为能力人或者限制民事行为能力人；

（三）被依法撤销或者被宣告破产；

（四）依法解散或者法定资格丧失；

（五）辞任或者被解任；

（六）法律、行政法规规定的其他情形。

受托人职责终止时，其继承人或者遗产管理人、监护人、清算人应当妥善保管信托财产，协助新受托人接管信托事务。

▶《人民法院办理执行案件规范》

23.【申请执行时效的中止】

在申请执行时效期间的最后六个月内，因不可抗力或者其他障碍不能行使请求权的，申请执行时效中止。从中止时效的原因消除之日起，申请执行时效期间继续计算。

具有下列情形之一的，可以认定为前款规定的“其他障碍”，申请执行时效中止：

（一）权利被侵害的无民事行为能力人、限制民事行为能力人没有法定代理人，或者法定代理人死亡、丧失代理权、丧失行为能力；

（二）继承开始后未确定继承人或者遗产管理人；

（三）权利人被义务人或者其他人控制无法行使请求权；

（四）其他导致权利人不能行使请求权的客观情形。

▶《民事案件诉讼时效规定》

第二十条 有下列情形之一的，应当认定为民法通则第一百三十九条规定的“其他障碍”，诉讼时效中止：

（一）权利被侵害的无民事行为能力人、限制民事行为能力人没有法定代理人，或者法定代理人死亡、丧失代理权、丧失行为能力；

（二）继承开始后未确定继承人或者遗产管理人；

（三）权利人被义务人或者其他人控制无法主张权利；

（四）其他导致权利人不能主张权利的客观情形。

第一千一百四十九条 【遗产管理人的报酬】 遗产管理人可以依照法律规定或者按照约定获得报酬。

条文对比

《民法典继承编》	新增条文
第一千一百四十九条 遗产管理人可以依照法律规定或者按照约定获得报酬。	

关联法规

▶《民法典总则编》

第一百九十四条 在诉讼时效期间的最后六个月内，因下列障碍，不能行使请求权的，诉讼时效中止：

（一）不可抗力；

（二）无民事行为能力人或者限制民事行为能力人没有法定代理人，或者法定代理人死亡、丧失民事行为能力、丧失代理权；

（三）继承开始后未确定继承人或者遗产管理人；

（四）权利人被义务人或者其他人控制；

（五）其他导致权利人不能行使请求权的障碍。

自中止时效的原因消除之日起满六个月，诉讼时效期间届满。

▶《信托法》

第三十九条 受托人有下列情形之一的，其职责终止：

（一）死亡或者被依法宣告死亡；

（二）被依法宣告为无民事行为能力人或者限制民事行为能力人；

（三）被依法撤销或者被宣告破产；

（四）依法解散或者法定资格丧失；

（五）辞任或者被解任；

（六）法律、行政法规规定的其他情形。

受托人职责终止时，其继承人或者遗产管理人、监护人、清算人应当妥善保管信托财产，协助新受托人接管信托事务。

▶《人民法院办理执行案件规范》

23.【申请执行时效的中止】

在申请执行时效期间的最后六个月内，因不可抗力或者其他障碍不能行使请求权的，申请执行时效中止。从中止时效的原因消除之日起，申请执行时效期间继续计算。

具有下列情形之一的，可以认定为前款规定的“其他障碍”，申请执行时效中止：

（一）权利被侵害的无民事行为能力人、限制民事行为能力人没有法定代理人，或者法定代理人死亡、丧失代理权、丧失行为能力；

（二）继承开始后未确定继承人或者遗产管理人；

（三）权利人被义务人或者其他人控制无法行使请求权；

（四）其他导致权利人不能行使请求权的客观情形。

▶《民事案件诉讼时效规定》

第二十条 有下列情形之一的，应当认定为民法通则第一百三十九条规定的“其他障碍”，诉讼时效中止：

（一）权利被侵害的无民事行为能力人、限制民事行为能力人没有法定代理人，或者法定代理人死亡、丧失代理权、丧失行为能力；

（二）继承开始后未确定继承人或者遗产管理人；

（三）权利人被义务人或者其他人控制无法主张权利；

（四）其他导致权利人不能主张权利的客观情形。

第一千一百五十条 【继承开始的通知】 继承开始后，知道被继承人死亡的继承人应当及时通知其他继承人和遗嘱执行人。继承人中无人知道被继承人死亡或者知道被继承人死亡而不能通知的，由被继承人生前所在单位或者住所地的居民委员会、村民委员会负责通知。

条文对比

《民法典继承编》	《继承法》
第一千一百五十条 继承开始后，知道被继承人死亡的继承人应当及时通知其他继承人和遗嘱执行人。继承人中无人知道被继承人死亡或者知道被继承人死亡而不能通知的，由被继承人生前所在单位或者住所地的居民委员会、村民委员会负责通知。	**第二十三条** 继承开始后，知道被继承人死亡的继承人应当及时通知其他继承人和遗嘱执行人。继承人中无人知道被继承人死亡或者知道被继承人死亡而不能通知的，由被继承人生前所在单位或者住所地的居民委员会、村民委员会负责通知。

关联法规

▶ **《继承法意见》**

44. 人民法院在审理继承案件时，如果知道有继承人而无法通知的，分割遗产时，要保留其应继承的遗产，并确定该遗产的保管人或保管单位。

第一千一百五十一条 【遗产的保管】 存有遗产的人，应当妥善保管遗产，任何组织或者个人不得侵吞或者争抢。

条文对比

《民法典继承编》	《继承法》
第一千一百五十一条 存有遗产的人，应当妥善保管遗产，任何**组织或者**个人不得侵吞或者争抢。	**第二十四条** 存有遗产的人，应当妥善保管遗产，任何人不得侵吞或者争抢。

关联法规

▶《信托法》

第三十九条 受托人有下列情形之一的，其职责终止：

（一）死亡或者被依法宣告死亡；

（二）被依法宣告为无民事行为能力人或者限制民事行为能力人；

（三）被依法撤销或者被宣告破产；

（四）依法解散或者法定资格丧失；

（五）辞任或者被解任；

（六）法律、行政法规规定的其他情形。

受托人职责终止时，其继承人或者遗产管理人、监护人、清算人应当妥善保管信托财产，协助新受托人接管信托事务。

▶《继承法意见》

44. 人民法院在审理继承案件时，如果知道有继承人而无法通知的，分割遗产时，要保留其应继承的遗产，并确定该遗产的保管人或保管单位。

59. 人民法院对故意隐匿、侵吞或争抢遗产的继承人，可以酌情减少其应继承的遗产。

第一千一百五十二条　【转继承】 继承开始后，继承人于遗产分割前死亡，并没有放弃继承的，该继承人应当继承的遗产转给其继承人，但是遗嘱另有安排的除外。

条文对比

《民法典继承编》	《继承法意见》
第一千一百五十二条 继承开始后，继承人于遗产分割前死亡，并没有放弃继承的，该继承人应当继承的遗产转给其继承人，**但是遗嘱另有安排的除外**。	《继承法意见》 52. 继承开始后，继承人没有表示放弃继承，并于遗产分割前死亡的，其继承遗产的权利转移给他的~~合法~~继承人。

关联法规

▶《民法典继承编》

第一千一百二十三条 继承开始后，按照法定继承办理；有遗嘱的，按照遗嘱继承或者遗赠办理；有遗赠扶养协议的，按照协议办理。

第一千一百五十三条 【遗产的认定】夫妻共同所有的财产，除有约定的外，遗产分割时，应当先将共同所有的财产的一半分出为配偶所有，其余的为被继承人的遗产。

遗产在家庭共有财产之中的，遗产分割时，应当先分出他人的财产。

条文对比

《民法典继承编》	《继承法》
第一千一百五十三条 夫妻共同所有的财产，除有约定的外，遗产分割时，应当先将共同所有的财产的一半分出为配偶所有，其余的为被继承人的遗产。 遗产在家庭共有财产之中的，遗产分割时，应当先分出他人的财产。	**第二十六条** 夫妻~~在婚姻关系存续期间所得的~~共同所有的财产，除有约定的以外，如果分割遗产，应当先将共同所有的财产的一半分出为配偶所有，其余的为被继承人的遗产。 遗产在家庭共有财产之中的，遗产分割时，应当先分出他人的财产。

关联法规

▶《民法典婚姻家庭编》

第一千零六十二条 夫妻在婚姻关系存续期间所得的下列财产，为夫妻的共同财产，归夫妻共同所有：

（一）工资、奖金、劳务报酬；

（二）生产、经营、投资的收益；

（三）知识产权的收益；

（四）继承或者受赠的财产，但是本法第一千零六十三条第三项规定的除外；

（五）其他应当归共同所有的财产。

夫妻对共同财产，有平等的处理权。

第一千零六十三条 下列财产为夫妻一方的个人财产：

（一）一方的婚前财产；

（二）一方因受到人身损害获得的赔偿或者补偿；

（三）遗嘱或者赠与合同中确定只归一方的财产；

（四）一方专用的生活用品；

（五）其他应当归一方的财产。

第一千零六十五条 男女双方可以约定婚姻关系存续期间所得的财产以及婚前财产归各自所有、共同所有或者部分各自所有、部分共同所有。约定应当采用书面形式。没有约定或者约定不明确的，适用本法第一千零六十二条、第一千零六十三条的规定。

夫妻对婚姻关系存续期间所得的财产以及婚前财产的约定，对双方具有法律约束力。

夫妻对婚姻关系存续期间所得的财产约定归各自所有，夫或者妻一方对外所负的债务，相对人知道该约定的，以夫或者妻一方的个人财产清偿。

▶《民法典继承编》

第一千一百二十二条 遗产是自然人死亡时遗留的个人合法财产。

依照法律规定或者根据其性质不得继承的遗产，不得继承。

▶《最高人民法院关于王娟婷与王万福、陈玉兰继承纠纷一案的函》

陕西省高级人民法院：

你院［1994］陕高法民再字第03号《关于王娟婷与王万福、陈玉兰继承纠纷一案的请示报告》收悉。经研究，我们认为：从该案情况看，王学、王娟婷夫妻自1980年冬起即与其父母王万福、陈玉兰分灶另炊；1981年3月5日王学夫妻与其父母王万福、陈玉兰又分立户籍，各为户主，均以自己的名义独立地进行土地承包、生产经营和经济核算；对外亦各自独立地与他人建立债权、债务等民事关系。据此，王学、王娟婷与王万福、陈玉兰分家的事实应予认定。现当事人双方讼争之四间水泥平板房，系王学、王娟婷投资所建，应认定为他们夫妻共同财产。王学死亡后，应依照我国继承法的有关规定，由王学的法定继承人依法继承。至于遗产的具体处理，可根据情况合理分割。

以上意见，供参考。

《最高人民法院关于周祖德、周祖明等诉周祖华、周祖荣等房屋纠纷案的函》

贵州省高级人民法院：

你院1992年1月13日关于周祖德、周祖明等诉周祖华、周祖荣等房屋纠纷一案的请示报告收悉。经研究，答复如下：

原、被告双方争议的街面房屋系其祖父母周树堂（1943年故）、周邱氏（1980年故）于1936年购置。1951年土改时确定，周家房屋不进不出。周邱氏在去世前一直居住此房，双方当事人都不能证明已分家析产。周祖华等所持土地房产证系其父周先富1954年自报的，证上无周邱氏的名字，却有土改后出生的周祖华、周祖荣的名字，所以该证没有真实反映周家土改时的实际情况。据此，我们同意你院审判委员会的第二种意见，即争议的房屋应认定为周邱氏夫妇的遗产，并按法定继承处理为宜。

以上意见，供参考。

《最高人民法院关于蒋家正、蒋淑芳与徐文英等人析产继承案的函》

江苏省高级人民法院：

你院苏法（民）发〔1990〕字第104号关于蒋家正、蒋淑芳与徐文英等人析产继承案的请示报告收悉。

经研究，我们同意你院的倾向性意见，即根据蒋松琴与徐文英结婚后，共同生活时间长达二十年等情况，依照我院1984年8月30日《关于贯彻执行民事政策法律若干问题的意见》第12条的规定精神，原属于蒋松琴的婚前个人房产应视为他与徐文英的夫妻共同财产。蒋松琴去世后，应按先析产后继承的原则，把从夫妻共同财产中分出来的属于蒋松琴的那部分作为蒋的遗产，由其法定继承人继承。各自继承的具体数额，可根据不同情况确定。

以上意见供参考。

《最高人民法院关于孙世界、孙世明与孙洪武等人房屋继承申诉案的复函》

河北省高级人民法院：

你院冀民〔1989〕150号《关于孙世界、孙世明与孙洪武、孙洪德、孙淑芹房屋继承申诉一案，对土改时祖遗房产填写上地房产所有证后的产权确认问题的请示报告》收悉。经研究，我们同意你院的第一种意见，即双方诉争之六间房产系祖遗房产，其父辈孙履忠、孙履坦兄弟二人未曾分家析产。在土改填发土地房产所有证时，孙履坦将该房填写在自己名下，但未载明家庭人数，据土改干部证明："该房是哥俩的，土地证填写谁的名都行。"因此，该房产应视为孙履忠、孙履坦之父遗产，按先析产后继承的原则处理为宜。具体如何分割，请根据实际情况酌定。

以上意见，供参考。

▶《最高人民法院关于共有人之一擅自出卖共有房屋无效的批复》

河南省高级人民法院：

你院1988年9月15日《关于于金明和赵文运等5人房屋纠纷一案的请示报告》收悉。经研究认为，崔希舜未经赵文运等房屋共有人同意，于1972年11月4日擅自将郑州市南学街67号院内东屋北头2间出卖给于金明是不合法的。

1984年11月，该房屋共有人赵文运等诉至郑州市管城回族区人民法院，要求废除房屋买卖关系。一、二审法院判决买卖关系无效并无不当。故同意你院审判委员会的意见，可维持一、二审判决、驳回于金明的申诉。

▶《最高人民法院关于赵汝是被没收发还的财产应如何认定和继承问题的批复》

河北省高级人民法院：

你院冀民法〔1988〕第3号《关于莫曼玲、莫曼荣、莫德林、莫德森与赵新燕、赵新民、田舜华继承纠纷一案的请示报告》收悉。

我们研究认为：赵汝是于1951年被错杀时，其家庭共有财产除留一小部分作为家属生活费用外，全部被没收。因此，赵汝是平反后发还的被没收的财产以认定为赵汝是及其妻、妾的共有财产为宜。处理时，应先由共有人析产，属于赵汝是的遗产部分由其法定继承人继承。属于其妻、妾的部分，由其各自的法定继承人继承。另外，考虑到赵汝芳（田舜华之母）与其弟赵汝是相互扶助等情况，可将赵汝是的遗产分给赵汝芳一部分，以示照顾。

以上意见供参考。

▶《最高人民法院关于王棣华等人与王庆贞等人房屋继承案的批复》

浙江省高级人民法院：

你院1987年3月7日关于王棣华等人与王庆贞、失亚英房屋继承一案的请示报告已悉。

据你院调查，王棣华等人与王庆贞、朱亚英诉争的房屋，原系王镛、王庆贞、王守瑜母亲的奁产，后被王镛舅母出典，1937 年由王镛出资回赎，1947 年办理了过户手续。1950 年 8 月，杭州市人民政府给王镛颁发了房产证，但该房一直由王镛之妹王守瑜使用、管理。1956 年 3 月，王镛在其妻孙跃文未表示同意的情况下，个人书写“赠与书”和“房地产让渡证明书”，连同房契和个人印章一并交给王守瑜（未办理过户手续）。1960 年、1963 年，王镛夫妇相继去世。1981 年 11 月，王守瑜在联系出售该房时病故。当月，王庆贞之女朱亚英以一万二千五百元价款将房屋出售。王镛之子女王棣华等人得知，诉至法院，要求将该房确认为其父的遗产，予以继承。

经研究，我们认为，该案争执之房屋原系王镛、王守瑜、王庆贞之母的财产。出典后，由王镛于 1937 年出资赎回，解放后，该房屋确权为王镛所有。在王镛与孙跃文婚姻关系存续期间，夫妻任何一方所得之财产，包括上述房屋，应属夫妻共同财产，夫妻一方在处理共同财产时，应取得另一方的同意。王镛在征求孙跃文意见时，孙明确表示不同意将房屋赠与王守瑜，以后在赠与书上又未签字，因此赠与应属无效。但鉴于王守瑜已长期掌管使用，王镛生前曾有过赠与的明确表示，其子女当时也表示同意的历史状况，从实际情况出发，以认定一部分为王镛和孙跃文的遗产，一部分属于王守瑜的遗产为宜。按照继承法的规定，双方的遗产分别由他们各自的法定继承人继承。

▶《司法部关于在部分公证处开展要素式公证书格式试点工作的通知》

北京、天津、上海、吉林、广东、四川省（市）司法厅（局）：

根据国务院批准的《司法部关于深化公证工作改革的方案》关于“积极推行要素式公证书”的要求，本着先试点、后推广的原则，经研究决定：从 2004 年 1 月起，在北京市公证处、天津市公证处、上海市公证处、吉林省公证处、广东省公证处、广州市公证处、深圳市公证处、四川省公证处开展继承类、强制执行类要素式公证书和法律意见书试点工作。请各有关司法厅（局）组织相关公证处认真开展试点工作，加强同有关文书使用部门之间的沟通，并于 2004 年 5 月上旬上报试点情况，提出对要素式公证书的修改或完善意见。现将上述三类要素式公证书的试行格式和参考样式印发给你们。

附件一：

继承权要素式公证书通用格式（试行）

公 证 书

（ ）××字第××号

申请人：（继承人）基本情况〔注1〕

委托/法定代理人（基本情况）

被继承人：基本情况〔注2〕

公证事项：继承权

证词内容

一、必备要素

（一）申请人姓名、申请日期、申请事项。

（二）公证处查明（审查核实）的事实。包括：

1. 被继承人的死亡时间、原因〔注3〕、地点。

2. 被继承人死亡时遗留的个人合法财产〔注4〕。

3. 被继承人生前有无遗嘱、遗赠扶养协议〔注5〕。

4. 被继承人的全体继承人，有无死亡的继承人；继承人与被继承人的亲属关系〔注6〕；代位继承情况及其他继承人〔注7〕。

5. 继承人中有无丧失继承权的情况〔注8〕。

6. 有无放弃继承权的情况〔注9〕。

（三）公证结论

1. 法律事实、理由〔注10〕。

2. 被继承人遗留的个人财产为合法财产。

3. 被继承人合法的继承人〔注11〕。

4. 被继承人的遗产由何人继承、如何继承〔注12〕。

二、选择要素

（一）申请人所提供主要证据材料的真实、合法性。

（二）遗嘱继承的，当事人是否了解遗嘱的内容。公证处征求其他继承人对遗嘱有无疑义的情况。

（三）遗嘱见证人、执行人、遗产的使用人、保管人事项的说明。

（四）被继承人生前未缴纳的税款和债务情况，继承人对此所作的意思表示。

（五）公证员认为需要告知的有关继承方面的法律规定。

（六）公证员认为需要说明的其他事实或情节。

中华人民共和国××省××（县）公证处

公证员（签名章或签名）

××××年××月××日

注：1. 申请人为继承人，未到公证处申请也没有委托/法定代理人的不列入申请人。基本情况包括：姓名、性别、出生日期、现住址，外国人应写明国籍。

申请人有数人时，应一并列明。

身份证件号码可酌情写。

委托代理人需提交经公证的授权委托书；法定代理人需提交有代理权资格的证明。

2. 基本情况包括：姓名、性别、出生日期、生前住址。

3. 死亡原因包括：因病、意外事件、被害、自杀、被法院宣告死亡等。如被害死亡，尤应审查是否继承人所为，是否导致继承人丧失继承权。

4. 个人合法财产及财产权利的种类、数量，是否与他人共有或者是夫妻共同财产，是否有典当、抵押、出质等情况，现存放何处，由何人保管，应详细列明，财产种类、数量较多可制成财产清单作为公证书附件。

5. 必须写明经公证处审查。有遗嘱的，按照遗嘱继承或者遗赠办理；有遗赠扶养协议的，按照协议办理。有遗嘱、遗赠扶养协议的必须审查其合法性、两者都有的应看是否抵触，并应注意遗嘱、遗赠扶养协议是否包括被继承人全部的遗产。

6. 先核实被继承人第一顺序继承人，注明其身份，没有第一顺序继承人的应予以说明，再核实第二顺序继承人的身份。特别应注意《继承法》第十条、第十二条有关子女、父母、兄弟姐妹、丧偶儿媳、女婿的规定。符合规定条件的予以列入。

7. 主要查明继承人与被继承人死亡的先后时间，核实代位继承的代位继承人、其他继承人是否符合条件。

8. 继承人丧失继承权的情况为《继承法》第七条规定的行为，未发生第七条规定的行为不写。

9. 继承人放弃继承权要亲自到公证处接受询问并制作谈话笔录，或者提供经公证的放弃继承权声明书，但应注意其放弃继承权的行为是否致其不履行法定义务。

10. 要特别注意正确引用《中华人民共和国继承法》、《最高人民法院关于贯彻执行〈中华人民共和国继承法〉若干问题的意见》的具体条款。

11. 所有合法继承人全部列上。

12. 情况复杂的，可以表述具体继承份额、有无代为保管遗产的人等等。

参考样式一：

法定继承

公　证　书

（　）××字第××号

申请人：甲，男（或女），××××年×月×日出生，身份证号码：×××××，现住××省××市××街××号。

乙，男（或女），××××年×月×日出生，身份证号码：×××××，现住××省××市××街××号。

丙，男（或女），××××年×月×日出生，身份证号码：×××××，现住××省××市××街××号。

丁，男（或女），××××年×月×日出生，身份证号码：×××××，现住××省××市××街××号。

被继承人：戊，女（或男），××××年×月×日出生，生前住××省××市××街××号。

公证事项：继承权

申请人甲、乙、丙、丁因继承被继承人戊的遗产，于××××年×月×日向我处申请办理继承权公证。

根据《中华人民共和国公证暂行条例》的规定，我处对申请人提交的权利证明及相关证据材料进行了审查核实，并对申请人及有关人员进行了询问，现查明如下事实：

一、被继承人戊于××××年×月×日因病在×××死亡。

二、被继承人戊死亡时遗留的个人合法财产（被继承人戊生前与其妻子甲的夫妻共同财产为：），包括：

（一）坐落在×××××××号的房屋，《房屋产权证》编号：×××××。

（二）存款：人民币（或美元等）××××元，现存×××银行，存单号码：××××。

（三）其他财产/财产权利。

三、被继承人戊生前无遗嘱，亦未与他人签订遗赠抚养协议。

四、被继承人戊的配偶甲；戊的儿子乙；戊的父亲丙；戊的母亲丁。（死亡的也要列入并写明死亡时间）

五、现甲、乙均表示要求继承被继承人戊的遗产，丙、丁表示放弃对被继承人戊的遗产继承权。

根据上述事实并依据《中华人民共和国继承法》第二条的规定，被继承人戊死亡时遗留的上述个人合法财产为戊的遗产（或依据《中华人民共和国继承法》第二条、第二十六条的规定，上述夫妻财产的一半为死者戊的遗产）。根据《中华人民共和国继承法》第五条、第十条、第二十五条的规定，被继承人的遗产应由其配偶甲、儿子乙、父亲丙、母亲丁共同继承，因丙、丁表示放弃对被继承人戊的遗产继承权（或×××先于被继承人戊死亡），因此被继承人戊的遗产由甲、乙共同继承（或×××一人继承）。

中华人民共和国××省××（县）公证处

公证员（签名章或签名）

××××年××月××日

参考样式二：

代位继承1

公　证　书

（　）××字第××号

申请人：甲，男（或女），××××年×月×日出生，身份证号码：×××××，现住××省××市××街××号。

乙，男（或女），××××年×月×日出生，身份证号码：×××××，现住××省××市××街××号。

被继承人：A，女（或男），××××年×月×日出生，生前住××省××市××街××号。

公证事项：继承权

申请人甲、乙因继承被继承人A的遗产，于××××年×月×日向我处申请办理继承权公证。

根据《中华人民共和国公证暂行条例》的规定，我处对申请人提交的权利证明及相关的证据材料进行了审查核实，并对申请人及有关人员进行了询问，现查明如下事实：

一、被继承人 A 于××××年×月×日因病在×××死亡。

二、被继承人 A 死亡时遗留的个人合法财产（被继承人 A 生前与其妻子甲的夫妻共同财产为：），包括：

（一）坐落在×××××××号的房屋，《房屋产权证》编号：×××××。

（二）存款：人民币（或美元等）××××元，现存×××银行，存单号码：×××××××。

（三）其他财产/财产权利。

三、被继承人 A 生前无遗嘱，亦未与他人签订遗赠扶养协议。

四、被继承人 A 的配偶甲；A 的子女共两人：长子乙、次子丙；A 的父亲丁；A 的母亲戊。

其中 A 的父亲丁；A 的母亲戊已分别于××××年×月×日和××××年×月×日先于 A 死亡。次子丙于××××年×月×日先于被继承人 A 死亡。

次子丙现有一子一女：儿子 B、女儿 C。

五、现甲、乙均表示要求继承被继承人 A 的遗产。（或×××表示放弃对被继承人 A 的遗产继承权）

根据上述事实并依据《中华人民共和国继承法》第二条的规定，被继承人 A 死亡时遗留的上述个人合法财产为 A 的遗产（或依据《中华人民共和国继承法》第二条、第二十六条的规定，上述夫妻财产的一半为死者戊的遗产）。根据《中华人民共和国继承法》第五条、第十条的规定，被继承人的遗产应由其配偶、子女、父母共同继承。因 A 的父亲丁、母亲戊均先于 A 死亡，故被继承人 A 的遗产应由其配偶甲、长子乙、次子丙共同继承。又因被继承人 A 的次子丙已先于其死亡，并遗有子女各一人，根据《中华人民共和国继承法》第十一条的规定，次子丙应继承的份额由其儿子 B、女儿 C 代位继承。

综上所述，被继承人 A 的遗产应由甲、乙、B、C 共同继承。

中华人民共和国××省××（县）公证处

公证员（签名章或签名）

××××年××月××日

参考样式三：

代位继承2

公　证　书

（　）××字第××号

申请人：甲，男（或女），××××年×月×日出生，身份证号码：×××××，现住××省××市××街××号。

乙，男（或女），××××年×月×日出生，身份证号码：×××××，现住××省××市××街××号。

被继承人：A，女（或男），××××年×月×日出生，生前住××省××市××街××号。

公证事项：继承权

申请人甲、乙因继承被继承人A的遗产，于××××年×月×日向我处申请办理继承权公证。

根据《中华人民共和国公证暂行条例》的规定，我处对申请人提交的权利证明及相关的证据材料进行了审查核实，并对申请人及有关人员进行了询问，现查明如下事实：

一、被继承人A于××××年×月×日因病在×××死亡。

二、被继承人A死亡时遗留的个人合法财产（被继承人A生前与其妻子甲的夫妻共同财产为：），包括：

（一）坐落在×××××××号的房屋，《房屋产权证》编号：×××××。

（二）存款：人民币（或美元等）××××元，现存×××银行，存单号码：×××××××。

（三）其他财产/财产权利。

三、被继承人A生前无遗嘱，亦未与他人签订遗赠扶养协议。

四、被继承人A的配偶甲；A的子女共两人：长子乙、次子丙；A的父亲丁；A的母亲戊。

其中A的父亲丁；A的母亲戊已分别于××××年×月×日和××××年×月×日先于A死亡。次子丙于××××年×月×日先于被继承人A死亡。

次子丙现有一子一女：儿子B、女儿C。

丙死后，丙的妻子D与其公婆A、甲共同生活，并且D对其公婆尽了主要赡养义务。

五、现甲表示要求继承被继承人 A 的遗产，乙表示放弃对被继承人 A 的遗产继承权。

根据上述事实并依据《中华人民共和国继承法》第二条的规定，被继承人 A 死亡时遗留的上述个人合法财产为 A 的遗产（或依据《中华人民共和国继承法》第二条、第二十六条的规定，上述夫妻财产的一半为死者戊的遗产）。根据《中华人民共和国继承法》第五条、第十条、第二十五条的规定，被继承人的遗产应由其配偶、子女、父母共同继承。因 A 的父亲丁、母亲戊均先于 A 死亡，乙表示放弃对被继承人 A 的遗产继承权，故被继承人 A 的遗产应由其配偶甲、次子丙共同继承。又因被继承人 A 的次子丙已先于其死亡，并遗有子女各一人，根据《中华人民共和国继承法》第十一条的规定，次子丙应继承的份额由其儿子 B、女儿 C 代位继承。但，丙死亡，丙的妻子 D 与其公婆 A、甲共同生活，并且 D 对其公婆尽了主要赡养义务，根据《中华人民共和国继承法》第十二条的规定，D 应作为 A 的第一顺序继承人继承 A 的遗产。

综上所述，被继承人 A 的遗产应由甲、D、B、C 共同继承。

中华人民共和国××省××（县）公证处

公证员（签名章或签名）

××××年××月××日

参考样式四：

法定继承（转继承）

公　证　书

（　）××字第××号

申请人：甲，男（或女），××××年×月×日出生，身份证号码：×××××，现住××省××市××街××号。

乙，男（或女），××××年×月×日出生，身份证号码：×××××，现住××省××市××街××号。

丙，男（或女），××××年×月×日出生，身份证号码：×××××，现住××省××市××街××号。

丁，男（或女），××××年×月×日出生，身份证号码：×××××，现住××省××市××街××号。

被继承人：戊，女（或男），××××年×月×日出生，生前住××省×

×市××街××号。

公证事项：继承权

申请人甲、乙、丙、丁因继承被继承人戊的遗产，于××××年×月×日向我处申请办理继承权公证。

根据《中华人民共和国公证暂行条例》的规定，我处对申请人提交的权利证明及相关证据材料进行了审查核实，并对申请人及有关人员进行了询问，现查明如下事实：

一、被继承人戊于××××年×月×日因病在×××死亡。

二、被继承人戊死亡时遗留的个人合法财产（被继承人戊生前与其妻子甲的夫妻共同财产为：），包括：

（一）坐落在×××××××号的房屋，《房屋产权证》编号：×××××。

（二）存款：人民币（或美元等）××××元，现存×××银行，存单号码：×××××××。

（三）其他财产/财产权利。

三、被继承人戊生前无遗嘱，亦未与他人签订遗赠抚养协议。

四、被继承人戊的配偶甲；戊的儿子乙；戊的父亲丙；戊的母亲丁。（死亡的也要列入并写明死亡时间）

其中戊的儿子乙于××××年×月×日死亡。

五、现甲表示要求继承被继承人戊的遗产，丙、丁表示放弃对被继承人戊的遗产继承权。

根据上述事实并依据《中华人民共和国继承法》第二条的规定，被继承人戊死亡时遗留的上述个人合法财产为戊的遗产（或依据《中华人民共和国继承法》第二条、第二十六条的规定，上述夫妻财产的一半为死者戊的遗产）。根据《中华人民共和国继承法》第五条、第十条、第二十五条的规定，被继承人的遗产应由其配偶甲、儿子乙、父亲丙、母亲丁共同继承，因丙、丁表示放弃对被继承人戊的遗产继承权（或×××先于被继承人戊死亡。），故被继承人戊的遗产由甲、乙共同继承（或×××一人继承）。因乙在尚未实际取得遗产时死亡，其应得到的遗产份额转由乙的合法继承人继承。

中华人民共和国××省××（县）公证处

公证员（签名章或签名）

××××年××月××日

参考样式五：

遗嘱继承
公　证　书

（　）××字第××号

申请人：甲，男（或女），××××年×月×日出生，身份证号码：×××××，现住××省××市××街××号。

被继承人：A，女（或男），××××年×月×日出生，生前住××省××市××街××号。

公证事项：遗嘱继承权

申请人甲因继承被继承人 A 的遗产，于××××年×月×日向我处申请办理遗嘱继承权公证。

根据《中华人民共和国公证暂行条例》的规定，我处对申请人提交的权利证明及相关证据材料进行了审查核实，并对申请人及有关人员进行了询问，现查明如下事实：

一、被继承人 A 于××××年×月×日因病在×××死亡。

二、被继承人 A 生前未与他人签订遗嘱抚养协议。但，A 生前在我处（或×××公证处）立有公证遗嘱（公证书编号：（××××）××字第××号）。A 的其他继承人对该公证遗嘱均无疑义。

三、被继承人 A 遗嘱中处分的个人合法财产（或与其妻子甲的夫妻共同财产为）：

（一）坐落在×××××××号的房屋，《房屋产权证》编号：×××××。

（二）存款：人民币（或美元等）××××元，现存×××银行，存单号码：×××××××。

（三）其他财产/财产权利。

兹证明 A 生前所立遗嘱真实、有效。根据 A 的遗嘱，A 死亡时遗留的上述个人合法财产由甲继承。

中华人民共和国××省××（县）公证处

公证员（签名章或签名）

××××年××月××日

参考样式六：

遗赠公证书

公 证 书

（ ）××字第××号

申请人：甲，男（或女），××××年×月×日出生，身份证号码：×××××，现住××省××市××街××号。

关系人：乙，女（或男），××××年×月×日出生，生前住××省××市××街××号。

公证事项：接受遗赠

申请人甲因继承关系人乙的遗产，于××××年×月×日向我处申请办理接受遗赠公证。

根据《中华人民共和国公证暂行条例》的规定，我处对申请人提交的权利证明及相关证据材料进行了审查核实，并对申请人及有关人员进行了询问，现查明如下事实：

一、关系人乙于××××年×月×日因病在×××死亡。其生前在我处（或在×××公证处）立有遗赠（公证书编号：〔××××〕××字第××号）。表示将其下列遗产遗赠给申请人甲：

（一）坐落在×××××××号的房屋，《房屋产权证》编号：×××××。

（二）存款：人民币（或美元等）××××元，现存×××银行，存单号码：×××××××。

（三）其他财产/财产权利。

二、申请人甲具有民事权利能力和民事行为能力，并表示愿意接受遗赠人遗赠的财产。

综上，遗赠人乙遗赠的上述财产，为受遗赠人甲所有。

中华人民共和国××省××（县）公证处

公证员（签名章或签名）

××××年××月××日

第一千一百五十四条　【法定继承的适用范围】有下列情形之一的，遗产中的有关部分按照法定继承办理：

（一）遗嘱继承人放弃继承或者受遗赠人放弃受遗赠；

（二）遗嘱继承人丧失继承权或者受遗赠人丧失受遗赠权；

（三）遗嘱继承人、受遗赠人先于遗嘱人死亡或者终止；

（四）遗嘱无效部分所涉及的遗产；

（五）遗嘱未处分的遗产。

条文对比

《民法典继承编》	《继承法》
第一千一百五十四条　有下列情形之一的，遗产中的有关部分按照法定继承办理： （一）遗嘱继承人放弃继承或者受遗赠人放弃受遗赠； （二）遗嘱继承人丧失继承权**或者受遗赠人丧失受遗赠权**； （三）遗嘱继承人、受遗赠人先于遗嘱人死亡**或者终止**； （四）遗嘱无效部分所涉及的遗产； （五）遗嘱未处分的遗产。	**第二十七条**　有下列情形之一的，遗产中的有关部分按照法定继承办理： （一）遗嘱继承人放弃继承或者受遗赠人放弃受遗赠的； （二）遗嘱继承人丧失继承权的； （三）遗嘱继承人、受遗赠人先于遗嘱人死亡的； （四）遗嘱无效部分所涉及的遗产； （五）遗嘱未处分的遗产。

关联法规

▶《民法典继承编》

第一千一百二十三条　继承开始后，按照法定继承办理；有遗嘱的，按照遗嘱继承或者遗赠办理；有遗赠扶养协议的，按照协议办理。

第一千一百五十五条　【胎儿预留份】遗产分割时，应当保留胎儿的继承份额。胎儿娩出时是死体的，保留的份额按照法定继承办理。

条文对比

《民法典继承编》	《继承法》
第一千一百五十五条 遗产分割时，应当保留胎儿的继承份额。胎儿娩出时是死体的，保留的份额按照法定继承办理。	**第二十八条** 遗产分割时，应当保留胎儿的继承份额。胎儿出生时是死体的，保留的份额按照法定继承办理。

关联法规

《民法典总则编》

第十六条 涉及遗产继承、接受赠与等胎儿利益保护的，胎儿视为具有民事权利能力。但是，胎儿娩出时为死体的，其民事权利能力自始不存在。

《继承法意见》

45. 应当为胎儿保留的遗产份额没有保留的应从继承人所继承的遗产中扣回。

为胎儿保留的遗产份额，如胎儿出生后死亡的，由其继承人继承；如胎儿出生时就是死体的，由被继承人的继承人继承。

权威案例

指导案例 50 号：李某、郭某阳诉郭某和、童某某继承纠纷案

裁判要点：1. 夫妻关系存续期间，双方一致同意利用他人的精子进行人工授精并使女方受孕后，男方反悔，而女方坚持生出该子女的，不论该子女是否在夫妻关系存续期间出生，都应视为夫妻双方的婚生子女。

2. 如果夫妻一方所订立的遗嘱中没有为胎儿保留遗产份额，因违反《中华人民共和国继承法》第十九条规定，该部分遗嘱内容无效。分割遗产时，应当依照《中华人民共和国继承法》第二十八条规定，为胎儿保留继承份额。

第一千一百五十六条 【遗产分割的规则和方法】遗产分割应当有利于生产和生活需要，不损害遗产的效用。

不宜分割的遗产，可以采取折价、适当补偿或者共有等方法处理。

条文对比

《民法典继承编》	《继承法》
第一千一百五十六条 遗产分割应当有利于生产和生活需要，不损害遗产的效用。 不宜分割的遗产，可以采取折价、适当补偿或者共有等方法处理。	**第二十九条** 遗产分割应当有利于生产和生活需要，不损害遗产的效用。 不宜分割的遗产，可以采取折价、适当补偿或者共有等方法处理。

关联法规

▶《民法典物权编》

第三百零八条 共有人对共有的不动产或者动产没有约定为按份共有或者共同共有，或者约定不明确的，除共有人具有家庭关系等外，视为按份共有。

第三百零九条 按份共有人对共有的不动产或者动产享有的份额，没有约定或者约定不明确的，按照出资额确定；不能确定出资额的，视为等额享有。

▶《民法典继承编》

第一千一百三十二条 继承人应当本着互谅互让、和睦团结的精神，协商处理继承问题。遗产分割的时间、办法和份额，由继承人协商确定；协商不成的，可以由人民调解委员会调解或者向人民法院提起诉讼。

▶《继承法意见》

58. 人民法院在分割遗产中的房屋、生产资料和特定职业所需要的财产时，应依据有利于发挥其使用效益和继承人的实际需要，兼顾各继承人的利益进行处理。

59. 人民法院对故意隐匿、侵吞或争抢遗产的继承人，可以酌情减少其应继承的遗产。

▶《最高人民法院关于金瑞仙与黄宗廉等房产纠纷一案的批复》

安徽省高级人民法院：

你院民他字〔87〕第15号《关于金瑞仙与黄宗廉等房产纠纷一案的请示报告》及1987年12月15日补充报告收悉。

据你院报告称：黄耀庭、姚玉莲夫妻于土改前死亡，遗有座落在屯溪市屯光乡的砖木结构房屋四处，建筑面积530.22平方米（其中徐家巷7号367平方米、荷花池38号73.4平方米、40号63.32平方米、42号26.5平方米）。土改时，黄耀庭、姚玉莲的五个子女，除长女黄惠珍（无配偶、子女）已经死亡外，长子黄文卿（1972年死亡）、次女黄翠珍（1982年死亡）、三女黄毓珍（1982年死亡）均在外地生活，只有次子黄润生（1964年死亡）一家六口人在当地生活，参加了土改。黄耀庭、姚玉莲所遗房产，其中荷花池42号冒登在黄惠珍名下，另外三处房屋登记在黄润生一家名下，四处房屋均由黄润生占有、使用。但黄润生生前一直承认徐家巷7号房屋系其与黄文卿共有，黄润生死亡后，其子黄宗廉、女婿朱兆生还受黄文卿之妻金瑞仙、子黄宗义的委托，答应代为出售共有的房屋。1984年12月，金瑞仙以黄宗廉、朱兆生擅自出卖共有房屋、价款据为已有为由，诉至法院。1985年11月以后，黄翠珍、黄毓珍的法定继承人亦向法院主张继承房产的权利。

我们经研究认为：讼争房屋四处原系黄耀庭、姚玉莲的遗产，土改时虽然登记在黄润生、黄惠珍名下，但根据土改时的有关政策法律规定及当地土改的实际情况，四处房屋并非确权归黄润生一家所有，黄润生及其子黄宗廉也一直承认徐家巷7号房屋产权系与黄文卿共有。据此，讼争房屋产权以认定为黄文卿、黄润生、黄翠珍、黄毓珍四人所共有为宜。但在具体分割时，应考虑对共有房屋长期使用、管理等实际情况，并照顾共有人的实际需要。至于黄翠珍、黄毓珍的法定继承人主张继承遗产的权利是否超过诉讼时效期间的问题，请按照我院《关于贯彻执行〈中华人民共和国继承法〉若干问题的意见》第64条第二款的规定处理。

第一千一百五十七条　【再婚时对所继承遗产的处分】 夫妻一方死亡后另一方再婚的，有权处分所继承的财产，任何组织或者个人不得干涉。

条文对比

《民法典继承编》	《继承法》
第一千一百五十七条　夫妻一方死亡后另一方再婚的，有权处分所继承的财产，任何组织或者个人不得干涉。	**第三十条**　夫妻一方死亡后另一方再婚的，有权处分所继承的财产，任何人不得干涉。

关联法规

《民法典总则编》

第一百二十四条　自然人依法享有继承权。

自然人合法的私有财产，可以依法继承。

《民法典婚姻家庭编》

第一千零六十一条　夫妻有相互继承遗产的权利。

第一千零六十九条　子女应当尊重父母的婚姻权利，不得干涉父母离婚、再婚以及婚后的生活。子女对父母的赡养义务，不因父母的婚姻关系变化而终止。

《民法典继承编》

第一千一百二十七条　遗产按照下列顺序继承：

（一）第一顺序：配偶、子女、父母；

（二）第二顺序：兄弟姐妹、祖父母、外祖父母。

继承开始后，由第一顺序继承人继承，第二顺序继承人不继承；没有第一顺序继承人继承的，由第二顺序继承人继承。

本编所称子女，包括婚生子女、非婚生子女、养子女和有扶养关系的继子女。

本编所称父母，包括生父母、养父母和有扶养关系的继父母。

本编所称兄弟姐妹，包括同父母的兄弟姐妹、同父异母或者同母异父的兄弟姐妹、养兄弟姐妹、有扶养关系的继兄弟姐妹。

第一千一百五十八条 【遗赠扶养协议】自然人可以与继承人以外的组织或者个人签订遗赠扶养协议。按照协议，该组织或者个人承担该自然人生养死葬的义务，享有受遗赠的权利。

条文对比

《民法典继承编》	《继承法》
第一千一百五十八条 自然人可以与继承人以外的组织或者个人签订遗赠扶养协议。按照协议，该组织或者个人承担该自然人生养死葬的义务，享有受遗赠的权利。	**第三十一条** 公民可以与扶养人签订遗赠扶养协议。按照协议，扶养人承担该公民生养死葬的义务，享有受遗赠的权利。 ~~公民可以与集体所有制组织签订遗赠扶养协议。按照协议，集体所有制组织承担该公民生养死葬的义务，享有受遗赠的权利。~~

关联法规

《民法典继承编》

第一千一百二十三条 继承开始后，按照法定继承办理；有遗嘱的，按照遗嘱继承或者遗赠办理；有遗赠扶养协议的，按照协议办理。

《继承法意见》

53. 继承开始后，受遗赠人表示接受遗赠，并于遗产分割前死亡的，其接受遗赠的权利转移给他的继承人。

54. 由国家或集体组织供给生活费用的烈属和享受社会救济的城市居民，其遗产仍应准许合法继承人继承。

55. 集体组织对"五保户"实行"五保"时，双方有扶养协议的，按协议处理；没有扶养协议，死者有遗嘱继承人或法定继承人要求继承的，按遗嘱继承或法定继承处理，但集体组织有权要求扣回"五保"费用。

56. 扶养人或集体组织与公民订有遗赠扶养协议，扶养人或集体组织无正当理由不履行，致协议解除的，不能享有受遗赠的权利，其支付的供养费用一般不予补偿；遗赠人无正当理由不履行，致协议解除的，则应偿还扶养人或集体组织已支付的供养费用。

《遗赠扶养协议公证细则》

第一条 为规范遗赠扶养协议公证程序，根据《中华人民共和国民法通则》、《中华人民共和国继承法》、《中华人民共和国公证暂行条例》、《公证程序规则（试行）》，制订本细则。

第二条 遗赠扶养协议是遗赠人和扶养人为明确相互间遗赠和扶养的权利义务关系所订立的协议。

需要他人扶养，并愿将自己的合法财产全部或部分遗赠给扶养人的为遗赠人；对遗赠人尽扶养义务并接受遗赠的人为扶养人。

第三条 遗赠扶养协议公证是公证处依法证明当事人签订遗赠扶养协议真实、合法的行为。

第四条 遗赠人必须是具有完全民事行为能力、有一定的可遗赠的财产、并需要他人扶养的公民。

第五条 扶养人必须是遗赠人法定继承人以外的公民或组织，并具有完全民事行为能力、能履行扶养义务。

第六条 遗赠扶养协议公证，由遗赠人或扶养人的住所地公证处受理。

第七条 办理遗赠扶养协议公证，当事人双方应亲自到公证处提出申请，遗赠人确有困难，公证人员可到其居住地办理。

第八条 申办遗赠扶养协议公证，当事人应向公证处提交以下证件和材料：

（一）当事人遗赠扶养协议公证申请表；

（二）当事人的居民身份证或其他身份证明；

（三）扶养人为组织的，应提交资格证明、法定代表人身份证明，代理人应提交授权委托书；

（四）村民委员会、居民委员会或所在单位出具的遗赠人的家庭成员情况证明；

（五）遗赠财产清单和所有权证明；

（六）村民委员会、居民委员会或所在单位出具的扶养人的经济情况和家庭成员情况证明；

（七）扶养人有配偶的，应提交其配偶同意订立遗赠扶养协议的书面意见；

（八）遗赠扶养协议；

（九）公证人员认为应当提交的其他材料。

第九条 符合下列条件的申请，公证处应予受理：

（一）当事人身份明确，具有完全民事行为能力；

（二）当事人就遗赠扶养协议事宜已达成协议；

（三）当事人提交了本细则第八条规定的证件和材料；

（四）该公证事项属于本公证处管辖。

对不符合前款规定条件的申请，公证处应作出不予受理的决定，并通知当事人。

第十条 公证人员接待当事人，应按《公证程序规则（试行）》第二十四条规定制作笔录，并着重记录下列内容：

（一）遗赠人和扶养人的近亲情况、经济状况；

（二）订立遗赠扶养协议的原因；

（三）遗赠人遗赠财产的名称、种类、数量、质量、价值、座落或存放地点，产权有无争议，有无债权债务及处理意见；

（四）扶养人的扶养条件、扶养能力、扶养方式，及应尽的义务；

（五）与当事人共同生活的家庭成员意见；

（六）遗赠财产的使用保管方法；

（七）争议的解决方法；

（八）违约责任；

（九）公证人员认为应当记录的其他内容。

公证人员接待当事人，须根据民法通则和继承法等有关法律，向当事人说明签订遗赠扶养协议的法律依据，协议双方应承担的义务和享有的权利，以及不履行义务承担的法律责任。

第十一条 遗赠扶养协议应包括下列主要内容：

（一）当事人的姓名、性别、出生日期、住址，扶养人为组织的应写明单位名称、住址、法定代表人及代理人的姓名；

（二）当事人自愿达成协议的意思表示；

（三）遗赠人受扶养的权利和遗赠的义务；扶养人受遗赠的权利和扶养义务，包括照顾遗赠人的衣、食、住、行、病、葬的具体措施及责任田、口粮田、自留地的耕、种、管、收和遗赠财产的名称、种类、数量、质量、价值、座落或存放地点、产权归属等；

（四）遗赠财产的保护措施或担保人同意担保的意思表示；

（五）协议变更、解除的条件和争议的解决方法；

（六）违约责任。

第十二条 遗赠扶养协议公证，除按《公证程序规则（试行）》第二十三条规定的内容审查外，应着重审查下列内容：

（一）当事人之间有共同生活的感情基础，一般居住在同一地；

（二）当事人的意思表示真实、协商一致，协议条款完备，权利义务明确、具体、可行；

（三）遗赠的财产属遗赠人所有，产权明确无争议；财产为特定的、不易灭失；

（四）遗赠人的债权债务有明确的处理意见；

（五）遗赠人有配偶并同居的，应以夫妻共同为一方签订协议；

（六）扶养人有配偶的，必须征得配偶的同意；

（七）担保人同意担保的意思表示及担保财产；

（八）公证人员认为应当查明的其他情况。

第十三条 符合下列条件的遗赠扶养协议，公证处应出具公证书：

（一）遗赠人和扶养人具有完全民事行为能力；

（二）当事人意思表示真实、自愿；

（三）协议内容真实、合法，条款完备，协议内容明确、具体、可行，文字表述准确；

（四）办证程序符合规定。

不符合前款规定条件的，应当拒绝公证，并在办证期限内将拒绝的理由通知当事人。

第十四条 订立遗赠扶养协议公证后，未征得扶养人的同意，遗赠人不得另行处分遗赠的财产，扶养人也不得干涉遗赠人处分未遗赠的财产。

第十五条 无遗赠财产的扶养协议公证，参照本细则办理。

第十六条 本细则由司法部负责解释。

第十七条 本细则自一九九一年五月一日起施行。

第一千一百五十九条 【继承遗产与清偿债务】 分割遗产，应当清偿被继承人依法应当缴纳的税款和债务；但是，应当为缺乏劳动能力又没有生活来源的继承人保留必要的遗产。

条文对比

《民法典继承编》	《继承法意见》
第一千一百五十九条　分割遗产，应当清偿被继承人依法应当缴纳的税款和债务；但是，应当为缺乏劳动能力又没有生活来源的**继承人**保留必要**的**遗产。	61. ~~继承人中有~~缺乏劳动能力又没有生活来源的~~人，即使遗产不足清偿债务，也应为其~~保留适当遗产~~，然后再按继承法第三十三条和民事诉讼法第一百八十条的规定清偿债务~~。

关联法规

▶《最高人民法院关于空难死亡赔偿金能否作为遗产处理的复函》

广东省高级人民法院：

你院粤高法民一请字〔2004〕1号《关于死亡赔偿金能否作为遗产处理的请示》收悉。经研究，答复如下：

空难死亡赔偿金是基于死者死亡对死者近亲属所支付的赔偿。获得空难死亡赔偿金的权利人是死者近亲属，而非死者。故空难死亡赔偿金不宜认定为遗产。

以上意见，供参考。

第一千一百六十条　【无人继承的遗产的处理】无人继承又无人受遗赠的遗产，归国家所有，用于公益事业；死者生前是集体所有制组织成员的，归所在集体所有制组织所有。

条文对比

《民法典继承编》	《继承法》
第一千一百六十条　无人继承又无人受遗赠的遗产，归国家所有，**用于公益事业**；死者生前是集体所有制组织成员的，归所在集体所有制组织所有。	**第三十二条**　无人继承又无人受遗赠的遗产，归国家所有；死者生前是集体所有制组织成员的，归所在集体所有制组织所有。

关联法规

▶《继承法意见》

57. 遗产因无人继承收归国家或集体组织所有时，按继承法第十四条规定可以分给遗产的人提出取得遗产的要求，人民法院应视情况适当分给遗产。

▶《最高人民法院关于被继承人死亡后没有法定继承人、分享遗产人能否分得全部遗产的复函》

江苏省高级人民法院：

你院〔1991〕民请字第21号关于沈玉根诉马以荣房屋典当一案的请示报告和卷宗均以收悉。

经研究认为，沈玉根与叔祖母沈戴氏共同生活十多年，并尽了生养死葬的义务。依照我国继承法第十四条的规定，可分给沈玉根适当的遗产。根据沈戴氏死亡后没有法定继承人等情况，沈玉根可以分享沈戴氏的全部遗产，包括对已出典房屋的回赎权。至于是否允许回赎，应依照有关规定和具体情况妥善处理。

▶《劳动教养管理所所务公开内容》

十四、劳动教养人员逃跑、所内作案和所内死亡的处理

9. 劳动教养管理所对死亡的劳动教养人员应进行登记、予以除名。对死者遗留的财物要逐项登记，妥善保管，通知其亲属领取。逾二年无人认领的，按照《中华人民共和国继承法》第三十二条的规定处理。

第一千一百六十一条　【限定继承】 继承人以所得遗产实际价值为限清偿被继承人依法应当缴纳的税款和债务。超过遗产实际价值部分，继承人自愿偿还的不在此限。

继承人放弃继承的，对被继承人依法应当缴纳的税款和债务可以不负清偿责任。

条文对比

《民法典继承编》	《继承法》
第一千一百六十一条　继承人以所得遗产实际价值为限清偿被继承人依法应当缴纳的税款和债务。超过遗产实际价值部分，继承人自愿偿还的不在此限。 继承人放弃继承的，对被继承人依法应当缴纳的税款和债务可以不负清偿责任。	**第三十三条**　~~继承遗产应当~~清偿被继承人依法应当缴纳的税款和债务~~，缴纳税款和清偿债务以他的遗产实际价值为限~~。超过遗产实际价值部分，继承人自愿偿还的不在此限。 继承人放弃继承的，对被继承人依法应当缴纳的税款和债务可以不负偿还责任。

关联法规

▶《继承法意见》

▶61. 继承人中有缺乏劳动能力又没有生活来源的人，即使遗产不足清偿债务，也应为其保留适当遗产，然后再按继承法第三十三条和民事诉讼法第一百八十条的规定清偿债务。

▶《最高人民法院关于空难死亡赔偿金能否作为遗产处理的复函》

广东省高级人民法院：

你院粤高法民一请字〔2004〕1号《关于死亡赔偿金能否作为遗产处理的请示》收悉。经研究，答复如下：

空难死亡赔偿金是基于死者死亡对死者近亲属所支付的赔偿。获得空难死亡赔偿金的权利人是死者近亲属，而非死者。故空难死亡赔偿金不宜认定为遗产。

以上意见，供参考。

第一千一百六十二条　【清偿税款、债务优先于执行遗赠】执行遗赠不得妨碍清偿遗赠人依法应当缴纳的税款和债务。

条文对比

《民法典继承编》	《继承法》
第一千一百六十二条　执行遗赠不得妨碍清偿遗赠人依法应当缴纳的税款和债务。	**第三十四条**　执行遗赠不得妨碍清偿遗赠人依法应当缴纳的税款和债务。

关联法规

▶《继承法意见》

62. 遗产已被分割而未清偿债务时，如有法定继承又有遗嘱继承和遗赠的，首先由法定继承人用其所得遗产清偿债务；不足清偿时，剩余的债务由遗嘱继承人和受遗赠人按比例用所得遗产偿还；如果只有遗嘱继承和遗赠的，由遗嘱继承人和受遗赠人按比例用所得遗产偿还。

第一千一百六十三条　【法定继承人、遗嘱继承人、受遗赠人清偿税款债务的顺序和比例】既有法定继承又有遗嘱继承、遗赠的，由法定继承人清偿被继承人依法应当缴纳的税款和债务；超过法定继承遗产实际价值部分，由遗嘱继承人和受遗赠人按比例以所得遗产清偿。

条文对比

《民法典继承编》	《继承法意见》
第一千一百六十三条　既有法定继承又有遗嘱继承、遗赠的，由法定继承人清偿**被继承人依法应当缴纳的税款和**债务；超过法定继承遗产实际价值部分，由遗嘱继承人和受遗赠人按比例以所得遗产清偿。	62. ~~遗产已被分割而未清偿债务时，~~如有法定继承又有遗嘱继承和遗赠的，~~首先~~由法定继承人~~用其所得遗产~~清偿债务；不足清偿时，~~剩余的债务~~由遗嘱继承人和受遗赠人按比例用所得遗产偿还~~；如果只有遗嘱继承和遗赠的，由遗嘱继承人和受遗赠人按比例用所得遗产偿还~~。

关联法规

▶《民法典继承编》

第一千一百六十一条　继承人以所得遗产实际价值为限清偿被继承人依法应当缴纳的税款和债务。超过遗产实际价值部分，继承人自愿偿还的不在此限。

继承人放弃继承的，对被继承人依法应当缴纳的税款和债务可以不负清偿责任。

第一千一百六十二条 执行遗赠不得妨碍清偿遗赠人依法应当缴纳的税款和债务。

法律法规文件简称—全称对照表*

简称	全称	最后一次公布时间及文号
法　律		
《保险法》	《中华人民共和国保险法》	2015 年 4 月 24 日主席令第 26 号
《残疾人保障法》	《中华人民共和国残疾人保障法》	2018 年 10 月 26 日主席令第 16 号
《反家庭暴力法》	《中华人民共和国反家庭暴力法》	2015 年 12 月 27 日主席令第 37 号
《妇女权益保障法》	《中华人民共和国妇女权益保障法》	2018 年 10 月 26 日主席令第 16 号
《个人独资企业法》	《中华人民共和国个人独资企业法》	1999 年 8 月 30 日主席令第 20 号
《公司法》	《中华人民共和国公司法》	2018 年 10 月 26 日主席令第 15 号
《公证法》	《中华人民共和国公证法》	2017 年 9 月 1 日主席令第 76 号
《合伙企业法》	《中华人民共和国合伙企业法》	2006 年 8 月 27 日主席令第 55 号
《户口登记条例》	《中华人民共和国户口登记条例》	1958 年 1 月 9 日

* 本表文件以法律、行政法规、司法解释、部门规章及其他归为几大类，并在各类别内以文件简称的首字母音序排列。

简称	全称	最后一次公布时间及文号
《婚姻法》	《中华人民共和国婚姻法》	2001 年 4 月 28 日 主席令第 51 号
《继承法》	《中华人民共和国继承法》	1985 年 4 月 10 日 主席令第 24 号
《就业促进法》	《中华人民共和国就业促进法》	2015 年 4 月 24 日 主席令第 24 号
《老年人权益保障法》	《中华人民共和国老年人权益保障法》	2018 年 12 月 29 日 主席令第 24 号
《民法典合同编》	《中华人民共和国民法典合同编》	2020 年 5 月 28 日 主席令第 45 号
《民法典婚姻家庭编》	《中华人民共和国民法典婚姻家庭编》	2020 年 5 月 28 日 主席令第 45 号
《民法典继承编》	《中华人民共和国民法典继承编》	2020 年 5 月 28 日 主席令第 45 号
《民法典侵权责任编》	《中华人民共和国民法典侵权责任编》	2020 年 5 月 28 日 主席令第 45 号
《民法典人格权编》	《中华人民共和国民法典人格权编》	2020 年 5 月 28 日 主席令第 45 号
《民法典物权编》	《中华人民共和国民法典物权编》	2020 年 5 月 28 日 主席令第 45 号
《民法典总则编》	《中华人民共和国民法典总则编》	2020 年 5 月 28 日 主席令第 45 号
《民事诉讼法》	《中华人民共和国民事诉讼法》	2017 年 6 月 27 日 主席令第 71 号
《母婴保健法》	《中华人民共和国母婴保健法》	2017 年 11 月 4 日 主席令第 81 号

简称	全称	最后一次公布时间及文号
《农村土地承包法》	《中华人民共和国农村土地承包法》	2018年12月29日主席令第17号
《农村土地承包经营纠纷调解仲裁法》	《中华人民共和国农村土地承包经营纠纷调解仲裁法》	2009年6月27日主席令第14号
《人民调解法》	《中华人民共和国人民调解法》	2010年8月28日主席令第34号
《收养法》	《中华人民共和国收养法》	1998年11月4日主席令第10号
《未成年人保护法》	《中华人民共和国未成年人保护法》	2012年10月26日主席令第65号
《宪法》	《中华人民共和国宪法》	2018年3月11日全国人民代表大会公告第1号
《信托法》	《中华人民共和国信托法》	2001年4月28日主席令第50号
《刑法》	《中华人民共和国刑法》	2017年11月4日主席令第80号
《刑事诉讼法》	《中华人民共和国刑事诉讼法》	2018年10月26日主席令第10号
《行政诉讼法》	《中华人民共和国行政诉讼法》	2017年6月27日主席令第71号
《预防未成年人犯罪法》	《中华人民共和国预防未成年人犯罪法》	2012年10月26日主席令第66号
《著作权法》	《中华人民共和国著作权法》	2010年2月26日主席令第26号

简称	全称	最后一次公布时间及文号
司法解释		
《夫妻债务纠纷司法解释》	《最高人民法院关于审理涉及夫妻债务纠纷案件适用法律有关问题的解释》	2018年1月16日 法释〔2018〕2号
《婚姻法司法解释(二)》	《最高人民法院关于适用〈中华人民共和国婚姻法〉若干问题的解释(二)》	2017年2月20日 法释〔2017〕6号
《婚姻法司法解释(二)补充规定》	《最高人民法院关于适用〈中华人民共和国婚姻法〉若干问题的解释(二)的补充规定》	2017年2月28日 法释〔2017〕6号
《婚姻法司法解释(三)》	《最高人民法院关于适用〈中华人民共和国婚姻法〉若干问题的解释(三)》	2011年8月9日 法释〔2011〕18号
《婚姻法司法解释(一)》	《最高人民法院关于适用〈中华人民共和国婚姻法〉若干问题的解释(一)》	2001年12月25日 法释〔2001〕30号
《继承法意见》	《最高人民法院关于贯彻执行〈中华人民共和国继承法〉若干问题的意见》	1985年9月11日 法(民)发〔1985〕22号
《民事案件诉讼时效规定》	《最高人民法院关于审理民事案件适用诉讼时效制度若干问题的规定》	2008年8月2日 法释〔2008〕11号
《民事诉讼法司法解释》	《最高人民法院关于适用〈中华人民共和国民事诉讼法〉的解释》	2015年1月30日 法释〔2015〕5号
《民通意见》	《最高人民法院关于贯彻执行〈中华人民共和国民法通则〉若干问题的意见(试行)》	1988年4月2日 法(办)发〔1988〕6号
《人民法院处理涉台民事案件的几个法律问题》	《最高人民法院副院长马原关于人民法院处理涉台民事案件的几个法律问题》	1988年8月9日 法(办)发〔1988〕18号

简称	全称	最后一次公布时间及文号
《人民法院审理离婚案件财产分割意见》	《最高人民法院关于人民法院审理离婚案件处理财产分割问题的若干具体意见》	1993 年 11 月 3 日 法发〔1993〕32 号
《人民法院审理离婚案件子女抚养意见》	《最高人民法院关于人民法院审理离婚案件处理子女抚养问题的若干具体意见》	1993 年 11 月 3 日 法发〔1993〕30 号
《审理未结婚而同居案件意见》	《最高人民法院关于人民法院审理未办结婚登记而以夫妻名义同居生活案件的若干意见》	1989 年 12 月 13 日

权威案例检索表*

序号	案例名称	案例来源	关联法条	页码
指导案例				
1	李某、郭某阳诉郭某和、童某某继承纠纷案	指导案例50号	《民法典继承编》第1155条	475
2	雷某某诉宋某某离婚纠纷案	指导案例66号	《民法典婚姻家庭编》第1092条	208
公报案例				
3	单洪远、刘春林诉胡秀花、单良、单译贤法定继承纠纷案	《最高人民法院公报》2006年第5期	《民法典婚姻家庭编》第1064条	114
4	李雪花、范洋诉范祖业、滕颖继承纠纷案	《最高人民法院公报》2006年第7期	《民法典继承编》第1141条	441
5	彭丽静与梁喜平、王保山、河北金海岸房地产开发有限公司股权转让侵权纠纷案	《最高人民法院公报》2009年第5期	《民法典婚姻家庭编》第1062条	106
6	李维祥诉李格梅继承权纠纷案	《最高人民法院公报》2009年第12期	《民法典继承编》第1122条	325
7	赵俊诉项会敏、何雪琴民间借贷纠纷案	《最高人民法院公报》2014年第12期	《民法典婚姻家庭编》第1064条	114
8	唐某诉李某某、唐某乙法定继承纠纷案	《最高人民法院公报》2014年第12期	《民法典婚姻家庭编》第1065条	118
9	刘青先诉徐飚、尹欣怡抚养费纠纷案	《最高人民法院公报》2016年第7期	《民法典婚姻家庭编》第1085条	178

* 本表按照指导性案例序号和公报案例发布时间逆序排列。

图书在版编目（CIP）数据

民法典关联法规与权威案例提要．婚姻家庭编、继承编／王竹主编．—北京：中国法制出版社，2020

ISBN 978－7－5216－1080－2

Ⅰ．①民… Ⅱ．①王… Ⅲ．①民法－案例－中国②婚姻法－案例－中国③继承法－案例－中国 Ⅳ．①D923.05

中国版本图书馆CIP数据核字（2020）第080103号

责任编辑　赵　燕　　　　封面设计　李　宁

民法典关联法规与权威案例提要·婚姻家庭编、继承编

MINFADIAN GUANLIAN FAGUI YU QUANWEI ANLI TIYAO · HUNYIN JIATINGBIAN、JICHENGBIAN

主编/王竹

经销/新华书店

印刷/三河市国英印务有限公司

开本/710毫米×1000毫米　16开　　　　印张/31.5　字数/420千

版次/2020年6月第1版　　　　2020年6月第1次印刷

中国法制出版社出版

书号ISBN 978－7－5216－1080－2　　　　定价：86.00元

北京西单横二条2号

邮政编码100031　　　　传真：010－66031119

网址：http://www.zgfzs.com　　　　**编辑部电话：010－66066627**

市场营销部电话：010－66033393　　　　**邮购部电话：010－66033288**

（如有印装质量问题，请与本社印务部联系调换。电话：010－66032926）